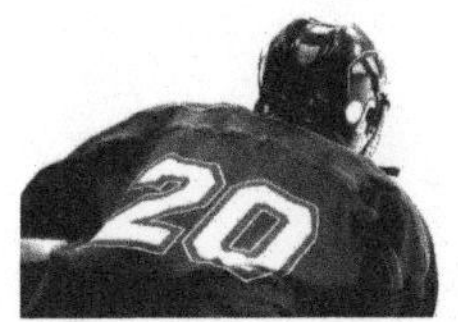

Frank Bröker

Eishockey in Deutschland

Nichts für schwache Nerven

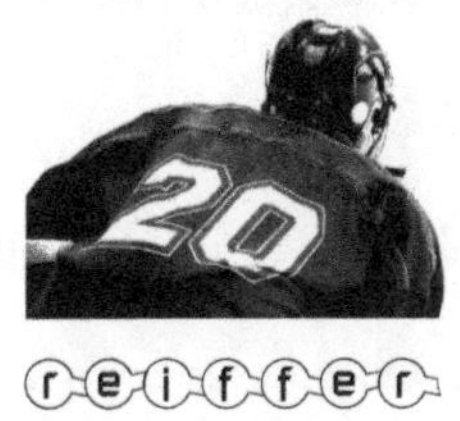

reiffer

Frank Bröker
Eishockey in Deutschland
Nichts für schwache Nerven

Umschlaggestaltung, Satz und Layout von Andreas Reiffer unter Verwendung von Bildern von Fabien R.C., gemenacom, Good-Mood Foto, Grafvision und RA Studio (alle fotolia)
Lektorat: Manjoschka Gnatz und Max Lüthke

1. Auflage, 2013, Originalausgabe

Druck und Weiterverarbeitung: CPI books, Leck

ISBN 978-3-934896-93-2

Verlag Andreas Reiffer, Hauptstr. 16 b, D-38527 Meine
www.verlag-reiffer.de
www.facebook.com/dersiebtemann

Wenn die Deutschen absteigen, stocken wir die A-Gruppe einfach auf 16 Mannschaften auf.

René Fasel

Eishockey in Deutschland

Eishockey in Deutschland

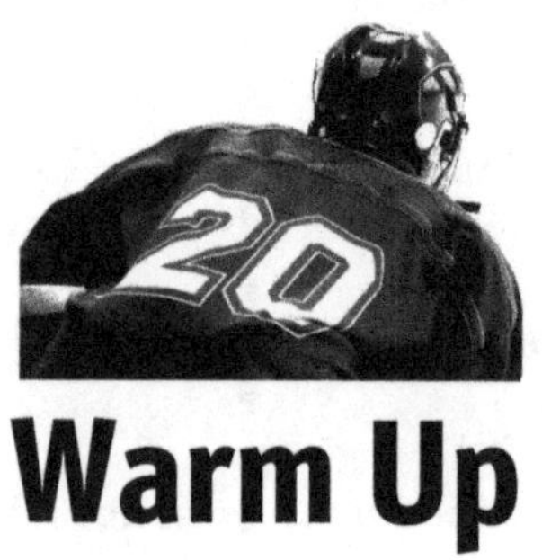

Warm Up

Es war einmal
Von paradiesischen Felljägern und Eisbeinen

Zuerst war das Eis, dann der Mensch darauf. Und weil er sich hurtig fortbewegte und ständig ins Schlingern geriet, schnallte er sich geschliffene, gespaltene Tierknochen unter die Sandalen, entfernte manch lästigen Schneeberg und sauste über zugefrorene Kanäle und Gewässer. Die Art der Knochen hing vom regionalen Angebot der Wildtiere ab. Kaum einer weiß, dass die Bezeichnung Eisbein auf einer bayerischen Speisekarte genau damit in Zusammenhang steht. Was den Skandinaviern an Rentieren vor die Speere kam, war in Mitteleuropa das Borstenvieh. Aus Schweinefußknochen ließen sich herrliche Gleithilfen herstellen, die dann mit Lederriemen an den Füßen befestigt wurden. Wenn von der Urgeschichte der Menschheit in nördlicher Kälte bis in gemäßigte Wetterzonen hinein die Rede ist, darf getrost an die Anfänge des Eishockeys gedacht werden. Adam wäre Eva auf schnellsten Knochenschlittschuhen entkommen, wenn im Paradies nur ein anderes Klima geherrscht hätte. So spielten sie mit Äpfeln Fußball statt Eishockey. Der Ausgang ist bekannt.

Nach der Jagd kommt das Vergnügen. Und dabei sollte sich bewegt werden. Das dachten sich vor allem die Isländer, denn Bewegungsarmut führte, heute ist's nicht anders, unweigerlich zu Unterkühlungserscheinungen. Vielleicht war es genau das, was die Nordlichter dazu bewog, etwa ab dem 9. Jahrhundert rundliche Gegenstände mit krummen Hölzern auf frostigem Grund fortzubewegen. Die Anfänge des Ballspiels mit Schlittschuhen waren getan, die Erfindung des Kufensports lag in den Windeln. Ein kleiner Schritt für die Skandinavier, ein großer Schritt für die Menschheit. Keine Frage.

Sogenannte Stockballspiele gab es auch anderswo auf der nördlichen Erdkugel. Sie trafen zusammen, verfeinerten sich, bis schließlich Mitte des 18. Jahrhunderts unter anderem aus skandinavischen und schottischen Vorläufern das Bandyspiel entstand. Europa jagte fortan einem Ball auf Eis mit Krummstöcken hinterher. Wer nun das Runde als solches erfand, wer Modell stand, ist nicht überliefert. Das Wort »Ball« wurde aus dem Germanischen übernommen und bedeutet soviel wie »anschwellen«.

Vom Bandy zum Eishockey

Berliner Pionierarbeit

Anfang des 19. Jahrhunderts entstand das Regelwerk des Bandy. Vorreiter waren Vereine wie Nottingham Forrest oder Sheffield United; 1875 wurde das erste reguläre Match im Londoner Crystal Palace ausgetragen. 1891 entstand die National Bandy Association, der englische Landesverband. Debüt im Länderkampf war ein Match zwischen Großbritannien und den Niederlanden im selben Jahr. 16 Jahre später, besonders der regelkundigen Pioniertätigkeit eines reiselustigen Gentleman namens C.G. Tebbutt aus der UK-Bandymetropole Bury Fen geschuldet, gründete sich in Berlin ein erster deutscher Bandy-Club, der Charlottenburger Eislaufverein. Die Spiele wurden im Winter auf dem Spree-Damm ausgetragen. Die sportliche Landkarte erweiterte sich wenig später zunächst berlinweit, dann begann mit dem Leipziger HK ein Siegeszug über ganz Deutschland. Leipzig avancierte zum europäischen Spitzenteam.

Bandy ist bis heute eine sogenannte, nicht einmal mehr olympische Randsportart, die auf einer fußballfeldgroßen Eisfläche ausgetragen wird. Mit dem später entwickelten Rinkbandy, vornehmlich in Hallen gespielt, verkleinerte sich die Fläche. Äußerst populär ist Bandy nach wie vor in Schweden als drittbeliebteste Mannschaftssportart. Sehr verkürzt erklärt, wird es heute so gespielt: Elf Aktive pro Team, vier auf der Wechselbank, Spielzeit 2x30 oder 45 Minuten. In Bezug auf Mannschaftsstärke, Spielfeld und Spielziel könnte man sagen: Fußball auf Kufen. Nur ist der Ball kleiner, etwa sieben Zentimeter im Durchmesser. Beschleunigung erfährt er in erster Linie durch Hockeyschläger mit kurzem Schaft. Die Tormänner sind schlägerlos.

Mit dem Bau erster Eishallen und der Erkenntnis, dass vor allem in Mitteleuropa gemäßigte Winter herrschen, also insgesamt ein Klima, das sich eher für eine Sportart wie Feldhockey eignet, wurde aus Bandy bald Eishockey. Der Übergang fand fließend statt. Man spielte zeitweise eine Halbzeit Bandy, die andere Eishockey. Vereine und Ligastrukturen gab es bereits. Letztlich wechselten die meisten Bandymannschaften zum glorreichen Eishockey.

Kanadisches Hockey

Indianer, Soldaten und immer wieder: Studenten

Wir bleiben bei den Annalen des Kufensports und unternehmen eine Zeitreise nach Kanada. Im heutigen Quebec wurde bereits im 16. Jahrhundert von französischen Einwanderern »hoquey« (krummer Stock) gespielt. Aus dieser Bezeichnung entstand der Begriff »Hockey«. Spätere Vorläufer waren irische und schottische Feldspiele wie das Hurling oder Shinty, auch Shinney genannt; britische Soldaten hatten es Mitte des Jahrhunderts im Gepäck. Nicht nur Völker, Getränke und Essgewohnheiten vermischten sich im Zuge erster, zarter Globalisierungswellen. Auch kältebedingte Sportarten. So wurde Shinty, in Ermangelung ausreichender Grünflächen, winters eben aufs Eisfeld übertragen. Auf zugefrorenen Hafenbecken lernten Zerstreuung suchende Soldaten, den Krummstock in Händen, rasch die Vorteile umschnallbarer Stahlkufen kennen. Die Publikumsresonanz war prächtig, Studenten (die schienen damals noch viel Freizeit zu haben) taten es den UK-Regimentern gleich, Teams bildeten sich. Es wurde regelarm in Kompaniestärke gespielt: Oft tummelten sich bis zu 200 Menschen gleichzeitig auf dem Eis. Ein einziges Chaos.

Gespielt wurde zunächst noch mit Landhockeystöcken, Fahnenstangen markierten die Tore. Erstmals verwendete man am 03.03.1875 eine Holzscheibe (»flat circular piece of wood«) statt eines schwarzen Hartgummiballs. Und das kam so: Der Jura- und Kunststudent William Fleet Robertson, höchstselbst für die Gemengelage erster Regeln verantwortlich, hielt von der Beschaffenheit der Gummikugel nur wenig. Zu langsam und durchschaubar erschienen ihm die Spielzüge, schwierig gestaltete sich die Kontrolle mit dem Stock. Auch verschwand der Ball gerne hinter der Außenbegrenzung, meist einem Schneewall, und musste mühsam gesucht werden. Mit einer Scheibe aus Holz konnte er sich auf Dauer ebenfalls nicht anfreunden. 1877 wurde Robertson, der selbst nie Kufencrack war, zum Geburtshelfer des ersten Pucks. Seine Idee, den kleinen Kautschukball an zwei gegenüberliegenden Stellen so zu beschneiden, dass lediglich eine Gummischeibe zum Maß der Dinge wurde, setzte sich durch. Der Begriff Puck (Schlag, Schuss oder Stoß) ist dem Schottisch-Gälischen entliehen.

Eishockey, Hockey in Kanada. Hier liegen seine wahren Wurzeln, hier fand das erste Match zwischen Studenten und Akademikern am 03.03.1875 an der McGill-Universität, in einem Eisstadion, dem Victoria-Skating-Rink von Montreal, statt. Zwei namenlose Teams trafen aufeinander. Ausgang: 2:1. 500 Zuschauer sollen dabei gewesen sein und erlebten ein Spiel elf gegen elf auf einer Fläche von 200x85 feet. Eine Maßeinheit, wie sie ungefähr heute noch in Nordamerika genutzt wird. Besagt alles der McGill-Report aus dem Jahre 1943. Er diente der Wahrheitsfindung und legte auch fest, in welcher Stadt die Wiege des Hockeys gestanden haben dürfte. Vorausgegangen waren fälschliche Behauptungen aus Halifax und Kingston (Ontario) mit dem Ziel, den Standort-Zuschlag für eine Ruhmeshalle auf Dauer zu bekommen, was erstaunlicherweise auch klappte. Denn 1943 eröffnete die Hockey Hall of Fame nicht in Montreal, sondern in Kingston.

Hockey Hall of Fame

Ehre, wem Ehre gebührt

Im April 1940, noch unter dem Sujet International Hockey Hall of Fame, wurden erstmals elf Mitglieder in die Ruhmesreihen aufgenommen. Einen Standort besaß man noch nicht. Den gab es erst drei Jahre später, als honorige Funktionäre den Bau der Ruhmeshalle in Kingston beschlossen: die Hockey Hall of Fame, gegründet, um die besten Kufencracks zu ehren. Erst seit ihrem Umzug im Jahr 1958 verortet sie sich in Montreal, in musealer Kombination als Devotionalien-Schaukasten der Erinnerungen an berühmte Teams und Eisheilige sowie an die Geschichte der National Hockey League (NHL). Mehrfach wurden die Räumlichkeiten aufgrund stetig wachsender Besucheranstürme gewechselt. Mitglied der Hall of Fame kann werden, wer zunächst von einem 18köpfigen Ausschuss vorgeschlagen wurde und letztlich den Segen einer Befürwortungsbilanz von 15 der 18 Gremienmitglieder erhält. In jedem Jahr wird maximal vier Spielern, zwei Nicht-Spielern (Funktionäre, Trainer, Förderer, Kommentatoren) und einem Referee oder Linesman diese Ehre erteilt. Aber nur, sofern seit mindestens drei Jahren die aktive Hockeykarriere ruht. Außer Kraft setzen ließen sich derlei Wartezeiten nur für äußerst honorige Granden von der Schlagkraft eines Wayne Gretzky.

Mit dem anfangs als Wanderausstellung konzipierten Deutschen Eishockeymuseum wurde 1988 auch dem nationalen Pucktreiben ein Ehrenbereich gewidmet: die Hall of Fame Deutschland. Zehn Jahre später gründete sich innerhalb des Augsburger Plärrerbades eine erste »Ruhmeshalle«, um Spielern, Schiedsrichtern, Trainern, Offiziellen und Journalisten zu huldigen. 2012 folgte die sanierungsbedingte Schließung der Räumlichkeiten. Die Ausstellungsstücke wurden bis auf Weiteres eingemottet. Ein Großteil der in diesem Buch genannten Akteure ist mittlerweile durch den Nominierungsausschuss um Erich Kühnhackl deutscher Hall of Fame-Status verliehen worden.

Wenn irgendwo zu lesen ist, dass Scorerkönigen ein Gustav Jaenecke- oder Fritz Poitsch-Pokal oder besten Neulingen eine Alois Schloder-Trophäe verliehen wurde, All-Star-Teams des Jahres oder Jahrhunderts virtuell zusammengebastelt wurden oder noch werden, dann findet sich der Zusammenhang schnell in den wenigen Printmedien, die das deutsche Eishockey mit den Jahren zu bieten hatte. 1973 machte das *Eishockey-Magazin* um den Sportjournalisten Horst Eckert den überregionalen Anfang. 1998 war damit Schluss. Seit 1993 bietet die Straubinger Fachzeitschrift *Eishockey News* wöchentlich dem Eiszeitfan alles, was es über den Sport zu sagen gibt. Und wer sich die Spieler- oder Trainernamen darin einmal genauer anschaut, wird feststellen, dass viele Aktive aus Eishockeyfamilien stammen, die zum Teil über Jahrzehnte hinweg den Puck vom Vater auf Sohn oder Tochter übertragen haben. In einer Dimension, die man selbst bei König Fußball vergeblich sucht.

Die Montreal Rules

Eine Religion wird bibelfest

Um 1878 erweiterte der aktive Puckjäger, spätere Hockey-Missionar und Organisator der legendären Premiere im Victoria-Skating-Rink, James George Aylwin Creighton, gemeinsam mit Kommilitonen das jungfräuliche Regelwerk Fleet Robertsons. Es entstand ein dem englischstämmigen Rugby verwandtes Regelwerk gesunder Paragraphenhärte, die Halifax Rules. Spielzeit: 2x 30 Minuten plus Halbzeit. Beide Teams bestanden nunmehr aus jeweils neun Spielern (ein Torhüter, zwei Verteidiger, zwei Mittelfeldspieler, vier Stürmer). 1880 wurden erstmals Eishockeystöcke heutiger Form eingesetzt. Es folgten die Montreal Rules 1884 mit nur noch sieben Spielern pro Team. Grund dafür waren Beschwerden pingeliger Eiskunstläufer, die sich nach jedem Hockeymatch fürchterlich darüber echauffierten, wie zerkratzt das Eis denn schon wieder aussähe. Als Kompromiss blieb die Reduzierung der Spielstärke beider Teams. Abseits kannte man zunächst nicht. Jeder konnte jedem zuspielen, woher und wohin er wollte, bis direkt vors Tor. Auf erste Abseitsregeln kam man erst, weil neben der Körperbetontheit des Spieles ebenfalls Schlittschuhlaufkunst in den Fokus gerückt werden sollte. Zur sehr litt die Feinheit des Laufens genauso wie der Spielfluss unter dem Tempo des planlosen Puckhinterherhechtens. Da zudem noch keine Auswechselspieler vorgesehen waren, ging den Jungs des Öfteren die Puste aus. Ein Spieler, der *Goal Keeper* oder *Goal Tender*, hatte das Tor sauber zu halten, zwei weitere, ein *Point* und ein *Cover Point* sollten dem Torhüter dabei in der Verteidigung zur Hand gehen. Im Angriff liefen vier Cracks auf, drei Stürmer (*Forwards*) und ein *Rover*, der schnellste und beste Teamplayer, der das Spielgeschehen an sich reißen sollte. Spielzeit: 3x 20 Minuten. Für die Einhaltung der Montreal Rules waren zwei Schiedsrichter zuständig. Zum Schutz der Akteure entlieh man dem Feldhockey Handschuhe und Beinschienen. Spielfeldlinien in rot und blau folgten. Die Drittelung des Spielfeldes, nebst Einführung erster Übertretungsregeln, war auf Dauer nötig geworden, um torraumverliebte Ansammlungen, verbunden mit dem Austausch schlagkräftiger Argumente, in den Griff zu bekommen. Bis 1890 sollte es dauern, als ein Zuschauer namens Francis Nelson ein Fischernetz übers Tor legte, welches bis dato nur aus Holzteilen zusammengezimmert war. Ärzte und Fans waren begeistert, nahm die Anzahl der vor allem hinter den Toren erlittenen Gehirnerschütterungen und Jochbeinbrüche von nun an beträchtlich ab. Bei ihrer Gründung im Jahr 1909 entschied die National Hockey Association (NHA), der Vorläufer der 1917 ins Leben gerufenen NHL, die Spielstärke eines Teams auf sechs (Torwart, zwei Verteidiger, drei Stürmer) zu reduzieren. Der Rover, dem keine wirklich feste Position im Geschehen eingeräumt wurde, sollte wegfallen. Ab 1914 wird der Puck eingeworfen. Nur setzten sich die Regeln eines Spielbetriebes nicht allerorten gleichzeitig durch. Sie fanden oft erst Jahre später einen gemeinsamen Nenner.

Die erste organisierte Eishockeyliga der Welt

Deutschland baut den Vorläufer der Zamboni

1885 ging es in den allerersten Modus Operandi. Vier Clubs gründeten eine organisierte Hockeyliga, die Ontario Hockey Association. Vier Jahre zuvor hatten die McGill-Studenten zudem mit dem Victoria Hockey Club den ersten reinen Hockey-Verein der

Geschichte ins Leben gerufen. Die Vision: Verbreitet das Puckspektakel über die ganze Welt, missioniert zuerst die ballschlagende Stockgemeinde. Schließlich wurden aus den studentischen Cracks der ersten Stunde einflussreiche Kaufmänner, Anwälte und Professoren. Auf diesen erlauchten Personenkreis hörte man, der hatte Einfluss. Nicht umsonst spielen heute eine Million Kanadier Hockey. Getreu dieser Entwicklung wurde nicht nur ein Sport, sondern gleich eine ganze Religion erfunden.

Als durchaus praktisch erwies sich dabei eine bahnbrechende Neuerung aus dem fernen Deutschland. 1873 erfand Professor Dr. Carl von Linde die erste Eisbereitungsmaschine. Die von Linde-Gesellschaft errichtete daraufhin 1896 eine öffentliche Kunsteisbahn in Nürnberg. Überdacht war die Piste zwar nicht, doch jetzt konnte kein milder Winter, kein Eisbruchweiher die Freuden auf Kufen mehr trüben. Carl von Lindes Technologie zur Erzeugung künstlicher Kälte machte es möglich. Besagte Kunsteismaschine steht noch heute im Augsburger MAN-Museum.

Als man in Übersee von der neuen Technik erfuhr, war man schlichtweg aus dem Häuschen. 1899 wurde in Montreal das erste überdachte Kunsteisstadion Nordamerikas errichtet. Das ganze Jahr über war nun Hockey auf Kufen möglich. Egal in welcher Klimazone. Das rasante Puckspiel war mittlerweile in England, Belgien, der Schweiz, in Böhmen, Frankreich, Deutschland angekommen und mit ihm die kanadischen Regeln, die nach und nach übernommen wurden. Am 15.05.1908 gründete sich in Paris, zunächst in französischer Amtssprache, der Eishockey-Weltverband, die Ligue Internationale de Hockey sur Glace (LIHG). Seit 1957 verwendeter Duktus: International Ice Hockey Federation (IIHF). 1910 spielte man die erste Europameisterschaft in Avants/Montreux.

Die Spinnweben deutscher Kufenkultur

Berliner Anfänge mit der kanadischen Hartgummischeibe

1888 schlug das Geburtsjahr des Deutschen Nationalen Eislaufverbandes (DNE). Getagt wurde in Hamburg, beim Altonaer

Schlittschuhläufer Verein von 1876. Den Urschleim dieser Kältesportvereinigung bildeten vier Hamburger, zwei Berliner und ein Braunschweiger Verein. Der DNE vertrat die Interessen honoriger Eissportarten in Deutschland, anfangs auch in Holland und Österreich. Eishockey suchte man noch vergebens, wenige Jahre später strich man das Nationale aus dem Sujet heraus, übrig blieb der Deutsche Eislaufverband (DEV). Die Sektion Eishockey wurde 1908 aufgenommen, blühte jedoch zunächst nur als zarte Pflanze im Schatten von Eiskunst- und Eisschnelllauf.

Doch das Spiel mit dem Puck holte langsam auf. In der deutschen Hauptstadt hatte sich bereits 1901 die erste Eishockeyabteilung innerhalb des kaisertreuen Berliner Schlittschuhclubs (BSchC) gegründet. Das sangesstarke Motto »Schwarz Rot Weiß – so wurden wir geboren« gefiel der kaiserlichen Sippe auch farblich so gut, dass sie sich als hoheitlicher Protektor, Finanzier und Unterstützer des Clubs freundlich zur Verfügung stellte. 1908 nahm die Eishockeyabteilung ihren Spielbetrieb im BSchC auf. Vor allem in Erinnerung an ein semihistorisches Datum, den 04.02.1897. Erstmals wurde an diesem Februartag Eishockey auf dem Berliner Halensee gespielt. Zumindest eine Halbzeit lang. In der anderen ging man zum Altbewährten, dem Springball (Bandy) über. Beteiligt waren Mitglieder des Akademischen Sportclubs Berlin (ASB) und eine Gruppe von, man glaubt es kaum, Studenten. Den Sieg trug der ASB davon. Das erste »richtige«, offizielle Eishockeyspiel auf deutschem Boden musste noch warten.

Die erste überdachte Kunsteisbahn

Taufe im Berliner Eispalast

Am 31.08.1908 begann die kurze Geschichte des Berliner Eispalastes in Charlottenburg. Deutschlands erste Infrastruktur in Sachen Kunsteisfläche machte endlich Eishockey nach kanadischem Ebenbild möglich und stand den europäischen Nachbarn in Paris, London oder Brüssel in nichts nach. Als Sternstundenfunktionär gilt

Hermann Kleeberg (1867-1954), eishockeyverrücktes Vorstandsmitglied des BSchC. Im Eispalast an der Martin-Luther-Straße sicherte er seinen ansonsten auf Natureis beheimateten Kufencracks Spielzeiten zu. Andere Vereine zogen nach und spielten, was sonst: Bandy. »Diese Hinterwäldler«, schäumte der Vermutung nach Kleeberg. Mangels genügend Berliner Puck-Enthusiasten auf Vereinsebene wagte sich der spätere LIHG-Vizepräsident und furchtlose Lobbyist kurz nach Palasteröffnung an ein internationales Turnier heran. Als Toproad-Teams dabei: der Club Partineurs Paris sowie der Prince Club London. Der SC Leipzig sagte ab; zu ängstlich, zu argwöhnisch waren die Sachsen um ihren Bandypionier Dr. Walter Schomburgk. Galt es doch, europaweit gewonnenen Ruhm samt Eisballehre nicht der Lächerlichkeit einer Puckjagd preiszugeben. »Umgeschult wird nicht«, so die Devise. Bis in die 20er Jahre hinein sollte es noch dauern, die Vereinsführungen des eissportlichen Landes vom kanadischen Hockey annähernd zu überzeugen. Ein sehr bedauerlicher Umstand; man stelle sich vor, wenn Sachsen die Entwicklung auf Kufen entsprechend anders, erfolgreicher eingeschätzt hätte, Berlin somit Paroli in Sachen Eispalast geboten hätte. Um die Jahrhundertwende brüstete man sich etwa in Leipzig mit dem Bau des Flughafens, des Neuen Rathauses, des Hauptbahnhofes sowie dem Völkerschlachtdenkmal, schwamm im Pelzgeld und hätte mit dem Bau einer zweiten deutschen Kunsteisbahn für Staunen und Furore sorgen können.

So durften sich beim Berliner Eröffnungsspiel am 02.11.1908 die Lokalmatadore des SC Charlottenburg mit den kanadischen Hölzern des Schlittschuhclubs messen. Dieser gewiss grau-trübe Nebeltag ist damit die vollwertige Geburtsstunde des Eishockeys in Deutschland. Der Eispalast stand bis zum Endspiel (Sieg Paris über den Schlittschuhclub) Kopf, und Hermann Kleeberg hob mit kräftigen Händen das Kind aus dem Taufbecken. Ein weiterer, wenn auch regionaler Schritt zur Etablierung des deutschen Eishockeys war die Gründung des »Berliner Eishockey-Bezirks« im Dezember 1909. Flugs trat man dem DEV bei und sah sich so in der Lage, künftig landesweite Meisterschaften austragen zu dürfen.

Anfänglich aus wenigen Gründungsmitgliedern bestehend, wuchs zunächst die Berliner Vertretung stetig an. Eine Auswahl der frühen Enthusiasten: Berliner Hockey Club, Berliner Schlittschuhclub, Sportclub Charlottenburg, Berliner FC Preußen, Sportclub Komet, Berliner Eislaufverein 1904, Berliner Thor und Fußball-Club Britanni, Berliner Eislaufverein 1886, Eislaufverein Berlin.

Von nun an galt es, öffentlichkeitswirksam auf die Pauke zu schlagen. Dazu lobte der Eishockey-Bezirk 1909/10 einen Pokal des Eispalastes aus. Der Schlittschuhclub trat mit zwei Mannschaften an. Seine Erste besiegte im Endspiel die zweite Mannschaft mit drei Toren Unterschied. Erneut war der Publikumsandrang groß. Einer Debüt-Stadtmeisterschaft stand finanziell und organisatorisch nichts mehr im Wege. In Berlin wollte man den schnellsten, härtesten Teamsport der Welt auf jedem Froschteich, jedem eisgefrorenen Schulhof sehen.

Eishockey wird ligatauglich

Zehn Teams, zwei Ligen in Berlin

Auf dem Charlottenburger Litzensee ging sie im Winter 1910/11 über die Bühne, die erste Eishockeystadtmeisterschaft. Genau wie im Folgejahr standen sich im Endspiel der BFC Preußen und der BSchC gegenüber. Beide Male siegten, zum Erstaunen aller, die Preußen. Grund genug für den zuletzt auch auf europäischer Turnierebene schwächelnden Schlittschuhclub, den Kader aufzurüsten. Die Tops der Liga, darunter der Kanadier »Mister« Baker sowie sein vom ASC Dresden gekommener US-Gastarbeiter Dr. Charles George Hartley, bildeten das Grundgerüst. Dentist Hartley, ehemaliger Zahnfühler des deutschen Kaisers Wilhelm II sowie des Sachsenkönigs Friedrich August, hatte das Puckspiel übrigens beim selben Club erlernt, aus dem auch später der Genius Wayne Gretzky hervorgehen sollte, beim Brantford Ice Hockey Club. So ein Zufall.

Als der pucktreibende Lehrmeister aus beruflichen Gründen Elbflorenz verließ, war es mit der Herrlichkeit des ASC Dresden schnell vorbei. Hartley verlustig gegangen, besann man sich wieder auf das Bandyspiel. Der Schlittschuhclub hingegen agierte fortan weiter mit zwei Mannschaften. Team A, gespickt mit europäischen Auswahlspielern, tingelte durch Europa und stellte 1912 die siegreiche LIHG-Weltmeisterschaftsvertretung Deutschlands. Erfolgreich wurde Paris, Brüssel, Montreux, Chamonix die Stirn geboten. Duelle mit den Canadians der Oxford University, einer aus kanadischen England-Studenten bestehenden Mannschaft, waren besonders brisant. Team B agierte national, kümmerte sich um den Berliner Verband, später dann um die deutschen Meisterschaften. Anfangs durften darin mit wenigen Ausnahmegenehmigungen Ausländer eingesetzt werden, doch viel spannender war die Frage: Wer von den deutschen Spielern schafft es, auf den internationalen Zug aufzuspringen? Heißt der Gegner vielleicht bald schon HC Davos?

Im Winter 1912 wurden erstmals deutsche Meisterschaften im Eishockey ausgetragen. Klingt nach ganz großem Zinnober, doch weit gefehlt. Der DEV hatte zwar auf seiner Verbandstagung eine großflächige Ausschreibung in die Welt gesetzt, Vereine wie den SC Leipzig, ASC Dresden, DHC Hannover sowie das Berliner Trio, BFC Preußen, SC Charlottenburg und BSchC zu Favoriten gekürt, doch blieb Berlin am Ende unter sich. Niemand reiste an. Obwohl es Vorbereitungsspiele gegeben hatte. So hebelte Leipzig bei einem siegreichen Match gegen den BSchC den Puck gleich fünfmal in die Maschen der Berliner.

Folgerichtig hießen die beiden Endspielteilnehmer im Spiel um besagte Meisterschaft, ausgetragen am 28.01.1912 im Eispalast, einmal mehr: Berliner Schlittschuhclub vs. SC Charlottenburg. Den Lorbeer »Meister des DEV im Eishockey« gewann ersteres Team um den Publikumshelden Alfred Steinke.

Alfred Steinke
Der erste Star des deutschen Eishockeys

Bereits 1910 lief er für Deutschland zur ersten Europameisterschaft auf. Ein echter Allrounder: Verteidiger, Stürmer und am Ende seiner aktiven Laufbahn wurde er noch Torhüter seines BSchC sowie der deutschen Olympiamannschaft 1928 in St. Moritz. Die Statistik des heutigen Deutschen Eishockey Bundes (DEB) verbucht für Steinke lediglich zwei Länderspieleinsätze, was daran liegt, dass Einsätze erst ab 1927 berücksichtigt werden. In späteren Funktionen, etwa als Fachwart für Eishockey im DEV, musste Steinke aus Frist- und Eismangel bestimmen, wer an den meisterschaftlichen Endrunden teilnehmen durfte. Manchmal ohne sportlich dafür qualifiziert zu sein. Zu unsicher war das Vorrundenwetter; schließlich bestand Eishockeydeutschland, Berlin ausgenommen, rein aus Natureisflächen. Ein gutes Team war nur so viel wert, wie die Eisfläche. Dass Steinke oder der 10fache Schlittschuhclubmeister Walter Sachs in den 20er Jahren nebenher noch Schiedsrichteraufgaben erfüllten, sei nur am Rande erwähnt. Damals war es üblich, dass Funktionäre wie aktive Spieler im Ein-Mann-System zur Pfeife griffen. Erst 1934 wurde es professioneller: von da an gaben zwei Referees den Ton an.

Die erste nationale Eishockeysaison

Und das erste Zweiligensystem im deutschen Sport

Im Jahr Zwei der deutschen Meisterschaften siegte erneut der Berliner Schlittschuhclub. Erstmals darf 1912/13 von einer Saison gesprochen werden, da sowohl eine südliche (Münchener Teams, Prag) wie eine nördliche Vorrunde (Berlin, Schierke) gespielt wurden. Eigentlich sollte sich die Idee durchsetzen, den Titel im Harzer Ort Schierke auszuspielen. Doch mitten im Januar wurde es warm. Das Natureis fiel förmlich ins Wasser. So verlegte man sich auf den März und nach Berlin. Eher ging es nicht, da zwischenzeitlich der Pleitegeier über dem vorübergehend geschlossenen Eispalast schwebte und die Seen eher zum Winterbaden denn zum Kufenritt einluden. Die unfreundliche Erderwärmung sorgte zudem dafür, dass der Berliner Eishockeybezirk 1912 keine Stadtmeisterschaft austragen konnte. Als im März der Eispalast die Tore wieder öffnete, schlug der Schlittschuhclub den Südmeister MTV 1879 München im Endspiel mit 4:0. Einmal sollten die 4.000 Zuschauer im Palast noch mit den Berlinern jubeln; die Bayern wurden zum Saisonabschluss 1913/14 mit 12:1 im Endspiel zur dritten Meisterschaft nach Hause geschickt.

Die Berliner Stadtmeisterschaften wurden mittlerweile in zwei Divisionen (A-Teams und B-Teams) ausgespielt. Mangels tragfähiger Eisflächen war die Mannschaftsvielfalt im Bezirksverband auf nur noch sechs gesunken. So entstand, wenn auch unfreiwillig, das erste Zweiligensystem im deutschen Sport überhaupt. In beiden Staffeln siegten als Vorkriegslokalmatadore die Vertretungen des BSchC.

Erste Europameisterschaften

Ein einziges Tohuwabohu

Bis zum Beginn des Ersten Weltkrieges 1914 vertraten ausschließlich Berliner Kufenflitzer das deutsche Eishockey in Europa. Die europäischen Meisterschaften erreichten eines: mehr Aufmerksamkeit in der Öffentlichkeit. Schließlich wurden die eigenen Farben und das eigene Land vertreten. Ein solches Ereignis war eine Meldung wert.

Kontinental hatten sich in der Zwischenzeit gut besuchte Stadtligen wie in der deutschen Hauptstadt gebildet. Was lag da näher, als im Jahr 1910 eine erste Europameisterschaft auf die Beine zu stellen? Als nationale Vertretung reiste der BSchC ins schweizerische Les Avants und wurde Vize hinter England. Im Folgejahr war Berlin Austragungsort. Europameister wurde im Eispalast das böhmische Team. Der Plan der LIHG sah zunächst vor, stets dem Sieger die Austragung fürs kommende Jahr zu gewähren. 1912 richtete also Prag aus und gewann vor Deutschland. Damit ging die EM automatisch 1913 nach Böhmen. Doch war mit Österreich (0:5 gegen Böhmen, 1:4 gegen Deutschland) ein Team angereist, welches erstaunlicherweise gar keine LIHG-Mitgliedschaft inne hatte. Der Grüne Verbandstisch war zunächst ratlos, von annullierten Spielen hielt man nichts. Beim wenige Wochen später stattfindenden Championat in Chamonix, einem Turnier, bei dem u.a. auch das bisweilen unbesiegbare Team der Oxford Canadians teilnahm, fand sich eine Lösung. Der Sieger dieses Wettkampfes sollte die EM 1913 tatsächlich ausrichten. Deutschland gewann überraschend das Endspiel gegen die Canadians. München wurde Austragungsort.

Gespielt wurde auf dem Kunsteis der Unsöld'schen Eisbahn. Eine Minifläche, keineswegs den geltenden Regeln entsprechend. Anders ging es aber nicht, da sowohl im vorgesehenen und präparierten Münchener Prinzregentenstadion als auch auf dem Riessersee bei Garmisch Tauwetter einsetzte. Kurios: Die EM musste zeitgleich mit den Entscheidungen um die Münchener Meisterschaft ausgetragen werden. Ebenso sollte parallel die süddeutsche Vorrunde um den Deutschen Meistertitel ausgespielt werden. Kurzum: Ein Spiel jagte das nächste. Belgien gewann schließlich das hektische Treiben um den Europatitel vor Böhmen und Deutschland.

Warum 1914 nicht Brüssel, sondern wiederum Berlin den Zuschlag fürs nächste Turnier erhielt, mag am Umdenken der LIHG gelegen haben, die künftigen Orte des Geschehens in eigener Entscheidung zu vergeben. Im Eispalast siegten elegant gekleidete Prager Schlipsträger vor Deutschlands Mützenensemble in einem Dreiländergespann mit Belgien. Mehr Teams kamen nicht. Zu sehr war Europa bereits im Kriegstaumel. Das anschließend in St. Moritz ausgetragene Championat (Sieg: England) war die vorerst letzte friedliche, nationenübergreifende Zusammenkunft im Eishockey. Ausländische Spieler flüchteten, starben an den Fronten, wo sie sich statt mit Kellen nun mit Gewehren gegenüber standen. Eishallen wurden geschlossen und militärisch umfunktioniert. Der Sport kapitulierte. Auch der finanziell ins Schlingern geratene Berliner Eispalast. Eigentlich waren sämtliche sportliche Aktivitäten bei Kriegsbeginn untersagt worden. Dennoch wurde dann und wann Eishockey gespielt. Zwar nicht mehr um eine deutsche Meisterschaft, aber heimlich für einige wenige glückliche Momente.

In Berlin wichen Spieler auf Fronturlaub auf die einzige noch zur Verfügung stehende Kunsteisbahn des Admiralspalastes aus, sofern keine Teiche sie hielten.

Überall Eishockey: Die 20er Jahre

DAS Jahrzehnt des Sports beginnt

Wenn Politik über den Sport bestimmt, gehen bekanntermaßen die Lichter aus. Drehen wir das Rad der Geschichte vor, umschiffen wir den Krieg, den damit verbundenen Ausschluss der Deutschen aus dem Eishockey-Weltverband. Erst 1926 – auf Protest des schwedischen Verbandes – kehrte der DEV tatendurstig in den Schoß der internationalen Eishockeyfamilie zurück, durfte bei der EM 1927 in Wien starten und belegte hinter Belgien und Meister Österreich den dritten Platz. Die langjährige Isolation des ehemaligen Kaiserreichs sahen die Schweden als unsinnig und schädlich für den sportlichen Wettkampf an. Sie drohten derweil nicht nur mit dem Austritt aus dem Weltverband, sie ließen auch Taten folgen und kehrten 1926 gemeinsam mit Deutschland zurück.

Auf jedem Rummel war Boxen, zu Monarchens Zeiten schwer verboten, groß im Kommen und ließ sich ganzjährig gewinnbringend unters Volk bringen. Selbst Fußball stand mittlerweile im bayerischen Schulbetrieb nicht mehr unter Strafe und entwickelte sich zum Massenphänomen. Die Kunsteisbahn im Eispalast war lange vorher entfernt worden, ab 1920 tanzte dort das Varieté: Die »Goldenen Zwanziger« standen vor ihrer Blütezeit. 1922 zog auch der Admiralspalast in der Friedrichstraße nach. Die stolze Hauptstadt des deutschen Eishockeys stand auf einmal wie eine große eingebrochene Teichgemeinde da. Der Schlittschuhclub flüchtete, trainierte auf voll finanzierte Einladung der Schweizer Nachbarn fern ab im reichen Kurort Davos und nahm im dortigen Eisstadion ab 1923 am neu geschaffenen Spengler Cup teil, dem bis heute ältesten, internationalen Einladungsturnier auf Kufen. Ziel des Ganzen war es, die durch den Ersten Weltkrieg verfeindeten

Nationen wieder zusammenzuführen. Was beim ersten BSchC-Versuch (Sieg der Oxford Canadians) noch nicht gelang, sollte sich 1924 entscheidend bessern: Endspielsieg gegen das Heimteam, den HC Davos.

In der Heimat blieb als letzte Kunsteishoffnung der 1910 eröffnete Sportpalast mit seinen 8.000 Zuschauerplätzen. Zu Kriegszeiten fand er als Waffenarsenal Verwendung und öffnete seine Pforten nun dem Kassenschlager Boxsport. Hans Breitensträter, Sabri Mahir, Kurt Prenzel und Max Schmeling schlugen sich im Palast die Köpfe ein. Erst als ab 1925 dank des kreditwürdigen Schlittschuhclubs eine Kunsteisanlage im Wert von 200.000 Mark die Pucks wieder tanzen ließ, war man alle Sorgen bis auf Weiteres los. Kein Tag verging, an dem im Sportpalast nicht irgendeine Veranstaltung angekündigt wurde. 1930 sollte der Palast so berühmt wie das Pariser Palais des Sports und der New Yorker Madison Square Garden sein. Kongresse, Radrennen, Revues und nach wie vor Boxkämpfe gaben sich die Klinke in die Hand. Doch bei keiner Veranstaltung ging es so heiß her wie beim Eishockey.

Fans und Prominenz

Der Heuboden tobt

Vergnügungssüchtiges Volk heizte auf den billigen Rängen, der legendären, im Volksmund Heuboden genannten Galerie, den Lieblingen ein. Der Einfluss des Heubodenblocks auf das Spiel war nicht von Pappe. Hier wurde die erste deutsche Eishockeyfankultur in ganzer Hallenlautstärke gelebt. Frei von La Ola erteilte man Lektionen, schoss Schimpfkanonaden ab und brach in Jubelstürme nach Berliner Schnauze aus. Nahm das Spiel nicht entsprechend Fahrt auf, gähnten Hunderte Kehlen aufs Spielfeld hinunter. »Jaja, die Scheibe ist keen weicher Keese« oder »Uffsteh'n, schlafen kannste nachher« skandierten die Fans, wenn ein Puck den Gegner niederstreckte. Fiel eine strittige Schiedsrichterentscheidung, wurde die eigene Mannschaft aufgefordert, den schwarzen Kobold doch bitte in Richtung Referee zu donnern. Gesagt, gebolzt, getan. Die eigens mitgeführte Musikkapelle legte los.

Währenddessen logierte und dinierte die geballte Prominenz im feinen Zwirn auf den höher gelegenen Plätzen und ließ sich den Spaß 20 Goldmark kosten. Im Vorprogramm und in den Spielpausen wurde Kunstlaufen erster Güte geboten. Stars und Sternchen wie die Weltmeisterin und norwegische Olympionikin Sonja Henie oder das Eiskunstlaufpaar Maxie Herber und Ernst Baier, spätere Stars in Leni Riefenstahls offiziellen Olympia-Filmen, liefen auf und sorgten nicht nur in den Logen der Schauspieler und wirtschaftlich-politischen Granden für Verzückungsmomente. Der Boulevard tat sein Übriges hinzu und titelte: »Jungstürmer Gustav Jaenecke (BSchC) und sein Häseken (Sonja Henie): das neue Traumpaar im deutschen Kufensport.« Überliefert ist diesbezüglich aber nur, dass Henies mehrmalige Verlobungskarriere an Jaenecke erschreckend oft vorbeilief.

Vom Aufschwung der Goldenen Zwanziger profitierte neben Fußball, Tennis, Boxen und Radrennen, der stets und bis heute am schwersten zu finanzierende Eissport im Besonderen. Die Leute konnten sich den Eintritt wieder leisten, Sponsoren öffneten die Geldsäckel, und mit dem Geschick eines Hermann Kleeberg, der sich mittlerweile als hauptamtlicher Direktor des Schlittschuhclubs unersetzlich gemacht hatte, gelang zudem ein Clou: Geschaffen wurde, nach dem Kauf im Jahr 1920, ein eigenes Vereinsgelände mit Clubhaus, Sportanlagen und Kunsteisbahn in der Nähe des Reichskanzlerplatzes. Ein für damalige Verhältnisse wahrer Luxus. Training und Verbandsspiele mit weniger Publikumsresonanz fanden überwiegend im Freien, die großen Kracher im Sportpalast statt.

Meisterliches nach Kriegsende

Nur der Wettergott ist launisch

Eishockey war im heimeligen Süden auf dem aufsteigenden Ast. Die erste Deutsche Meisterschaft nach Kriegsende fand 1920 in München statt. Im Endspiel standen sich der lokale MTV 1879 und der Berliner Schlittschuhclub gegenüber. Wie im Folgejahr, diesmal in Garmisch-Partenkirchen, siegten die Preußen. 1922 kam der Meister erstmals nicht aus der Hauptstadt. Erneut auf Garmischer Geläuf verlor der favorisierte BSchC den Titel an München.

Geprägt waren die frühen Nachkriegsjahre allerorten durch die Inflation mit den damit verbundenen finanziellen Einschränkungen. Es mangelte, nicht nur in Berlin, an Kunsteis. Also musste unter oftmals chaotischen Zuständen im Freien gespielt werden. Mehr als zwei Monate im Jahr war kaum an Eishockey zu denken. Gab es endlich bespielbare Flächen, so hatte man sich vor Ort mit ebenfalls in den Vereinen beheimateten Kunstläufern, Rollhockeyakteuren oder Eisschützen zu arrangieren. Früh einsetzendes Tauwetter, plötzliche Wärmeperioden und heftiges Schneetreiben hießen jedoch die wahren Gegner und ließen Qualifikationsspiele ausfallen. Ganze Meisterschaftsendrunden wurden Wochenende für Wochenende quer durchs Land verlegt. Die Titelkämpfe des Jahres 1923 verdeutlichen das Fiasko. Das erste und einzige Endrunden-Aufeinandertreffen im Schneegestöber unter der Zugspitze gewann der Schlittschuhclub gegen den SC Charlottenburg. Der ebenfalls gesetzte MTV München konnte aus vielerlei Gründen, auch zu später in Berlin angesetzten Nachholspielen, nicht antreten. In der Arithmetik wertete man einfach auf dem Papier den Sieg des BSchC in Garmisch als Endspielsieg.

Winterkampfspiele statt Olympia
So ein Kriegstreiberpech

Wie gerne wären die deutschen Kufencracks zu den Olympischen Spielen nach Antwerpen gefahren. 1920 wurde Eishockey ins olympische Programm aufgenommen. Pionier Kanada ging als erster Ringechampion in die Geschichtsbücher ein. Ab 1924 fanden die ersten Olympischen Winterspiele in Chamonix statt. Da die Deutschen auch sechs Jahre nach Kriegsende keine Einladung zu den Wettkämpfen erhalten hatten, blieb ihnen nichts anderes, als eine eigene »Olympiade« auf die Beine zu stellen. Erste deutsche Winterkampfspiele in Garmisch-Partenkirchen waren 1922 die Antwort. Nach Addition aller gewonnenen Punkte siegte der BSchC vor dem MTV München und holte sich am Kampfgericht Siegermünzen ab. 1926, in Titisee, traten die Berliner mit einer aufstrebenden jungen Nachwuchsgarde an und siegten auch dort. Mit dabei, einer der wenig später ganz Großen im deutschen Eishockey: Gustav Jaenecke.

Gustav Jaenecke & Rudi Ball
Die erfolgreichste Zeit des deutschen Eishockeys

»Ball spielt zu Jaenecke, Jaenecke stürmt allen davon, ist jetzt allein vorm Tor. Was macht er? Schuss, Tor! Ein wundervoller Angriff mit einem hervorragenden Abschluss der deutschen Mannschaft.« So ungefähr dürfte es damals in einer Eishockeyübertragung geklungen haben.

Gustav Jaenecke, geboren 1908 in Berlin-Charlottenburg, großer Star deutscher Eishockeyhistorie, nebenbei tennisaktiv im Daviscup-Team, war ab 1927 als rasender Puckjäger mit dem eisernen Schuss in aller Munde. Nur wenige, etwa der Boxer Max Schmeling oder der Tennisbaron Gottfried von Cramm, machten dem »deutschen Kanadier« die Alleinstellung als Sportidol der 20er und 30er Jahre streitig. Zwischen 1927 und 1942 kam er auf insgesamt 82 Einsätze im DEV-Team und erzielte dort ein Viertel aller Tore. Der Vizeweltmeister von 1930 gewann zwei Jahre später Olympia-Bronze in Lake Placid, es gesellten sich zwei Europameister-Titel hinzu. Und als wäre damit die Vitrine der Auszeichnungen nicht bereits bestens gefüllt, folgten zwischen 1927 und 1939 noch vier Bronzeplaketten im europäischen Superwettbewerb der Kontinental-Meisterschaften.

Zehn deutsche Landestitel gab es in Berlin zu bejubeln, zweimal gewann er mit dem Starensemble des Schlittschuhclubs den Spengler Cup. Nach Kriegsende schnürte »König Justav« die Stiefel im bombentrichterfernen Garmisch, wurde erst Nachwuchstrainer und legte mit dem SC Riessersee drei weitere Titel als Spieler nach. Unter der Nazidiktatur galt er als Mitläufer, wurde vom System zum Helden stilisiert. Als Geschäftsführer einer kriegswichtigen Schuhfabrik im Berliner Ostteil musste er nicht an die Front und besaß, auch das gab es, kein NSDAP-Parteibuch. Bemerkenswertes geschah bei seiner dritten und letzten Olympiateilnahme 1936 in Garmisch-Partenkirchen. Er wollte nicht ohne seinen Freund und halbjüdischen Berliner Sturmkollegen Rudi Ball antreten. Unter der Androhung, dem Turnier fernzubleiben, setzte Jaenecke Balls Teilnahme der Legende nach schließlich durch.

Jaenecke starb 1985. Posthum wurde er 1998 in die IIHF Hall of Fame aufgenommen. Gleiches widerfuhr dem 1975 verstorbenen Rudi Ball. 2004 folgten die IIHF-Lorbeeren in Toronto. Mehr als 500 offiziell gezählte Tore in 24 aktiven Spielerjahren gingen auf sein Konto, davon die meisten an der Seite von Gustav Jaenecke. Von 1928 bis 1944 spielten beide im selben Team, zuletzt in der Kriegsspielgemeinschaft Brandenburg/Berliner Schlittschuhclub.

Rudi Ball, dessen Brüder Gerhard und Heinz ebenfalls im Pucksport mitmischten, galt in den 30er Jahren als einer der besten Eishockeyspieler Europas und wurde Deutschlands erster großer Legionär. 1927 startete er beim SC Brandenburg, zwischen 1928 und 1933 spielte der Flügelflitzer für den Schlittschuhclub. Einem Exil-Intermezzo, gemeinsam mit seinen Brüdern, beim EHC St. Moritz folgten Spiele und Triumphe mit Diavoli Rossi im italienischen Neri bei Mailand. Seine Rückkehr nach Deutschland zu den Olympischen Spielen 1936 wird bis heute als eines der Sieben Weltwunder im internationalen Hockeysport bestaunt. Nach dem Spektakel in Garmisch-Partenkirchen setzten die Berliner Nazifunktionäre Balls sportliche Zukunft auch beim BSchC durch. In die Nationalmannschaft berief man ihn indessen nicht mehr. Ein Spieler, dessen einziges Verbrechen es war, einen jüdischen Vater zu haben, dem sein kleiner Reichtum in Gestalt einer Konfektionsfirma (»Kauft nicht bei Juden«) genommen wurde. Nach dem

Krieg spielte Ball bis 1948 fürs Nachfolgeteam des BSchC, der kommunalen Sportgruppe EG Eichkamp. In die Galerie der schönen Künste reihen sich außerdem ein: acht deutsche Meistertitel, Olympiabronze 1932, zwei Europameisterschaften, drei Siege beim Spengler Cup. 1951 gewann er mit dem Team Wolves IHC die Südafrikameisterschaft. Dorthin hatte es ihn 1948 gezogen, gemeinsam mit Bruder Gerhard.

Puck-Alarm in Deutschland

Tennis und Schwimmen im Sommer, Eishockey im Winter

Mit den Erfolgen der deutschen Auswahl, den Massenaufläufen und Endrundenspielen im Berliner Sportpalast wurde deutsches Eishockey ab 1925 endgültig wieder Publikumsmagnet. Der darauf folgende Puck-Alarm in den Jahren 1927 bis 1939 war und ist zugleich die bis heute erfolgreichste Epoche der Sportart hierzulande überhaupt. Vereine gründeten landauf, landab Eishockeyabteilungen. Aus Spaß am Eis wurde sportlicher Ernst. Heute noch umtriebige Clubs berufen sich in ihren Chroniken meist auf die Mitte der 20er Jahre als ihre Geburtsstunde und wollen natürlich von Anfang an dabei gewesen sein.

Die dienstälteste Eislaufstadt auf deutschem Boden ist Augsburg. 1878 gründete sich der AEV, doch erst seit 1929 wurde Eishockey gespielt. Im »Schleifgraben« machte man sich die eisigen Temperaturen des Winters zunutze und jagte auf zugefrorenen Schwimmbahnen dem Puck hinterher. In Schwenningen gründete sich 1904 ein Schwimm- und Eisclub. Für das Schwarzwälder Klima, versehen mit durchschnittlich sechs winterlichen Monaten, eine weise Tollerei. Am 17.04.1928 gründete sich im Gasthaus »Brückenwirt« der Tennis- und Eissportverein Miesbach. Der Brandmeier-Weiher mutierte zur ersten Puckhölle; später zog man auf die legendäre Schlachthauswiese um. Viel früher startete man dagegen in Hannover. Gerne wird indes fälschlicherweise behauptet, dass die Eishockeyanfänge einzig 1948 mit der Gründung der

Eissportgesellschaft (ESG) in Einklang zu bringen sind. Die Leinestadt besaß aber bereits ab 1910 eine Eisbahn, auf der renommierte Clubs ungern Station machten. Zu klein waren die Maße. Zärtlich spottete man den Verantwortlichen des DHC Hannover in Sachen Spielstätte das Wort »Spucknapf« zu. In Hamburg agierte der altehrwürdige Altonaer Schlittschuhläufer Verein von 1876. Gespielt wurde auf wasserberieselten, überfrorenen Sportplätzen, unter anderem auf dem Heiligengeistfeld. 1924 zog es einen der Frühpioniere der deutschen Eishockey-Landkarte aufs gefrorene Nass. Am 15.12. gründete sich der Eisclub Bad Tölz. In Rosenheim hatten die Cracks ab 1928 mit einer angelegten Spritzeisbahn auf dem Tennisplatz im Holzhof zu leben. Tennis im Sommer, Eishockey im Winter. Wie praktisch. Ähnlich ging es eigentlich überall zu. Sei es 1927 auf der Waldau in Stuttgart, sei es ab 1929 auf »Polsters Eisbahn« in Chemnitz. Hinzu kamen, um nur einige Teilnehmer an Meisterschaftsrunden ab 1926 zu nennen, ostpreußische Vertreter wie der VfB Königsberg, der VdS Tilsit oder die Teams der Eishockeygemeinde Rastenburg. Doch nirgendwo außerhalb Berlins schlug der Puckmeteor derart ein wie in Garmisch-Partenkirchen, einem beliebten Urlaubsort für eissportverliebte Touristen aus dem Preußenlande. Ob allerdings ein Berliner den ersten Puck auf dem Riessersee fallen ließ, kann nur gemutmaßt werden.

Als die Münchener zum SC Riessersee überliefen

Die Geschichte des SC Riessersee beginnt erstaunlicherweise in München. 1882 wurde dort die erste überdachte Kunsteisfläche gebaut, nur Eishockey fand darauf nicht statt. Dafür nutzte man um die Jahrhundertwende den Kleinhesseloher See im Englischen Garten und später das mit bis zu 5.000 Zuschauern umgarnte Prinzregentenstadion, in dem auch der Nachbar aus dem Zugspitzental heimisch wurde. Der MTV 1879 München durfte sich 1922 zwar als deutscher Meister eintragen, mit dem aufstrebenden SCR im Nacken verließen jedoch die besten Spieler die bayerische Landeshauptstadt gen Garmisch-Partenkirchen. Hier, unter der Zugspitze, hatte es sich die Eishockeyabteilung gemütlich gemacht, wurde man 1924 erstmals deutscher Meister und wiederholte das Kunststück gegen den allmächtigen Berliner Schlittschuhclub 1935. Die bajuwarische Euphorie kannte zudem keine Grenzen, als die Olympischen Spiele 1936 dem Club die Möglichkeit zur Nutzung eines modernen Supereisstadions boten.

Neben den Hauptstädtern vom BSchC waren es die Cracks mit dem SCR auf der Brust, die hauptsächlich für Deutschland auf Edelmetalljagd gingen. Einer der München-Zuwanderer war der Anwalt Dr. Georg Strobl, die gut betuchte Säule im Team der Werdenfelser. In 51 Spielen mit der deutschen Auswahl gewann er zwischen 1932 und 1938 Olympia- und WM-Bronze, die Eurowertung Gold sowie drei weitere EM-Bronzemedaillen. Dr. Philipp Schenk, Karl Wild und Nationalgoalie Wilhelm Egginger waren ebenfalls große Namen. Bis 1950 folgten weitere fünf Meistertitel, darunter das Endspiel 1947, bei dem die Sportgruppe Eichkamp, mit 10:1 unter die Räder kam. Drei Tore hämmerte Jaenecke seinem Ex-Team in die Maschen, das vorm Spiel noch fest davon ausging, mit seinem ausgewanderten Star ins Match gehen zu können. Doch der SCR war schlau genug, ihn nicht nur vertraglich an sich zu binden, sondern gleichzeitig für eine berufliche Existenz im Lederhandwerk zu sorgen. Aber damit war es bald vorbei: Als Spielbankdirektor lebte es sich fortan ungenierter.

Schierke, Leipzig, Crimmitschau

Im Harzer Schierke brach die Puckzeitrechnung bereits im Februar 1911 mit der Einweihung eines der Natur hart abgerungenen Eisplatzes an. 1912 wurde darauf nach kanadischer Disziplin dem Puck hinterhergejagt. 1913 fand dort die Meisterschafts-Endrunde statt. Der Erste Weltkrieg riss den SV Schierke und alles bis dato Aufgebaute ins Tal der Tränen. Erst 1928 wurde wieder ein Team zusammengestellt, 1931 schließlich präsentierte sich das idyllisch im Tal der Kalten Bode gelegene Natureisstadion für die 16. Deutsche Eishockey-Meisterschaft.

Bei seiner ersten Teilnahme an den deutschen Meisterschaften 1926 belegte Leipzig den letzten Platz. Erst zwei Jahre später setzte sich das Puckvergnügen in der Messestadt vollends durch. Die Teams standen sich auf hergerichteten Tennisplätzen sowie auf einer dem Fluss Elster abgetrotzten Sportanlage gegenüber. Das besondere am Leipziger Pucktreiben war, gemessen am Eishockey-Mekka Berlin, die städtische Vereinskultur: Rot-Weiß Leipzig, RC Sport, Leipziger SC hießen die Clubs mit Eishockeyablegern der erfolgsverwöhnten Nach-Bandy-Ära. Der eigentliche Motor, Rot-Weiß, wurde allerdings im Zuge der Arisierung 1934 als jüdischer Club durch die Nazis von allen Meisterschaftsturnieren entfernt. Blieb der Leipziger SC, der in der Saison 1934/35 die Endrunde der Mitteldeutschen Meisterschaft erreichte und diese mit dem dritten Platz abschloss. Aus besagten Championaten fabrizierten die Nazis späterhin Turniere der Gaue Sachsen und Mitte. 1936 gelang Platz drei bei den Sächsischen Meisterschaften. Zwischen 1940 und 1942 belegten Leipziger Vertretungen jeweils den dritten Platz bei den regionalen Kriegsmeisterschaften.

Eine überfrorene Wiese, nebst zugefrorenem Planschbecken im Sahnbad, leitete Ende der 20er Jahre das Puckgeschehen in Crimmitschau ein. Vielleicht war es die unmittelbare Nachbarschaft zu einer Gaststätte, der »Goldenen Säge«, welche das Publikum antrieb, dem Treiben des örtlichen EHC zu folgen. Bis in die 30er Jahre sollte es noch dauern, ehe der Eishockeyclub mit dem dreimaligen Gewinn der Mitteldeutschen Meisterschaft in aller Kennermunde war. Im selben Jahr, während der Vorrundenspiele um die deutsche Krone, unterlag man in Köln gegen den SC Riessersee erst wenige Minuten vor der Schlusspfeife. Aus dem EHC wurde nach der Vereinigung mit dem städtischen Tennisclub der ETC Crimmitschau.

Die Anfänge des glorreichen EV Füssen

1924 begann die Geschichte des erfolgreichsten deutschen Eissportvereins der jüngeren Nachkriegszeit. Gespielt wurde winters auf einer Schwimmeisbahn, verbunden mit den bekannten Thermometerwidrigkeiten. Mit der Endrundenteilnahme um die Meisterschaft 1927, als die Gelb-Schwarzen als Gastgeber gesetzt waren, kannte der Allgäuer Pucksport kein Halten mehr. Gepunktet wurde im Februar auf dem heimischen Mittersee in Bad Faulenbach. Platz drei stand nach einer Halbfinalniederlage gegen den SC Charlottenburg zu Buche. 1929 dann die eigentliche Feuertaufe: Sieg bei den Bayerischen Verbandsmeisterschaften in Oberstdorf gegen den Nimbus aus Riessersee. Sicherer Rückhalt: Walter Leinweber, Torwart und erster Nationalspieler des Vereins. Ein 1:0 nach doppelter Verlängerung brachte den ersten großen Titel in die Vereinsvitrine. Der Startschuss für eine bis heute nicht erreichte historische Vormachtstellung im deutschen Eishockey. Mitte der 30er Jahre sollte sich im Allgäu ein Team formen, das seinesgleichen suchte. Das Jahr 1939 bescherte der Nachwuchsabteilung den Titel »Reichssieger der Jugend«. Markus Egen, Engelbert Holderied, Wilhelm Bechler und Fritz Poitsch waren damals schon dabei. Zehn Jahre später führte Walter Leinwebers jüngerer Bruder Bruno als Spielertrainer diese um Namen wie Xaver Unsinn, Bruno Köpf oder Georg Guggemos erweiterte, farbentreue Equipe zur ersten deutschen Meisterschaft.

Bronze in Lake Placid

Glücksgefühle in der Wirtschaftskrise

Ende der 20er bis Mitte der 30er Jahre traf die Weltwirtschaftskrise auch das Eishockeygeschehen. Mit dem Berliner Sportpalast ging es abwärts, die Ränge blieben leer. Einzig zu Länderkämpfen, wie der Europameisterschaft im Jahre 1932, zog es das Heer der Eishockeyverrückten. Nazis wie Kommunisten buchten den Palast für Kundgebungen. Die fälligen Mieten wurden einzig von letztgenannten gezahlt, während die NSDAP alle Rechnungen prellte. Der damalige jüdische Palastbesitzer Jakob Schapiro wurde später von den Nazis verhaftet und ins KZ verbracht.

Der DEV sah sich 1932 finanziell außerstande, seine Winteraktiven mit ausreichenden Geldern zu den dritten Olympischen Winterspielen nach Lake Placid zu schicken. Mit lediglich 2.000 Mark in der Schatulle brachen eine Hand voll Bobfahrer, Kunstläufer und zehn Eishockeyspieler auf nach Übersee. Die Restfinanzierung des Trips übernahmen die Spieler zum Teil selbst, gleichzeitig hatte der Berliner Funktionär Kleeberg ihnen fünf zusätzliche gewinnbringende Freundschaftsspiele vor und während des Turniers im Großraum New York organisiert. In Lake Placid gab es nur einen Dollar pro Teilnehmer und Tag. Vier Mannschaften (Kanada, USA, Deutschland, Polen) trafen vor Ort ein und spielten vom 04.02.-13.02. nicht nur den Olympiasieger, sondern gleichzeitig den Champion der 6. LIHG-Weltmeisterschaften in einer Doppelrunde unter sich aus.

Torhüter Leinweber brach sich bei einem Freundschaftsspiel das Nasenbein, hatte aber das gesamte Turnier durchzuspielen. Einen Ersatz gab es nicht, geschweige denn eine Gesichtsmaske. Die wurde zwar bereits ab 1929 in Erwägung gezogen, gehörte aber noch lange nicht zum Pflichtteil einer Torwartausrüstung. Zwei Siege über Polen reichten für den Gewinn der Bronzemedaille. Rudi Ball avancierte zum besten deutschen Spieler und steuerte drei Tore und zwei Vorlagen bei. Kanada gewann zum vierten Mal in Folge Gold, zudem den sechsten WM-Titel. In der deutschen Heimat empfing man die Rückkehrer als Helden. Kaufen konnte man sich vom Gewinn einer olympischen Medaille im Jahr 1932 übrigens nichts, am Tag nach der Ankunft in Deutschland ging es für die Spieler wieder ans Tagewerk einer 50- bis 60-Stunden Arbeitswoche. Leinweber etwa verdiente sein Geld als Holzfachmann. Berlins Erich Römer, Deutschlands erster »Most Valuable Player«, ein Mann der klugen Passwege und wichtigen Tore, hantierte mit Büromaschinen. Eishockey blieb in Deutschland noch lange Zeit ehrlicher Amateursport, außer Spesen nichts gewesen.

Aussenkapitäne, erste Trainer und ein ganz normales Eishockeyspiel

Kämpfen bis zum Bully

Mannschaftstrainer waren, zumindest im hiesigen Eishockey, noch nicht üblich; die Spieler wählten einen so genannten Außenkapitän, heute würde man Spielertrainer sagen, der sich in Absprache mit den Funktionären für Taktik und Aufstellung verantwortlich zeichnete. Erst als sich nach und nach kanadische Spezialisten den Vereinen näherten, wurden Trainer als solche akzeptiert. Von denen ließ sich schließlich allerhand lernen. Der Kanadier Bobby Bell, in den 30er Jahren Coach in Düsseldorf und Riessersee sowie im Nationalkader als Reichstrainer aktiv, war einer der ersten. Sein Schicksal, zur falschen Zeit am falschen Ort zu sein, rächte sich in den Nachkriegstagen des Jahres 1945. Bell, der als Nazi-Spion in Verruf gekommen war, wurde mutmaßlich ermordet. Außenkapitäne, Funktionäre, erste Trainer, sie alle taten ihr Bestes, um die Teams in einer Spielzeit von 3x20 Minuten auf Sieg zu trimmen. Und so könnte es sich zugetragen haben:

Um den Riessersee herum trotzen 2.000 Zuschauer der Kälte, harren einem Meisterschaftsspiel der Vorrunde entgegen. Der Schiedsrichter lässt zur Seitenwahl beide Mannschaftsführer zum Münzwurf antreten. Sechs Teamspieler nehmen gegenüber Aufstellung, begrüßen sich mit Schlachtrufen. Schon ertönt der Pfiff des Zeitnehmers am Kampfgericht. Der Puck ist im Spiel, wird von Bande zu Bande gejagt. Nach sechs Minuten verfängt er sich unspielbar auf dem Tornetz. Abpfiff des Referees. Es gibt Bully. Jetzt erst dürfen beide Sturmreihen ausgetauscht werden. Die Verteidigung hat alle Drittel durchzuspielen, wenn da mal keiner schlapp macht. In Reserve gibt es nur je eine weitere Sturmreihe. Team A startet einen wunderschönen Angriff, der Stürmer umkurvt die Defensive, einer der Verteidiger weiß sich nur noch durch ein kleines Haken-Foul zu helfen. Der Schiri pfeift ab. Strafzeit: eine Minute dem Sünder. Sein Team spielt fortan in Unterzahl, einer der drei frischen Stürmer wechselt nach hinten. Dann der Pausenpfiff, die Schneeschieber rücken an. Auf frisch geblendetem Eis geht's ins zweite Drittel. Team B spielt die Scheibe ins Abseits, muss abrücken, Team A fährt einen Angriff bis vors Tor. Der Mittelstürmer spritzt übers Eis und hämmert den Puck zum 1:0 in die Maschen. Die weiße Fahne des Torrichters ist oben, das Ding zählt. Im letzten Drittel versucht Team B alles, um noch zum Ausgleich zu kommen. Ein Spieler springt über die Klinge, ist an der Holzbande mit dem Schläger gesperrt worden. Team A ist nun in Unterzahl, spielt die Scheibe nach schwerem Foul zwei Minuten lang mit einem Mann weniger auf dem Eis. Die Fans lassen ihrem Unmut freien Lauf, denn gemächlich wird sich der Puck im eigenen Drittel zugespielt, doch das ist verboten. Mauern hat einen Bully drei Meter vorm Tor der verfehlenden Mannschaft zur Folge. Die Scheibe wird erkämpft, zurück auf einen vorpreschenden Flügelstürmer gepasst. Der zieht ab, der Torwart hält, wirft das Gummi mit der Hand nach vorn. Darf er nicht, ist zu ahnden. Nur nach hinten oder zur Seite hin, das wäre erlaubt gewesen. Doch der Schiedsrichter hat's übersehen, lässt weiterspielen. Die frisch gewienerten Kuhglocken der Zuschauer verursachen einen Höllenlärm. Der Kampfgericht-Zeitnehmer schlägt die hupt drauflos. Die hälftige Spieldauer des letzten Drittels ist vorüber. Seiten müssen getauscht werden. Nur gerecht, schließlich schien die Nachmittagssonne Team B zuletzt unaufhörlich ins Gesicht. Wenige Sekunden vor Schluss fällt doch noch der Ausgleich ...

Kanada gegen den Rest der Eishockeywelt

Kuriose Spielmodi in Sachen EM, WM und Olympia

Ein gemeinsames Ziel verband alle europäischen Kufencracks: gegen Mutter Hockey spielen und vielleicht sogar siegen. In den 20er und 30er Jahren stellten Europas Metropolen All-Star-Teams zusammen, die gegen kanadische Gastmannschaften antraten. Großbritannien spielte eine besondere Rolle: Das Team der Engländer bestand seit Beginn seiner Eishockeygeschichte zu großen Teilen aus Anglo-Kanadiern mit britischen Papieren und galt als europäische Filiale der allmächtigen Überseemutter. Wer England schlug, hatte Kanada II besiegt. Bei den Olympischen Winterspielen 1936 gewannen die Spieler von der Insel alle Titel. Vorausgegangen war in der Zwischenrunde am 11.02. ein direktes Aufeinandertreffen mit den »echten« Kanadiern, was England sensationell mit 2:1 für sich entscheiden konnte. Bei der 4. Weltmeisterschaft 1930 schlug das deutsche Team in Chamonix die Engländer bereits in der Ausscheidungsrunde mit 4:2 und kam nach weiteren K.O.-Spielen durch einen 2:1-Sieg gegen die Schweiz als WM-Bester in den Genuss, ein Endspiel gegen Herausforderer Kanada bestreiten zu dürfen. Ausgetragen im Berliner Sportpalast verlor das deutsche Team mit 1:6. Erich Römer erzielte den Ehrentreffer. Kanadas vierter LIHG-Titel in Serie war nach nur einem Spiel besiegelt. Dabei wurden die auf Reisen geschickten Amateurchampions in der Heimat kaum wahrgenommen. Ruhm, Dollars und Ehre erlangten ausschließlich die Profis im Kampf um die NHL-Krone, den Stanley Cup. Kaum einem kanadischen WM-Teilnehmer gelang es, je in diesen erlauchten Kreis aufgenommen zu werden.

Die Entscheidungen der LIHG, wann welche Turniere in welchem Spektakel stattfinden sollten, änderten sich von Jahr zu Jahr. Stand eine Olympiade an, wurden der Einfachheit halber alle drei Titelkämpfe unter ein Dach verlegt. 1920 fand das erste olympische Eishockeyturnier im Rahmen der Sommerspiele statt, ging aber nachträglich nur als Weltmeisterschaft in die Geschichtsbücher ein. Ab 1930 sollten jährliche WM-Wertungen ausgespielt werden. Zusammengelegte Turniere sparten in der Folge Aufwand und Reisekosten. Bis 1927 hatte es beispielsweise noch eigenständige Titelkämpfe um die europäische Krone gegeben. Im Jahr darauf mischten sich WM, EM, Olympische Spiele. Letzte autonome Europameisterschaften fanden 1929 und 1932 statt. Die bei einer Weltmeisterschaft erzielte Rangfolge europäischer Teams ermittelte fortan den Europameister.

Kraft durch Freude

Ausgerechnet die Nazis bringen den Sport voran

Die Bedingungen um die Austragungen gesamtdeutscher Eishockeymeisterschaften in den 20er Jahren waren weiterhin äußerst widrig. Ganze Vorrunden fielen witterungsbedingt aus. So wie im Jahr 1928, als die Meisterschaft des Ostdeutschen Eislauf-Verbandes zwischen dem VfB Königsberg und dem VdS Tilsit noch gar nicht entschieden war. Ebenso stand das Finale der Niederschlesischen Meisterschaft (Görlitzer TC gegen Breslauer EV) in den Sternen, weshalb beide Verbände keine Mannschaften zur zwölften Endrunde nach Riessersee entsendeten. Was fehlte zum trauten Glück? Ein Netz aus funktionierenden Kunsteisbahnen oder gar Eishallen, denn auf Dauer war das zumeist praktizierte Outdoor-Vergnügen keines, mit dem sich landesweite Wettkämpfe termingerecht durchführen ließen. Obschon man sich große Mühe gab, Außenflächen zu präparieren und diese bereits im September zu vereisen. Schutz vor Sonne und Wind boten bei Tage Sonnensegel aus Stoff, welche an Seilen über der Eisfläche aufgezogen wurden. Als Kühlmittel diente damals wie heute Ammoniak. Aber mussten es denn ausgerechnet die Nazis sein, die den Eishockey-Enthusiasten in die Hände spielten?

Wieder ist es der Berliner Funktionär Kleeberg, der, um weiterhin im Kufensport mitmischen zu dürfen, mittlerweile mit einem Parteibuch der NSDAP ausgestattet wurde und 1933 zum Reichsfachamtsleiter für den Eissport aufstieg. Schließlich galt es, die vierten Olympischen Winterspiele auf deutschem Boden zünftig vorzubereiten. Doch nicht nur das: Kleeberg war von nun an in die gutachterliche Planung für zu realisierende Eisstätten in Düsseldorf, Hamburg, Nürnberg, Krefeld, Dortmund und natürlich Garmisch involviert. Neben dem Berliner Sportpalast gab es lediglich das offene Prinzregentenstadion in München.

Im Juni 1938 hatten die Nazis genug von Kleebergs Allmachtstellung. Zu groß war der Einfluss des Sportpatriarchen auf die Jugend, die Fans, auf die gesamt europäische Eishockeyszene. »Kraft durch Freude-Abende« bis hin zu Goebbels unrühmlichem Aufruf zum »Totalen Krieg« im Jahr 1943 ersetzten fortan simple Eishockeytage im Sportpalast. Der Schlittschuhclub wurde Angelegenheit des Deutschen Reiches und Kleeberg trat von allen Ämtern zurück. Erst 1951, nach Vollzug der Entnazifizierung, tauchte er als Funktionär beim Schlittschuhclub wieder auf und übernahm die Rolle des Ehrenpräsidenten.

Zwischen 1938 und 1939 vollzog sich der Anschluss Österreichs ans Deutsche Reich. Folge für den Eishockeysport: Teams aus der nunmehr Ostmark genannten Alpenrepublik spielten um die Meisterschaft mit und gewannen Titel. Der EK Engelmann im Jahr 1939 und der Wiener EV 1940, im ersten Ausrichtungsjahr sogenannter »Kriegsmeisterschaften«. Als der Zweite Weltkrieg hereinbrach, versuchten die Nazis mit solcherlei Veranstaltungen einen Funken Normalität zu wahren. Nahezu ausschließlich mit Jugendspielern und Fronturlaubern wurde Eishockey gespielt. Vereinszusammenschlüsse sorgten für spielfähige Teams. Allerdings waren die Bedingungen für den Pucksport eher tragischer Natur, vor allem, als die Alliierten mit dem flächendeckenden Bombardement deutscher Städte loslegten. Ganz abgesehen davon, dass der Nachschub an aus Kanada importieren Ausrüstungsgegenständen ausblieb. 1941 konnte bei den zweiten Kriegsmeisterschaften noch ein Sieger ermittelt werden, der SC Riessersee. In den folgenden Jahren bis 1944 wurde kein Meister mehr ausgespielt. Im August desselben Jahres gab der Nationalsozialistische Reichsführerring für Leibesübungen (NSRL) bekannt, dass sämtliche Titelkämpfe im deutschen Sport einzustellen sind.

Kunsteisbahnen unter Hakenkreuzen

Die Früchte der olympischen Begeisterung von 1936

Düsseldorf

Am 26.09.1935 konnte in Düsseldorf Richtfest gefeiert werden. Das Eisstadion an der Brehmstraße, angelegt für 8.000 Zuschauer, wurde nach Berlin und München das dritte deutsche Eisstadion. Der Stahlindustrielle Ernst Poensgen veranlasste und finanzierte den rasanten Arenabau und war federführend, als sich am 08.11.1935 verschiedene Eissportvereine der Region zur Düsseldorfer Eislauf-Gemeinschaft (DEG) zusammenschlossen. Insgesamt verfügte Europa nun mit London, Paris, Wien, Budapest, Zürich über acht großangelegte Eisarenen.

Zur Eröffnung der neuen Herrlichkeit am Rhein fanden am 23.11.1935 gleich zwei Spiele des nach wie vor besten deutschen Teams, des Berliner Schlittschuhclubs, gegen eine Amsterdamer Auswahl statt. Beide Male siegten die Preußen mit ihrem Star Gustav Jaenecke in den Reihen. Das Düsseldorfer Publikum war beeindruckt und konnte in den Folgejahren den Aufstieg ihrer DEG zur deutschen Nummer drei (hinter dem BSchC und dem SC Riessersee) hautnah miterleben, so etwa bei der Austragung der 21. Titelkämpfe im Jahr 1937. Düsseldorf erreichte den dritte Platz. Im Jahr darauf konnte gar im Entscheidungspiel um Platz zwei der Berliner Schlittschuhclub mit 3:0 in Essen bezwungen werden. Schlagzeilen machte zudem ein Freundschaftsspiel der DEG gegen eine merkwürdig verlangsamte kanadische Auswahl. Der Endstand von 1:1 war vor allem auf den hemmungslosen Altbier-Verzehr der Gäste am Vorabend zurückzuführen. Wenn man so will, der Beginn einer lehrreichen wie langfristigen Tradition. Stand Überseebesuch auf Kufen an, lohnte es sich für jedes Heimteam, die Kneipenmeilen der Umgebung als touristisch wertvolle Ziele anzupreisen.

Nürnberg

In Nürnberg entstand, ebenfalls mit großindustrieller Unterstützung (Kostenaufwand: eine halbe Million Reichsmark), anlässlich der Olympischen Spiele das zunächst nur 800 Sitzplätze fassende, offene Linde-Stadion. Am Dreikönigstag 1936 war Eröffnung, u.a. mit den Spielen des Viertel- und Halbfinales um die 20. Deutschen Eishockey-Titelkämpfe. Die Hockey-Gesellschaft Nürnberg unterlag dem SC Riessersee bereits in der ersten Runde mit 0:3. Das

Finale in München entschied der Berliner Schlittschuhclub gegen den SCR für sich.

Krefeld

In Krefeld war es ein findiger Kühlhaus-Großhändler namens Willi Münstermann, der nicht nur mit dem Bau eines offenen Eisstadions für 8.000 Zuschauer auftrumpfte. Sommers diente das Hindenburgstadion, die spätere Rheinlandhalle, als Schwimmbad. In nur 130 Tagen wurde die mittlerweile zehnte Kunsteisbahn aus dem Boden gestampft. Am 07.11.1936 war Anbully, und es spielte sich ein Team in die Herzen der Zuschauer: die German Indians, später umbenannt in German Canadians beziehungsweise Krefeld Canadians. Münstermann hatte sich kurzerhand eine schlagfertige 12-Mann-Truppe mit den Wurzeln im Mutterland des Eishockeys, samt kanadischem Nationstrainer Bobby Hoffinger zusammengekauft. Zwischen 1936 und 1938 brach Glanz und Gloria im gesamten Eishockeywesten aus. Gemeinsam mit der Düsseldorfer EG beherrschte man den Sport bis runter zum Weißwurstäquator.

Das Team finanzierte sich einerseits durch den gewaltigen Zuschauerandrang, wie auch durch Freundschaftsspiele gegen nationale wie europäische Mannschaften. Neben den German Canadians stellte Münstermann ein hiesiges Amateurteam auf die Beine, das im Laufe der Zeit den Spielwitz der Importeure erfolgreich kopierte und die einstigen Vorbilder nach zwei Jahren ad absurdum führte. Folge: Die Profis reisten wieder ab, die Amateure übernahmen das Ruder. Und wäre es nicht zum Zweiten Weltkrieg gekommen, hätte diese Erfolgsgeschichte nahtlos fortgesetzt werden können. Nach einem letzten Showdown gegen die DEG wurde im Dezember 1939 der Eishockeybetrieb eingestellt; in Krefeld gingen die Lichter aus. Dezember 1946 sollte es werden, bis mit eben dieser Begegnung die Nachkriegs-Eishockeyzeit eingeläutet wurde.

Dortmund

Wie ungemein praktisch, dachte sich der stellvertretende Direktor der Westfalenhalle Hans Brinkmann im Jahr 1936, wenn man bereits ein Dach überm Kopf hat, nur die Eisfläche fehlt und sich die zukünftigen Spieler draußen auf vereisten Rollerbahnen tummeln. Hereinspaziert, hieß es mit Gründung des EV Westfalen Dortmund im Oktober 1936. Im Folgejahr nahm man bereits mit einer aus verschiedenen Vereinen zusammengestellten Mannschaft den Eishockeybetrieb auf. Angeleitet von Kanadiern, wie dem ehemaligen Trainer der Düsseldorfer EG, Bobby Bell, kam man ab der Saison 1938/39 langsam in die Erfolgsspur. Nach Bells Abschied übernahm der Münchener Josef Sieg das Ruder. In der Spielzeit 1939/40 wurde man Tabellendritter in der Vorrunde um die Deutsche Meisterschaft und verfehlte somit die Endrunde. Danach wurden die Kühlaggregate abgeschaltet. Erst 1956 gründete sich mit dem TuS Eintracht Dortmund eine Nachfolge.

Endlich wieder Eishockey

Ein freundlicher Dank an die Besatzer

Die wichtigste Randnotiz im internationalen Eishockey des Jahres 1945: Vorbei ist die Mützenzeit, der Leder-Kopfschutz wird dem Radsport entliehen. Und ansonsten: Nach Kriegsende schloss die LIHG das deutsche Eishockey von allen internationalen Wettbewerben aus. Die BRD durfte erst wieder am 10.03.1951, die DDR am 09.06.1954 Teil der Gemeinde werden. Sämtliche Verbandsstrukturen und Clubs, denen ein Hauch Hakenkreuz an Bürgerlichkeit vorangegangen war, wurden nach Kriegsende verboten. Der DEV als Deutscher Eislaufverband war einmal. Die Gremien des Alliierten Kontrollrats ließen lediglich den regionalen Zusammenschluss von Sportgemeinschaften zu. Erste Landesverbände erfanden sich neu. Die Gründung eines nationalen Dachverbandes fand erst im Februar 1947 in Garmisch statt. DERAG nannte sich das umständliche Gerüst aus Eis- und Rollsport. Im Oktober desselben Jahres zogen letztere Funktionäre zurück, es blieb die »Deutsche Arbeitsgemeinschaft für Eissport« (DAGE). Im September 1949, auf dem Mannheimer Verbandstag, wurde diese in den DEV, den

Deutschen Eissport Verband umgetauft. Darin enthalten: ein weiterer DEV, die Deutsche Eishockey Vereinigung mit dem Füssener Sportwart Bruno Leinweber als Sektionschef.

Alles Deutsche wurde in der Welt verständlicherweise verachtet. Sportereignisse könnten eine Brücke schlagen, so dachten sich mancherorts europäische Eishockeyvereine in den Nachkriegsjahren. Als der SC Riessersee 1949 etwa sein 25jähriges Puckjubiläum feiern wollte, bot der sportlicher Leiter des schwedischen Eishockeyspitzenreiters Djurgarden IFK Stockholm, Lulle Johannsson, an, unter die Zugspitze zu reisen, um am geplanten Turnier mitzuwirken. Da rief der Vorsitzende des Internationalen Eishockey-Verbandes drohend aus: »Ohne unsere Einwilligung fährt niemand nach Deutschland. Fahrt ihr trotzdem, dann vergesst die WM 1949 in Stockholm.« Johannsson sagte dem SCR daraufhin ab.

Mühsam kam der Wiederaufbau voran. Wer Eis hatte, lud sich Nachbarn ein. Reisen zu Auswärtsspielen dauerten schon mal ein paar Tage, die Sektorengrenzen erschwerten jeden Übertritt. Der Süden, wo es um die Versorgungslage mit Fleisch, Butter und Brot deutlich besser stand als etwa in Berlin, bot mit dem raschen Wiederaufbau der Eisbahnen eishockeytaugliche Bedingungen, welche in den ausgebombten Städten nur schwer zu finden waren. Nun hätte man erwarten können, dass Riessersee, Füssen oder Bad Tölz zu einem Mekka für Stadtflüchtlinge und Vertriebene unter den vormals aktiven deutschen Eishockeyspielern werden würden. Doch bis auf einige wenige, allen voran Gustav Jaenecke (SCR), ließ sich niemand in den Bergen nieder. Als etwa der aus Rastenburg vertriebene, spätere Dynamo Weißwasser-Star Hans Frenzel 1945 unter der Zugspitze ankam, hätte eine bis 1943 erfolgreich angetriggerte Schülerkarriere, unter anderem in der Mannschaft des Gaus Ostpreußen, hier durchaus fortgesetzt werden können. Da jedoch beim SCR keine Perspektive in Sicht war und der Suchdienst des Roten Kreuzes den Rest der Familie wiederfand, siedelte Frenzel nach Zerbst in die Ostzone und wurde kein bayerischer Tischler oder Milchbauer, sondern Mitglied der Verkehrspolizei.

Nach einem Sichtungscamp nahm ihn der Vorläufer der SG Dynamo Berlin mit Kusshand. Frenzel bildete in der Folge mit Joachim Ziesche und Gerhard Klügel die Sturmreihe der »Dynamos der ersten Stunde«. Nach Auflösung der SG ließ er sich nach Weißwasser delegieren, sammelte dort Meistertitel, wurde Torschützenkönig und spielte drei A-Weltmeisterschaften in 61 Länderspielen für die DDR.

Der Interzonenmeister 1946

Krefelder Wirrungen und Irrungen

Wieder war es Willi Münstermann, der das Eishockey am linken Niederrhein, nunmehr im zweiten Anlauf, langsam auf Trab brachte. Sein Motto »Vom Frühstück zum Training« war bei Kriegsende Grund genug, um genügend Spieler aus den Auffanglagern für Ostaussiedler an Land zu ziehen. Die von Fliegerbomben verschonte Tribüne des Hindenburgstadions bot Unterschlupf, warme Mahlzeiten inklusive. Ausgestattet mit Filzschonern, genagelten Sperrholzbrettern und angeschraubten Kufen an den Schuhen, den »Schraubendampfern«, sowie einer von Münstermann organisierten Wagenladung Hockeyschlägern, flogen wieder erste Pucks übers Eis. Angetan ob solcher Bemühungen, stimmten die englischen Besatzer einer Stadionrenovierung zu. Die Soldaten gierten nach Freizeitbeschäftigung. Aus Kanada reiste Frank Schwinghammer an, ehemaliger Spieler der »German Canadians«, und baute die Mannschaft des KEV als Spielertrainer neu auf. Im Herbst 1946 waren Münstermanns Getreuen in der Lage, ein kleines Turnier, die Rheinische Meisterschaft, auszurichten, die später als »Interzonenmeistschaft der britisch-amerikanischen Bi-Zone« in die Geschichtsbücher eingehen sollte. Von einer gesamtdeutschen Meisterschaft war noch keine Rede.

Die Spieler des SC Riessersee, des EV Füssen und der Düsseldorfer EG trafen in Krefeld ein. Auf heimischem Eis siegte der Krefelder EV. Im festen Glauben damit sogar die erste offizielle Nachkriegsmeisterschaft gewonnen zu haben, trat der KEV in der Qualifikation für die erst 1947 stattfindende, erste reguläre Deutsche Meisterschaft nach dem Zweiten Weltkrieg gar nicht erst an. Vermutlich aus Trotz, denn zusätzlich hatte es 1946 einen Kampf um die NRW-Krone mit Turniersieg Düsseldorf gegeben. Warum nun aber Düsseldorf mit diesem Ticket nicht in den Meisterschaftsturnus einsprang, mag an der zwangsweisen Verbundenheit der beiden Eishockeystädte liegen: Schließlich spielte die DEG, mangels zügigem Wiederaufbau des Stadions an der Brehmstraße, seinerzeit in Krefeld und wollte sich keinen Ärger einhandeln. Folge jedenfalls war, dass in den meisterschaftlichen Vorturnieren der Gruppe Nord der Berliner Vertreter kampflos ins Endspiel nach Garmisch einzog. Mit dem Titel »Interzonenmeister 1946« schmückt sich der KEV noch heute.

Unbeeindruckt dessen tummelte sich um 1948 mittlerweile ein bunter Haufen aus alten Kämpen und jungen Recken unter dem reparierten Krefelder Stadiondach. Eine Teilung in Jung und Alt erschien Münstermann als passable Lösung. Obschon durch das Erreichen der Finalrunde um die Deutsche Eishockeymeisterschaft im selben Jahr teilnahmeberechtigt an der neugegründeten Oberliga, verzichtete der KEV auf sein Startrecht. Klugerweise ging es für den Nachwuchs im Herbst 1949 rauf in die Belle Étage, erst nachdem der personelle Umbruch erfolgreich abgeschlossen war. Die bis dato erste Mannschaft wurde der Eishockeyabteilung des VfL Preußen Krefeld 1895, von Münstermann höchstselbst gegründet, übergeben.

Nicht geplant hatte der Stratege Münstermann den Zusammenschluss der Preußen mit einem weiteren Stadtverein ein Jahr später. Eine wahre Konkurrenzsituation bahnte sich an, denn mit dem KTSV Preußen 1855 Krefeld war still und leise ein zweiter Verein aus dem Kuckucksei geschlüpft. Münstermann strich dort die Segel und widmete sich fortan wieder dem KEV. Beide Teams beanspruchten jetzt Eiszeiten im altehrwürdigen Hindenburg-Freiluftstadion. 1955 setzte sich ein Neubau durch. Die hochmodern konzipierte Rheinlandhalle mit einem Fassungsvermögen von 10.000 Plätzen war Spielort der WM 1955. Der hochverdiente Krefelder Geschäftsmann und Eishockeypapst Willi Münstermann setzte sich darin ein letztes Denkmal und trat von der Bühne ab. Es kam, wie es nicht hätte kommen müssen: In der Folge mangelte es an guten, alten Unterstützerkontakten, der Draht zum Rathaus glühte nicht mehr. Der KEV und die Preußen lieferten sich interne Scharmützel, der Stern des Eishockeys am Niederrhein sank aufs Mittelmaß. Während sich der KEV dort bis Mitte der 70er einrichtete, lösten sich die Ende der 60er Jahre bereits hoch verschuldeten Preußen komplett auf. Eine Fusion mit dem ungeliebten Stadtrivalen wurde vom Verband untersagt. Seit der Bundesligasaison 1971/72 ist der Name Preußen Krefeld Geschichte.

Yellow Tigers in Augsburg

Durchgereicht, bis Curt Frenzel die Brieftasche zückt

Der Augsburger Schleifgraben lag in Trümmern. Bereits 1944 war der Spielbetrieb eingestellt worden. Sogar die Vereinsholzhütte im Senkelbach war völlig verkohlt. 90.000 Goldmark hatte man vorab in den deutschen Endsieg investiert, eine sogenannte »Kriegsanleihe«. Davon sollte später einmal Kunsteis finanziert werden. Wurde es glücklicherweise nicht.

Kaum übernahmen die Regimenter aus Übersee das Kommando, entstand 1945 aus dem Augsburger EV der Hockey Club Augsburg. Irgendwo fand sich ein vergessener Satz gelber Wolltrikotagen, auf die rasch Vereinsbuchstaben aufgenäht wurden. Vorstandsvorsitzender wurde ein Spieler, der sich am NSDAP-Parteibuch nicht die Finger verbrannt hatte: Fred Nieder, Augsburgs erster Nationalspieler überhaupt, 1945 in dreifacher Personalunion (Spieler, Trainer, Vorsitzender). Anfangs spielte man auf Kunsteis in Garmisch, dann war es wohl die Liebe zum Puck, die die Amerikaner dazu trieb, dem zu großen Teilen aus lettischen Flüchtlingen und ehemaligen Nationalspielern des Balkanlandes bestehenden Team kräftig unter die Arme zu greifen. Gemeinsam wurde fortan geplant und gebuckelt. Wie auch im Rheinland wurde bereits im Januar 1946 die erste Landesmeisterschaft mit 16 Vereinen über die Bühne gebracht. Der HCA spielte um den dritten Rang gegen Bad Tölz und gewann Bronze.

Ein Jahr später ging das wiederbelebte Natureisstadion zurück ans Eishockeynetz. Die Letten-Stars um Alfa Anson (Tor) und Erich Konecki (Sturm), beide in den 50er Jahren unter den besten Eishockeycracks Europas zu finden, verzückten den Schleifgraben. Wegen ihrer gelb-schwarz gestreiften Trikots wurden sie volksmundig »Yellow Tigers« gerufen, erklommen in der Saison 1947/48 den süddeutschen Meisterthron und galten schnell als Geheimtipp für die Ausspielung um den nationalen Titel. Schließlich hatte man die SG Mannheim mit 29:0 und den EV Tegernsee auswärts mit 9:1 vom Eis geschossen.

Die drei besten Teams der Vorrunden Nord und Süd trafen in der Endrunde zur Deutschen Meisterschaft 1948 aufeinander. Im Spiel gegen den EV Füssen randalierte das Tigers-Publikum, eine Platzsperre und ein 2:5 waren die Folge. Im Schlussprotokoll stand ein fünfter Platz zu Buche. Meister wurde Riessersee vor Bad Nauheim. Im Jahr Eins der westlichen Oberligazeitrechnung (Saison 1948/49) wurden die Augsburger Vorletzter. Ein Jahr später erlosch die Siegesflamme auf stumpfem Geläuf komplett. Zu viele Leistungsträger hatten dem Club den Rücken gekehrt. Das witterungsabhängige Natureis mit all seinen strapaziösen Auswirkungen trug große Schuld daran. Am Ende belegten die Augsburger den Abstiegsplatz mit 1:27 Punkten und 21:161 Toren. Als absoluter Tiefpunkt setzte es eine 1:31-Niederlage beim EV Füssen. Der HCA, 1953 umgetauft in Augsburger Eis- und Rollschuhsportverein (AERV), wurde bis in die 4. Liga durchgereicht. Erst 1962 ließ sich die alte Dame mit freundlichen Einlagen des Verlegers der örtlichen Allgemeinen Zeitung und Präsidenten Curt Frenzel wieder wachküssen. Erstmals in der Eishockeychronik gab es Kunsteis. 15.000 Mark Verbindlichkeiten wurden getilgt, aus nur noch 62 zahlenden Vereinstreuen wieder eine wahre Fankultur mit 3.000 Mitgliedern aufgebaut.

Sechs Jahre später flogen die Pucks in der nationalen Elite wieder übers Eis.

Bad Nauheim begrüsst die Ostpreussen

Das 100-Tage-Stadion

In den Nachkriegsjahren spielte der VfL Bad Nauheim seinen Zuwachs aus ostpreußischen Spielern des SV und VfL Rastenburg gekonnt aus.

Bereits 1945 sollte in der Kurstadt unter Obhut der US-Militärs ein Sammelsurium sämtlicher Sportvereine der Gegend zur Gründung des Nauheimer Eishockeyvereins führen und mit einem »100-Tage-Stadion« Eishockeygeschichte schreiben. 1946 war es der puckverrückte Kommandant der US-Truppen, Colonel Knight, der mit Hilfe angerückter Bulldozer in genau 100 Tagen ein Eisstadion für 10.000 Zuschauer in der Wetterau erbauen ließ. Damit war der Grundstock des bis heute skandierten Titels »Nachkriegstraditionsverein« gelegt.

Ende der 40er bis Anfang der 50er Jahre trafen sich in der Wetterau zur rechten Zeit ehemals verdiente Nationalspieler des Deutschen Reiches um den Stürmer und Spielertrainer Herbert Schibukat wieder und setzten ihre Amateurkarriere fort. Dieter Nieß, Bruno Guttwoski, Erich Werther, Hans Unger, Herbert Bock oder Kurt Schmolinga. Allesamt mehr oder minder große Namen, die Nauheim über die Jahre zum hessischen Eishockeymekka reifen ließen. Die Teilnahme an der Vorrunde Nord zur Meisterschaft 1948 bescherte den Gipfelplatz. In der Endausscheidungsrunde fehlten drei Zähler auf Riessersee. Vizemeister – der erste große Achtungserfolg. Und hätte Krefelds Mäzen Willi Münstermann den Dreh- und Angelpunkt der Mannschaft, Herbert Schibukat, nicht im selben Jahr persönlich von der Schönheit Krefelds überzeugt, hätte die Erfolgsstory vielleicht noch dickere Früchte getragen.

Zähe Anfänge im Ligabetrieb

Brüchiges Oberligaeis

Zur Saison 1947/48 setzten sich die deutschen Meisterschaften fort. Die Vorrundengruppen Süd und Nord mit je sechs Vereinen spielten um die Endspielteilnahme. Riessersee schlug den Nachfolger des Schlittschuhclubs, die nahezu untrainierte EG Berlin-Eichkamp in Garmisch-Partenkirchen vor 8.000 Zuschauern mit 10:1. Erst im Jahr 1951 sollte der BSchC seinen alten Namen wieder im Vereinsregister führen dürfen. 1949 gewann die EG den Meistertitel des Berliner Eissportverbandes, scheiterte aber in den Qualifikationsspielen zur neugegründeten Eishockey-Oberliga gegen den Münchener EV.

Qualifiziert für die Oberliga hatten sich die sechs besten Teams im Kampf um die Deutsche Meisterschaft des Jahres 1948. Da der Krefelder EV verzichtete, musste eine Relegationsrunde nicht qualifizietter Landesmeister den Joker aus dem Hut zaubern. Der Nordrhein-Westfalen-Meister Kölner EK gewann gegen Mannheim mit 5:1 und 7:1. Die Liga war komplett. Sie stand, die allererste, eingleisige Liga im deutschen Eishockeybetrieb. Die Crème de la Crème des hiesigen Kufensports. Wenn auch auf wackeligen Beinen, wie sich noch zeigen sollte. Vorbei war es mit den gemütlichen Wochenendausscheidungen um deutsche Meisterschaften. Der SC Riessersee, Preußen Krefeld, Köln, Füssen, Bad Nauheim und Augsburg traten im Herbst zur Saison 1948/1949 in den Ligaspielbetrieb ein, organisiert von der Deutschen Arbeitsgemeinschaft für Eissport (DAGE).

Gespielt wurde in einer Einfachrunde. Jedes Team sollte ein Heim- und ein Auswärtsspiel gegen alle übrigen Mannschaften absolvieren. Wer am Ende der Saison oben stehen würde, wäre Deutscher Meister. So ganz rund lief die Sache noch nicht; die Kölner etwa schlossen die Tabelle als Letzter nach nur sieben Spieltagen ab, während der EV Füssen mit drei Spielen mehr erster Oberligameister wurde. Nicht überall trug das Eis, Deutschlands einstmals prächtige Eishallen lagen noch weitestgehend in Trümmern.

In der Folgesaison sollte die Liga auf acht Teams aufgestockt werden. Wieder standen dafür die Landesmeister bereit. Ermittelte Aufsteiger wurden der Krefelder EV und der EV Tegernsee.

Der wiedergegründete DEV übernahm zur Spielzeit 1949/50 die Oberliga-Ausrichtung von der DAGE. Tatsächlich konnten alle Spiele stattfinden. Meister wurde Team Riessersee um die Verteidigungs- wie Sturmlegende Anton Biersack. Obwohl der Name Programm für den Fuhrunternehmer gewesen sein soll, schaffte er wenig später den Sprung in die Nationalmannschaft, und zwischen 1953 und 1956 absolvierte er 39 Länderspiele, in denen er 14 Tore erzielte. Absteiger zurück in bajuwarische Landesmeistergefilde war der Tabellenletzte HC Augsburg.

1950 vergrößerte sich die Liga auf nunmehr zwölf Teams. Hinzu gesellten sich kampflos die Düsseldorfer EG, der HTHC Hamburg, der WSV Braunlage, Berlin und Bad Tölz. Um den Spielbetrieb abzusichern, traten regionale Vorrundengruppen auf den Plan. Eigentlich hätte es Aufstiegskämpfe der Landesmeister geben sollen, doch die wegen zu unbeständiger Temperaturen auf den Herbst gelegten Freiluftspiele fielen allesamt ins Wasser. Mannheim, Vertreter Baden-Württembergs, sollte trotzdem ein solches Entscheidungsspiel nach Sichtung einer spielfähigen Stätte aufgedrängt werden. Schnaubend verzichteten die Kurpfälzer; Bad Tölz rückte als letztes Team nach oben.

Krefelder Meisterjahre

Ein Gemetzel unter der Zugspitze

Am Ende der Saison 1950/51 reduzierte sich die Oberliga wieder auf acht Teams. Tegernsee, der Berliner Schlittschuhclub, der HTHC Hamburg und der WSV Braunlage stiegen ab. Den Meistertitel 1951 sicherte sich Preußen Krefeld ohne Punktverlust nach acht Spielen in der Endrunde. Bereits die Vorrunde West schloss man mit 12:0 Punkten ab, ließ den Stadtrivalen Krefelder EV unter ferner liefen. Die technische Brillanz der Preußen um den Stürmer

Erich Konecki, den zum Verteidiger umgeschulten Herbert Schibukat und den späteren Nationalspieler und Kölner Trainer Otto Brandenburg war eine Augenweide. Und hätte es seinerzeit die innerstädtischen Querelen mit dem Stadtrivalen KEV, vor allem was die Nutzung von Trainingseinheiten in der einzigen Kunsteishalle der Stadt betraf, nicht gegeben, wer weiß, was aus den Preußen geworden wäre. Publikumsliebling Erich Konecki wechselte zur Folgesaison die Seiten, wurde Spielertrainer beim Konkurrenten Krefelder EV und schlimmer noch, aus Sicht der Preußen, Deutscher Eishockeymeister 1952.

Dabei fing die Saison gut an und hätte im oberen Feld der Abschlusstabelle enden können. Wäre da nicht dieser eine Spieltag unter der Zugspitze gewesen. Beim Rückspiel der Meisterschaftsendrunde in Garmisch war vorab wohl eine Art kanadische Losung umgegangen: Gegen ein technisch-filigranes Team kannst du nur mit Härte gewinnen. Es folgte für die Preußen ein unvergesslich schrecklicher Spieltag. Vor 10.000 ob einer desolaten Schiedsrichterleistung aufgebrachten Zuschauern holten die Spieler des SCR die Axt aus dem Wald und schickten einen Preußenspieler nach dem anderen direkt ins Krankenhaus. Den Schweden Lulle Johansson mit Platzwunden, Prellungen und Stauchungen. Rudi Weide trug einen Jochbeinbruch, der aus Köln gewechselte Otto Brandenburg Nierenprellungen und der ehemalige Augsburger Fred Nieder Gesichtsverletzungen davon. Herbert Schibukat hielt sich die Beine. In einer im deutschen Eishockey bis dato offiziell nie dagewesenen Gewalteskapade siegte Riessersee mit 6:5. Ein neuer Singsang war geboren. Tauchten die Spieler des SCR auf fremden Eis auf, skandierten die Fans bereits beim Warmlaufen: »Schlägertruppe«.

Zwar fand im Anschluss ein höchst richterliches Nachspiel am Verbandstisch statt. Aber nur deshalb, weil das Siegtor weit nach Spielende gefallen war. Das Resultat korrigierte sich auf ein 5:5. Derart dezimiert zogen die Preußen am Tag darauf gegen den EV Füssen mit 3:7 den Kürzeren und belegten in der Schlussrechnung den vorletzten Rang der Endrunde. Schibukat ließ seine

Karriere am Saisonende mit bereits 37 Jahren nach den Olympischen Spielen 1952 in Oslo ausklingen.

Das Entscheidungsspiel um die Meisterschaft 1952 wurde auf den 12.03. in Mannheim angesetzt. Dieses war notwendig geworden, da sowohl Riessersee als auch der Krefelder EV nach zehn Spielen punktgleich an der Spitze standen. Aus einem zwischenzeitlichen 4:4 entschied am Ende die Kondition der Krefelder um Hans Georg Pescher, Walter Schmiedinger, Ulrich Eckstein, Hans-Werner Münstermann und natürlich Erich Konecki den Spielausgang. Vor 10.000 Zuschauern holte sich der KEV seinen ersten echten Meistertitel in die Vitrine.

Die letzten Jahre bis zur Bundesliga

Füssens Söhne lassen nichts anbrennen

Bis zur Einführung der Eishockey-Bundesliga im Jahr 1958 sollte es noch dauern. Die Jahre bis dahin wurden einzig und allein durch die bayerische Vormachtstellung mit dem gefühlt ewigen Meister EV Füssen geprägt. Mittlerweile hatte der Kanadier Frank Trottier den Trainerstab von Bruno Leinweber übernommen. Und mit dem erst zweiten Coach in der Geschichte der Schwarz-Gelben folgte die Meisterschaftsreihenschaltung zwischen 1953 und 1956. Dann übernahm wieder Bruno Leinweber, holte den nächsten Titel und bereitete die Saat für den zum Spielertrainer umfunktionierten Markus Egen. Natürlich kam der letzte Champion der Oberliga des deutschen Eishockeys aus Füssen.

Aufsehen erregte seinerzeit nur der sich vor beinahe jeder Saison ändernde Spielplan. Bei einer Einfachrunde eingependelt, regulierte sich die Abstiegsfrage mit dem Erreichen des achten und letzten Tabellenplatzes von selbst. Relegationsspiele gab es zeitweise dennoch zwischen dem Tabellenvorletzten und dem Zweitplatzierten der Aufstiegsrunde aus den Landesverbänden. Der Mannheimer ERC schaffte unter Spielertrainer Kurt Kunz 1954 zwar erstmals den Aufstieg in die Oberliga, stieg aber als Kanonenfutter mit nur einem Punktgewinn gleich wieder ab. Gegen den Krefelder EV setzte es beispielsweise eine satte 1:22-Niederlage. Erst zur Saison 1956/57 gelang durch die Aufstockung der Liga auf nunmehr elf Mannschaften der Wiedereinzug und damit die feste Etablierung im Oberhaus der Eishockeyfamilie. Gerechterweise muss man sagen, dass es für den MERC auch sportlich gereicht hätte, denn der bereits als Mitaufsteiger feststehende Rivale Kölner EK konnte in einer jeder Sinnhaftigkeit beraubten Aufstiegsrunde bezwungen werden. Völlig kampflos zog Kaufbeuren als Vize der Aufstiegsgruppe Süd nach. Weßling, Letzter der Saison, blieb ebenfalls drin. Düsseldorf ersparte man als Tabellenvorletztem die Relegation.

Warum die Oberliga zwei Jahre vor ihrem Ende in ein zweigleisiges Gebilde auseinanderdriftete (der Süden mit fünf, der Nordwesten mit sechs Teams), verblüffte sehr, war aber der Vormachtstellung der bayerischen Vereine im Verband geschuldet. Es ging um Reisekosten, die schwindende Attraktivität der Liga, und so erspielten sich in einer Einfachrunde Füssen, Riessersee, Bad Tölz die Plätze eins bis drei im Süden und Nauheim, Mannheim die Plätze eins und zwei im Nordwesten. Damit war die Finalrunde komplett und das Scheibenschießen der Bayern auf die schwachen Flachländer eröffnet. Der Tabellenletzte der Vorrundengruppe Nordwest, Preußen Krefeld, setzte sich in der Relegation gegen den Berliner Schlittschuhclub durch und durfte bleiben. Die südliche Gruppe stockte ohne Abstiegsgebaren auf sechs Teams auf, mit dem Ausscheidungsbesten EV Landshut, dem noch eine größere Rolle im deutschen Eishockey zu Teil werden würde. Zwischen den Mannschaften, für die die Meisterrunde sportlich unerreichbar war, griff eine DEV-Pokalrunde. Preußen Krefeld errang den Lorbeer knapp vor dem VfL Bad Nauheim.

Nun war es so weit. Die letzte Oberligaspielzeit brach im Herbst 1957 an. Die besten vier Gruppenplatzierten Süd und Nordwest spielten zunächst um den Titel und durften bereits für die 1. Eishockeybundesliga buchen. Erste Einberufungsbefehle ergingen somit an Füssen, Riessersee, Bad Tölz, Mannheim, den Krefelder

EV und die Düsseldorfer EG. Köln und Nauheim im Nordwesten sowie Landshut und Kaufbeuren im Süden blieben im Fahrstuhl der nunmehr zweitklassigen Oberliga stecken. Vom DEV-Pokal war keine Rede mehr. Erst 1966 wurde der als Zeitverschwendung betrachtete Wettbewerb wieder kurzzeitig reaktiviert.

Die Russen kommen

Ein ganz besonderes Pokalturnier

Das Ausloben von lukrativen Pokalspielen gehörte seit jeher zu den Festspielmarotten der Vereinsbosse. Meist wurden berühmte Ehemalige in die Namensgebung für die Trophäe mit einbezogen. In Füssen etwa der »Walter Leinweber-Pokal«. In Krefeld wurde der »Samt- und Seide-Pokal« erfunden, Stifter war die gleichnamige Industrie. In diesem Zusammenhang trug sich am 23.10.1952 zu, dass die sowjetische Besatzungsmacht in Krefeld Station hielt. Allerdings nur in abgeschwächter Form einer Moskauer Eishockeyauswahl. Die Terminlegung verlief äußerst unglücklich. Ein Kriegsgefangenen-Gedenktag und die Russen in der Stadt, das konnte nicht gut gehen. Zumal seinerzeit die sibirischen Gefangenenlager mit Wehrmachtssoldaten bestens bestückt waren. Auf Drängen der CDU/CSU-Fraktion nahm sich der Deutsche Bundestag des Problems an. NRW-Innenminister Dr. Franz Meyers wurde angehalten, das geplante Spiel umgehend zu verbieten, doch der grobschlächtige Freund des Kufensports Marke Willi Münstermann zeigte seinen Parteibrüdern in Bonn eine lange Nase. Das Spiel fand in äußerst fröhlicher Atmosphäre statt und hatte mit Moskau einen Sieger, während vorm Eisstadion zahlreiche ehemalige Kriegsgefangene bemalte Bettlaken mit dem Signet: »Schickt uns unsere Kriegsgefangenen und nicht eure Eishockeystars« in den Wind hielten. Münstermann argumentierte später, dass Eishockey nichts mit Politik zu tun habe und ließ verlauten: »Je enger die Beziehungen zu Russland werden, desto besser geht es auch unseren Leuten da drüben.« Ein kluger Mann.

Der Aufbruch Ost
Die DDR puzzelt an Strukturen

Die Eishockeyverrücktheit zwischen Rostock und dem Erzgebirge nahm eher langsam Fahrt auf. Bei Gründung der DDR im Jahr 1949 existierte keine einzige Kunsteisbahn, und selbst wenn es eine gegeben hätte, wäre die gewiss gleich nach dem Einmarsch der sowjetischen Truppen abtransportiert worden. Auch im Osten des Landes galten die Beschlüsse des Alliierten Kontrollrates über das zwangsweise Auflösen sämtlicher Sportvereine. Die Basis im Aufbau einer Hockeykultur fand sich im Ostteil Berlins, in Städten wie Oberhof, Chemnitz, Dresden, Crimmitschau, im Harz, der Lausitz, im Zittauer- wie im Erzgebirge. Wie sonst auch wurden wieder Tennisplätze geflutet, zugefrorene Teiche und Bäder eishockeytauglich bestellt. In Crimmitschau-Frankenhausen errichteten die neuernannten Arbeiter und Bauern sogar in Eigenarbeit unter einer Autobahnbrücke ein Natureisstadion.

Während im Westen das vergnügliche Puck-Treiben nach Kriegsende nach und nach zurück in die Eigenverantwortung der Vereine entlassen wurde, schlug der Osten einen völlig anderen Weg ein. Der Sport an sich sollte nicht nur der Ertüchtigung der Volksseele, sondern ebenso der Verbesserung der Produktion und zum Aushängeschild des siegreichen Sozialismus werden. Wer Team-Eishockey spielen wollte, hatte zunächst der Arbeitspflicht in einem Trägerbetrieb (VEBs, staatliche Verwaltungen etc.) nachzukommen, der das sportliche Tun nach Feierabend ermöglichen sollte.

Im Februar 1949 fand die erste reguläre Ostzonen-Meisterschaft statt. Ausgespielt wurde das Premierenchampionat, unter Anreise der vier Landesmeister, im Thüringischen Oberhof. Möglich war dies durch die Gründung des Deutschen Sportausschusses (DA) im Jahr zuvor geworden. Zuständig für die Planung und Durchführung: die »Sektion Eis- und Rollhockey« unter Aufsicht der Dachorganisation aller Leibesertüchtigungen in der Sowjetischen Besatzungszone. Land- wie Stadtkreise, für die Ausspielung regionaler Vorrunden von ungemeiner Bedeutung, befanden sich noch auf dem planwirtschaftlichen Reißbrett. Die gesamte Gebiets- und Verwaltungsreform war erst 1952 abgeschlossen. Folge: Brandenburg und Mecklenburg mussten zunächst draußen bleiben. Als Emporkömmling und Teil der Eishockeyhochburg Crimmitschau siegte der sächsische Vertreter Frankenhausen. Im Folgejahr 1950 traf sich die Gemeinde im Februar in Schierke, umrahmt von den ersten Wintersportmeisterschaften der DDR. Am Start: der Landesmeister aus der Hauptstadt (BSG Empor Berlin) sowie die ersten drei Teams der Sachsenmeisterschaft (SG Frankenhausen, BSG Kristall Weißwasser, BSG Textil Crimmitschau). Für Sachsen-Anhalt als Ausrichter dabei: die SG Schierke. In der Finalrunde holte erneut die SG Frankenhausen den Titel. Im selben Jahr hatte der DS, auf Basis der Gewerkschaftsstruktur, den Freischuss über die Bildung von zentralen Sportvereinigungen (SV) gegeben. Sogenannte Betriebssport- (BSG) wie Sportgemeinschaften (SG) entstanden. So kristallisierten sich schließlich 16 zivile und zwei staatliche (Armee, Sicherungsorgane) SVen heraus. Zu erkennen an den entsprechenden Vereinssignaturen. Doch damit nicht genug.

Nach dem Vorbild der Sowjets gesellte sich zum städtischen Vereins- der passende FDGB-Bezug hinzu. Um nur einige Konstrukte zu nennen: BSG Lok Zittau (Verkehrswesen), BSG Traktor Großdüben (LPG), BSG Aufbau Schönheide (Bauwesen). Aus staatlichen Sportgruppen (z.B. SG VP für Sportgruppe der Volkspolizei) wurden die SG Dynamos. (Schierke, Dresden, Berlin usw.). Eishockeyspielende Städte mit grundverschiedenen Betrieben spielten sich über Jahre den Puck von Fabrik zu Werkhof zu. Nahm etwa 1951 eine BSG Textil Pleißengrund Crimmitschau an Meisterschaftsspielen teil, spielte zwei Jahre später die BSG Turbine (Energie- und Wasserwirtschaft), dann die BSG Fortschritt (Leder– und Textilindustrie), ab 1958 die BSG Motor (Maschinen- und Fahrzeugbau, Metallverarbeitung) um Punkte und Natureisehre. Die Kapellen spielten, das Publikum strömte in Massen. Aber darauf kam es den meisten Funktionären auf höchster Ebene gar nicht an. Denen war Eishockey zu fremd, zu kostspielig, und wäre der große Bruder aus Russland gleicher Meinung gewesen, hätte man den Pucksport gleich im Keim erstickt. Doch die seit 1952 auf internationalem Parkett äußert erfolgreich agierenden Sowjets, ebenso die ČSSR, schickten Trainer und Berater und taten Gegenteiliges; ein zartes Netz von Kunsteisflächen und Einladungen zu Lehrgängen nach Moskau waren die Folge. Der spätere Staatstrainer der DDR und Republikflüchtling Gerhard Kießling brachte derweil Walter Ulbricht, so die Legende, das Schlittschuhlaufen bei. Am 09.06.1954 wurde der Deutsche Eislauf Verband der DDR (DELV) in den IIHF-Weltverband aufgenommen.

Vom Versuch, das DDR-Eishockey nach vorne zu bringen

Der Arbeiter- und Bauernstaat bläst zur Medaillenjagd

Erneut begann sich die Mühle des gesamten DDR-Sportapparates zu drehen. Das SED-Politbüro beschloss, dem Sportausschuss ab April 1952 genauer auf die ideologischen Finger zu schauen. Das »Staatliche Komitee für Körperkultur und Sport« (Stako) wurde ins Leben gerufen. Den Vorsitz erhielt der später als oberster Totengräber des Osteishockeys in die Geschichte eingehende Manfred Ewald. Unter seiner Regentschaft erübrigten sich fünf Jahre später die Sportvereinigungen: Der DS löste sich auf. Was folgte, war 1957 die hoheitliche Gründung des Deutschen Turn- und Sportbundes (DTSB). Als zentraler Dachverband war dieser dafür zuständig, die Wertigkeit der einzelnen Sportverbände unter die Lupe zu nehmen. Ziel war es, mit allen erlaubten und, wie sich in der Dopingaufarbeitung bis in die aktuelle Geschichte herausstellen sollte, unerlaubten Mitteln, den Arbeiter- und Bauernstaat auf internationale Medaillenjagd zu schicken. Kurz gesagt: Die Selektion begann. Am Ende wurden 14 von 18 Vereinigungen als förderungswürdig eingestuft und durften weitermachen. Darunter ein großer Dorn im Auge des Genossen Ewald:

die teuren Eiscracks innerhalb des DELV, die auch noch darauf bestanden, mit in der DDR-Produktion nicht eingeplanten Ausrüstungsgegenständen versorgt zu werden. Schläger, Pucks und Co. waren Importware, zum Teil aus der ČSSR. Glücklicherweise wurde Ewald erst 1961 Präsident des DTSB. Noch schwamm Eishockey auf den neu geschaffenen Möglichkeiten dahin. Doch es hatte sich der damit verbundenen Wertigkeitsskala intern anzupassen und wurde entsprechend umgekrempelt.

Ab 1958 bedeutete das, die wie Pilze aus dem Boden geschossenen Betriebssportgemeinschaften (BSG) ins Amateurlager der sportlichen Diaspora hinab zu stufen. Staatlich protegiert und auf propagandistischen Leistungsdampf getrimmt, wurden im Gegenzug die seit 1954 existierenden Sportclub-Stützpunkte hinauf gestuft. Alles, was fortan ein SC im Namen trug, konnte mit Staatsgeldern und talentierten BSG-Spielern rechnen. In die Übervorteilung hinein rutschten auch die staatlichen Mannschaften, erkennbar am Titel (SC Dynamo, SC Vorwärts) wie die beiden großen Konzerne Wismut und Lokomotive (Reichsbahn). Größter SC dieser Güte wurde der SC Dynamo Berlin. Anfang der 60er Jahre folgte bereits der nächste Einschnitt: einfache, zivile »Sportclubs« wurden entweder zu eingerichteten Bezirkssportclubs (BSC) in den jeweiligen Bezirkshauptstädten zusammengefügt oder das gesamte Treiben (»Ein Club pro Bezirk muss reichen«) auf einen Verein beschränkt. Aus SC Motor, BSG Wismut u.a. in Karl-Marx-Stadt mach: SC KMS. Die Ausnahme von der Regel bildeten die Dynamos und Vorwärts. Der uniformierte Kropf aus NVA, Volkspolizei und Staatssicherheit hielt weiterhin Leistungshochburgen im ganzen Land vor. Die Sonderstellung der Wismut darf dabei nicht vergessen werden. Die Sowjetisch-Deutsche Aktiengesellschaft Wismut (SDAG Wismut) betrieb mannigfaltige Ableger im gesamte Land und stand vordergründig unter dem Einfluss der Sowjets. Ein somit bei der Wismut angesiedelter Eishockeyspieler wurde streng genommen hälftig von der SU beschäftigt und entsprechend gefördert.

Delegationen
Die DDR macht es der DEL vor

Was sich Jahrzehnte später in der DEL abzeichnen sollte, nämlich das Delegieren ganzer Teams von Stadt A nach Stadt B, fand auf deutschem Boden seinen Ursprung in der DDR. Allerdings zogen weder Sponsoren noch Vereinsbosse die Fäden: Es war der Staat, der sich derb und ungemütlich in den Sport einmischte. Natürlich zum Wohle seiner Arbeiter- und Bauern. Nehmen wir als Beispiel den ersten Meister in der sowjetisch besetzten Zone, die SG Frankenhausen, 1952 in BSG Wismut Erz umbenannt. Derart erfolgreich war man, dass sogar das Reserveteam in die 2. Liga aufstieg. Ein Unding. Befehl von oben: Umzug der zweiten Mannschaft nach Zwickau. Dort wollen sie auch Eishockey sehen. Angliederung an die örtliche Wismutstätte zur BSG Wismut Zwickau. Doch nicht für lange. 1955 Weiterdelegation nach Karl-Marx-Stadt als SC Wismut KMS. Dem Team des Armeesportklubs (ASK) Vorwärts Berlin, delegiert nach Erfurt, erging es 1960 nicht anders. Versetzungsbefehl ins sächsische Crimmitschau, nach Fertigstellung des dortigen Eisstadions. Neuer Name: ASK Vorwärts Crimmitschau. Und weil bereits ein Team in der »Stadt der 100 Schornsteine« unter diesem Namen Oberligaluft geschnuppert hatte, wurde dieses kurzerhand in die Klasse darunter verlegt, als Armeesportgemeinschaft (ASG) Vorwärts Crimmitschau.

Für den gemeinen Eishockeyfan sicherlich eine turbulente Zeit. Kaum flog ein Funke Identität zur ortsansässigen Mannschaft über, schon kam die Angst auf, dass morgen alles vorbei sein konnte. Oder sich zumindest entscheidend verändern würde. Wer sich dem Eishockey in der DDR verschrieben hatte, als Fan und vor allem als Aktiver, hatte kein leichtes Leben. Doch vielleicht zog gerade wegen all der widrigen, spartanischen Umstände und Möglichkeiten die Beliebtheit dieser vom Staat unerwünschten Sportart kräftig an. Die Erfurter jedenfalls hatten nach Abzug der Berliner Eishockeytruppen großes Glück. Als einziger professionell betriebener Eishockeyturm der Stadt war der SC Turbine zu höheren Weihen berufen und spielte ab der Saison 1961/62 fast durchweg erstklassig im Kunsteisstadion an der heutigen Arnstädter Straße.

Neben der Bevorzugung einzelner Clubs, verbunden mit versetzungsrelevanten Ratschlägen von Vorgesetzten, die nicht immer abgelehnt werden konnten, hatte die DDR bis zum Mauerbau mit großen Abwanderungswellen ihrer Sportsfreunde gen Westen zu kämpfen. Eingespielte Teams, eben noch Bestandteil der ehrenwerten Oberliga, lösten sich aus Spielermangel auf und verschwanden für immer von der Landkarte. Ganze Abteilungen hatten sich den neuen Bezirkssportkonzepten anzuschließen oder fielen immer hanebücheneren Beschlüssen zum Opfer. Das Dresdner Team der HSG Wissenschaft TH wurde so 1960 zum SC Einheit Dresden delegiert. Immerhin durfte es in der Stadt bleiben.

Um in der Saison 1963/64 neben dem SC Dynamo einen zivilen Vertreter als hauptstädtischen Gegenpart einzugliedern, hatten sich dergestalt z.B. der TSC Oberschöneweide mit der SC Einheit Berlin und der SC Rotation als künftiger Turn- und Sportclub (TSC) zusammenzufügen. Für den gemeinen Spieler bedeutete das: Willst du weiter spielen, dann musst du dich arrangieren, deine Farben oder sogar dein Betätigungsfeld wechseln. Was für den gewöhnlichen Arbeiter unter gewissen Umständen möglich war, schien hingegen für den Volkspolizisten in weiter Ferne. Wollte er etwa in seiner Heimat Zwickau dem Puck in einer zivilen BSG nachjagen, klappte das eher nicht. So aber fuhr er vielleicht nach Berlin, zu einer Sportgruppe der Volkspolizei und konnte nach erfolgreichem Vorspielen dort aufgenommen und entsprechend versetzt werden. Hatten sich Eishockeyabteilungen aufzulösen und waren danach zu viele Spieler übrig, führte das dazu, dass den Herzblut-Eishockeycracks nahegelegt wurde, doch bitte ab sofort dem Bobsport oder Eisschnelllauf nachzugehen und den Schläger an den Nagel zu hängen. Aus der Hochburg Weißwasser, in der die Cracks quasi auf den Bäumen wuchsen, wurden immer wieder Spieler zu anderen Vereinen delegiert, um den Pucksport dort erfolgreich nach vorne zu bringen. Das Hauptstadteishockey profitierte davon im Besonderen. Ein nicht nur im Anwerben sehr erfolgreiches Team wie Dynamo Berlin hätte es wohl nie gegeben, wenn die Oberlausitzer den Umzug ins Urbane verweigert hätten. Doch Berlin bot gute Möglichkeiten, wollte man nicht in der vierten Spielerreihe der zweiten Weißwasseraner Mannschaft versauern.

Die Anfänge der Oberliga Ost

Am Ende bleibt die Operettenliga

Verbunden mit der Einführung einer Eishockeyliga von 1952 bis 1963, mag man sich fragen, was, einmal abgesehen von Umbenennungen und Delegationen, die Sportfunktionäre der DDR bewogen haben könnte, ein derart verworrenes, ständig wechselndes Ligensystem zu schaffen, respektive es zunächst bis auf drei Ligen plus Bezirksunterbau aufzublähen, um es in der Folge langsam wieder implodieren zu lassen. Dabei begann alles recht beschaulich.

Die Oberliga wurde höchste Spielklasse, gefolgt von einem Unterbau namens »Liga«. 1955: Umbenennung der zweiten Spielklasse, bestehend aus 20 bis 30 Teams, in »1. Liga«. Darunter bildete sich, als dritte Spielklasse, die »2. Liga«, oberhalb der Bezirksmeisterschaften. 1962: »Gruppenliga« neue Bezeichnung der »2. Liga«. 1965: Einstellung der (drittklassigen) 2. Liga, Gruppenliga nun 2. Liga. 1970: Auflösung der Gruppenliga, Abschaffung des Aufstiegs in die Oberliga. Diese reduzierte sich, vorab mit bis zu acht Teams im Rennen, nun auf lediglich zwei Mannschaften, welche fortan ständig im Mehrfachmodus gegeneinander anzutreten hatten.

Was den Spielbetrieb betraf, setzte man bis 1958/59 auf Einfachrunden (Hin- und Rückspiel), dann wurden mehrgleisige Vor- und Staffelrunden für Meister und Absteiger, gefolgt von eingleisigen Varianten, geschaffen, stellte aber 1962/63 und 1967/68 alles wieder auf Anfang. Zwei Jahre später waren die Vorsaison-Plätze 1 bis 3 automatisch für die Finalrunde gesetzt, hinzu gesellte sich nur der Sieger der aktuellen Vorrunde, ausgespielt aus den Mannschaften der Plätze 4 bis 8. Folgejahre: Die Oberliga spielte eine Vorrunde mit anschließender Final- plus Abstiegsrunde. Nur welches Team überhaupt von Anbeginn spielen durfte, stellte sich wohl erst kurz vor Saisonbeginn dar. Das konnte schon mal bis zum siebten Platz des vergangenen Jahresturnus gehen. Bis zuletzt nur noch die berühmte »Operettenliga« zweier Mannschaften öffentlichkeitswirksam übrig bleiben durfte.

Die beiden grossen Dynamos
Weißwasser und Berlin

1950 tauchte die BSG Ostglas Weißwasser erstmals in der Oberliga auf und wurde prompt Meister. Gleiches gelang den Arbeiterhelden in den Folgejahren, zunächst unter dem geänderten Sujet BSG Chemie, ab 1953/54 dann als SG Dynamo. Es sollte satte zwölf Jahre dauern, bis ein anderes Apparatschikteam zur Wachablösung bereit stand. Dem bis dato gefühlt ewigen Zweiten, SC Dynamo Berlin, im Vorlauf ab 1951 als SG Deutsche Volkspolizei angetreten, gelang es, die Serie zu brechen. Die Funktionäre hatten den späteren Eisbären-Club mit Spielern derart verstärkt, dass selbst einem Erich Mielke das Pucktreiben gefallen haben musste. Möglich war dies durch die Gründung der Sportclubs geworden. In der DDR durfte es zwar offiziell keine Profis geben, doch umging man diese Farce, indem Spieler etwa beim Ministerium für Staatsicherheit im Zivilbereich mit einer Planstelle scheinangestellt wurden. Obwohl sie zum Beispiel als gelernte Bergmänner eher wenige Qualitäten zum Voyeurismus mitbrachten. Die erste Oberligasaison 1965/66 bescherte den Hauptstädtern den ersehnten Titel. Bis zur eigentlich letzten Saison (1969/70) gelang dies zwei Mal, wie auch den Dynamos aus Weißwasser. Dann wurde es finster im Staate Eishockey-DDR. Die »kleinste Liga der Welt« ließ alle weiteren Teams von der Bildfläche verschwinden. Wie sagte der Genosse Staatssekretär für Körperkultur und Sport Rudi Hellmann seinerzeit so treffend? »Wir brauchen zum Aufbau der sozialistischen Wirtschaft jede Mark. Um Eishockey zu betreiben, benötigt man jährlich die Finanzen von circa zwei Hochseefisch verarbeitenden Kühlschiffen. Also, liebe Sportler, was brauchen wir dringender: Eishockey oder Kühlschiffe?«

Am Ende tanzte der Kunst- und düste der Schnelllauf um die Wette

Eisflächen in der DDR

Im November 1951 setzte die DDR das »Nationale Aufbauwerk« (NAW) in Bewegung. Losung war, in »volkswirtschaftlicher Masseninitiative«, der gemeinsame Wiederaufbau von Einrichtungen des öffentlichen Interesses. Motto: »Schöner unsere Städte und Gemeinden«. Gegen Klebemarken, Anstecknadeln und Urkunden enttrümmerte sich zunächst die Hauptstadt, dann griff die Bewegung auf das ganze Land über. Den Eishockey-Enthusiasten lag viel daran, schließlich galt es Sportstätten und Vereinsheime auszubauen oder erst zu errichten. Kein leichtes Unterfangen, doch alle packten mit an.

Berlin

Von der Werner-Seelenbinder-Halle ins Sportforum Hohenschönhausen

In Berlin ging es zügig zur Sache. Die Eishockeycracks waren es leid, bis auf hergerichtete Natureise des Erzgebirges nach Geising zu fahren, um sich dort mit anderen Kufenflitzern der Sparte Schnelllauf um Trainingszeiten zu balgen. Mit dem Länderspieldebüt der DDR-Nationalmannschaft am 28.01.1951 in Polen (3:8) wurde zeitgleich in der Heimat die Werner-Seelenbinder-Halle eingeweiht. Fortan ein einziges Tummelfeld sämtlicher DDR-Oberligamannschaften. Je besser die Platzierung in der Liga, desto günstiger gestalteten sich die Eiszeiten für die Cracks. Trainiert und gespielt wurde rund um die Uhr. Vor allem der frierende Fan war froh, dem Kunsteis in der Kühlhalle an der Landsberger Allee entronnen zu sein. Die besaß nämlich keine bodenverlegte Röhrenkühlung; die

Hallentemperatur wurde entsprechend auf minus 20 Grad gesenkt und generierte so das Eis für den Bodenbelag. Der Besucher ging mit Eiszapfen unter der Nase hinaus. Ende der 50er Jahre stand den Hauptstadt-Hockeyisten in Alt-Hohenschönhausen auf dem Gelände des noch heute existenten Sportforums zudem ein offenes Kunsteisstadion zur Verfügung. 1963 war die Überdachung geschafft. Die Halle 1 des Kunsteisstadions im Sportforum Hohenschönhausen mit seinen knapp 5.000 Zuschauerplätzen, später von Journalisten schmählich auf den Namen Wellblechpalast getauft, war von nun an feste Spielstätte des SC Dynamo.

Rostock, Dresden, Erfurt, Halle

Heiße Drähte in die Hauptstadt

In Rostock wurde im Oktober 1955, nachdem man lange Zeit auf die Nutzung einer Maschine einer alten Kühlschiffanlage angewiesen war, das örtliche Kunsteisstadion eröffnet. Dank gebührte dem VEB Isolier- und Kältetechnik Rostock und vor allem Sportfunktionär Herbert Pusch, denn nur so lief es: Sollte Eishockey vor Ort in die Puschen kommen, mussten Würdenträger, die über einen heißen Draht nach Berlin verfügten, überzeugt werden. Wie auch in Dresden 1952 mit der Eröffnung des Rudolf-Harbig-Eisstadions oder in Erfurt. 1967 eröffnete ein Kunsteisstadion der BSG Aufbau in Halle, mit Bau-auf-Bau-auf-Hilfe der Chemiearbeiterkollegen aus Leuna. Dort hatte sich früh, bedingt durch die Größe der Belegschaft, gar eine erste Kaderschmiede des Ost-Sports etabliert. 1965 gewährte man der BSG die Eröffnung eines Eisstadions.

Weisswasser, Crimmitschau

Längerfristiges wie vorläufiges Glück

Längst erreichte hingegen in der Lausitz die Puckeuphorie ihren Siedepunkt. Bis zu 12.500 Fans wollten Spitzensport sehen. Im beschaulichen Weißwasser, das nur über eine ehemalige Braunkohlegrube, das Jahnstadion, verfügte, entstand das Kunsteisstadion »Wilhelm-Pieck« als damals größtes und modernstes Freiluftstadion Europas. Mit einem Spiel gegen den amtierenden polnischen Meister wurde es am 07.11.1959 feierlich eingeweiht. 7.000 Fans erlebten ein 4:4 der heimischen Dynamos. Die Weißwasseraner Eishockey-Story, die 1937 mit dem Gewinn des schlesischen Meistertitels gegen den EV Hindenburg ihren ersten Höhepunkt hatte, durfte weitergehen. Bis zur Verwirklichung einer eigenen, professionellen Eisbahn sollte es in Crimmitschau noch bis Mitte der 60er Jahre dauern. Am 26.09.1964 wurde das »Kunsteisstadion im Sahnpark« mit dem Länderspiel DDR gegen Schweden offiziell eröffnet.

Leipzig
Eine Sportstadt, die keine Eishockeymetropole werden darf

Anderen Städten, wie Leipzig, war dieses Glück auf Geheiß der nationalen Sportführung nie vergönnt. Als Bezirksaufsteiger nahm hier zur Saison 1953/54 die BSG Aufbau Südwest an der zweithöchsten Spielklasse der Liga teil und verblieb dort auf wundersame Weise, trotz eines vierten und somit letzten Platzes in der Staffel B. Der sofortige Wiederabstieg konnte nur deshalb vermieden werden, weil einer der möglichen Nachrücker, die HSG Wissenschaft DHfK Leipzig, als qualifizierter Aufsteiger verzichten musste. Zwei Stadtvereine in derselben Liga waren zu viel, fand vor allem der für den Sport zuständige Wissenschaftler und spätere Co-Trainer der DDR-Equipe, Dr. Hugo Döbler. Seinem Gusto nach sollten sich die Kräfte bündeln. Fünf Vereine hatten ihre besten Spieler zur Saison 1954/55 der neuinstallierten Eissportgemeinschaft Wissenschaft Leipzig zuzuführen. Mit dem Platz an der Sonne in der Liga-B-Staffel klopfte die bis dato beste Mannschaft aller Eishockeyzeiten in der Messestadt am Tor der Oberliga. Begehrlichkeiten wurden laut, eine Freiluft-Kunsteisfläche sollte her. Pläne, die Döbler vor Ort niemals umsetzen konnte. Im Gegenteil: Die ESG hatte sich gefälligst aufzulösen. Als Heimat bot sich den Fans bis zur politisch motivierten Degradierung des DDR-Pucksports nach 1969/70 u.a. die HSG Wissenschaft Karl-Marx-Universität Leipzig unterhalb der Oberliga an. Auf dem Albertparkteich oder etwa auf der Spritzbahn im städtischen Radrenntempel war man indessen froh, wenn Liga- oder Bezirksmeisterschaftspiele überhaupt stattfinden konnten. Erfolgreich war der ganze Zinnober nicht; Gegner mit klangvollen Namen wie beispielsweise BSG Traktor Eibenstock oder BSG Aktivist Knappenrode-Lohsa verließen das Natureis meist als Sieger.

Karl-Marx-Stadt
Und ein paar Schlupflöcher

In Bezirken, wo sich entsprechende Möglichkeiten boten, geriet Eishockey mehr und mehr zum Event. Sofern die Stadien dafür konzipiert waren, pilgerten bis zu 5.000 Zuschauer zu den Spielen. Im Oktober 1965 eröffnete in Karl-Marx-Stadt die Küchwaldhalle. Kostenaufwand: rund 2,3 Millionen Mark, Kapazität: 5.000 Zuschauer, hervorgegangen aus einem Mitte der 50er Jahre erbauten, offenen Eisstadion. Für die wirtschaftlichen Verhältnisse der DDR ein wahrer Kraftakt.

Doch diese seinerzeit modernste Eisarena sollte als Synonym für den Eishockeyverfall in Richtung Kunst- und Schnelllauf in die Geschichte eingehen. Der scheinbar unvermeidliche Leistungssportbeschluss des Jahres 1969 fegte den Ligen-Pucksport mit aller Macht aus der Halle. Die Eishockeyabteilung des SC Karl-Marx-Stadt wurde aufgelöst, und damit ja niemand auf die Idee kam, Tore aufzustellen und Unsinn auf dem Medaillentestgeläuf einer späteren Jutta Müller (Trainerin von Katarina Witt) anzustellen, wurden die Innenflächen des Eisschnelllauf-Ovals ihrem ungekühlten Schicksal überlassen. Die Maxime galt fürs ganze Land: Auf noch vorhandenen, gut situierten Eisflächen sollten künftig Eiskunst- und Schnellläufer trainieren. Die DTSB-Bezirksvorstände verboten sogar ortsweise das Eishockeyspielen, bis Anfang der 80er Jahre die rigiden Formeln etwas gelockert wurden. Da war es mit der Herrlichkeit und den Ansprüchen der Fans aber schon weitestgehend vorbei.

Die erst 1970 überdachte Arena in Halle wurde sogar vom Boxsport okkupiert. Die Ausrichter des traditionellen Chemie-Pokal-Turniers sorgten dafür, dass Eishockey in der Saale-Stadt auf hohem Niveau künftig nur noch marginal stattfand. Dennoch gab es Schlupflöcher. Im Crimmitschauer Sahnpark spielten die Berliner Dynamos schon mal inkognito unter falschem Vereinsnamen Freundschaftsspiele, um die Verantwortlichen nicht in Schwierigkeiten zu bringen. Und als in Hohenschönhausen mitten in der Mini-Ligasaison gebaut wurde, wich der Spielplan für einige Begegnungen sogar höchst offiziell nach Halle aus. Die Spiele sieben und acht der Saison 1972/73 küssten die Arena wach und verwandelten sie in ein Tollhaus. Die Show wiederholte sich, da im Sportforum erneut gebaut wurde, beim Sommerturnier 1980 mit spektakulären Europacup-Spielen mit Siegen über Bukarest und den polnischen Meister Sosnowiec sowie einer knappen Niederlage im Viertelfinale gegen Helsinki. Das glücklich gewählte Exil in der Chemiearbeiterstadt, untermalt von 3.000 Fans pro Spiel, ging den Berlinern lange nicht aus dem Kopf.

Mini-Meisterschaft und Bestenermittlung

Was vom Tage übrig bleibt

Wäre es nach dem Gusto der meisten Politfunktionäre gegangen, hätte es eine frühe Art der Kontinentalen Hockey-Liga (KHL) unter Entsendung einiger ausgewählter Teams der DDR in die sozialistischen Bruderstaaten gegeben. Eishockey raus, Problem gelöst. Zumindest Weißwasser hätte man gerne an die erste polnische Liga abgetreten, doch dazu kam es nicht. Der DTSB stellte mit seinem zynischen Medaillenbeschluss vor Beginn der ersten Minimeisterschaft zur Saison 1970/71 den militärischen Sportorganisationen Dynamo und Vorwärts frei, sich weiter auf nationalem wie internationalem Parkett zu bewegen. Übrig blieben also der ASK Vorwärts Crimmitschau sowie die beiden Dynamos aus der Lausitz und der Hauptstadt. Für die Dynamos hob der Genosse Minister für Staatssicherheit Erich Mielke die Daumen nach oben. Entsetzt ob dieser Entscheidung, traf der für die Armeesportclubs zuständige DDR-General Heinz Hoffmann, ein überzeugter Freund des runden Leders, eine völlig andere Entscheidung und strich das Wort Crimmitschau mit einem Wisch von der Oberligalandkarte.

Nur wenig blieb von der Puckherrlichkeit der letzten Jahre. Das Werben für den Sport an Schulen war offiziell verboten; verdächtig machte sich jeder Arbeiter oder Bauer, der auf dem Gartenteich zum munteren Kinderhockeynachmittag einlud. Der DELV-Pokal, das bunte Eishockeyturnier um den Pokal des Deutschen Eislauf-Verbandes, wurde gleich mit abgeschafft. Die Mehrzahl der Cracks wurden jeglicher Leistungssportperspektive beraubt. Fortan heimatlos fanden sie sich in den Niederungen der Betriebsgemeinschaften wieder. Jugendmannschaften lösten sich auf, die Trainer nahmen die schnellsten Spieler mit zur Abteilung Eisschnelllauf.

Einer der erfolgreichsten Eishockeyspieler und Trainer, der Weißwasseraner Joachim Franke, bot genau das, was die Sportführung sich wünschte. 1973 wurde Franke als Eisschnelllauftrainer nach Berlin delegiert. Seine Sportler, unter ihnen Claudia Pechstein, siegten in 21 Gesamtweltcups, gewannen insgesamt neun olympische Gold- sowie neun weitere olympische Medaillen, wurden 23mal Weltmeister, errangen 43 weitere WM-Medaillen. Während man mit einem 22er Eishockeykader nur maximal eine holen konnte.

Der Fall war tief. Wer etwa noch in der Saison 1968/69 im Team des SC Karl-Marx-Stadt Oberligaluft geschnuppert hatte, sich mit Einheit Dresden, Turbine Erfurt und dem TSC Berlin in der Abstiegsrunde messen durfte, stand fortan vielleicht für die BSG Fortschritt Hohenstein-Ernstthal auf brüchigem Eis. So wurden lange Winter mit kräftigem Natureis herbeigesehnt. Kurze Momente des Glücks.

Die DDR-Bestenermittlung wurde als Nachfolger der Gruppenliga an einem jährlichen Februar/März-Wochenende ausgetragen. Auzufechten galt es den inoffizielle Titel des »DDR-Amateurmeisters«. Zu gerne hätten die lokalen Eishockey-Enthusiasten Vorschläge für einen saisonalen Modus ihrer Betriebssportgemeinschaften beim DELV durchgesetzt, doch hätte genau das jenseits der Mini-Liga zu viele Begehrlichkeiten im Land geweckt. Immerhin trafen sich die vornehmlich alten Herren wieder. Anfang der 80er Jahre stießen etwa die ehemaligen Dynamo Berlin-Internationalen Jürgen Breitschuh, Rainer Patschinski und Wolfgang Plotka für einige Spiele zur SG Dynamo Klingenthal. Jahre später, als sich 1999 in Halle der ESC Saaleteufel gründete, hielten die in der Bestenermittlung gepflegten Männerfreundschaften immer noch. Die Sachsen-Anhaltiner staunten nicht schlecht, als es dem örtlichen Hallenbetreiber gelang, den Kern der Mannschaft vor Saisonbeginn in der Landesliga mit lauter ehemaligen DDR-Nationalspielern wie Thomas Graul, Dietmar Peters, Harald Kuhnke, Plotka und Patschinski oder eben Breitschuh zu bestücken. In Halle ging es mit der Oldie-Truppe (Durchschnittsalter 43 Jahre, Plotka war mit 58 Jahren eindeutig der Senior) bergauf: Die Meisterschaft und der Sachsenligaaufstieg wurden zum Husarenstück. Als schließlich die Regionalliga erreicht war, trat Guido Hiller als letzter im Dynamo-Bunde zum Karriereausklang das Erbe in Halle an. Peters war da bereits mit 51 Jahren im wohlverdienten Unruhestand. Fehlte nur noch Dieter Frenzel. Der stand mit 47 Jahren in der Nachbarstadt beim 1998 neugegründeten EHC Leipziger Eislöwen im Kader.

Die Teilnehmer der Bestenermittlung trafen zunächst in einem gestaffelten Turnierbetrieb aufeinander. Im Arbeiter- und Bauernstaat strichen sich die verbliebenen Fanlager solche Tage im Kalender rot an. Anfangs bevorzugte man wechselnde Austragungsorte wie Erfurt, Halle, Rostock, Berlin oder Crimmitschau. In den 80er Jahren erhielt Crimmitschau, bis auf 1990 (A-Gruppe in Weißwasser), den Zuschlag. Das Qualitätsgefälle war anfangs riesig. Die der Oberliga beraubten Stars und aussortierten Junioren spielten weiterhin an ihren Arbeitsorten Berlin, Crimmitschau, Erfurt oder Rostock und fegten etwa die BSG Motor Bad Muskau, BSG Aufbau Halle, BSG Chemie Leuna oder die SG Dynamo Klingenthal gerne zweistellig vom Eis. Ab der Saison 1974/75 teilte sich das bunte Treiben daraufhin in zwei Leistungsgruppen zu je vier teilnehmenden Teams. Monseator Berlin, später der Hauptstadtverein SG Dynamo Fritz Lesch, trumpfte in der A-Gruppe mit abgedankten Nationalspielern auf. Einheit Crimmitschau, als zweites Spitzenteam über knapp zwei Jahrzehnte dabei, betrieb emsig Nachwuchsarbeit und hielt dagegen. Zwischen dem letzten der A-Gruppe und dem ersten der B-Gruppe fanden zunächst Aufstiegsspiele statt, bis zur Siegerehrung 1975/76 der Letzte der A-Gruppe direkt ab- und der Erste der B-Gruppe aufsteigen konnte.

Aus der »Zweiten« war der Abstieg als Turnierletzter immer dann möglich, wenn sich ein antrittsbereites Team fand, welches tatsächlich den Titel »Sieger einer Ausscheidung des Bezirksmeisters« vorzeigen konnte. Voraussetzung dafür war der Nachweis, dass tatsächlich Titelkämpfe ausgetragen wurden. War dies geschehen, nahm schon mal der Drittplatzierte an der Relegation zur Bestenermittlung teil, weil Team A vielleicht genau dort bereits mitmischte oder Team B mangels Ausrüstung, Mut oder Vorgabe zurückzog.

Mehr Zauber bot sich den Fans des Pucksports kaum. Sie wanderten zu großen Teilen in die Fußballstadien. Denn König Fußball ließ sich nicht verbieten oder als Operettenliga spielen, obwohl solcherlei Überlegungen durchaus im Politbüro diskutiert wurden. Aber eine Revolte riskierte niemand, lieber merzte man die sogenannten Randsportarten aus.

Amateure am Schreibtisch, Amateure auf dem Spielfeld

Eishockey macht es allen anderen vor

Glatte fünf Jahre vor Einführung der Fußball-Bundesliga setzte ausgerechnet Eishockey Maßstäbe. Zumindest aus Expertensicht weiser Fußballoberen, denn die härteste und schnellste Mannschaftssportart der Welt wurde im Wirtschaftswunderland bisher kaum öffentlichkeitswirksam wahrgenommen. Sie galt als Randsportart, in der sich, so die einhellige Meinung, lediglich bayerische Naturburschen an Wochenenden wüste Eiskeilereien lieferten. Die Vereinsmannschaften des Verbandes erhofften sich durch Einführung ihrer Bundesliga satte Einnahmen, Medienpräsenz, Sponsorengelder – all das, was sich Eishockey in Deutschland eigentlich schon immer erhofft hatte. Möglichst unter Außenwirkung einer zumindest mittelmäßig erfolgreichen Nationalmannschaft, die regelmäßig den Zonennachbarn aus der DDR niederringt. Doch die Begehrlichkeiten der Vereine wurden nur zu Teilen erfüllt; immer war das Geld knapp, ständig suchte der bayerisch dominierte Verband neue Lösungen aus immer neuen Krisen. So blieb die Urmutter aller Bundesligen im deutschen Sport bis zu ihrem ruinösen Ende auch die unfertigste.

1965 hatte eine Top-Bundesligamannschaft pro Spielzeit allein rund 25.000 Mark an Ausrüstungsgegenständen zu stemmen. Kosten für Stab und Personal dürften mit rund 30.000 Mark verbucht werden. Satte 70.000 Mark verschlangen Reisekosten. Hauptsponsoren waren schwer zu begeistern und wenn, dann höchstens als Mäzene in den Großstädten. Die Statuten der Spiele übertragenden Fernsehanstalten waren streng und Bandenwerbung war gerade so erlaubt. Als der klamme EC Bad Tölz mit Erlaubnis des DEB seinen Spielern Sinalco-Trikots überwarf, protestierte der oberste Fernseh-Koordinator Robert Lemke heftig. Der Purist verurteilte die Schleichwerbung. Anständige Eishockeyspieler dürften nicht im Stile einer Litfaßsäule lächerlich gemacht werden. Der Deutsche Sportbund gemahnte an den

Amateurstatus der Vereine und Spieler, der DEB ruderte zurück und Bad Tölz musste sich einen neuen Satz Trikots kaufen. Das großflächige Bepflastern von neutralem Grund mit Sponsoring sollte im Eishockey noch auf sich warten lassen. Der scheinheilige Krieg der Fernsehbosse gegen die Schleichwerbung um die WM 1967 in Wien führte gar dazu, dass die Übertragungen in deutsche Wohnzimmer allesamt abgesagt wurden. Von Werbung auf Spielertrikots war da noch gar nicht die Rede.

Um überlebenswichtige Mehreinnahmen zu generieren, tingelten die Topteams quer durch die Republik, von Pokalspielen zu sonstigen mit Antrittsgeldern bestückten Offerten. Diesen Freundschaftsspielcharakter nutzten vor allen Dingen die klammen Südvereine, was dazu führte, dass deren Nationalspieler zu manchem Turnier mit schweren Beinen eintrafen und entsprechende Leistungen ablieferten. Mit Einführung des höchsten Wettstreits im europäischen Eishockey, dem Europapokal, galt es ab 1966 zum Jubel der Vereinsbosse und zum Entsetzen der Nationaltrainer, eine weitere zu Bühne zu bespielen.

Den finanziell günstigsten Part im Ausgaben-Ranking der ständig nach Einnahmen suchenden Geschäftsführer übernahmen ausgerechnet die Spieler, allesamt lange Zeit Vereinsamateure auf dem Eis. Unbedingt hatten sie neben ihrem Sport, zumindest sahen es die Regeln auf dem Papier vor, einem festen Beruf nachzugehen. Von Handgeld alleine ließ es sich leider noch nicht leben. Zudem waren die Spieler, anders als heute, keine Angestellten eines Vereins, sondern einfache Mitglieder. Profiähnliche Lizenzspieler? Undenkbar. Allein die Tatsache, dass die olympischen Riten bis tief in die 70er Jahre hinein Akteure ohne Festberuf in der Vita zu den Spielen gar nicht zugelassen hätten. Selbst steuerrechtlich waren nicht satzungsgetreue »Zuwendungen« weder den Akteuren noch den Clubs vergönnt.

Mehr oder weniger streng achteten die Vereine auf den satzungsgerechten Status ihrer Gemeinnützigkeit, der entsprechende Vorteile mit sich brachte. Als in der Saison 1967/68 einigen Augsburger Spielern netterweise Kredit für den Erwerb fahrbarer

Untersätze von Seiten des AEV gewährt worden war, kannte die Empörung der Ligakonkurrenz kein Halten. Vorwurf im Blätterwald: Verstoß gegen den Amateurparagraphen. Als sich der Sturm der Entrüstung schließlich legte, übernahmen die anderen Clubs die Darlehensvariante nur zu gerne.

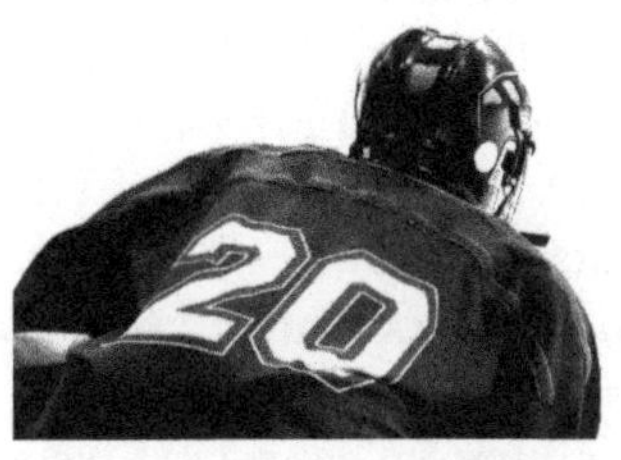

1. Drittel

Start in die Bundesliga
Jupp Kompalla flüchtet nach Krefeld

Ein gewisser Josef Kompalla flüchtete 1958 aus dem polnischen Kattowitz an den linken Niederrhein und schloss sich Preußen Krefeld an. Zehn aktive Jahre sollte es dauern, bis der DEB ihn im Sommer 1969 zum Schiedsrichter berief. Eine zweite Karriere auf Kufen, die ihm einerseits Sprechchöre, vor allen in Düsseldorf, wie »Oh mir tun die Augen weh, wenn ich den Kompalla seh« einbrachte. Andererseits sprechen die nationalen wie internationalen Nominierungen bis 1992 als Unparteiischer (2.000 Ligaspiele, 157 Länderkämpfe inkl. Olympia, WM, Spengler Cup) eine andere Sprache. Noch heute ist er dem Eishockey auf höchster DEL-Ebene verbunden und seit 2003 Mitglied der IIHF Hall of Fame. Bislang als einziger deutscher Referee. Ein Bundesverdienstkreuz darf der Mann mit dem Wiederkennungswert eines Charles Bronson ebenso sein Eigen nennen.

Nach ihrer Gründung im Jahr 1958 vergab das Schaufenster Eishockey-Bundesliga 36 Spielzeiten lang die Krone im deutschen Pucksport. Beide vormaligen Oberligen Nord und Süd waren nunmehr Geschichte und entließen ihre Spitzenteams, unter bajuwarischer Vormachtstellung, in die Premierensaison 1958/59. Auf dem Wintermärchen-Spielplan des DEV erschienen die besten vier Mannschaften aus dem Süden: Der EC Bad Tölz, EV Füssen, SC Riessersee sowie die Oberbayern der SG Weßling/Starnberg. Die Düsseldorfer EG, der Krefelder EV, Preußen Krefeld aus dem Westen und der Mannheimer ERC, als letzte Bastion vorm Weißwurstäquator, stellten die restlichen Landkartenvertreter.

Mit einer Einfachrunde, jeder gegen jeden, ging es los. Erster Champion wurde erwartungsgemäß der unbezwingbare Meister EV Füssen (26:2 Punkte). Die Talentschmiede des SC Riessersee, die aufgrund ihrer großangelegten Nachwuchsarbeit die Konkurrenzclubs beständig gefüttert und sich somit selbst geschwächt hatte, erreichte nach der Endrunde nur Platz vier und verlor am Saisonende zudem Publikumsliebling Anton Biersack nach 12jähriger

Vereinstreue an die SG Nürnberg. Die Plätze sieben (Düsseldorf) und acht (Weßling) stiegen direkt in den dafür konzipierten Unterbau, die eingleisige Oberliga, ab. Am Starnberger See, in Weßling, saß der Schock über die Entscheidung der Stadtväter, ein geplantes Eisstadion nicht zu bauen, so tief, dass sich die bis dato auf Natureis beheimatete, im Münchener Prinzregentenstadion trainierende und in Landsberg spielende Schießbude der Liga (2:26 Punkte, 34:117 Tore) vollends aus dem Rampenlicht verabschiedete. Selbst das Spielrecht für die Oberliga wurde nicht mehr wahrgenommen. Weßling/Starnberg löste sich auf; ein für Eishockeyverhältnisse bis in die heutige Zeit normales Schicksal. Die freigewordenen Bundesligaplätze ergatterten Meister und Vize des Unterbaus. Nach Ende der Saison waren das der VfL Bad Nauheim und der ESV Kaufbeuren.

Riessersees Goalie Michael Hobelsberger, gleichzeitig Nationalkeeper, sicherte in der Folgesaison 1959/60 den Titel. 12.000 Fans sahen das 6:4-Entscheidungsspiel gegen das Starensemble des EV Füssen, der am Ende der Saison mit nur einem Punkt Rückstand auf den SCR Vizemeister wurde. Nauheim und Kaufbeuren bildeten die Schlusslichter, mit nur sechs Punkten aus vierzehn Spielen stieg Kaufbeuren nach nur einer Oberhaussaison wieder ab.

Der ungeliebte Unterbau
Aufstiegsambitionen

Am Sprungbrett Oberliga, von Anfang an das Sorgenkind des DEV, wurde in den Folgejahren munter in Sachen Teamstärke, Aufstiegs- und Abstiegsmodus gepuzzelt. Gegründet mit den nicht für die erste Spielklasse qualifizierten Mannschaften sowie den Landesmeistern aus NRW und Berlin nebst den Erst- und Zweitplatzierten der bayerischen Landesliga ging sie an den Start. Es gab keine Absteiger, und zur Saison 1959/60 stockte die Oberliga mit den Qualifikanten EV Landsberg (Meister Bayern), ERV Ravensburg (Meister Baden-Württemberg) und dem Nachrücker für den oberklassigen Rückzügler SC Weßling, SG Nürnberg, auf zehn Vereine auf. Aus Hessen konnte kein Team in die Aufstiegsspiele entsendet werden, da doch tatsächlich die Jugend des VfL Bad Nauheim Meister wurde und somit für eine mögliche Höherklassigkeit nicht spielberechtigt war. Der RESG Hannover (Nord) wie der Essener RSC (NRW) traten aus nicht näher definierten Gründen gar nicht erst an. Meister 1960 wurde Dortmund, das sich in erstmals stattfindenden Relegationsspielen gegen das Bundeligaschlusslicht Kaufbeuren durchsetzte und damit aufstieg. Ravensburg stieg als Tabellenletzter ab. Der ERC Sonthofen (Landesmeister Bayern) rückte nach einem Zweifachsieg gegen den Steglitzer TK Berlin nach. Das Aufeinandertreffen der Landesmeister zur Ermittlung des Oberligaaufsteigers geriet erstmals zur Farce, da fast alle Teams auf mögliche Aufstiegsambitionen im Vorfeld verzichteten und gar nicht erst anreisten. Fast wähnte man sich in die Anfangsjahre der deutschen Eishockeymeisterschaften zurück und beschloss zur Saison 1961/62 die Einführung zwei regionaler Gruppenligen unterhalb der Oberliga, die mittlerweile auf zwölf Teams aufgebläht war.

Damals war es wie heute: Der Aufstieg in eine 2. Liga war mit seinen hohen Folgekosten und kaum Prestigegewinn nicht unbedingt attraktiv. Es sei denn, man verfügte über genügend Tiefe im Kader, ein begeistertes Publikum und vor allem: Gönnern in den Rathäusern. Dann machte Oberliga Sinn, und das Ziel konnte nur der Aufstieg in die Bundesliga sein. Und hier spielte die Musik der Bayern. Kräftige Stallburschen, Holzhacker nach kanadischem Abbild. Und immer wieder hieß der Meister EV Füssen.

In NRW gegründet, in Bayern zuhause

Der Deutsche Eishockeybund e.V. (DEB)

Am 16.06.1963 gründete sich in Krefeld, nach einem knapp elfstündigen Sitzungsmarathon und im Beisein der sechs wichtigsten Landesverbandsvertreter, der Fachverband DEB. Ludwig Zametzer (Füssen) und Dr. Günther Sabetzki (Düsseldorf) bildeten das erste, gleichberechtigte Vorsitzgespann. Noch blieb die Einheit des Eissports mit den Ablegern Eishockey, Schnelllauf, Curling, Kunstlauf unter dem Dach des DEV versammelt, Landesverbände eingeschlossen, doch der DEB, mit Sitz in Füssen, schaltete und waltete von nun an eigenständig. Die Schlüsselpositionen wurden gewählt, vom Schatzmeister über den Schiedsrichter-Obmann bis zu den Gerichtsbarkeiten. Fortan lief es zuvorderst darauf hinaus, den Spielbetrieb der Bundesliga wie der anderen überregionalen Ligen zu organisieren, die Vertretung im IIHF zu stellen, Nachwuchsförderung wie Schiedsrichterausbildung zu organisieren und die Nationalequipe auf Vordermann zu bringen. 1963 bestand der Pucksport aus lediglich 117 eishockeyspielenden Vereinsstrukturen, organisiert in zehn Landesverbänden. Die Anzahl der Kunsteisbahnen mit gerade einmal 27 lag international im unteren Bereich. Der DEV atmete hörbar auf, als ihm diese Probleme von den Schultern genommen wurden. Zu schwer war ihm die Bürde der streitlustigen, bayerisch dominierten Eishockeylobby mit den Jahren geworden.

Ab 1964 bekleidete der spätere Füssener Bürgermeister Otto Wanner das Amt des Vorsitzenden lange Jahre, bis 1992 das Zepter an Ulf Jäkel (Kaufbeuren) weitergereicht wurde. Es folgten ab 1995 die Herren Rainer Gossmann (Düsseldorf), Hans-Ulrich Esken (Schwerte) und seit 2008 Uwe Harnos (Kaufbeuren). Mit dem Berliner Heinz Henschel, nach dem zweiten Weltkrieg entscheidender Motor für den Wiederaufbau der brachliegenden deutschen Eishockeylandschaft und dem Rheinländer Dr. Günther Sabetzki, Vorsitzender des Eissport Verbands NRW, späterer IIHF-Präsident, gelangten zwei verdiente Funktionäre des DEB in die IIHF Hall of Fame nach Toronto.

Der Einfluss der Füssener auf den DEB war, vor allem mit der Benennung Wanners zum obersten Hirten, nicht von Pappe. Dem Eishockeywesten stieß das mit den Jahren auf, es entstand der Begriff des »Altbayerischen Rechtes«. Bereits 1964 wurde Markus Egen, Vereinstrainer des EV, als erster voll bezahlter Chefcoach verbandsintern durchgesetzt. 1972 eröffnete das Füssener Bundesleistungszentrum mit einem Länderspiel gegen die Schweiz. Baukosten: rund 33 Millionen Mark. 23 Millionen davon trug der Bund, 6,5 Millionen der Freistaat Bayern, den Rest die Stadt als eigentliche Besitzerin. Otto Wanner, der »Vater der Arena«, strahlte in die Kameras. Schon bald bereiteten sich im Allgäu deutsche und andere Nationalmannschaften auf große Turniere vor. Das Zentrum für den Hochleistungs-Eishockeysport wurde zum Leitbild für eine ganze Generation anforderungsgerechter Stadien und zum Trugbild, dass eine Kleinstadt wie Füssen aus dem Stadtsäckel für die Unterhaltskosten aufkommen kann.

Der DEV löste sich zum 31.12.2006 auf. Als eigenständige Organisation schlüpfte der DEB unters Dach des Deutschen Olympischen Sportbundes. Satzungsgemäß wurden dem Bayerischen Eissportverband sämtliche Vermögensbestände übergeben. Der statutarische Verbandssitz befindet sich nach wie vor in Füssen, die Geschäftsstelle verortet sich jedoch in München.

Die Helden vom Kobel

Der EV Füssen, Eishockey in Reinkultur

Was der Berliner Schlittschuhclub für die Anfangsjahre des deutschen Eishockeys war, hatte sich im bayerischen Füssen mit dem örtlichen Eislaufverein etabliert. Bis Mitte der 70er Jahre spielte man ganz oben mit, bildete herausragende Spielerpersönlichkeiten aus dem eigenen Nachwuchs aus und feierte zwischen 1959 und 1973 insgesamt 16 Meistertitel. Darin enthalten gleich das nächste Novum: Insgesamt waren daran nur fünf Trainer und 74 Spieler beteiligt. Als 1973 die vorerst letzte Meisterschaft errungen wurde, spielte kein einziger Ausländer im Team. Auch das gab es danach nie wieder. 1964 gewann der EV zum zweiten Mal nach 1952 den Wanderbecher des Spengler Cups, erfuhr dies aber erst in der Heimat, nachdem der große Turnierfavorit Spartak Prag zur Verwunderung aller sein letztes Spiel gegen ein schwedisches Team verloren hatte. Es sollte 35 Jahre dauern, bis eine deutsche Mannschaft in Davos erneut feiern konnte: 1999 gewannen die Kölner Haie gegen den russischen Meister Metallurg Magnitogorsk die Trophäe.

Mehr als 15.000 Zuschauer fasste das im Oktober 1949 erbaute Kunsteisstadion am Kobelhang. Und während der große Rest der Puckrepublik noch als Bittsteller vor privaten wie städtischen Spielstättenbetreibern um Eiszeiten zu Kreuze kroch, war der Kobel in Vereinsbesitz. Anfang der 60er Jahre kamen die Dachdecker. Übrig blieb der Einlass für 7.000 Kehlen. Dichtgedrängt verfolgten die Fans das Treiben ihrer Lieblinge bei Lokalderbys und Spitzenspielen. Leider aber nur dann, was bald zu finanziellen Engpässen der Gelb-Schwarzen führte und letzten Endes am vorläufigen Niedergang der EV-Top-Ära Schuld trug. Da konnte die Vereinsführung, im Bunde mit den anderen Süd-Vertretern, noch so sehr mit dem Verband kungeln.

Große Namen wie Xaver Unsinn, Max Pfefferle, Siegfried Schubert, Paul Ambros, Leonhard Waitl und Ernst Köpf bildeten den Kern der Turmhoheit in der Bundesliga-Premierensaison 1958/59. Pfefferle und Unsinn steuerten jeweils 18 der insgesamt 107 Saisontore bei. Die glanzvolle Technikfabrik Markus Egen und Ernst Trautwein zog die Fäden im Spiel. Egen, im Hauptberuf Sportartikelhändler, spielte im Laufe seiner Karriere auf allen Positionen und war so etwas wie der »Uwe Seeler des Eishockeys«. Regelmäßig wurden die Road-Teams aus der Halle geschossen. Die Düsseldorfer EG kassierte gar ein 1:20. Im Schnitt sieben Tore pro Spiel lassen geruhsame Abende für die Goalies Karl Fischer und Wilhelm Bechler vermuten. Nur die Krone des Torschützenkönigs ergatterte mit 25 Treffern Topschütze Horst Schuldes vom viertplatzierten Riessersee.

Nur Verräter ziehen von Bayern nach Düsseldorf

Vertrag ist Vertrag, basta

Während hinterm Eisernen Vorhang die Reisewelle der DDR-Cracks gen Westen durch den Bau der Mauer abebbte, traf Mitte der 60er/Anfang der 70er Jahre ein ähnliches Phänomen die Südvereine bis ins Mark. Erste Spieler wanderten Richtung NRW, Mannheim und West-Berlin ab. An der Steuer meist vorbeigelenkte Handgelder, Prämien, KFZ-Nutzung, freie Wohnungen statt Aufwandsentschädigungen (um die fünf Mark pro Spiel) ernteten verständlicherweise viel Beifall. Und da man dem geltenden Amateurstatus treu zu bleiben hatte, lief nebenher die vom neuen Verein unterstützte Karriere vom Maurer zum Architekten in der Großstadt weitaus vielversprechender als beim Huber Bauern in der Scheune. Die Bayern versuchten der Lage mit mehrjährigen Vertragsbindungen Herr zu werden, wollten um jeden Preis ihre Schätze in den Bergen halten. Doch auch das beeindruckte nicht jeden Spieler. Bereits 1963 wollten erstmals gestandene Bayern, der Verteidiger Otto Schneitberger und sein Teamstürmer Sepp Reif, gen Düsseldorf auswandern. Den Helden der Tölzer Meistersaison 1961/62 flatterten unschlagbare Angebote aus der Altbierstadt ins Haus, die DEG unterbreitete Bad Tölz entsprechende Ablösezahlungen. Doch nicht mit den großkopferten Bossen. Keine Freigabe. Beide als Verräter und Flüchtlinge gebranntmarkte spielten fortan nicht mehr für die alte Heimat und wurden, weil sie vertraglich noch an Tölz gebunden waren, vom DEB mit der Maximalstrafe einer 18monatigen Wechselsperre belegt.

Das erste kaltgestellte Opfer kam allerdings aus Düsseldorf. 1959 durfte Stürmer Peter Rohde zunächst nur auf die Krefelder Tribüne wechseln. Klage bei Justitia? Aussichtslos. Ohne Verbandsgenehmigung war es nicht gestattet, vor ordentlichen Gerichten gegen die Sperrfrist zu klagen. Reif und Schneitberger, dem bei einem Heimaturlaub sogar das Kfz geschändet wurde, waren 1964 wieder spielberechtigt und schossen als neue Publikumslieblinge die DEG an die Spitze der Oberliga. Von dort ging es, dank Aufstockung der Bundesliga von acht auf zehn Teams, als Zweitplatzierter hinter Meister Preußen Krefeld zur Spielzeit 1965/66 rauf in die Belle Étage. Der wirtschaftlich schwächelnde TSC Eintracht Dortmund vergeigte derweil die Abstiegsrelegation, der VfL Bad Nauheim siegte mit 11:0 und 8:3 und stieg ebenfalls auf. Fünf Teams jenseits des Weißwurstäquators waren es nun schon.

Ein weiterer Bayer stieß 1965 zur DEG. Friseurmeister Hans Rampf, Spielertrainer der Tölzer Meistermannschaft von 1961/62. Als siebter Deutscher 2001 posthum in die IIHF Hall of Fame aufgenommen, vormals 640 Mal für die Bayern auf dem Eis gestanden, holte er bereits in der Saison 1966/67 erstmals in der Bundesligageschichte den Meistertitel in den Westteil der Republik. Die Fans feuerten Pyrotechnik in den Himmel ab; verboten war das erst, als dem Eisstadion an der Brehmstraße 1969 ein Dach übergeholfen wurde. Reinhold Rief war einer der nächsten »Verräter«: Der langjährige Kaufbeurer wechselte zur Spielzeit 1966/67 ebenfalls zur DEG. Mittlerweile hatte sich in Bayern herumgesprochen, dass man lieber die bis zu 30.000 Mark Ablösesumme pro Spielertransfer annehmen sollte, statt ohne Bezahlung auf eine Sperrfrist beim Verband zu pochen.

Paul Ambros

Der zweite »deutsche Kanadier«

Nachdem Gustav Jaenecke das deutsche Eishockey der 30er/40er Jahre bereits um das Paradoxon »deutscher Kanadier« bereichert hatte, schaffte bis dato nur einer die Wiederholung: Paul Ambros, geboren 1933, der »Tiger vom Hopfensee«, elfmaliger Meister und 1964 Spengler Cup-Sieger mit dem EV Füssen. Waren es beim Stürmer Jaenecke noch technisch-filigrane Forechecking-Qualitäten plus maximale Torausbeute, so fiel Ambros als legendärer Verteidiger ins Hardliner-Gewicht faustbemühter Strafbankkönige. Kaum jemand beherrschte den Schlagschuss von der blauen Linie wie er. Und glaubt man den Geschichtsbüchern, war er der erste deutsche Spieler, der sich todesmutig, des Helmes und mehrerer Zähne bereits verlustig gegangen, in gegnerische Schüsse warf, um Tore zu verhindern. Von 1953 an spielte der gelernte Zimmermann in der 1. Füssener Mannschaft. Bei einem Turnier in Polen sorgte er durch seine Spielweise für derartige Verwirrung unter russischen Funktionären, dass eine Passkontrolle angeordnet wurde, weil der Verdacht nahe lag, der EV hätte einen verbotenen Kanadier in seinen Reihen. Dem war nicht so. Ambros blieb auch dann noch Bayer, als Überseescouts ihm bereits eine Profiligakarriere samt mutmaßlicher Hütte aus spaltbarem Material in Übersee schmackhaft gemacht hatten.

Mit 31 Jahren verließ er 1965 mit der Duftmarke von 228 Ligaspielen und 77 Toren im Groll den EV Füssen und wechselte gemeinsam mit Nationaltormann Harry Lindner von der Bundesliga zum Drittligisten Augsburger EV in die bayerische Landesliga. Was war geschehen? Der Amateur Ambros war erfolgreich ins Geschäft mit hölzernen Eishockeyschlägern eingestiegen. Der Kaufmann und Trainer des EV, Markus Egen, sollte sie gewinnbringend vertreiben. Gestritten wurde über die Anteile am Verkaufserlös. Ergebnis: Ambros zog sich außerdem aus der Nationalmannschaft zurück, denn Egen war auch hier seit 1963 im Trainerstab.

Die 5.000 Mark Ablöse brauchten die Allgäuer dringend, denn die Überdachung ihrer Spielstätte verschlang Unsummen. Als Kapitän stieg Ambros 1968 wieder in die Bundesliga auf. Die Augsburger waren von Anfang an verzückt. 200 Ligaspiele und 60 Tore schenkte ihnen der Hopfensee-Paule. 1973 hängte er die Schlittschuhe an den Nagel und wurde, was man so wird, wenn eine verdiente Karriere im deutschen Eishockey endet: Ehrenspielführer im letzten Verein. Und selbst die Füssener Fans wählten ihren geschassten Star 2008 zum beliebtesten Eishockeycrack aller Zeiten.

Eine hart umkämpfte Übergangslösung

Olympiaden und Ausscheidungskämpfe West gegen Ost

Gewichtet man Weltmeisterschaften und Olympiaden nebeneinander, so stellt einerseits die olympische Teilnahme jede WM in den Schatten. Andererseits stuft das Abschneiden der letzten WM vor einem Ringeturnier entsprechende Teilnehmer erst ein. »Dabei sein ist alles« – aber bitte mit vorheriger Qualifikation. Bis zu den Olympischen Spielen 1972 in Sapporo verzichtete der IIHF auf die Durchführung einer separaten WM. Wer die olympische Krone errang, wurde bis dahin auch als Weltmeister und Europas bestplatziertes Team als Europameister gewertet.

Die Deutschen tauchten 1952 in Oslo trotz großer Proteste u.a. der Norweger aus der Versenkung auf und durften olympisch wieder mitwirken. Kurz zuvor entschied Kanzler Konrad Adenauer, auf Nachfrage beim deutschen Mannschaftsleiter Herbert Kunze: »Na wenn wir eingeladen sind, dann fahren wir da auch hin«. Die anfänglichen Pfiffe des Publikums zu Turnierbeginn verfehlten ihre Wirkung im deutschen Team nicht. Schließlich stand mit dem Krefelder Herbert Schibukat noch ein Teilnehmer der faschistisch geprägten Olympischen Winterspiele von 1936 auf dem Feld. Ein 1:15 gegen Kanada sowie ein 2:8 gegen die USA verhagelten die Stimmung und besiegelten den am Ende erreichten achten und somit vorletzten Platz. Immerhin gelang gegen die Gastgeber ein 6:2, doch die vom kanadischen Coach Joe Aitken betreute Truppe präsentierte sich erschreckend ängstlich und lahm. Ausnahme: Markus Egen, erfolgreichster Deutscher mit neun Treffern. Die harte Gangart wurde den Teams aus Übersee überlassen. Man buhlte, allerdings zum völlig falschen Anlass, wohl um neue Sympathien in der Welt.

Die Ostdeutschen waren außen vor geblieben. Das Internationale Olympische Komitee (IOC) erkannte nur die nationale Vertretung des Westens vollständig an. Folgende Lösung war nur von Übergang: NOK-Ost und -West bildeten eine gesamtdeutsche Mannschaft bis ins Jahr 1964 hinein. Welches Eishockey-Team teilnehmen durfte, entschieden Ausscheidungskämpfe mit Hin- und Rückspiel. Immer gewann der Westen, immer zürnte darüber der Osten. Vor allem ein Manfred Ewald, ab 1961 in seiner Funktion als DTSB-Cheffunktionär. Denn wer die Olympiafahrkarte in der Sektion Eishockey löste, durfte 25 Sportler mehr ins Turnier einbringen, erreichte damit die Majorität und stellte den »Chef de Mission«. Die Hoffnung des politischen NSDAP-Wendehalses

Ewald zerschlug sich jedoch nach dem knappen 3:4 im Rückspiel gegen die BRD. Aus dem Westen reiste seiner statt Skisportpräses Dr. Adolf Heine als gesamtdeutscher Delegationsleiter an. Ein honoriger Job mit direktem Draht zum IOC. Während der Turnier-Gesamtdauer ließ sich zudem ein Lotterleben im olympischen Dorf führen.

Den innerdeutsch-siegreichen Kufencracks aus der BRD gelang aber weder bei den Spielen 1956 noch 1964 ein Überraschungsmoment gegen die Weltspitze aus dem Ostblock und Übersee. Lediglich sechste bis siebte Plätze standen nach den Finalrunden auf der Habenseite. Team DDR, olympisch leider unpässlich, versuchte sich im März 1956 zum Troste Ost-Berlins an einem Kleinturnier dreier Nationen. Norwegen und Belgien, die sich ebenfalls nicht qualifizierten, wurden geschlagen. Somit ließe sich aus ostdeutscher Sicht forsch behaupten, einmal »inoffizieller B-Weltmeister« gewesen zu sein.

Grenoble 1968 und die Folgen

Das Schicksalsjahr des olympischen DDR-Eishockeys

Erst 1965, die Mauer zwischen beiden Staaten stand bereits vier Jahre, schwenkte das IOC um. Sowohl die BRD als auch die DDR durften fortan eigene Mannschaften ins Medaillenrennen schicken. Bedingung: die Verwendung einer schwarz-rot-goldenen Flagge mit olympischen Ringen und das Strammstehen im Siegesfall unter dem Absingen einer Schillerode, dem Finallied der neunten Beethoven-Symphonie »Freude schöner Götterfunken«. Ein Hit, den sich u.a. 1936 Adolf Hitler am Eröffnungstag der Olympischen Berlinspiele gewünscht hatte.

Am 17.02.1968 kam es zum ersten olympischen Aufeinandertreffen beider deutscher Teams in Grenoble. Mit größtem Optimismus reiste das in erster Linie von Rudi Schmieder trainierte Team der DDR nach Frankreich. Beide Mannschaften überstanden den Ausscheidungsturnus und starteten damit in der Finalrunde um die Plätze eins bis acht. Die BRD besiegte nur ein einziges Team, nämlich das der DDR mit 4:2 und schloss das Turnier vor dem Nachbarstaat als Zweitletzer ab. Wäre es nur umgekehrt gewesen, hätte die übermotivierte DDR den bösen Klassenfeind niedergerungen. Das alleine hätte ja genügt, um das folgende Desaster zumindest in seiner Konsequenz abzuschwächen. So aber wurden all jene Ost-Funktionäre in ihrem Groll auf die teure, exotische Sportart bestätigt. Manfred Ewald bellte anwesenden Reportern in einer sehr persönlichen Olympia-Auswertung folgende Worte entgegen: »Da gewinnen wir fünf Medaillen, und die Republik sitzt vor den Fernsehapparaten und guckt sich eine Niederlage nach der anderen von unseren Eishockeyspielern an!« Ein schlechtes Zeichen. Wenige Monate später begann die Sportpolit-Räson, wurde Eishockey auf Vorschlag des DTSB auf den Sonderstatus-Index gesetzt. Aus war es mit der olympischen Maximal-Förderung.

Obwohl oftmals qualifiziert, duften die Cracks aus dem Osten auf Geheiß der Staatsführung fortan nie wieder olympische Luft atmen. Der Grund war angeblich rein finanzieller Natur. Olympiateilnahme bedeutete: Devisenverluste, Unkosten, Geld mitbringen für mutmaßlich hinterste Plätze. Andersrum gedacht: Erfolge bei Olympia, etwa ein ehrenvoller Sieg gegen den BRD-Klassenfeind, hätten weitere kostenintensive Begehrlichkeiten in Sachen Eishockeyförderung genährt. Weltmeisterschaften hingegen wurden durch den Weltverband großzügig gesponsert, also nahm die DDR zumindest diesen Teil des Kuchens mit. Und das auch nur auf Druck der glücklicherweise eishockeyverrückten sozialistischen Bruderstaaten ČSSR und Sowjetunion.

Der Doktor und das liebe Ephedrin

Frau Schlickenrieder rettet Alois Schloders Ehre

Im Jahr der Ringe 1972 hätten textliche Meisterleistungen wie »Einigkeit und Recht und Freiheit« und »Auferstanden aus Ruinen« völlig unabhängig voneinander gesungen werden können, nur verzichtete ja die DDR auf eine Teilnahme in Sapporo. Die BRD unterlag Polen zu Beginn klar mit 0:4 in der Ausscheidung, verpasste die Finalrunde und wurde in der Platzierungsrunde trotz eines 6:7 gegen die japanischen Gastgeber Erster, also Siebter im Gesamtranking.

Am 07.02.1972, nach dem Spiel der BRD gegen Jugoslawien (6:2), verlor Landshuts Stürmer Alois Schloder den Glauben ans Gute. Die Dopingkontrolleure losten den Kapitän des Nationalteams aus, nachgewiesen wurden Ephedrin-Rückstände. Der IIHF sperrte den rechten Außenstürmer für 18 Monate, da er wissentlich gedopt haben solle. Doch dem war nicht so. Nach Aussage Schloders habe Mannschaftsarzt Dr. Schlickenrieder ihm die leistungssteigernde Partydroge »RR Plus« untergejubelt. Der Arzt stritt alles ab, solcherlei Präparate seien niemals Bestandteil seines Medizinkoffers gewesen. Damit war die Angelegenheit für den DEB zunächst erledigt, Schloders Olympia-Verdienstausfall im Sportamt der Stadt Landshut wurde eingefroren. Gemeinsam mit dem Präsidenten des EV Landshut, Ernst Gabriel, war es daheim nun Schloder, der in die Offensive ging. Seine Unschuldsbeteuerungen fruchteten aber erst, als Schlickenrieders Ehefrau dem vergesslichen Münchener Arzt nahelegte, doch bitte bei der Wahrheit zu bleiben. Sehr wohl habe er die Pillen im Vorrat gehabt; der Doktor besann sich, Schloders Version entsprach also der Wahrheit. Dennoch pochte DEB-Präsident Wanner auf ein Teil-Schuldanerkenntnis, erst danach sollte über eine Begnadigung des Stürmers nachgedacht werden. Ende vom Lied: Schloder lehnte Wanners Offerte ab, die zuständige Gerichtsbarkeit erkannte im Urteil auf unschuldig, der IIHF nahm die Sperre zurück. Das Gute siegte, bis nach der WM 1978 in Prag trug der Topscorer den Adler auf dem Trikot und ließ sich künftig die Beipackzettel zweimal zeigen. Ob Schloder auch als verurteilter Doping-Sünder 2005 in die IIHF Hall of Fame aufgenommen worden wäre, wer weiß?

Weltmeisterliches Geschachere

Wie in Deutschland, so auch in der Welt: Beinahe jedes Jahr ist alles anders

Wurden lange Zeit während olympischer Wettkämpfe Welt- und Europameister gleich mit ausgespielt, galt eine WM bis 1991 zugleich als EM. Danach endete dieser Modus, europäische Meisterplaketten waren fortan Geschichte. 1972 kam es zu einem Experiment: Die in der ČSSR und Rumänien stattfindende 39. WM/50. EM wurden trotz Olympiajahr erstmals eigenständig ausgespielt. Doch der IIHF pokerte zu hoch, die Einnahmen wollten nicht so recht fließen. In den Jahren 1980 bis 1988 fanden entsprechend keine Extrawürste statt. 1992 besann man sich wieder auf das 1972er-Experiment. Wäre ja auch schade, wenn nicht jedes Jahr WM wäre.

Ursprünglich konnte jeder Verband eine Mannschaft zur WM-Teilnahme melden, doch nahm die Zahl der dafür interessierten Länderteams in den 50er Jahren exorbitant zu, sodass sich der Weltverband gezwungen sah, unterschiedliche Klassen (A-, B-, C-Weltmeisterschaft) einzuführen. Entscheidend für diese Zäsur war die Leistungsstärke. Ab 1952 fanden dann erste, unregelmäßige und teilweise mit Juniorenteams aufgefüllte B-Turniere statt, landläufig als »Ersatz-WM« bezeichnet. Ein Modell, das sich ab 1959 weiter ausdehnen sollte, seit 1961 gerechterweise im Auf- und Abstiegsmodus.

Hier mal ein Beispiel, wie komplex sich der Eishockey-Weltverband Jahr um Jahr Teilnehmerfelder zusammenbastelte: Im Vorfeld der 28. WM in der Schweiz waren für die A-Gruppe die ersten sechs der WM 1959 gesetzt. Zwei weitere A-Gruppen-Plätze wurden zwischen Platz 7 und 9 der WM 1959 und dem Gastgeber ausgespielt. Die B-Gruppe füllte sich mit beiden Verlierern der A-Qualifikation, dem Zehnten und Elften aus 1959 sowie zwei weiteren Qualifikanten. Die Qualifizierungen und Teilnahmen an der B- und C-Gruppe verliefen abwärts im selben Rhythmus. Für die olympisch geprägten Jahre galten wiederum andere Machwerke. 1964: Teilnahme der sieben Mannschaften der A-Gruppe aus der WM 1963, dazu die besten Fünf der B-Gruppe sowie der Sieger der C-Gruppe plus Gastgeber Österreich. Italien rauschte mit einer Wildcard heran. Um der Exotik Tribut zu zollen, ließ man einen vorab gesondert ermittelten Vertreter aus Fernost, Team Japan, an den Puck. Immer wieder kam es vor, dass finanzschwache, zerstrittene Landesverbände auf eine »olympische WM-Teilnahme« verzichteten, dann rückten eben schlechter Platzierte nach. Schwächere Meldejahre sorgten schon mal dafür, dass keine unterklassige WM-Ausscheidung gespielt wurde.

Silber für die BRD
Die WM-Posse von 1953

Bei der 20. WM in Basel und Zürich gewann die BRD mit nur einem Sieg gegen die Schweiz und 2:6 Punkten die Silbermedaille hinter Schweden. Allerdings fehlte die Weltspitze, da die USA und Kanada dem Turnier fernblieben. Die Cracks aus Übersee hatten sich bei der Olympiade in Oslo ein Jahr zuvor munter durchs Turnier geprügelt und im Neunerfeld die meisten Punkte wie Strafzeiten eingefangen. Vor allem Team Kanada, vertreten durch die Amateurtruppe der Edmonton Mercurys, war durch den Austausch schlagkräftiger Argumente in Ungnade des IIHF-Präsidenten Dr. Fritz Kraatz gefallen. Selbst Zuschauer hinter der Bande traf manche Faust mit voller Wucht. »So wollen wir die Nordamerikaner nicht mehr sehen«, positionierte sich der Schweizer; die derart Gescholtenen schmollten und sagten die WM 1953 ab. Doch auch die eigentliche Konkurrenz um die hinteren Plätze, Norwegen und Polen, ließ sich entschuldigen. Zu allem Überfluss verstarb während des Turniers der tschechoslowakische Präsident: Team ČSSR reiste vorzeitig ab und wurde disqualifiziert.

Die Eishockeyelite traf sich 1954 in Stockholm (weiterhin schmollende Ausnahme: USA) zur WM wieder. Acht Teams gingen an den Start. Die BRD erreichte hinter den großen Vier (ČSSR, Schweden, Kanada, Sowjetunion) Platz fünf. 1955 hieß es: Deutschlandpremiere der Nachkriegszeit. Gespielt wurde Ende Februar und Anfang März unter der Ägide des kanadischen Coaches Frank Trottier in den proppenvollen Hallen von Köln, Krefeld, Dortmund und Düsseldorf. In acht Begegnungen wurden zwar nur Finnland und die Schweiz besiegt, gegen Polen und Schweden setzte es aber immerhin nur knappe, beachtliche 4:5-Niederlagen. Gegen die USA, ČSSR, Kanada und die UdSSR sah man kein Land und verlor entsprechend deutlich. Belegt wurde am Ende Rang sechs.

Vom Staatstrainer zum Nationalcoach

Gerhard Kießling muss ins Dreibettzimmer

Bei der Weltmeisterschaft 1957 in Moskau gab die DDR ihr offizielles WM-Debüt. Das Turnier wurde wegen der sowjetischen Niederschlagung des Ungarnaufstandes vom Westen derart boykottiert, dass außer Schweden und Finnland keine nennenswerte Eishockeyhochburg anreiste. Gemeinsam mit Österreich und Japan füllte man die leergebliebenen Antrittsplätze auf, und die DDR wurde überraschend Fünfter vor Polen, Österreich und Japan. Es war das Jahr der Flucht des Staatstrainers. Gerhard Kießling, seit 1952 im Amt, setzte sich mitsamt Familie in den Westen ab. 1958 schickten weder die DDR noch die BRD Teams an den Start nach Oslo. Letztere mit Verweis auf desolate Vorbereitungsspiele, die vermutlich in einem weltmeisterlichen Fiasko gemündet hätten.

Das erste Aufeinandertreffen beider Teams bei einer WM fand 1959 in der ČSSR statt. Nationaltrainer BRD: Gerhard Kießling. Die Westler siegten 8:0. Beide Mannschaften konnten sich nicht für die Finalrunde qualifizieren, wurden siebter (BRD) und neunter (DDR). Hübsche Anekdote: Da die Westler befürchteten, finstere Agenten hätten unterhalb des Turniers eine

Verschleppung ihres Trainers Kießling gen Ostzone im Sinn, wurden Füssens Verteidiger Paul Ambros und der Torwart des Krefelder EV, Ulrich Jansen, zur Trainerleibgarde auserkoren. Nachts schlief man im Dreibettzimmer, Ambros erinnerte sich: »Jedes Mal, wenn es an der Tür klopfte, gingen wir in Doppeldeckung vor Kießling, weil wir befürchteten, jetzt wird er abgeholt. Doch es passierte nichts. Vielleicht wollten die ihn gar nicht mehr.«

Spalterflagge und Rückenzudreher

Victor Heyliger traut seinen Augen nicht

Kießlings errungene BRD-Fahrkarte für Olympia 1960 im amerikanischen Squaw Valley war für den Trainer Segen und Fluch zugleich. Aus einer Protestnote der DDR-Funktionäre heraus wurde er durch die Interimslösung des verdienten ehemaligen Riessersee-Nationalverteidigers Karl Wild ersetzt. Ersatzweise bot der DEV Kießling den Job des Rollhockey-Bundestrainers an. Der Sachsenflüchtling stimmte zu und verabschiedete sich für sechs Jahre aus dem Puckgeschäft. 1961 tauchte der ehemalige US-Profi Victor Heyliger am Trainerfirmament des Eishockeyverbandes auf. »Eis-Heyliger« sollte nach höheren Weihen streben, doch die ausgezahlten Gagen (40.000 Mark bis zur Vertragsauflösung 1963) hatten alles andere als sportliche Höhenflüge fürs BRD-Team zur Folge. Bis zu seinem Dahinscheiden im Jahr 2006 wird sich Heyliger vor allem an das merkwürdig unsportliche Verhältnis zwischen BRD und DDR erinnert haben.

Der Kalte Krieg führte 1961, während der durch den Schweizer Verband ausgerichteten Weltmeisterschaft, zum so genannten »Flaggenstreit« zwischen Ost und West. BRD und DDR hatten sich sportlich für die Teilnahme an der A-WM qualifiziert und sollten am 12.03.1961 in Genf aufeinandertreffen. Mit der zuvor bei Olympischen Spielen benutzten schwarz-rot-gold beringten Flagge ging es nicht. Auch wollte keiner mehr »Freude schöne Götterfunken« singen. Nein, völlig zurecht beschlossen die WM-Funktionäre, unter Hinweis auf die Mitgliedschaft der

DDR im IIHF: Die DDR darf mit Hammer und Sichel, der in Bonn verpönten, verbotenen »Spalterflagge« nebst eigener Hymne an den Start gehen. Der DEV schaute ängstlich in die Bundeshauptstadt. Das Auswärtige Amt erbat sich Bedenkzeit, bevor es das anstehende Event in der vom IIHF geplanten Form scharf verurteilte. »Nun ist es wieder soweit: Vor aller Welt wird sich Walter Ulbricht mit der gewaltsamen Teilung Deutschlands brüsten«, klagte die Bild-Zeitung. Ergebnis vom Lied: Deutschland-West trat nicht gegen Ost an, verlor die Partie am Grünen Tisch mit 0:5, während sich die DDR auf dem fünften Rang sonnen durfte. Für den ausgefallenen Spieltag wurde Team DDR ein Match gegen eine bunte Ersatzspielertruppe aller beteiligter Länder geschenkt. Ausgang: 5:3-Sieg DDR plus anschließende Siegerzeremonie mit Fahnenappell und Nationalhymne. Die gedemütigten Westler schlichen als Turnierletzter nach Hause. Der damit eigentlich einhergehende sportliche Abstieg geriet allerdings, in Vorbereitung auf die WM 1962 in den USA, zur Farce. Jetzt spielten die osteuropäischen Funktionäre die Beleidigte-Leberwurst-Karte aus, blieben dem Treffen fern und wirbelten somit sämtliche Auf- und Abstiegspläne durcheinander. Grund des Boykotts: Gerüchte einer Visa-Verweigerung für DDR-Spieler. Die BRD rückte in die A-Runde nach und wurde Vorletzter.

Starke Nerven benötigten die peinlich berührten DDR-Cracks im Folgejahr, während der A-WM 1963 in Schweden. Am 16.03.1963 ging es erneut gegen den Klassenfeind zur Sache. Team BRD gewann mit 4:3, wurde dank dieses einzigen Turniersieges in Stockholm hinter der DDR erneut Vorletzter und schickte sich gerade an, der Nationalhymne zu huldigen, da drehte sich plötzlich die versammelte Nationalmannschaft des Gegners um und zeigte auf höchste Anweisung Rücken. Ein Eklat. Das Publikum pfiff, deutsche Presse wie Westpolitiker interessierten sich auf einmal für Eishockey und nutzten diese Bühne, um kurz nach Ende der Kuba-Krise erneut kräftig Schaum vorm Mund der Bevölkerung anzurühren.

Der Schleudersitz zwischen A- und B-WM

BRD-Finsternis und eine spät verliehene DDR-Medaille

Um das hintere Teilnehmerfeld für die WM 1965 im finnischen Tampere zu ermitteln, orientierten sich die Arithmetiker zunächst einmal am Abschneiden der Teams bei der Vorjahres-WM und zogen zudem den Tabellenstand nach Abschluss der 64er Olympiade zu Rate. Als Sechster der A-WM 1963 war die DDR gesetzt. Die BRD, Letzter des Turniers 1963 und Siebter bei Olympia, hatte eine Qualifizierungsmühle vor der Brust. Nach Hin- und Rückspiel stand es in Runde 1 gegen den Erzfeind Schweiz unentschieden. Das Entscheidungsspiel in Genf ging knapp mit 7:6 an die West-Deutschen. In Runde 2 wartete Team Norwegen mit einem einzigen Auswärtsspiel im Städtchen Rauma auf die Mannen um das Trainertrio Markus Egen, Xaver Unsinn und Engelbert Holderied. Eine unrühmliche 4:5-Niederlage führte die BRD direkt in die Zweitklassigkeit. Welche Schmach, Ergebnis vom Lied: Im finnischen Pori setzte es nach gutem B-Turnierbeginn ein knüppeldickes 1:6 gegen die Schweiz. Unentschieden gegen Aufsteiger Polen und Ungarn führten zum Verbleib in der Unterklassigkeit. Dritter hinter der Schweiz und Polen – eine absolute Katastrophe. »Es ist ein Weg in die Finsternis«, kommentierte DEB-Vorstandsmitglied und Sportwart Heinz Henschel. »Es gibt nicht den geringsten Hoffnungsschimmer.« Kleiner Trost: Auch ein Sieg gegen die Eidgenossen hätte in Richtung A-WM 1966 in Jugoslawien am Ende nichts mehr genützt. Vermutlich brach mancherorts sogar Dankbarkeit über den B-Verbleib aus. In der Vorbereitungt gewann die Sowjetunion in drei Spielen mit insgesamt 37:3 Toren. Das Trainertrio um Headcoach Egen war Geschichte. Der Kanadier Ed Reigle übernahm. Auswählen konnte er theoretisch aus rund 4.500 gemeldeten Eishockeyspielern. Vergleicht man diese Zahl aus der Mitte der 60er Jahre mit finnischen (100.000) oder norwegischen Verhältnissen (30.000): kein gutes Omen.

Bemerkenswert verliefen die Championate 1965 und 1966 hingegen für die Zonen-Konkurrenz aus der DDR mit Überraschungssiegen gegen die USA, Finnland und Norwegen. Der fünfte Platz in Tampere stand zu Buche. Im Jahr darauf ließen sich Polen, Finnland sowie die wie immer hoch gehandelten Schweden mit 4:1 besiegen, was einer Sensation gleichkam. Zwar gab es in beiden Turnieren erwartungsgemäße Niederlagen gegen Kanada, USA und ČSSR, doch schien die junge Garde ostdeutscher Eishockeycracks auf einem guten Weg zu sein. Die Helden um Bernd Karrenbauer, Peter Slapke, Helmut Nickel, Rainer Patschinski und Joachim Ziesche wurden in der Heimat wärmstens empfangen und hätten gerne die leider durch einen mathematischen Rechenfehler nur theoretisch errungene Bronzemedaille der EM-Wertung 1966 vorgezeigt, obwohl sportlich alles in Ordnung war. Und das kam so:

Nach Abschluss der Wettkämpfe erhielten die Schweden EM-Bronze, da der IIHF das frisch eingeführte Tabellenkonstrukt zur Ermittlung des 44. Europameisters innerhalb der 33. WM wenig verinnerlicht hatte. Es sah ab 1966 vor, dass aus den Resultaten europäischer Teams untereinander eigene EM-Stände erstellt werden, somit die errungenen WM-Plätze für die Vergabe der Euro-Plaketten nicht mehr allein entscheidend waren. Der DDR wurden indes verlorengegangene Spiele gegen außereuropäische Teams angerechnet, weiterhin hatte man im direkten Vergleich die Schweden besiegt, obschon diese nach WM-Abschluss vor der DDR rangierten. Plötzlich hieß es aber: Die drei bestplatzierten europäischen Mannschaften in der WM-Tabelle (UdSSR, ČSSR, Schweden) erhalten EM-Medaillen, sämtliche Proteste der DDR, UdSSR und ČSSR wurden ohne Begründung abgeschmettert. Wahrscheinlich blickte der Weltverband langsam selbst nicht mehr durch. 1975 griffen bereits wieder andere Regularien. So wurde der größte Erfolg im gesamten DDR-Eishockey überhaupt erst 1999, mit 33jähriger Verspätung, Gewissheit. Nachträglich dekorierte man die Spieler von einst mit längst überfälligen Medaillen.

Nun musste eigentlich nur noch der Klassenfeind auf internationalem Terrain geschlagen werden. Am 26.03.1967 in Wien, zur 34. WM/45. EM, unter der Regie des ehemaligen Frankenhausener Eishockeyidols und seit 1957 an der nationalen Bande stehenden Trainers Rudolf Schmieder, war es endlich soweit. Die DDR siegte im Prestigeduell 8:1 gegen die BRD, wusste aber ansonsten in den anderen Partien nicht zu überzeugen. Letzter wurde, mit nur einem Punkt (2:2 gegen Finnland) die Vertretung der Bundesrepublik. Die Mannen um Ed Reigle spielten phasenweise wie Anfänger und ließen sich von den Topteams gehörig die Hörner stutzen: 1:16 gegen die Rotjacken der UdSSR, 1:13 gegen Kanada.

Der Kanada-Streik

Die Sbornaja übernimmt die Weltspitze

Vor dem Startschuss zur WM 1969 dachte sich der IIHF wieder einmal Neues aus. Diesmal sollten A- bis C-WM nicht nur an unterschiedlichen Orten, sondern ebenfalls zu unterschiedlichen Zeiten stattfinden. Die A-WM geruhte mit nur noch sechs Teams in Stockholm, die B-WM in Ljubljana und die C-WM in Skopie über die Bühne zu gehen. B- und C-WM hatten Einfachrunden auszutragen. Leistungskonzentration sowie mehr Spannung waren gewünscht. Was die A-Gruppe betraf, erfüllte sich das Ziel. Nach wie vor durften nur Spieler mit Amateurstatus teilnehmen, doch die nordamerikanisch aufstrebenden Ligen NHL und WHA (World Hockey Association) lockten die besten Cracks des Landes mit Geldbündeln. Das Amateureishockey der Collegejungs blutete aus, woran die während der WM gerupften Teams aus Übersee ihr Desaster schlussendlich manifestierten.

Kanada beantragte vergeblich die Zulassung von sechs bis neun Profis der NHL pro Tournament. Es kam, was kommen musste: das Zerwürfnis zwischen dem Dachverband CHA (Canadian Hockey Association) und der IIHF. Der Amateurstatus blieb in Stein gemeißelt, Kanada zog sich beleidigt von der internationalen Bühne zurück. Wenn schon keine NHL-Cracks zugelassen wurden, der Osten hingegen heimatliche »Staatsamateure«, die nur auf dem Papier einem »ordentlichen« Polizisten- oder Armeeberuf nachgingen, in sportlichen Hochleistungszentren züchten durfte, kehrte man eben dem Weltverband den Rücken. Nur keinen nachhaltigen Prestigeverlust riskieren.

Bis zu ihrer Heimkehr acht Jahre später blieben die Ahornblätter weltmeisterlich abstinent. Erst als der Eishockeyweltverband vor der WM 1977 entschied, nun doch Profis an den Wettkämpfen teilnehmen zu lassen, worauf, geschuldet dem streng terminierten Ligenbetrieb, allerdings verzichtet wurde, sollte Team Kanada auf die internationale Bühne zurückkehren. Und wer hatte sich dieses Ziel zur Lebensaufgabe gemacht? Der deutsche IIHF-Präsident, Journalist und spätere Bundesverdienstkreuzträger Dr. Günther Sabetzki. Er holte das Mutterland des Hockeys zurück und ermöglichte zugleich den Europäern die Teilnahme am renommierten Canada Cup. Ein zwischen 1976 und 1991 gesamt fünfmalig ausgetragenes Nationenturnier der besten Weltteams Kanada, Schweden, Finnland, UdSSR, USA und ČSSR. Als Nachrücker für die unpässlichen Finnen nahm die deutsche Equipe 1984 einmalig teil und wurde mit einem Punkt (4:4 gegen die ČSSR) zwar Letzter im Turnierverlauf, brach jedoch, auch ohne Topscorer Erich Kühnhackl, nicht wie befürchtet ein. Gegen Wayne Gretzkys Ahornblätter hieß es am Ende 2:7, die Sbornaja beließ es bei einem 8:1. Gegen die USA und Schweden (4:6, 2:4) spielten die Mannen um Xaver Unsinn phasenweise auf Augenhöhe.

Der Canada Cup sollte vor allem den Überseeprofis ermöglichen, wenigstens auf diese Weise für ihr Land gegen die ganz Großen antreten zu dürfen. So die Ursprungsidee. Das öffentliche Interesse war riesig, denn das Turnier stand im Ruf, qualitativ weitaus besser besetzt zu sein als jede WM. Kein Wunder also, dass der internationale Weltverband umdenken musste. Mitte der 90er Jahre löste der World Cup of Hockey das alte Sujet ab; bis dato zweimalig ausgetragen (1996, 2004), verkomplizierten die Verantwortlichen den Modus jedoch derart (Gruppenspiele in

Europa und Übersee, Wildcard-Teilnehmer), dass niemand mehr so recht an eine Fortsetzung glauben mochte.

Zurück zum Kanada-Streik: Betracht man den erfolgreichen WM-Grundstock des russischen Teams, so gelang der Weg an die absolute Weltspitze (bis heute Platz 1 der ewigen IIHF-Tabelle) sowohl durch die Kontinuität des Kaders (nahezu identisch mit dem des sowjetischen Serienmeisters ZSKA Moskau) als auch durch das herrlich anzusehende positionsgebundene Kurzpassspiel. Die Ära des Totalhockeys russischer Schule mit den sogenannten »Traumblöcken« hatte begonnen. Fünf Abwehr- und fünf Angriffsspieler wechselten sich in kurzen Abständen ab. Die Spieler wurden auf maximale Schnelligkeit und individuelle Technik trainiert. Der nordamerikanische körperbetonte Offensivdrang konnte dem meist nur wenig entgegensetzen. Genau deshalb stieg die USA ohne Punktgewinn als Letzter ab, Kanada verlor deutlich gegen Schweden (1:5, 2:4), die ČSSR (1:6, 2:3) und die UdSSR (1:7, 2:4).

Die schwärzesten internationalen Jahre der Eishockey-DDR

Prämien für den Nichtaufstieg

Im Jahr Eins nach dem olympischen Debakel des Jahres 1968 fand sich die DDR gemeinsam mit der BRD bei der B-Weltmeisterschaft in Ljubljana wieder und feierte zweistellige Siege gegen Italien, Norwegen, Rumänien und Österreich. Weitaus gewichtiger fiel jedoch der nächste Sieg auf kleiner Bühne gegen eine BRD-Vertretung aus. Am 04.03.1969 hieß der Endstand auf der Anzeigetafel: DDR vs. BRD: 6:1. Sieger B-WM, hoch in die A-Gruppe: DDR. Die Westdeutschen, aufgestellt durch das bundesligaerprobte Trainergespann Vladimír Bouzek und Markus Egen, sollten auch im kommenden Jahr eine Liga tiefer stapeln. Das Team BRD hatte sich mit dem vierten B-Platz eindeutig verkalkuliert, denn da die Kanadier sich komplett zurückzogen, stieg Polen als Vize auf.

In Bukarest 1970 wurde hinter den US-Boys am Ende nur der zweite Platz erreicht. Das heiß umkämpfte Schlüsselspiel, einzige Niederlage der Deutschen, verbuchten die Amerikaner mit 5:2 für sich. Immerhin kam das lang vermisste Siegesgefühl zurück. Statt Egen heuerte das Füssener Urgestein Ernst Trautwein als zweite Coachspitze an. Der Ex-Internationale war wegen seiner stets entscheidenden Olympia-Tore in den Qualifikationsduellen gegen den sozialistischen Nachbarn als nervenstarker »DDR-Killer« in die Annalen eingegangen. Und wenn man es in Zahlen misst, erzielte der Verwaltungsangestellte in seiner Trainerzeit zwischen Oktober 1969 und März 1970 mit der Nationalmannschaft eine Traumquote von 14 Siegen in 17 Spielen. Bis heute der beste Durchschnitt eines DEV/DEB-Trainers.

Zur Überraschung aller zog die DDR ihre mögliche Teilnahme an der WM 1971 in Bern und Genf zurück. Nun galt es, einen weiteren Aufsteiger zu ermitteln. In der dafür notwendigen Qualifikation siegte die BRD gegen Polen und stieg wieder ins A-System auf. Zum zweiten Mal als Coach hinter der Bande: der Sachse Gerhard Kießling. In einer Doppelrunde ließen sich sogar die Schweden (2:1) und Mitabstiegskandidat USA (7:2) schlagen. Nach zehn Spielen und 4:16 Punkten entschied ein Tor des Riessersee-Stürmers Anton Hofherr beim zweiten Fight gegen die USA (1:5) im Schlussdrittel über den Klassenverbleib. Trainer Kießling wurde, entsprechend seiner Ankündigung, beim Verbleib im A-Team in den Genfer See zu springen, gehörig nass.

Was mag nur in die DDR gefahren sein, fragte sich der Rest der Eishockeywelt. Die Antwort war Teil des stringenten Eishockey-Sonderbeschlusses der DTSB-Führung unter Leitung Manfred Ewalds. Wenn es nach ihm gegangen wäre, sollte nie wieder eine A-WM gespielt werden. Ewalds vom Politbüro abgesegneten Machenschaften gingen sogar so weit, den sportlichen Nicht-Aufstieg bei kommenden B-Turnieren als Prämisse für den weiteren Erhalt des Eishockeys im Land festzuschreiben.

Angst kroch durch die beiden Dynamo-Gemeinden. Im ganzen Land drohte dem Pucksport der Garaus.

In den folgenden Jahren bis 1973 senkten die Funktionärsschergen regelmäßig vor entscheidenden Aufstiegsspielen alle Daumen und lobten Nichtaufstiegsprämien aus. Dem Verlierergehorsam folgend, ließen die Trainer ihre besten Cracks einfach auf der Bank. Polen durfte so bei der Schweizer B-WM 1971 die DDR mit 7:4 schlagen. Ein Jahr später, in Rumänien, stand es gegen die USA nach der Schlusssirene 5:6. Den Satz: »Die einen wollen, die anderen haben Kröten zu schlucken und dürfen nicht gewinnen« hat es in dieser Form glücklicherweise, nach Ende der DDR, nie wieder gegeben.

Doch dann kam die Wende. Mitten im B-Turnier von Österreich 1973 soll Erich Mielke höchstpersönlich in einer Sitzungspause des Politbüros am Fernseher gesessen haben. Es lief gerade DDR vs. USA. Befehl von oben: Gegner schlagen und damit dem Bruderstaat Rumänien Schützenhilfe für den Aufstieg leisten. Beim 6:5-Sieg floss der Krimsekt in Strömen. Nun hatte man gegen Rumänien im nächsten Spiel allerdings gefälligst zu verlieren. Doch es kam ganz anders. Neuer Befehl per Direktschaltung ans Team, ohne jedoch die eigenen Verbandsmitglieder vor Ort zu briefen: Siegen, dem Gegner in die Suppe spucken und aufsteigen in die A-Klasse. Der rumänische Verband, vor dem Anbully im festen Glauben an eine einkalkulierte Niederlage der DDR, ahnte nichts von der neuen Entwicklung und schimpfte über diesen 27.03.1973 gar fürchterlich, als der Weißwasseraner Rüdiger Noack beim 4:2-Sieg zum allesentscheidenden Tor für die DDR einnetzte. Nach dem Spiel brach Panik unter dem mitgereisten Funktionärstross aus. Beide Trainer, Joachim Ziesche und Klaus Hirche, seien wohl völlig verrückt geworden, hieß es. Als aber schließlich besagte Direktschaltung zur Sprache kam und Ost-Berlin seine Anweisung bestätigte, wich die Panik einer einzigen großen Erleichterung.

Stell dir vor, es ist Heim-WM und Deutschland darf nicht mitspielen

Und eine Ephedrin-A-WM in Helsinki

Der westliche Fahrstuhltruppenverband schaffte zur WM 1972 in Prag durch zwei Siege gegen die Schweiz Minimalziel Klassenerhalt. Von der Elite war man wieder einmal meilenweit entfernt. In einigen Begegnungen der Doppelrunde übertrieben es die Mannen mit dem Adler auf der Brust als WM-Schießbude ungemein. Ohne die beiden Goalies Anton Kehle (Füssen) und Rainer Makatsch (Düsseldorf) wären die Klatschen noch um ein Vielfaches höher ausgefallen. Sogar gegen die am Ende viertplatzierten Finnen kassierte man in den beiden Partien 21 Gegentore. Gegen den entthronten Abo-Champion Russland 18. Die Tschechen netzten weltmeisterliche 16 Mal ein. Nach Ende der A-WM in Moskau ging es 1973 wieder runter. Coach Kießling hatte sich mit dem Experiment einer Jugendnationalmannschaft (Durchschnittsalter unter 23 Jahre, darunter der 17jährige Trainerspross Udo Kießling) gehörig vertan. An Resultate wie 1:17 oder 2:18 hatten sich die Fans mittlerweile gewöhnt. Doch das für den A-Verbleib entscheidende 1:4 gegen Polen am 14.04.1973 war alles andere als geplant gewesen. Es kriselte heftig im DEB-Lager.

Die Ost-Cracks hingegen durften zumindest für eine Spielzeit, im 74er Turnier von Helsinki, aufs Neue erstklassig mitmischen. Ein kleines, gemessen an den äußeren Umständen, mit diplomatischem Geschick erfochtenes Sportwunder. Der Verdienst weniger Aufrechter im Kampf gegen die Unwägbarkeiten des DTSB, des Politbüros. Versammelt um eine Mini-Liga, bestehend aus insgesamt cirka 40 Aktiven. Der Puck-Zwergenstaat DDR reichte nicht einmal an ein Fischerdorf auf den Färöer-Inseln heran, um die Dimension mal in die Welt des Fußballs zu verlagern. Zur gleichen Zeit versagte aus unerklärlichen Gründen eine qualitativ gut besetzte BRD-Bundesliga auf internationalem Terrain.

Niemand in der DEB-Zentrale erwartete, dass Russen, Schweden oder Tschechoslowaken in die Knie gezwungen würden. Aber entscheidend gegen Polen zu verlieren? 3:8 gegen Finnland? Der Klassenfeind DDR in der A-Liga? Und fast wäre es so geblieben. Am Abstieg der DDR 1974 trugen tragischerweise jene Mittel bei, die im Leistungssport nichts zu suchen haben. Der Schwede Ulf Nilsson und der Finne Stig Wetzell flogen in dem als »Ephedrin-WM« in die Eishockeygeschichte gelangten Turnier auf. Strafe gemäß IIHF-Regelbuch: Sperre für die Spieler, Verlust der Punkte, Tore jeweils mit 0:5 am Grünen Tisch gewertet. Tragisch für die DDR-Equipe. Polen wurden somit Punkte gutgeschrieben.

Als kleiner Trost blieb die Vorfreude auf das damit bevorstehende Wiedersehen mit dem westlichen Nachbarn zur B-WM 1975 im japanischen Sapporo. Ärgerlich für die BRD, dass im selben Jahr in Düsseldorf und München die A-WM über die Bühne gehen sollte. Die beiden deutschen Staaten mussten draußen bleiben und hätten es doch so nah gehabt.

Joachim Ziesche

Der fünfte Deutsche und dritte Berliner in der IIHF-Hockey Hall of Fame

Aus dem Häuflein tapferer DDR-Eishockeyspieler ragte über Jahrzehnte einer als Spieler und Trainer hinaus. Joachim Ziesche, geboren 1939 in Dresden, ist bis heute eine deutsche Eishockey-Legende, wenn auch nur noch bescheiden im Ostteil des Landes bekannt. Denn schicksalhafterweise verschwand mit der Mauer und dem Zusammengehen beider Verbände das DDR-Eishockey aus dem breiten Gedächtnis. 197 Länderspiele für die DDR, darunter zwischen 1957 und 1966 bei sämtlichen Spielen der Auswahl mit von der Partie. Bronzemedaille EM 1966, nationaler wie internationaler Topscorer. Teilnahme an acht A- und einer B-Weltmeisterschaft sowie 1968 an den Olympischen Spielen. 15facher Meisterschaftstrainer von 1970 bis 1989 beim SC Dynamo Berlin. Zwischen 1970 und 1976 und 1980 bis 1990 im DDR-Cheftrainerteam. Seit 1970 Träger des Ehrentitels »Verdienter Meister des Sports«.

1999 feierliches Ticket für Toronto, dem Ruhme eines Gustav Jaenecke und eines Rudi Ball folgend: Aufnahme in die International Hockey Hall of Fame. Verewigt gleich neben Wayne Gretzky.

Ein Eishockeyleben

Auf der Insel »Dynamo Berlin«

1951 verzog Familie Ziesche in den Berliner Ostsektor, nicht weit entfernt von der frisch errichteten Werner-Seelenbinder-Halle. Schüler Joachim zog es ins Innere. Chemie Weißwasser fegte die Einheit Berliner Bär zweistellig vom Eis. Der Funke sprang direkt auf den 12jährigen über. Beim ertüchtigenden Eislaufen mit Schnallen unter den Stiefeln fiel er den Teamscouts des Lichtenberger Zentralhauses der Pioniere auf. Dem staunenden Ziesche wurden Schlittschuhe gereicht; er durfte 1952 in der Jugendmannschaft der BSG Einheit Berliner Bär ran, wurde DDR-Meister und Pokalsieger und gab sein Oberliga-Debüt mit 17 Lenzen in der Saison 1956/57 für Einheit Berlin. Fortan hießen die erbitterten Gegner Weißwasser oder Frankenhausen. Entscheidende Schlachten gewann Ziesches Team nie. Die Einheit war ein roher Strafbankhaufen. Selbst nach Spielende prügelten sich die Berliner gerne zünftig mit den Fans der Heimmannschaft weiter. Kurz vor Saisonstart 1957/58 setzte sich der Kern der Mannschaft in den Westen ab. Allein Dortmund freute sich auf acht Neuzugänge. Das zurückgebliebene Rumpfteam schlug sich mit Stürmer Ziesche vorne weg beachtlich und wurde Dritter hinter Karl-Marx-Stadt und Weißwasser. In der nächsten Saison entschloss sich Ziesche, nach Abwägung aller erneut einschlägigen Erlebnisse mit der Einheit-Truppe, schweren Herzens nun für den Uniformclub Dynamo die Knochen hinzuhalten. Das frisch aus der Taufe gehobene Hohenschönhausener Umfeld, mit vereinseigener Eisbahn und tschechoslowakischem Coach, bekam den Dynamos so gut, dass selbst der bis dato unbesiegbare Gegner aus der Lausitz zumindest im Heimspiel mit 3:2 bezwungen werden konnte. Am Ende der Saison war man dank Torgarant Joachim Ziesche erstmals Vizemeister, Einheit stieg als Tabellenletzer ab.

Es sollte noch bis ins Jahr 1966 dauern, als Ziesche Team erstmals den Titel feiern konnte und die 15 Jahre währende Meisterserie der Weißwasseraner endlich gerissen war. Dynamo Berlin war nun offizieller Vertreter der DDR auf der europäischen Pokalbühne. Die damit einhergehende Kampfrunde der Landesmeister wurde seit der Saison 1965/66 vom IIHF ausgerichtet und verursachte praktischerweise keine Unkosten für die antretenden Vereine, Reisefreiheit inklusive. Wilfried Rohrbach und Joachim Ziesche samt Scorerkollegium schossen Berlin mit einem Punkt Vorsprung vor Weißwasser aus dem Mauerstaat. Scheiterte man 1966 noch bereits in Runde zwei am finnischen Meister, gestaltete sich die Teilnahme im Folgejahr, nach dem nächsten Gewinn der DDR-Meistertrophäe, erfolgreicher. Das Team, erneut im Freilosverfahren zur zweiten Runde durchgewunken, schlug sich tapfer gegen die höher eingestufte Konkurrenz. Siege gegen den schwedischen und finnischen Champion führten glatt ins Halbfinale. Gegen den tschechoslowakischen Vertreter ASD Dukla Jihlava war es schließlich vorbei mit der Herrlichkeit. Die Puckeuphorie in der geteilten Stadt Berlin war jetzt vollends entfacht. Auch 1969 stand man im Semifinale und verlor gegen die »Unbesiegbaren« des ZSKA Moskau. Und die westdeutschen Vertreter Bad Tölz, Füssen, Düsseldorf? Allesamt unter ferner liefen.

Erst zum Saisonfinale 1968/1969 war die Lausitz wieder oben auf. An Ziesche lag es nicht, der hatte mit 39 Scorerpunkten alles gegeben und wurde mit dem Startschuss der Mini-Liga, nach erfolgreichem Studium an der Deutschen Hochschule für Körperkultur und Sport (DHfK) in Leipzig, zum Trainer des Berliner SC Dynamo delegiert.

Füssen oder Bad Tölz?

Langeweile und die kurzfristige Auferstehung des Berliner Schlittschuhclubs

Die Saison 1964/65 darf getrost als erster Tiefpunkt im deutschen Bundesligaeishockey angesehen werden. Am Ende gewann mal wieder der EV Füssen die Meisterrunde haushoch vor Bad Tölz. Bereits nach der Vorrunde winkten die Mannen aus dem Allgäu mit 28:0 Punkten von der Tabellenspitze und leisteten sich bis zum Ende der Meisterrunde lediglich drei Zähler auf der Minusseite. Langeweile machte sich breit. Der bayerische Eintopf vergraulte die Fans. Die Zuschauermarken in der Liga gingen im Schnitt pro Spiel auf 3.000 zurück, den späteren Absteiger Dortmund wollte kaum einer mehr sehen. Wirtschaftlich wie sportlich am Ende, zogen sich die Westfalen vom Spielbetrieb zurück und die Abteilung Eishockey wurde aufgelöst. Im Konkurrenzclub, dem ERC Westfalen Dortmund, trafen sich die lokalen Puckfreunde wieder. Nach Einführung der Eishockey-Regionalliga zur Saison 1965/66 trat man in der Gruppe West an und maß sich mit dem EC Hannover oder dem Berliner FC Preußen um den Oberligaaufstieg. Zudem versagte die Nationalmannschaft, Tölz sei Dank, ohne die wechselbedingt gesperrten Spieler Schneitberger und Reif, auf ganzer Linie.

Was im Kleinen mit der Umstrukturierung der Gruppenliga zur Regionalliga gelang, nämlich ein für die Vereine finanziell tragfähigeres Konzept durch kürzere Anfahrten zu den Spielen und vermehrte Nachbarstadt-Derbys, sollte auch für die Bundesliga von Interesse werden, wäre aber ein Schritt zurück gewesen. Den wollte keiner gehen. So änderte sich der Ablauf eben intern. Zu Beginn der Saison 1965/66 hieß es: Gespielt wird im Einfachmodus. Eine Vorrunde lang, dann treten die besten fünf Teams in einer Meisterrunde gegeneinander an und ermitteln den Champion. Die letzten Fünf der Vorrunde streiten sich um den DEV-Pokal, der Letzte steigt ohne Relegationsspiel ab. Der Oberligameister steigt auf.

Füssen begann wie gewohnt im Rausch, ließ nur zwei Punkte liegen und gewann die Vorrunde mit elf Punkten Vorsprung auf den ESV Kaufbeuren. Dahinter folgten punktgleich der EC Bad Tölz und Neueinsteiger Düsseldorfer EG. Zu Beginn der nur acht Spieltage dauernden Meisterrunde zeigten die Füssener Nerven und verloren im letztlich entscheidenden Aufeinandertreffen gegen Bad Tölz die Schale. Riessersee gewann die Pokal- wie Abstiegsrunde, Nauheim verabschiedete sich in die Oberliga. Aus der kroch ein Traditionsverein wieder empor, den nur noch ältere Semester bestens in Erinnerung hatten: der Berliner Schlittschuhclub. Wenn auch zunächst nur für eine weitere Spielzeit, in der sich der saisonale Ablauf erneut veränderte. Gleich drei Spieler konnten 1966 zu Toptorschützen gekürt werden. Manfred Hubner (Kaufbeuren), Horst Philipp (Nauheim) und der Füssener Siegfried Schubert. Vier Jahre später übernahm letzterer, als mit 30 Jahren bis dahin jüngster Bundesligatrainer seiner Zunft, den EV Füssen.

Auch international, im neu geschaffenen IIHF-Europacup der Landesmeister, drehte Füssen 1965/66 mit einem verjüngten Team auf. Ausgestattet mit einem Erstrundenfreilos, schossen sich die Egen-Schützlinge bis ins Finale. Im Januar 1966 paarten sich die Gelb-Schwarzen in der Endspielerie mit ZKL Brno und verloren alle Partien. In der zweiten IIHF-Spielzeit scheiterte der durch Spielerverkäufe dezimierte Meister Bad Tölz 1966/67 bereits in der ersten Runde an Klagenfurt. Da nütze es auch nichts, dass sich der kanadische Coach Mike Daski, immerhin schon 35 Jahre alt, selbst einwechselte.

Europas Pokale

Kleiner Exkurs bis in die Gegenwart

Der 1965 eingeführte Europapokal galt anfangs eher als Bürde denn als große Bühne. Die westdeutschen Vereinsbosse drängten auf Meldungen zur Teilnahme, ihren Trainern kam ob des eh schon übervollen Spielplanes ein frühzeitiges Ausscheiden manchmal gerade recht. Die Aussicht auf einen Pokalgewinn erschien angesichts der Dominanz von Russendino ZSKA Moskau eher marginal. Anfangs waren vier Spiele gegen denselben Gegner zu absolvieren, bevor 1967 die Einführung des Hin- und Rückspielmodus im K.O.-System etwas Luft im Kalender verschaffte. Erst 1984 gelang ein tragfähiges Konzept, die Zusammenfasssung der bis dahin in Vorrundenspielen ermittelten vier besten Clubs zu einem Finalturnier. 1996 löste sich der Wettbewerb auf; der IIHF setzte bis ins Jahr 2000 auf eine neuerliche Pokalermittlung innerhalb einer European Hockey League, vergab den IIHF-Super-Cup, den Federation-Cup und den European Champions Cup. Zuletzt sollte es 2008 gar eine Eishockey-Champions League richten. Doch all diese Versuche, es König Fußball gleichzutun, scheiterten mehr oder minder bereits nach wenigen Perioden. Mit großartigen TV-Einnahmen war nicht zu rechnen, die besten Vereine Europas mittels Sponsorenprämien aufs Eis zu locken, scheiterte zumindest auf IIHF-Ebene.

Der 1997 eingeführte Continental Cup hat bis heute in abgeschwächter Form überlebt. Teilnehmer sind nicht mehr Mannschaften aus den Topligen, stattdessen meldet Europa nun unterklassige Champions an. Traum der meisten Eishockeyvisionäre der Gegenwart ist und bleibt aber die Einführung einer Europaliga nach dem Vorbild der NHL. Um diesen Gedanken nicht aus den Augen zu verlieren, bilden sponsorfinanzierte Einladungsturniere, wie die stark besetzte European Trophy, die Vorhut.

Kompliziertheit ist kein Problem

In der Endrunde treffen sich die besten Fünf aus Nord und Süd wieder

In der ersten Meisterspielzeit der Düsseldorfer EG, umjubelt von den Fans in stetig ausverkaufter Halle, zog die Bundesliga ab der Saison 1966/67 nun doch eine heftig umstrittene Demarkationslinie zwischen Nord- und Südvertretern. Die ersten drei Teams jeder Gruppe fanden sich in der Endrunde um die deutsche Meisterschaft wieder. Füssen, Bad Tölz und der EV Landshut im Süden, die DEG, Mannheim und der Krefelder EV in der Nordgruppe.

Warum der DEB dieses Gewurschtel zuließ? Die Bayern-Bosse reklamierten ihr baldiges finanzielles Aus und wollten an den Gesamtzuschauereinnahmen der Liga beteiligt werden. Anders gesagt: teilhaben an den vollen Kassen in Krefeld, Düsseldorf und Mannheim. Ein klarer Erpressungsversuch. 20.000 Mark Reisekosten pro Saison sparten die Südländer nunmehr auf Kosten des Unterhaltungswertes ein. Den Abstieg aus der Elite spielten in den Relegationsrunden Süd und Nord der Vierte und Fünfte jeder Gruppe jeweils gegen die Spitzentrios der ebenfalls zweigleisig gewordenen Oberligen aus. Vermutlich perplex ob des neuen Modus, sich mit gleich drei aufstrebenden Zweitklässlern messen zu müssen, stiegen im Süden der ESV Kaufbeuren und der einst so ruhmreiche SC Riessersee prompt ab. Die SG Oberstdorf/Sonthofen, erste Trainerstation des Füssener Idols Siegfried Schubert, sicherte sich ebenso wie die Eishockeyabteilung des FC Bayern München die Erstligatickets. Das Aufeinandertreffen in der Nordgruppe überlebte von den Bundesligavertretern nur der erstplatzierte Preußen Krefeld. Mit einem Punkt Vorsprung auf den Kölner EK rückte der Nord-Oberligameister VfL Bad Nauheim in die erste Liga vor. Den DEV-Pokal machten die beiden Relegationsmeister unter sich aus. Der erst 1965 formierte, dem Münchener EV von 1883 entsprungene FC Bayern gewann doppelt gegen Krefeld.

Der FC Bayern München versucht sich im Eishockey

Und jagt so ganz nebenbei den Pucksport aus der Landeshauptstadt

Es sollte die einzige Krone im Experiment Eishockey werden. Schade eigentlich, denn die Bedingungen stimmten, vor allem mit Eröffnung der Eishalle am Münchener Oberwiesenfeld in der Premierensaison 1967/68. Nur sportlich klappte es nicht. In der Relegationsrunde mit den Süd-Oberligisten wurde nur Platz drei hinter Augsburg und den wiedererstarkten Riesserseeern belegt. Damit verblieb man, dank Aufstockung der Liga auf je sechs Mannschaften pro Gruppe, dennoch im höchsten Spielbetrieb. Jenseits der bayerischen Grenze profitierte davon der Oberligameister und Relegationsdritte Eintracht Frankfurt. Der Eishockeyverband bekam, was er mit der Aufstockung bezweckte: den Verbleib zweier eigentlich fußballgeprägter Großstadtteams in der höchsten Spielklasse. Die Metropolen waren unbedingt zu erhalten, bestenfalls zu erobern, so die Devise. Ins Bild passte da hervorragend der Abstieg der heillos überforderten Allgäuer Eintagsfliegen aus Oberstdorf/Sonthofen.

Nach Ende der Saison 1968/69 löste das Bayern-Präsidium die Eishockeyabteilung auf. Grund war eine von Manager Robert Schwan vorgelegte ernüchternde Kosten-Nutzen-Rechnung. Wenige Monate später errang die Fußballabteilung das Ligadouble aus Meisterschaft und Pokalsieg. Damit war der nationale Durchbruch für den FC Bayern im deutschen Fußball besiegelt. Wer brauchte da noch Eishockey? Für geschätzte 350.000 Mark (andere Quellen sprechen von nur 135.000 Mark) veräußerten die Mannen um Präsident Neudecker das Tafelsilber, die gesamte Abteilung, alle Spielertransferrechte zuzüglich Ausrüstung nach Augsburg. Wertvollster im Paket: Leonhard Waitl, ehemaliger Füssener, fortan Verteidiger im Doppel mit Paul Ambros.

In der bayerischen Landeshauptstadt war es mit dem Pucksport somit vorbei. Erst 1970 gründete sich mit dem EHC 70 München eine zarte Nachfolge. Es sollte noch elf Jahre dauern, bis der zähe Durchmarsch von der Kreis- in die Bundesliga den ausgehungerten Münchener Fans wieder Spiele im Eishockeyoberhaus bescherte. Bis der nächste Kosten-Nutzen-Rechner die Daumen senkte.

Liga eins und zwei schenken sich einen Pokal

Kaum einer will ihn haben

Die Fankultur der bayerischen Kleinstadtvereine sah von außen hübsch aus, erreichte aber nie die Zahlen in den Großstädten, wobei die Unkosten im Grunde gleich waren. Zu Heimspielen kamen im Schnitt 3.000 Fans, ein Reichtum ließ sich so nicht erwirtschaften. Metropolen wie Düsseldorf oder Mannheim lagen mit etwa 9.000 Kartenverkäufen pro Spiel in den Jahreseinnahmen deutlich vorne. Um 1968 Geld in die Kassen zu spülen, wurde ein vom DEB abgesegneter, inoffizieller Pokalwettbewerb ins Leben gerufen. Darum kämpfen sollten Vertreter der ersten und zweiten Spielklasse. Vergessen hatte man dabei allerdings, dass die meisten Vereine dieses von Anfang an ungeliebte Kind nicht wollten. Wie so oft trieb der enge Herbst-/Winterterminplan seine Blüten, und die Reisekosten fraßen die Heimspieleinnahmen gleich mit auf. Die Anmeldung erfolgte auf freiwilliger Basis. Füssen verzichtete als erster. Nur 16 von 24 möglichen Mannschaften aus der Bundes- und Oberliga nahmen in der Saison 1968/69 teil. Nach zehn Monaten, geprägt von Absagen, Rückzügen und sogar Fehlern in der Pokalauslosung, standen Landshut und Riessersee als Endspielteilnehmer fest. Erich Kühnhackl besorgte das goldene Tor für den LEV, der sich von nun an mit dem Titel »Deutscher Pokalsieger« rühmen durfte. Damit war das Kapitel vorerst geschlossen.

1984 folgte ein weiterer, diesmal »offizieller« Versuch, die Clubs für den wahren DEB-Pokal zu begeistern. Allerdings nur, um die mehrwöchige Spielpause während der Olympischen Winterspiele 1984 finanziell erträglicher zu gestalten. Wieder blieben die Stadien leer, das Experiment scheiterte. Mit dem Titelgewinn des ERC Freiburg dachten alle, das wäre es nun gewesen. Doch im Gegenteil. Der DEB wollte nicht auf die Vereinsbosse hören, zu Olympia 1988 kam es noch dicker.

Die Vereine hatten nun zu den Ansetzungen um den neu geschaffenen »Bundesliga-Cup« anzutreten und mussten, wie etwa die Starbulls Rosenheim, zur Teilnahme gezwungen werden, was letztlich aber auch nichts nützte. Rosenheim sagte am zweiten Cupwochenende beide Partien emotionslos ab. Das einzig ausgetragene Finalspiel zwischen Mannheim und Sieger Schwenningen wollten gerade mal 700 Zuschauer sehen. Zu einem Rückspiel kam es nie, da Mannheim sechs Spieler als verletzt meldete. Zuletzt, zwischen 2002 und 2009, fanden dann saisonbegleitende Ausscheide mit den Kooperationspartnern der durchführenden Ligen (DEL, 2. Bundesliga, einige Oberligavereine nach Qualifikation) statt. Wieder waren es mangelndes Interesse und Terminprobleme, die letztlich seit 2010 dazu führten, dass der DEB-Pokal ohne DEL-Vereine auskommt. So stritten zuletzt Mannschaften aus den Regionalligen, das Team der deutschen U20-Nationalmannschaft, Teams der Oberliga und gemeldete Mannschaften der 2. Liga um einen Wanderpokal und Geldprämien. Einzig die deutschen Eishockeyfrauen, seit 2002 im DEB-Pokal dabei, leben das vor, was in anderen Sportarten wie Fußball oder Handball seit langen Jahren Tradition ist: Pokalrunden müssen keine lästige Pflicht sein, wenn man hinterher zu feiern weiß.

Der Herr Professor

Vladimír Bouzek reanimiert den EV Füssen

In den Spielzeiten Nummer zehn und elf fand der EV Füssen zur alten Routine zurück und wurde jeweils Meister vor Bad Tölz (1967/68) und Düsseldorf (1968/69). Den Gelb-Schwarzen aus dem Allgäu hatte ein tschechoslowakischer Neuzugang, Ex-Coach des ZKL HC Kometa Brno, Vladimír Bouzek, frischen Wind eingehaucht. Möglich geworden war der befristet angelegte Grenzübertritt aus dem sozialistischen Nachbarstaat als Belobigungsinstrument für einen verdienten Sportverrückten. Die tschechoslowakischen Funktionäre gewährten quasi Urlaub vom Sozialismus und kassierten nebenher Devisen.

Mit 46 Jahren traf Vladimír Bouzek im Allgäu auf eine stark verunsicherte, geschwächte Mannschaft, der die Leistungsträger der vergangenen Meisterjahre abhanden gekommen waren. Schlimmer noch: Die eigenen Gewächse spielten jetzt gegen ihren Stammverein und bereiteten sich in der Fremde größtenteils bereits für ein Leben nach dem Eishockey vor. Verteidiger Leonhard Waitl sah seine Zukunft als Elektriker und besuchte neben dem Kurzgastspiel beim FC Bayern erfolgreich die Meisterschule in München. Dem »stillen Bomber« und Maurermeister Ernst Köpf bot Mäzen Curt Frenzel berufliche Perspektiven beim Augsburger EV an. Bouzek sah sich im Nachwuchs um, stellte ein Team zusammen und änderte die Spielweise hin zu einem tschechoslowakischen, kämpferisch betonten System. Was vor der Saison noch argwöhnisch belächelt wurde, löste sich nun in Luft auf. Die Verpflichtung des Professors für Geographie und Sport zeigte der Bundesliga, wo die guten, taktisch disziplinierten Spieler wohnten. Gleich nebenan, beim Knödelpartner ČSSR. Der Prager Export-Frühling konnte beginnen. Für die ČSSR barg das Jahr 1967, als die Sowjet-Truppen einmarschierten, zwar eine politische Brisanz (schließlich hatte man in allen Belangen den großen Bruder aus Moskau zu befragen), für die Bundesligalehrlinge aus Deutschland wurde es aber eine wahre Erfolgsgeschichte. Dass der Herr Professor vom DEB zu Olympia 1968 als Trainer der Nationalmannschaft berufen wurde, verwunderte niemanden. Er trainierte Füssen, und die Deutschland-Equipe setzte sich, mit wenigen Ergänzungen, aus Spielern des EV zusammen. Dennoch reichte es international nur zum Mittelmaß im Amateurklassement. Der DEB und die Clubpräsidenten scheuchten ihr Personal von Spiel zu Spiel. Innerhalb von 14 Tagen standen schon mal neun Begegnungen (Europa, Liga, Nationalteam, Turniere) auf dem Programm.

Als die treue Seele Vladimír Bouzek 1970 Füssen verließ, war es mit dem Dauerabo auf den Meisterpokal vorbei. Dem Titelgewinn 1969 folgten immerhin noch die Championate 1971 und 1973. Ein zweites überraschendes Intermezzo des Professors in den Jahren zwischen 1976 und 1978 rettete dem Ensemble aus der Kleinstadt am Lech zumindest das Überleben unter den Kellerkindern in der Liga. 2007, ein Jahr nach seinem Tod, wurde Vladimír Bouzek in die IIHF Hall of Fame aufgenommenen.

Der DEB saniert den Unterbau

Die 2. Eishockey-Bundesliga entsteht

Mit dem ESV Kaufbeuren war vor der Saison 1972/73 ein altbekannter Verein in den Schoß der streitlustigen Oberhausfamilie zurückgekehrt. Warum diese Weihen neben dem Unterbaumeister auch dem Tabellenzweiten EV Rosenheim anheimfielen, die 1. Liga somit auf elf Teams aufgestockt wurde, lässt sich bis heute nur mit brennenden Lobbylichtern erklären. Beide Mannschaften stiegen nach dem 40. Spieltag gleich mal wieder ab. Nicht mehr in die Oberliga, dafür in die neu konstruierte eingleisige 2. Eishockey-Bundesliga, die in der Spielzeit 1973/74 Premiere feierte.

Kaufbeuren, Rosenheim sowie die Oberligateams von Platz zwei bis neun wurden Gründungsmitglieder. Modus: Doppelrunde, Meister gleich Aufsteiger, Tabellenletzter gleich Absteiger in die 3. Spielklasse. Als neuformierte Oberliga wurde diese aufgeteilt in Gruppe Süd (13 Teams) und Gruppe Nord (12 Teams). Grundstock: Restbestände sowie sportlich qualifizierte, interessierte Aufsteiger aus den zuletzt nur noch zwei Regionalligen, die somit vorläufig aus dem Gedächtnis verschwinden sollten. Meister und Vize beider Oberligen hatten zuletzt in einem Viererpool den direkten Aufsteiger in die 2. Bundesliga zu ermitteln. Im Eishockeyoberhaus mischte, als Meister der vorläufig letzten Oberligasaison 1972/73, ein zukünftiger Dino mit, der Kölner EC. Bis dahin war es ein langer Weg.

Aufbruch in Köln

Ein Hai auf dem Trikot

Nachdem das erste Bundesligaexperiment in der Domstadt als Eintagsfliege abgehakt werden musste, dümpelte der Kölner Eisklub zwei Jahre im Mittelfeld der Oberliga umher. Auf eine dem Jahr 1936 entsprungene Puckhistorie blickte der KEK da bereits zurück und sah sich keineswegs zu Höherem berufen. Eiskunstlauf, Eistanz und Eisschnelllauf hatten oberste Priorität. Die Eishockeyabteilung rund um das Stadion an der Lentstraße wurde eher geduldet, denn gefördert. Dabei hieß der Präsident Hans-Werner Münstermann, ehemaliger Krefelder Nationalspieler und Sohn des Eishockeyförderers Willy Münstermann. Sein zögerliches Engagement für den Sport, der ihn einst groß gemacht hatte, führte im Sommer 1972 zur Abspaltung der Abteilung Eishockey. Die Puckjäger wollten mit den Kringeldrehern nichts mehr zu tun haben.

Innerhalb des Eisklubs sollte zunächst eine selbstverwaltete Eishockeyabteilung aus der Taufe gehoben werden. Eine keineswegs übliche Praxis, die einer Revolte gleichkam. Als Präsident stand Steuerberater Peter Rentergent bereit. Gemeinsam mit entschlossenen Spielern wie Protagonisten um den Zahnarzt Dr. Udo Brühl und der späteren DEL-Licht- und Schattengestalt, Rechtsanwalt Bernd Schäfer, zogen die Verschwörer in den Kampf, um den Verein im Verein salonfähig zu machen.

Gegen heftigen Widerstand des Stadtsenats und des Stammvereins fruchteten die Bemühungen schließlich. Alle Wogen glätteten sich, der neugegründete Kölner Eishockey Club durfte im Schoß des KEK verweilen, denn nur der konnte als DEB-Mitglied den Spielbetrieb für die Oberligasaison sicher stellen. Ansonsten hätte der Emporkömmling am untersten Ende der Ligenfahnenstange neu durchstarten müssen. Doch dann spielte, was die Namensgebung betraf, das Vereinsregister nicht mit. Ein reiner »Kölner EC« war nicht durchsetzbar. So erschufen Schäfer und Konsorten den Hai und nannten sich offiziell »Eishockey-Club Die Haie e.V. im Kölner Eisklub«. Das entsprechende Logo entwarf der Sudetendeutsche Dieter Horký, Goalie des Teams und praktischerweise im Hauptberuf Kunstprofessor.

Um das Team gezielt im Sturm zu verstärken, machte sich der Reifenhändler, Spieler und Manager Günther Peters auf den Weg nach Kanada. Zurück kam er mit den Jungkarätern Maurice Biron und Billy Palmer. Biron, der »vulkanische Cocktail auf dem Parkett«, wurde zum Star mit Nahkampffähigkeiten, Palmer bekam Heimweh und reiste Weihnachten auf Nimmerwiedersehen zurück in die Heimat. Aus dem Nachbarland Holland lotste Peters den Tschechoslowaken Václav Tuma an Bord. Gemeinsam mit den Publikumslieblingen Wim Hospelt sowie den Zwillingen Dieter und Detlef Langemann belohnten die Kölner Kufencracks ihre immer zahlreicheren Fans mit spektakulären Heimsiegen vor bis zu 5.000 Zuschauern mit dem Aufstieg in die erste Liga (251 Treffer in 30 Spielen). Die Düsseldorfer EG, des Kölners liebster Feind, sollte sich von nun an warm anziehen. Die Dienste des dort zuletzt aktiven Nationalkeepers Hans-Joachim Schmengler hatte man sich längst gesichert. Großstadteishockey war auch in Köln angekommen. Der DEB nahm es höchst erfreut zur Kenntnis.

Kühnhackl trifft 50 Mal und wird erstmals Topscorer der Liga

Kölns Reifenhändler Peters nimmt Reißaus

Der nicht von allen Vereinsbossen herbeigesehnte, nun jedoch satzungsgetreu abgehaltene DEB-Verbandstag regelte vor der Saison 1973/74 die Ausländerfrage wie folgt: Das Ausländerkontingent begrenzte sich auf zwei Spieler pro Verein. Ein heftig diskutierter Passus blieb jedoch erhalten: Wer als Nichtdeutscher bereits 36 Monate in Deutschland lebte, fiel nicht unter diese Beschränkung. Damit gab es Planungssicherheit für die Kaderbildung. Zudem reduzierte sich die Bundesliga auf wieder zehn Teams. Der Letzte sollte durch den Meister der 2. Bundesliga ersetzt werden. Erstmals nach langer Zeit fanden wieder Montagsspiele statt, aber nur den autofreien Sonntagen während der Ölkrise geschuldet.

Um auf dem absteigenden Saison-Ast anzufangen: Es erwischte den seit dem Tod von Mäzen Curt Frenzel im Januar 1970 völlig aus dem Tritt geratenen Augsburger EV. Mit lediglich 18 Punkten und satten 190 Gegentreffern stieg das Team sang- und klanglos ab. Die 16 Tore des Youngstars Udo Kießling, vor der Saison aus Riessersee eingekauft, reichten nicht zum Überleben. Der Krefelder EV rettete sich mit einem Punkt Vorsprung. Auch in den tristen Jahren danach strahlte der Stern des AEV nicht heller; die Fahrstuhltruppe zwischen 1. und 2. Liga hatte am Saisonende 1978/79 den Pleitegeier mit an Bord und sollte sich erst wieder in der Oberliga sanieren. Kaufbeuren rückte aus der 2. Bundesliga nach. Der ambitionierte Neueinsteiger Köln erreichte mit lediglich drei Punkten Vorsprung auf den Abstiegsplatz Rang acht. Was war in der Domstadt geschehen?

Gestartet mit einer Niederlagenserie, blieb die Eishalle plötzlich halbleer, Schatzmeister Heinz Radeschadt läutete die Alarmglocken und der Banker Bruno Heinen löste den Reisefachmann ab. Der tschechoslowakische Coach Jiří Hanzl musste gehen, Landsmann und Aufstiegstrainer Ondrej Bendik kehrte zurück und schaffte schlussendlich das Wunder des Ligaverbleibs. Manager Peters war zu diesem Zeitpunkt längst über alle Berge. Finanzielle Probleme mit seinem Reifenhandel ließen ihn ohne Abschiedsbrief aus der Stadt flüchten. Mit dem Haie-Verein sollte es auch in Zukunft nie langweilig werden. Egal, ob es sportlich lief oder nicht: Für einen Skandal war man immer gut. Wenn Zahnärzte und Rechtsanwälte im Eishockeyverein den Ton angeben, tja.

Bei Vizemeister Landshut war für mehr als ein Drittel der 172 Saisontore Erich Kühnhackl verantwortlich. Alois Schloder brachte es dagegen verletzungsbedingt nur auf 29 Treffer, hatte ihm doch der Tölzer Goalie Anton Klett im Hinspiel einen Wadenbeinbruch per Schläger beschert. Dass Stürmer Hans Eimannsberger nach dem Rückspiel der Kurstädter in Landshut, dank Rauhbein Alois Schloder, mit gleich neun Zähnen weniger die Heimreise antreten musste, gehörte ebenfalls zu den Zahlenspielen dieser besonders hart geführten Spielzeit. Immer mehr in Übersee trainierte Kanadier besetzten mittlerweile die Kontingentstellen und bläuten den Gegenspielern durch ein Maximum übertriebener Härte Respekt ein.

Neben dem dritten Platz der schwächer eingeschätzten Bad Nauheimer überraschte der Favorit und Publikumsmagnet Düsseldorf (144.000 Zuschauer in 18 Heimspielen) mit einem enttäuschenden vierten Rang. Vorjahresmeister Füssen wurde hingegen nur fünfter, scheiterte zudem im Europacup bereits in der zweiten Runde an Ferencváros Budapest. Dass der bis dato 19fache Champion Berliner Schlittschuhclub nach 30 Jahren erneut einen Meisterpokal in die Höhe stemmen sollte, damit hatte anfangs niemand gerechnet.

Berlin wird Meister in neuer Eishalle

Bau auf (1973), reiß ab (2001)

Der BSchC ging optimal verstärkt in die Saison. Die bayerische Flanke ergänzten Augsburgs Nationalstürmer Ernst Köpf und Nikolaus Mangold. Aus Kaufbeuren zog es Jungtalent Stefan Metz zum Studium an die Spree. Aus Füssen kam mit Michael Wanner ausgerechnet der Sohn des DEB-Präsidenten. Ins Ausländerkontingent rückte ein zweiter finnischer Nationalverteidiger. Als sich Coach Xaver Unsinn mitten in der Saison mit Goalie Horst Grudde, einem passionierten Feuerwehrmann, aufgrund mangelnder Fleißarbeit zerstritt, verließ der letzte Urberliner das Team auf Nimmerwiedersehen. Mit drei Punkten Vorsprung auf Landshut gelang der große Coup.

Und das alles in neuer Umgebung. Als es mit dem Sportpalast zu Ende ging, sollte in die Deutschlandhalle eine Eisbahn eingebaut werden. Die Idee wurde jedoch zugunsten eines für Berliner Verhältnisse typischen Irrsinns verworfen. Für 10 Millionen Mark ließ der Senat im heutigen Bezirk Charlottenburg-Wilmersdorf lieber eine weitere Mehrzweckhalle bauen, die Eissporthalle an der Jafféstraße. Zu Saisonbeginn war sie noch gar nicht bezugsfertig, der Schlittschuhclub wich für fünf Heimspiele auf den Standort Wedding aus. 6.000 Zuschauer fasste das Multifunktionsareal und galt nach Eröffnung am 28.10.1973 als die modernste Eisarena Deutschlands. Zwei Meisterjahre des BSchC sollte sie erleben, bevor sie einem neu angelegten Eingangsbereich zur Berliner Messe im Weg stand und 2001 wieder weggebaggert wurde. Ende vom Lied: Einbau einer Eisbahn in die Deutschlandhalle.

Nur noch Landshut hält die bayerischen Fahnen hoch
Die Mitte der 70er

Ihren vorläufigen Höhepunkt erreichte die Spielerwechselwelle gen Nord in der Saison 1974/75. Kaum war ein talentierter Südländer den Kinderschlittschuhen entwachsen, saß er bereits im Zug Richtung NRW und Westberlin. Mit dem Kölner EC, der vor Spielzeitbeginn eine halbe Million Mark in Neueinkäufe investierte, war ein potenter Großkunde hinzugekommen. Riessersee büßte gleich drei Rohdiamanten ein: Die Stürmer Hans Zach, Martin Hinterstocker und Anton Hofherr wechselten zum späteren Vizemeister BSchC. Gut 300.000 Mark dürften nach Garmisch geflossen sein. Die DEG grub lange an Jungnationalstürmer Ignaz Berndaner, doch der SCR ließ ihn nicht ziehen. Eine Sperre wollte der eisenharte Verteidiger nicht riskieren, und so hielt er den Blau-Gelben bis 1987 die Treue.

Doch weil sich die Zuschauerzahlen in Bad Tölz, Riessersee, Füssen und Kaufbeuren in einer Marge von lediglich noch rund 1.500 pro Spiel bewegten, war man auf die Einnahmen durch Spielerverkäufe zwingend angewiesen. Konträr dazu hatte Düsseldorf zusammenaddiert pro Saison mittlerweile genau so viele Zuschauer wie sämtliche Südclubs der Bundesliga. An der Spree wollten hingegen nur um die 4.000 Fans ihren Schlittschuhclub sehen. Der Einzug bis ins Viertelfinale des Europacups, wo die Mannen um den zusätzlich zum Bundestrainer ernannten Xaver Unsinn erst gegen den finnischen Meister Helsinki knapp ausschieden, bedeutete indes einen ausgeglichenen Kassenbestand am Ende der Saison.

Meister wurde zum dritten Mal die DEG vor dem BSchC. Der seit 1973 an der Bande regierende Kanadier Chuck Holdaway konnte vor der Saison seinen Kader weitgehend halten und gezielt mit dem Riesserseegewächs und Strafbankkönig Georg Kink vom

Absteiger Augsburg sowie dem Tölzer Horst-Peter Kretschmer in der Defense verstärken. Aus Holdaways Heimatstadt Calgary stießen Russel Wiechnik und aus den USA George Lorne Agar in die Sturmreihen vor. Krefeld hatte, vor allem bedingt durch den Zuzug des Hollandkanadiers und Topscorers Dick Decloe, endlich wieder gut Lachen auf Platz drei vor Landshut. Mit 67 Punkten scorte sich deren Sturmtank Erich Kühnhackl mit großem Abstand vor Peter Hejma (DEG) und Teamkollege Alois Schloder an die zweite Stelle. Kaufbeuren stieg mir lediglich zehn Zählern gleich wieder ab, aus der 2. Bundesliga tauchte der EV Rosenheim wieder in der Elite auf. Acht Punkte vor Augsburg machten es möglich.

Blick über die Mauer

Der Letzte ist weiterhin Vizemeister

Der Vorhang für die kleinste Liga der Welt war mit Beginn der Saison 1970/71 gefallen. Die beiden Dynamos aus Weißwasser und Berlin sollten sich bis ins Jahr 1990 ein Scheibenschießen der nicht immer langweiligen Art abliefern. Obschon manches Championat nach etwa der Hälfte der zu absolvierenden Begegnungen bereits erkämpft war. Zwischen sechs und zwölf Partien waren bis zur Saison 1986/87 zu spielen. Scheinbar willkürlich festgelegt, je nach Lust und Laune der Sportführung. Weißwasser gewann den Titel durchgehend bis 1975. Dann wendete sich das Blatt, die Kräfteverhältnisse änderten sich dank professionellerer Bedingungen im Berliner Umfeld.

Entschieden die Hohenschönhausener die Saison 1975/76 noch knapp für sich, zehrten sie in der Folgespielzeit, bedingt durch Umbauarbeiten im Lausitzer Freiluftstadion, vom Heimvorteil und holten aus zehn Begegnungen zwölf Meisterpunkte. Der Hattrick gelang im nächsten Jahr, Weißwasser konnte kein Spiel für sich entscheiden, in der Spielzeit 1978/79 immerhin eines. Langeweile kam darob vor allem in der Hauptstadt auf, die Plätze im Sportforum füllten sich nur noch vollends, wenn die weite Welt im Europacup zu Gast war.

An Déjà-vus mit dem Lausitzer Erzfeind waren die Fans eher weniger interessiert. Weißwasser eroberte nach sechs Begegnungen und 7:5 Punkten 1981 erstmals wieder die Spitze. Ein Jahr später schlugen die Staatsamateure aus der Hauptstadt zurück. Nach zehn Spieltagen verbuchte Berlin alle 20 Punkte für sich. 16:4 hieß es am Ende der Saison 1982/83. 1984, nach acht zu absolvierenden Spieltagen, hatten die Hauptstädter mit 14:2 die Nase vorn.

Im Weißwasseraner Publikum wurde der Unmut größer. Gerüchte machten die Runde, der auch in den Folgejahren siegestrunkene Konkurrent würde vom Sportapparat in allen Belangen bevorteilt. Strittige Schiedsrichterentscheidungen zugunsten der Gäste führten zu Spielunterbrechungen durch Zuschauerausschreitungen. Bratwürste, Schneebälle und Glasflaschen flogen auf das Eis. Im Wilhelm-Pieck-Hexenkessel mit seinen 12.500 Fans brannte die Luft am zweiten Spieltag der Saison 1984/85 derart, dass die Referees ab der 54. Minute keine Möglichkeit für einen Wiederanpfiff mehr sahen. Die Punkte wurden Berlin zugesprochen. Gleiches geschah in der 57. Minute der neunten Begegnung der Saison 1985/86. Unter Polizeischutz mussten die Hauptstädter aus Weißwasser hinaus begleitet werden.

1986 entdeckten die Eishockeyfunktionäre das Mini-Liga-Play-off-System. Die Attraktivität sollte sich dadurch steigern, vor allem für das Hohenschönhausener Publikum. Den Titel gewann, wer zuerst zwei sogenannte Seriensiege einheimsen konnte. Eine Serie wurde im Modus »Best of Five« ausgetragen, was maximal fünf Spiele pro Serie bedeutete (3:2). Im Höchstfall wurde die Meisterschaft somit erst nach 15 Begegnungen entschieden (drei Serien mit je fünf Matches), jedes Match mit Sudden Death oder Penalty-Schießen, falls die reguläre Spielzeit keinen Sieger hervorbrachte.

Hielt Berlin 1987 nach drei Durchgängen das Zepter in der Hand, benötigte das Spreeteam 1988 nur zwei Serien zum Erfolg. Die Lausitzer Fans jubelten erstmals nach sieben Jahren wieder im Jahr 1989. Sie hatten das Kunststück fertiggebracht, bereits nach den ersten sechs Aufeinandertreffen den Titel zu holen. Unerwartet rasch war die Saison beendet. Vor der letzten Spielzeit eines DDR-Verbandes überhaupt, kam daraufhin eine weitere Best of Five-Serie hinzu. Am Ende stand wiederum Weißwasser nach vier Durchgängen als letzter DDR-Oberligameister fest.

Der 03.10.1990 nahte, die Vertreter der Operettenliga wurden auf Betreiben von DEB-Boss Wanner noch vor der Wiedervereinigung beider Staaten als Polizei-Eishockey-Verein (PEV) Weißwasser sowie EHC Dynamo Berlin im Hauruckverfahren in die 1. Bundesliga übernommen. Dies, nachdem die Gespräche mit den Vertretern der 2. Liga, wohin es der wirtschaftlichen Vernunft nach eigentlich hätte gehen sollte, ins Stocken geraten waren. Denn weder Weißwasser noch Berlin besaßen einen Sponsorenpool, konnten auf längere Sicht Spielergehälter garantieren oder auch nur einen Eismeister beschäftigen. Die Güter der letzten Jahre stammten schließlich alle direkt vom Staatsapparat und der knipste gerade überall die Lichter aus. Bereits im Januar 1990 hatten sich in der Lausitz die Spieler vom DELV gelöst und einen eigenen Verband gegründet. Die Basis für Beitrittsverhandlungen zum DEB war geschaffen, der einstige Ost-Referee Dr. Fritz Groß und der 60er Jahre Ex-Nationalkeeper Peter Kolbe konnten mit dem DEB in Klausur gehen.

Go West! Innerdeutsche Duelle

Der Vorletzte darf verreisen

Ein zwischen der Bundesrepublik und der DDR vereinbartes Sportaustauschprogramm sicherte dem Oberligaprimus Tickets zum Auswärtsspiel um den »Gesamtdeutschen Eishockeymeister«. Während sich Bundesligist EV Füssen etwa 1973 gegen Dynamo Weißwasser fast zweistellig bis auf die Knochen blamierte, stellte 1974 der Berliner Schlittschuhclub die Westehre gegen denselben Gegner wieder her und siegte mit 3:2. Von größerem Wert der innerdeutschen Eishockey-Duelle waren jedoch andere Spiele.

Am 17.11.1976 traf in der zweiten Runde der Europacupsaison 1976/77 der BSchC mit Heimrecht auf den aktuellen

DDR-Meister, im Volksmund »Vorletzten« der Liga genannten SC Dynamo Berlin. Vor 8.500 Zuschauern siegten die Westler in einer völlig überfüllten und verrauchten Eishalle an der Jafféstraße, trotz der Gästeführung durch Verteidiger Dieter Frenzel, mit 8:2. Man of the Match: Hans Zach mit drei Toren und zwei Assists. Dynamo hatte sich vor dem Spiel selbst geschwächt: Ausnahmeverteidiger Dietmar Peters war vereinsintern für einige Monate gesperrt worden, weil er in einem Spiel gegen Weißwasser ausgerechnet einen der Schiedsrichter verprügeln musste. Dem sonst eher besonnen agierenden, schmächtigen DDR-Superstar waren die Sicherungen durchgebrannt. Es sollte für die Moral der jungen Ziesche-Truppe noch schlimmer kommen. Im Jahr der Biermann-Ausbürgerung verzierten die Dümmsten der Dummen den Ikarus-Bus der Dynamos mit dem Slogan »DD-Ärsche«. Nach einem Bankett im Vereinsheim des Schlittschuhclubs ging es aus dem Nichtsozialistischen Wirtschaftsgebiet (NSW) heimwärts. Schmähgesänge wie »Honecker, wir hängen dich« oder »Sozis raus aus Westberlin« gewiss noch im Kopf. Der IIHF belegte den BSchC daraufhin mit einer Geldstrafe von 2.000 Mark. Im Rückspiel, in der Eishalle 1 des Sportforums Hohenschönhausen, gewann der BSchC dann dank eines Sahnetages seines Nationalgoalies Erich Weishaupt knapp 4:3. Mit von der Partie, wer hätte es gedacht, der rehabilitierte Dietmar Peters. Einzig die Lautsprecherbegrüßung der Gäste mit »Berliner Schlittschuhclub Berlin-West« trug an diesem Tag zur politischen Agitation bei.

Im Viertelfinale der Europacupsaison 1977/78 machten es die Dynamos besser. Mit 5:1 wurde Köln daheim besiegt. Beim ausverkauften Rückspiel im Stadion an der Lentstraße drängelten sich weit über 6.000 Zuschauer. Die beiden Petersbrüder Roland und Dietmar sowie Rainer Patschinski, Friedhelm Bögelsack und Joachim Stasche schossen den Uniformclub bereits im ersten Drittel mit 5:0 in Front. Kölns Präsident Erlemann blieb auf seiner Prämienidee »3.000 Mark pro Spieler für das Ausschalten des DDR-Meisters« sitzen. Eintrittsgelder und

TV-Übertragungsgebühren spülten dem KEC 100.000 Mark in die Vereinskasse. Das Publikum in der Domstadt war bedient, die anfangs beleidigenden Provokationen in Richtung des DDR-Roadteams verebbten schnell. Mit einem 6:2-Enstand ließ es sich diesmal gut aus dem NSW verabschieden. Der inoffizielle Titel »Gesamtdeutscher Meister« ging nach Hohenschönhausen.

Es sollte bis zur Saison 1985/86 dauern, als deutsche Eishockeymeister per Losglück erneut aufeinandertrafen. In Runde zwei setzten sich die Starbulls Rosenheim knapp und mit dem Können ihres tschechoslowakischen Goalies Jiří Králík im Gesamtstand mit 6:5 gegen Dynamo Berlin durch. Die Cracks von der Mangfall erreichten so die Finalrunde im heimischen Stadion und schlossen mit dem Bronzetreppchen ab. Zwei Jahre zuvor war Ost-Berlin überraschend Dritter des Finalturniers in Südtirol geworden, hatte in Runde drei den HIFK Helsinki ausgeschaltet und rang im Tiroler St. Ulrich in Gröden den Unbezwingbaren aus Moskau eine knappe 3:4-Niederlage ab. Berlin führte zwischenzeitlich gar 2:0 durch Guido Hiller und Joachim Lempio und ging nach dem Ausgleich noch einmal in Front (erneut Hiller), zog aber im Endspurt den Kürzeren. Für Goalie René Bielke, mit 22 Jahren bereits im Auswahlkader der Nationalmannschaft, der wohl bis dahin denkwürdigste Eishockeytag. ZSKA-Coach Tichonows Zauberblock um Alexej Kassatonow hatte seine liebe Mühe und Not.

Im erstmals im Gruppenmodus ausgespielten Landesmeister-Wettbewerb des Spieljahres 1988/89 stieß Dynamo Weißwasser in Zagreb auf die Starbulls Rosenheim. Der direkte Vergleich in der Einfachrunde endete 3:3. Dank der besseren Tordifferenz zog Rosenheim mit Heimrecht in die Zwischenrunde und darüber hinaus ins Finale nach Berlin, wo unglücklich gegen den finnischen und schwedischen Meister verloren wurde. Selbst das 0:6 gegen ZSKA Moskau entschied sich erst im letzten Drittel.

Olympisches Rechenbronze 1976

Erzielte Treffer geteilt durch kassierte Tore

Nach Abschluss der spannungsarmen A-WM 1975 in München und Düsseldorf, ohne Beteiligung beider deutscher Mannschaften, beschloss der Weltverband, die A-Gruppe für Polen 1976 von sechs auf acht Teams aufzustocken. Den US-Amerikanern blieb so der Abstieg erspart, aus der Unterklassigkeit stiegen die beiden Erstplatzierten auf.

Meister der in Sapporo ausgespielten B-WM wurde die DDR. Punktgleich dahinter landete die BRD. Der direkte Vergleich, ein 5:0 gegen die Westdeutschen, kam jedoch den Staatsamateuren um das Trainerdoppel Joachim Ziesche und Klaus Hirche zu Gute. Beiden Mannschaften verhalf diese Platzierung zum Aufstieg. Das klare 0:5 hatte Xaver Unsinn, in frischgebackener Personalunion als BSchC-Coach, jedoch gewiss nicht eingeplant. Der Kießling-Nachfolger schäumte ob der Unkonzentriertheit seines Teams, das er vor der WM mit gleich sechs Akteuren seines Schlittschuhclubs besetzt hatte.

Im Februar 1976 mixte sich das Feld der Eishockeyteams zu den XII. Olympischen Winterspielen in Innsbruck. Alle Teilnehmer an der A-WM 1975, die besten vier der B-Gruppe, der Sieger der C-WM und Österreich als Gastgeber waren gesetzt. Aus bekannten Gründen zog die DDR zurück. Überraschenderweise verzichteten auch Schweden und Norwegen auf die Teilnahme. Von Deutschland wurde einmal mehr gar nichts erwartet. Sämtliche Testspiele verliefen äußerst unbefriedigend. Als Düsseldorfs Verteidiger Horst-Peter Kretschmer in letzter Minute für Riessersees Stürmer Franz Reindl zur Mannschaft stoßen sollte, war die Meldefrist für den 18er Kader bereits vom DEB verschlafen worden. Xaver Unsinn, zum Umplanen verdammt, freute sich dennoch über den »machbaren« Gegner Schweiz in der Ausscheidungsrunde. Prompt gewannen die Seinen gegen die Eidgenossen ungefährdet mit 5:1 und erreichten das A-Finale. Zwei Siege gegen Polen und die USA reichten aus, um das Turnier hinter der ČSSR und der UdSSR punktgleich vor Finnland und den USA als Dritter abzuschließen. Doch so einfach war es dann doch nicht um den insgesamt zweiten Bronzemedaillengewinn einer deutschen Equipe bestellt.

Im direkten Vergleich wiesen sowohl die BRD, Finnland und die USA zwei Punkte auf, die Amerikaner spielten mit zwei Minus-Toren aber keine Rolle. Auf den ersten Blick hätte man denken können, das Unsinn-Team wäre Vierter der Endabrechnung, denn die Tordifferenz (BRD: -3, Finnland: +1) sprach für die Finnen. Nur war das Torverhältnis im Gesamtturnier in dieser Konstellation nicht das Zünglein an der Waage. Entscheidend ins Gewicht fielen lediglich die Treffer aus den Spielen der punktgleichen Teams untereinander. Die IIHF-Regelverantwortlichen hatten nach Abpfiff des Schiedsrichters, beim Stand von 4:1 für Deutschland gegen die USA, zunächst ein Divisionsverfahren zu bemühen, nach dessen Ende das Unsinn-Team ein um 41-Tausendstel-Tore (0,041) besseres Einschussverhältnis als Finnland aufwies. Erst danach brandete der Jubel in der schwarz-rot-goldenen Umkleidekabine auf. Der vom Bundestrainer reaktivierte Berlinstürmer Ernst Köpf hatte also am 14.02.1976 in der 55. Minute zum entscheidenden vierten »Bruchteiltor« eingenetzt. In Köpfs Karriere das wohl wichtigste von über 1.000 gezählten.

21 Sekunden Zittern

Rainer Philipp mit einem Glücksschuss bei der WM 1976

Zwei Monate nach den Bronzefestspielen der Unsinn-Truppe stand die Mission Klassenerhalt auf der WM-Agenda von Kattowitz 1976. Spielern aus den Profiligen war es fortan erlaubt mitzutun. Da Kanada erst 1977 zurückkehren wollte, profitierte vor allem die USA davon und belegte in der Endabrechnung einen vierten Platz. Der Modus wurde gerechter für das Achterfeld, da alle Teams zunächst gegeneinander anzutreten hatten. Am Vorrundenende trennte sich die Spreu vom Weizen, es folgten die Meisterrunde (Plätze eins bis vier) und die Abstiegsrunde (fünf bis acht) unter Mitnahme aller Punkte. Beide letztplatzierten Teams fuhren runter in die B-Gruppe.

Am 14.04.1976 gewann die BRD gegen die mittlerweile vom gebürtigen Rastenburger Günter Schischefski trainierte DDR am vierten Spieltag überlegen mit 7:1. Erwartungsgemäß trafen sich beide Mannschaften abgeschlagen von der Weltspitze in der Abstiegsrunde wieder. Der einzige Zähler den der Arbeiter- und Bauernstaat dort zu den vier aus der Vorrunde noch einheimsen konnte, brachte ein Remis auf Augenhöhe (1:1) gegen die BRD. Den Führungstreffer vom späteren ewigen Torschützenkönig der DDR, Rainer Patschinski, hatte der Berliner Lorenz Funk gleich zu Beginn des zweiten Drittels egalisiert. Dass sich die Westdeutschen letztlich mit einem Achtpunkte-Konto und Gesamttabellenplatz sechs erfolgreich aus dem Abstiegssumpf ziehen sollten, ist dem Bad Nauheimer Linksaußen und späteren Ehrenbürger der Stadt, Rainer Philipp, zu verdanken. Nachdem es am 25.04.1976 bis 21 Sekunden vor Spielende beim Stand von 1:1 nach einem Verbleib des Gastgebers Polens in der A-Gruppe ausgesehen hatte, netzte der Karosseriebaumeister zum 2:1 für das Unsinn-Team ein. Die Polen, am ersten Spieltag noch sensationeller 6:4-Sieger gegen die Sbornaja, trugen Trauer in der ausverkauften Wojewódzka Hala.

Wie man trotz Amateurstatus einen Eishockeyspieler beglückt

Der Wandel zum Geschäftszweig

Spieler aus dem Süden in den so unverschämt reichen Westen zu locken, war eine Sache. Nur reichten irgendwann die Argumente für das vereinsforcierte Erklimmen einer hauptberuflichen Karriereleiter in den Großstädten nicht mehr aus. Da ließen sich die Clubs etwas Neues einfallen. Gefördert von Mäzenen und eishockeybegeisterten Stadtparlamentariern entdeckten sie zum Beispiel die Kommanditgesellschaften (KGs) für sich. Ausgesuchte Gesellschafter, darunter Repräsentanten eines Eishockeyvereins, gründeten KGs, wie die Berliner Eissport KG, und stellten Spieler des Schlittschuhclubs ein. Damit blieb der Amateurstatus unangetastet. Die zur DEB-Pflichtangabe gewichtige Konstellation des Arbeiters oder Angestellten in einem Unternehmen wurde gewahrt. Zwischen 1.000 und 2.000 Mark plus Dienstwagen und Spesen gab es monatlich zu verdienen. Nur welche Tätigkeiten hatten etwa ein Hans Zach, Hannu Koivunen oder Klaus Mangold innerhalb der Berliner Eissport KG zu verrichten? Schließlich war sie laut Registereintrag nur zuständig für den Kartenverkauf und die Bandenwerbung. Betrieben die Herren Eishockeystars etwa Werbeakquise auf Sektempfängen bei der Großbäckerei um die Ecke? Belieferten sie Vorverkaufsstellen mit Tickets? Eher nicht. Jedenfalls setzte sich dieses Modell erfolgreich fort. Die Spieler wurde, angestellt in einer Frühform heutiger Franchise-Gesellschaften, bereits Mitte der 70er Jahre in den eishockeyfreien Monaten betriebsbedingt gekündigt. Der Clubvertrag lief weiter, die Unterstützung für den Lebensunterhalt sicherte das Arbeitsamt bis zur plötzlichen Wiedereinstellung ins KG-Berufsleben zu Beginn einer neuen Eishockeysaison.

Bad Tölz verabschiedet sich

Erneut ein vorläufig letztes Rekordmeisterjahr

In Bad Tölz gab es das alles in der Saison 1975/76 nicht, und so ist es kein Wunder, dass die Oberbayern am Ende aufgrund des schlechteren Torverhältnisses auf Riessersee und Aufsteiger Rosenheim als erster bayerischer Traditionsverein Zweitligaluft schnuppern mussten. Wenigstens in diesem Segment hielt sich der EC lange Jahre.

Meister wurde der konstant starke Berliner Schlittschuhclub mit acht Punkten vor dem EV Landshut. Die Niederbayern hatten sich mit dem schwedischen Topscorer Claes-Ove Fjällby, der mit insgesamt 34 Toren selbst Alois Schloder (31) noch übertraf, glänzend verstärkt. Zudem sorgte im Sturm ein Nachwuchscenter namens Gerd Truntschka bereits mit 17 Jahren für einigen Wirbel. Vater Jaro, nach dem Zweiten Weltkrieg aus der Tschechoslowakei an die Donau geflüchtet, war einer der verehrten Väter früher EVL-Geschicke. Als feststand, dass Meistertrainer Karel Gut nach Prag zurückkehren würde, übernahm Jaro Truntschka den EV zur Saison 1971/72 als Bandenchef und reihte sich als erster in die Riege des bis zur Rückkehr Guts im Jahr 1980 drehenden Landshuter Trainerkarussells ein.

Der Kölner EC enttäuschte in der Saison 1975/76 auf der ganzen Linie und landete, oftmals vor halbleeren Rängen, im Mittelmaß der Liga. Coach Ondrej Benik wurde mitten in der Spielzeit entlassen, unbezahlte Rechnungen häuften sich. Am Saisonende sagte man den Domstädtern einen Schuldenberg von 2,3 Millionen Mark nach. Die Bühne am Rhein war angerichtet für einen der bis dato skurrilsten Funktionäre der Bundesligageschichte. Aus der Schattenwelt der Finanzjongleure tauchte der Eishockey-Hobbyist Doktor Jochen Erlemann auf. Ein Mann wie ein Krimi. Eine am Käfer-Buffet genussvoll flanierende Frühform des Fußballoberen Uli Hoeneß anno 2013. In guter Nachbarschaft: Großsponsor Dany Dattel und Clubmanager Bruno Heinen (Herstatt-Bank). Beide waren an der bis dahin größten deutschen Bankinsolvenz der Nachkriegszeit beteiligt. Ermittlungen, Verhaftungen, Gerichtsverfahren inklusive. Erlemann brachte es so auf den Punkt: Nur teure Club-Investitionen, die niemals refinanzierbar sind, entscheiden über einen positiven Saisonverlauf. Und wenn kein Geld mehr da ist, wird man dennoch Meister. Mit dem Pokal in der Hand würde sich schon Neues akquirieren lassen.

Skandale und Traditionen

Kleiner Exkurs in die ungeschriebenen Gesetze

Ein ungeschriebenes Gesetz im deutschen Eishockey hat bis heute überlebt: Je skurriler die Funktionäre, desto schillernder die Skandale – sofern sie über die Medien nach außen transportiert werden. Und da der kälteste Sport der Welt dort bis heute eine Randerscheinung geblieben ist, bleibt den meisten Konsumenten meist nur haften, dass international der Weltspitze nie mehr beizukommen ist, national ein undurchschaubares Geflecht aus streitlustigen DEL- und DEB-Funktionären übereinander herfällt, die Clubs in langen Endlosserien gegeneinander spielen, ständig pleite sind und sämtliche Geschäftsführer mit einem oder gar zwei Beinen im Knast stehen.

Dabei läuft es im Eishockey genauso wie punktuell in der Königsfamilie Fußball. Ein Sammelsurium reich gewordener VIPs und Mäzene kauft sich in die Clubs ein und macht sie zum Spekulationsobjekt. Mal mit gutem Ausgang, mal mit tiefen Stürzen bis hin zur Auflösung der gesamten Vereins- oder Gesellschaftsstruktur. Ein weiteres ungeschriebenes, jedoch heftig herausgebrülltes Fangesetz lautet: Wer nicht mindestens 100 Jahre Bestandsstadt ist, wird von den »Alten« als »traditionslos« gebrandmarkt. Ein Titel, der etwa den Grizzly Adams Wolfsburg in der DEL gerne übergestülpt wird. In der Autostadt ist der Pucksport erst seit Mitte der 60er Jahre auf Vereinsebene präsent. Das Gegenargument »Aus Tradition traditionslos« ist deshalb ein sehr hübsches. Entscheidend war und ist nach wie vor, wer genügend Geld beschaffen kann, um sich möglichst lange oben zu halten oder wenigstens nicht so tief zu fallen.

Ziel betuchter Westclubs war Mitte der 70er Jahre, den Amateurstatus hin zum Profitum zu wandeln und den Nachwuchs dergestalt besser zu fördern. Die besten Cracks des Landes sollten dorthin gelockt werden, wo Milch und Honig flossen. Damit verbunden lautete das Wunschdenken: Festsetzen in der internationalen Weltspitze. Gegner dieser Ideen waren die Verfechter des ehrwürdigen »Altbayerischen Rechtes« innerhalb des von südlichen Bundesländern dominierten Verbandes. Die Herren DEB-Funktionäre sahen finanziell schwächere Vereine so dem Untergang geweiht. Doch seit der WM 1976 zog das Argument, dass Profis auf IIHF-Ebene am Mittun gehindert werden, nicht mehr. Anders sah es noch bei olympischen Turnieren bis zum Umdenken des IOC 1981 aus. Zumindest theoretisch.

Der Spezialitätendoktor

Beim Kölner EC geht endlich die Sonne auf

Um Milch und Honig beim zuletzt planlos agierenden Kölner EC endlich zum Fließen zu bringen, trat also Dr. Erlemann als solventer Mäzen an, der 1976 zum Präsidenten gewählt wurde. Er befragte den gerade aus Rosenheim hergewechselten Trainer Gerhard Kießling, schrieb einen Zettel und schickte das Management der Kölner Raubfische auf Shoppingtour. Kießlings Sohn Udo saß bereits im Boot, US-Nationalspieler Craig Sarner kam hinzu, fehlte also noch der ganz große Coup in Persona Erich Kühnhackls, der die Zeichen der Zeit längst begriffen hatte und durchaus wechselwillig war. Landshut aber sperrte sich, bis erstmals in der deutschen Eishockeygeschichte eine Ablösesumme in gigantischer Höhe den Kofferträger auf einem Rummel wechselte. Für 650.000 Mark erkaufte sich Köln knapp vor Saisonbeginn 1976/77 die Spielberechtigung. Vom Handgeld für Deutschlands besten Stürmer ganz zu schweigen. Das schlummerte in einem anderen Behältnis, nennen wir es mal Schließfach.

Als nach Beginn der Spielzeit ein besorgniserregender Schuldenberg der Kölner öffentlich wurde, verschwand der plötzlich auf wundersame Weise. Dies geschah nicht nur durch kleinere Spenden aus dem Fanlager; teilweise tilgten Geschäftskunden und Anleger des Dr. Erlemann die Last, die davon jedoch nichts wussten und nur ihr Geld vermehren wollten. Doch das sollte erst Jahre später herauskommen und Erlemann neben anderen Delikten acht Jahre Haft einbringen. Dass sich in der Vita des umtriebigen Finanzjongleurs noch Begebenheiten wie die lösegeldträchtige Entführung seines Sohnes, Erpressungsversuche einer Ex-Geliebten uvm. vorfinden, verwundert kaum. Sein Privatjet-Service für Spitzenmanager deutscher Geldinstitute soll legendär gewesen sein. Nur verflogen sich die Herren im Zwirn auf dem Weg zur Londoner Börse gerne regelmäßig zu den Geliebten nach St. Moritz.

Wie dem auch sei, ohne Erlemann, so darf mit Fug und Recht behauptet werden, hätte Köln mit Insolvenz- und Auflösungsgedanken spielen müssen. Damit der KEC zur Saison 1976/77 wie ein Phönix aus der (Pleite-)Asche steigen konnte, mussten nur noch Siege her.

Köln wird Meister

Xaver Unsinn tritt als Bundestrainer zurück

Neuer Modus, neues Glück. Diesmal hatte der DEB eine Vor-, eine Meister- und eine Abstiegsrunde vom IIHF abgekupfert. Nur sollte die 10er Bundesliga-Riege zunächst in einer Doppelrunde mit jeweils 36 Spielen pro Mannschaft antreten. Danach trennte sich die Spreu vom Weizen. Die ersten sechs spielten hernach in einer Einfachrunde jeder gegen jeden. Die letzten vier traten wiederum in einer Doppelrunde um den Abstiegsplatz an. Vorrundenpunkte wurden, wie bei der WM, mitgenommen. Die Meisterrundler hatten am Ende 46, die Abstiegsrundler gar 48 Spiele in den Knochen. So viele wie nie zuvor in einer Entscheidung um die deutsche Eishockeymeisterschaft.

Augsburgs Abstieg stand erst am letzten Spieltag fest. 1:3 gegen Rosenheim. Schiedsrichter Kompalla verweigerte beim Stand von 1:1 einem korrekten Augsburger Treffer die Anerkennung. Von den bayerischen Vereinen spielte lediglich Landshut um die Meisterschale und belegte am Ende Platz drei. Ärgster Verfolger der nicht zu stoppenden Kölner war der Krefelder EV. Der nach dem DEG-Meistertitel 1975 ausgemusterte, 2006 zum besten Düsseldorfer Spieler aller Zeiten gekürte Otto Schneitberger, hatte nach einem ersten Spielerjahr beim KEV den Trainerstab vom Tschechoslowaken Jiří Pokorný übernommen und seinen ehemaligen Teamkollegen Peter Hejma überredet, in der Seidenstadt Topscorer neben der Tormaschine Dick Decloe zu werden. Hejma, der trotz Einbürgerung und Beweis seiner Eis-Genialität aus nicht nachvollziehbaren Gründen nie für Deutschland spielte, schlug wie erwartet mit gleich 67 Scorerpunkten ein. Die Vizemeisterschaft mit acht Punkten Rückstand auf die Kölner war der zugleich letzte Erfolg in der

Rheinlandhalle für lange Zeit. Im Juli 1978 sollte der Konkurs mit einem Neubeginn in der Regionalliga den vorläufigen Abschied von der Eishockeyspitze bedeuten.

Kölns Neuzugänge Kühnhackl (47 Tore), Sarner (35) und Marcus Kuhl (26) trafen nach Belieben, währenddessen Präsident Dr. Erlemann im Dunstkreis der Society für den Pucksport in der Domstadt warb. Die Promis kamen, und die Fans standen endlich Schlange an den Ticketschaltern. Auch vor Gericht war der KEC erfolgreich. Der »Fall Maurer«, Berliner Schlittschuhclub gegen den Kölner EC, beschäftigte einige Zeit die Hinterzimmer des DEB. Der Kölner Verteidiger Matthias Maurer hielt bereits seinen Kontrakt mit der Eissport KG um Berlins Präsident Lambrecht in Händen, überlegte es sich aber anders und stand vor Saisonbeginn weiter in der KEC-Defense unter Vertrag. Als Trainer Kießling vor dem Spiel der Kölner in Berlin seinen Starverteidiger in den Spielberichtsbogen schrieb, erschien ein eilig herbeigerufener Gerichtsvollzieher, den die Situation augenscheinlich völlig überforderte. Unter Androhung einer Strafe von 500.000 Mark wurde dem Trainer untersagt, Maurer auf das Eis zu schicken. Der gehorchte, Köln verlor 2:5 und protestierte. Schließlich war der Vertrag mit der Eissport KG nie mit Tinte gewürzt worden.

Wochen später entschied das DEB-Verbandsgericht: Beide Punkte aus dem Berlin-Köln-Spiel werden dem KEC gutgeschrieben, 5.000 Mark Strafe für den BSchC und eine dreimonatige Bandensperre für Lambrecht. Grund: Der Berliner Architekt hätte zunächst den Verband nach dem Stand der Dinge fragen müssen, bevor er ein ordentliches Gericht anrief. Diese grobe Unsportlichkeit sei nicht zu verzeihen. Jetzt konterte der Berliner und legte Berufung in der DEB-Sportgerichtsbarkeit ein. Ergebnis: Die Sperre wurde aufgehoben, die Punkte blieben in Köln. Doch damit nicht genug. Aufbegehren gegen den DEB. Zehn Berliner Nationalspieler, der Großteil der Equipe, erklärten, nie wieder für Deutschland spielen zu wollen, falls das Urteil nicht aufgehoben werden sollte. Trainer Xaver Unsinn reihte sich ein:

Gerechtigkeit für den BSchC, oder ich trete als Trainer der Nationalmannschaft zurück.

Lambrecht hatte sich ein letztes Mal mit den bayerischen Verbandsgepflogenheiten angelegt und verlor auf ganzer Linie. Unsinn war nicht mehr Coach der Eishockey-BRD, von den Boykottandrohern kehrten nach einer Anwerbekampagne des neuen DEB-Trainerchefs Hans Rampf zunächst lediglich Lorenz Funk, Peter Scharf und Hans Zach zurück ins Glied.

Von Deilinghofen nach Iserlohn

Ein Sauerländer Aufstieg

Ein traditioneller Dorfverein namens EC Deilinghofen in der Bundesliga, der seine Spiele in der Nachbarstadt Iserlohn austrug, das war zu Beginn der Saison 1977/78 neu. Zwar hatte man den ECD immer mal wieder als aufstrebenden Oberliga- und Zweiligisten in der Eishockeylandschaft wahrgenommen, doch so recht kannte im Oberhaus kaum jemand den Weg in den Hemerer Ortsteil nahe Iserlohn. Genau dort hatten es sich im Zuge des Korea-Krieges kanadische Truppen mit einer zuletzt sogar vor Wind und Wetter geschützten Eishalle im Fort Prince of Wales gemütlich gemacht. Die Dorfjugend staunte ob der neuen Attraktion, Eiszeiten wurden ausgehandelt, und im Februar 1959 gründete sich der Verein. Die stationierten Soldaten wurden zu Lehrmeistern im Puckspiel und Charles McCuaig zum ersten Coach eines Nachwuchsteams auserkoren. 1960, als Teilnehmer um die Krone der Westdeutschen Jugendmannschaften, ließ nur eine der mannigfaltigen goldenen Füssen-Generationen den kanadisch geprägten Dorfclub hinter sich.

Dem Aufstieg von der Gruppen- in die Oberliga zur Saison 1965/66 folgten mittelprächtige Jahre mit wachsender Anhängerschaft. Bis zu 1.500 Fans drängten sich zuletzt unter das Dach der Eishalle. Einen Einschnitt galt es 1971 zu verkraften. Die Kanadier flogen heimwärts und wurden durch neustationierte britische Truppen ersetzt. Dem ECD fehlte der finanziell so wichtige Hauptbetreiber »seiner« Halle, denn die Engländer hatten nur Fußball im Sinn, ließen das gefrorene Nass abtauen und freuten sich über einen überdachten Parkplatz für ihren Fuhrpark. Die Lokalpolitik der Stadtverwaltung Hemer sperrte sich gegen einen Hallenneubau, und damit hatten sich die Eishockeyambitionen im geotopischen Felsenmeerparadies fürs erste erledigt.

Eine Geschichte, die sich vor der Oberliga-Ost-Saison 2012/13 in Leipzig beinahe identisch abspielen sollte. Auch hier befahl ein städtebaulicher Beschluss den eingemieteten Icefighters, das Areal ihrer Spielfläche einem Investor zu übertragen, ohne auch nur im geringsten Maße mit der Vereinsführung konstruktiv an einer alternativen Hallenlösung zu arbeiten. Die Mannschaft war somit jedweder Grundlage für den Sportbetrieb beraubt. Große Teile des Alten Messegeländes, inklusive der Eishockey-Arena, verloren über Nacht reichlich Denkmalschutz und wurden dem Abriss preisgegeben. Endstand Möbelhäuser vs. Eishallen: cirka 18:0. Ähnlich wie Leipzig, deren Icefighters ins nahe gelegene Taucha umzogen, erging es den Deilinghofenern mit der Nachbarstadt Iserlohn. Im Januar 1971 konnte die neuerrichtete Eissporthalle am Seilersee dem Spielbetrieb übergeben werden. Verein erfolgreich verpflanzt. Und dass 1999 die altehrwürdige, ehemalige ECD-Spielstätte im Jahr des 40. Gründungsjubiläums abgerissen wurde, versteht sich leider von selbst.

In der Saison 1972/73 qualifizierte sich der ECD für die neugegründete 2. Eishockeyliga und erreichte nach Ende der Meisterschaftsgruppe mit sechs Punkten Rückstand den zweiten Rang hinter dem aufstiegsberechtigten ESV Kaufbeuren. Doch es kam zu einem Novum in der Bundesligageschichte. Der Vorstand des ESVK rechnete die mit Zugehörigkeit zur 1. Liga verbundenen sportlichen und finanziellen Strapazen durch und entschied, besser in Liga 2 zu verbleiben. Das errechnete Defizit von 250.000 Mark sei nicht zu stemmen, hieß es. Absteiger Augsburg meldete sofortige Ansprüche auf einen Ligaverbleib an, doch der DEB winkte ab. Deilinghofen sei nun einmal als Nachrücker für Kaufbeuren spielberechtigt. Das fand auch Dr. Günther Sabetzki, Verbandsintimus und Vorsteher des NRW-Landesverbandes, nur besaß der leider einen Mitgliedsausweis aus dem Sauerland, was wiederum Augsburg auf die Palme brachte. Um den Streit zu schlichten, setzte der DEB schließlich zwei Relegationsspiele zwischen Augsburg und Deilinghofen an. Der AEV siegte zwar im Hinspiel am Seilersee mit 4:2, doch im Rückspiel fegte der ECD die Augsburger sensationell mit einem 8:2 aus dem eigenen Curt-Frenzel-Stadion und somit endgültig in die Unterklassigkeit. Unterstützt vom allerersten Sonderzugtross in der Fangeschichte des deutschen Eishockeys. Im tosenden Jubel vergaß der ECD nur eines: Spieler für eine Bundesligasaison zu verpflichten, die das Tor des Gegners treffen.

Geld verdirbt die Preise

Ablösen fällt schwer

Sah man den Kölner EC in der Saison 1976/77 bereits für ein lokales Gebräu auf den Trikots werben, füllte bspw. die Etatlücke des SC Riessersee ein japanischer Fotokonzern. Der Zank über die finanzkräftige Sponsorenhilfe hatte zuletzt Spitzenwerte zwischen den Verbandsoberen des deutschen Sports und der Abteilung Eishockey erreicht. Trikotbeflecktes Eishockey war bereits phasenweise aus den TV-Geräten verschwunden. Verdienen an jeder Art von Werbung wollten die Sendeanstalten schließlich allein. Die Angst des DEB, das IOC könne zudem einzelne deutsche Eishockeycracks von Olympischen Spielen ausschließen, nur weil ein Foto mit Werbebanner an Trikotagen in Umlauf käme, war allerdings berechtigt. Erinnert sei an den Fall des Skirennfahrers Karl Schranz, der 1972 nicht in Sapporo starten durfte, weil ein Bild auftauchte, auf dem der Österreicher bei einem Benefiz-Fußballspiel ein Jersey mit Werbeaufdruck trug.

Die Vereinsbosse indes erklärten derlei Einnahmequellen für unverzichtbar. Kein deutscher Spieler wurde zudem wegen Trikotwerbung olympisch ausgesperrt. Im Gegenteil: Auf allen

Ebenen setzte nun ein unaufhörlicher Wandel hin zum Kommerz ein. Spätestens mit der Lockerung des olympischen Amateurparagraphen Ende der 70er Jahre, bis zu seiner Streichung aus den IOC-Statuten 1981, fehlten den Verbandsforderen die Argumente, auch den lokalen Eishockeyamateur am Leben zu erhalten.

Die Ankündigung des DEB, es von 1977 an mit Lizenzspielern zu versuchen, wie im bezahlten Fußball schon üblich, war längst überfällig. Zumal der Amateurstatus eine einzige Farce darstellte. Sieht man von Ablösesummen ab, kassierte ein gut dotierter Nationalspieler rund 5.000 Mark pro Monat und verfügte über allerlei weitere Annehmlichkeiten. Warum sollte er da noch einem bürgerlichen Beruf nachgehen? Einziges Problem: Noch waren die Kufencracks Mitglieder gemeinnütziger Vereine. Jede Zuwendung musste also steuerlich dem Finanzamt gemeldet werden, was selbstredend nie ausreichend erledigt wurde. Manchmal flog der Schwindel auf. Für unversteuerte Zuwendungen kassierte das Finanzamt etwa von der Düsseldorfer EG Mitte der 70er Jahre mal eben eine Million Mark Nachzahlung.

Zudem wurde das Unternehmen Eishockeysport für die Vereine Jahr für Jahr teurer. Wer mittun wollte, hatte sich folgendem Kodex verschrieben: Fans und Sponsoren wollen Siege, sonst bleiben die Kassen leer. Um oben mitzuspielen, bedurfte es Topspieler. Und die waren nicht billig. Ein Teufelskreis. 1976 flossen zwischen den Vereinen unter der DEB-Ägide bereits knapp zwei Millionen Mark Ablöse hin und her. Tendenz steigend.

Wenn ein Vertrag eines deutschen Spielers ausgelaufen war, hatte der Neuverein Entschädigungen für die Aus- und Weiterbildung zu entrichten. Alles auf Verhandlungsbasis. Der Poker zog sich oft monatelang hin. Wollten aufstrebende Jungnationale ab den 70er/80er Jahren unter Umgehung der sonst fälligen Sperrfrist wechseln, stellten Abschläge zwischen 100.000 und 200.000 Mark oftmals große Hindernisse dar. Gezeigte Leistungen mit dem Adler auf der Brust wurden, wenn man es so will, mit Geldbußen belegt. Kaufte ein Großstadtverein den U20er dennoch frei, waren die Erwartungen manchmal zu groß. Das Heer der in Düsseldorf, Köln und Co. gestrauchelten Buam, die später nur noch in der zweiten und dritten Liga spielten, wuchs beständig. Erst 1995 sollten sich die Ablösepraxen mit dem Bosmann-Urteil ändern.

Ein Ostfriese aus Bayern

Ich hatte in meiner Karriere 30 Trainer. Mit 29 bin ich ausgekommen. (Alois Schloder)

Ein Satz für das, was nach Olympiabronze 1976 auf internationalem Terrain geschah: So schön sollte es erst mal nicht wieder werden. Der Verband musste sich 1977, den Berlin-Querelen um Xaver Unsinn geschuldet, einen neuen Chefcoach suchen. Andere Vermutungen, der Füssener stünde des schnöden Mammons wegen international nicht mehr zur Verfügung, gab es natürlich auch. 7.000 Mark pro Monat betrug das übliche Bundestrainersalär. Nicht gerade üppig im Schattenvergleich zur Dimension Bundesligaspitze.

DEB-Juniorencoach Hans Rampf (»Vor lauter Geld und Statut vergessen Clubs und Spieler die Nationalmannschaft«) trat also ein schweres Erbe an. Wichtige Kadersäulen wie Franz Reindl und Erich Kühnhackl hatte er bereits in der Jugend trainiert. Weitere, wie Ernst Höfner, baute er nach und nach ein. Das Minimalziel für die WM 1977 in Wien war wie eh und je der Nicht-Abstieg. Denn sowohl die russischen Staatsamateure als auch Schweden, die Tschechoslowakei und erstmals wieder Kanada spielten in anderen Dimensionen. Gegen die Top-Vier möglichst nicht zweistellig zu verlieren, war auch so ein Plan. Finnland und die USA hieß die Konkurrenz um Rang fünf.

Der Oberbayer Rampf wollte seinem Team BRD, das in den zurückliegenden Jahren und Spielen vor allem als Holzfällertruppe mit Strafbankallüren von sich reden gemacht hatte, Manieren beibringen. Dass er dabei ausgerechnet Landshuts Alois Schloder eine Sonderrolle zukommen ließ und den Mannschaftskapitän für alles

Übel der Vorrunde (0:10 gegen die Sbornaja, 3:9 gegen die Tschechoslowaken, 1:7 gegen Schweden, 3:9 gegen Kanada) verantwortlich machte, stieß dem temperamentvollen Niederbayern übel auf. Bayern unter sich. Welten, die für Außenstehende nur schwer nachzuvollziehen sind. Auf den Konflikt mit Rampf angesprochen, antwortete Schloder einmal: »Unser ewiges Problem ist, dass die Oberbayern die Niederbayern immer noch für die Ostfriesen unter den Bajuwaren halten.« Ostfriese Schloder gab sich dennoch keine Blöße. Seine Sturmreihe mit Erich Kühnhackl und Rainer Philipp sorgte mit 11 von insgesamt 23 deutschen Toren dafür, dass es nach Ende der Abstiegsrunde gegen Finnland, die USA und Rumänien für den Klassenerhalt reichte. Ein Hauch schlechter war nur die rumänische Schießbude. Die DDR, nach acht Spielen mit 16:0 Punkten souveräner Aufsteiger aus der B-WM, ersetzte das Team aus Drakulalanden.

Landshuts Paradestürmer Schloder fiel nach Abschluss der A-Festspiele 1978 in Prag endgültig in Ungnade, wurde vom Bundestrainer bis in die letzte Sturmreihe durchgereicht und fortan nie mehr mit dem Adler auf der Brust gesehen. Nach 206 Spielen hieß es: Servus DEB. Sportlich lief in der Goldenen Stadt vieles besser als erwartet. Nach dem Abschied des Bierruhegoalies Anton Kehle ließ sich Erich Weishaupt zum am Ende fabulösen Mittun überreden. Rampf-Schüler Bernhard Englbrecht gab den Backup, und über die Leistungen von Jungstürmer Marcus Kuhl staunte die Fachwelt. Nach den Auftaktspielen standen fünf Punkte auf der Habenseite. Vier addierten sich in der Abstiegsrunde hinzu. Darunter ein hart umkämpftes 0:0 gegen die DDR sowie ein sensationell erst im letzten Drittel herausgespieltes 8:4 gegen die USA. Erich Kühnhackl, mit acht Toren und acht Vorlagen Turnierscorerkönig, machte den Unterschied. Die in der Vorrunde nicht über ein 1:1 gegen die BRD herausgekommene DDR stieg nach einem 2:7 gegen Finnland sang- und klanglos wieder ab. Für die nächsten Jahre hieß es zwischen Weißwasser und Ost-Berlin: B-Gruppe.

Die Schuldenfreien stehen oben

Xaver Unsinn flüchtet in die Schweiz

Dass der Saisonmeister 1977/78 am Ende SC Riessersee hieß, hatten die Werdenfelser zuvorderst ihrem Ex-Spieler, Trainer und Ehrenbürger Bratislavas, Jozef Golonka, zu verdanken. Der Wirtschafts-Ingenieur rettete den finanziell und personell vor sich hin dümpelnden SCR im Jahr zuvor vor dem Abstieg und brachte den Spaß zurück. Neben gestandenen Nationalspielern wie Martin Wild, Anton Pohl, Ignaz Berndaner oder dem frisch gebackenen Baumarktbesitzer Franz Reindl setzte er Nachwuchsspieler ins Team, die sich für vier Jahre vertraglich an den Verein binden mussten. Hinzu kam das kanadische Freundesgespann Murray Heatley und Bob Murray, der sich gerade, perfekt für die Nationalmannschaft, eindeutschen ließ. Golonka ließ pures ČSSR-Powerhockey spielen: Alle 20 Sekunden wechselte er die Sturmreihen durch. Stürmer Heatley kam so auf satte 88 (50+36) Scorerpunkte. Der Zuschauerschnitt kletterte pro Spiel um 4.000 Fans. Auf mitgeführten Plakaten war zu lesen: »Ohne Stars und Millionen wird der SCR den Titel holen«. Eine Solidarität, die sich auf dem Eis auszahlte. Das neu installierte Clubmanagement um den Mannesmann-Direktor Adi Weiß beteiligte die Spieler zudem an den Einnahmen, sofern mehr als 3.500 Zuschauer da waren. Am Ende der Saison galt der SCR neben dem EV Landshut als schuldenfrei. Ein Kunststück, was keinem der Großstadt-Clubs gelang. Die fanden sich zwar in gewohnter Manier allesamt in der Meisterrunde wieder, den SCR überrundete jedoch nicht einmal mehr der Berliner Schlittschuhclub. Ein Pünktchen fehlte Neutrainer Gerhard Kießling am Ende. Riessersee behielt nach einem 8:6-Herzschlagfinale gegen den Kölner EC am letzten Spieltag die Nase vorn. Einer der Höhepunkte der Saison war sicherlich die Pressekonferenz nach einem Vorrundenspiel der Rosenheimer beim BSchC. Dabei lieferte sich der knorrige Sachse eine 50minütige Schimpfschlacht mit Freundfeind Xaver Unsinn, der in Berlin ein Altersheim hinterlassen habe, woraufhin

Unsinn konterte, er würde gerne auspacken, wie es mit Kießling in Köln und Rosenheim war.

Der EV Rosenheim verdingte sich gemeinsam mit Nauheim, Füssen und dem Neuling Deilinghofen nach den 36 Vorrundenbegegnungen in der spannungsarmen Abstiegsrunde. Dortselbst hatte »Mister Eishockei« angeheuert, bevor es ihn 1978 zum SC Bern über die Alpen zog. Und was er in Rosenheim vorfand, behagte ihm keineswegs. Man munkelte über Spieler, die sich weigerten, das Eis zu betreten, bevor nicht über Prämien gesprochen wurde. Bereits vor Beginn der letzten zwölf Begegnungen stand Deilinghofen mit lediglich acht Punkten und 111 erzielten Toren als überschuldeter Tabellenletzter fest. Der ECD sollte nur deshalb nicht gleich wieder absteigen, weil die Bundesliga zur kommenden Saison um zwei Teams erweitert wurde. Die Rosenheimer Insolvenz war ein offenes Geheimnis. Eine Million Mark Verbindlichkeiten lasteten auf dem EVR, dessen Vorstand zurücktrat und sein Heil im Fernsehkoch-Nachfolger Max Inzinger suchte. Nach der Saison lag das Eishockey an der Mangfall zunächst am Boden.

Aus der 2. Liga folgten dem Ruf der Tabellenerste Augsburg sowie der Zweite ERC Mannheim. Und weil der Meisterrundenvierte Krefelder EV in Konkurs ging und die nächste Saison 1978/79 viertklassig in der Regionalliga als EHC Krefeld beginnen musste, reichte es sogar für den ESV Kaufbeuren zum Aufstieg in die Elite. Diesmal gab es kein Vereinsveto dagegen. Der EHC München 70, Vorjahresaufsteiger aus der Oberliga, blieb mit erstaunlichen drei Punkten aus 42 Spielen mangels Abstiegsofferte zweitklassig.

Rosenheim heisst dann eben anders

Eine neue Liga ist wie ein neues Leben

Vor Beginn der 21. Spielzeit der höchsten Eishockeyspielklasse standen vor allem die Rosenheimer im Fokus: Sportlich hatten sie sich zwar für den Verbleib qualifiziert, waren jedoch in Konkurs gegangen. Eigentliche Folge: Zwangsabstieg. Das Neumitglied der Pleitesaison 1977/78, Jürgen Marcus, sang bereits seinen abgewandelten Hit: »Eine neue Liga ist wie ein neues Leben«. Jeder hatte mit einem Neuanfang in der untersten Landesklasse gerechnet. Nur eine kleine Gruppe findiger Vereinstreuer nicht, die Statuten des DEB machten es möglich.

Während Eiskunstläufer und Eisschützen sich unter dem Namen »Eissportverein Rosenheim 1978 e.V.« neu formierten, spaltete sich die Eishockeyabteilung vom EV ab und fusionierte zunächst mit dem Landesligateam des Tennisclubs 1880 Rosenheim. So war der Nachweis erbracht, dass mindestens zwei unterschiedliche Sportarten an einen Verein gebunden waren. Erst jetzt ließen sich 90 Prozent des Gemischtbestandes auf den Sportbund DJK Rosenheim übertragen. So gesehen reichte über notarielle Umwege eine einfache Umbenennung auf dem Papier für den Verbleib in der Bundesliga aus. Um den Rest kümmerte sich zunächst das Kleingeld der Geschwister März. Der Trick, mit einer Neugründung oder Umwandlung Schulden loszuwerden, ist so alt wie das deutsche Vereinsrecht.

Mit dem federführenden Fleischwarenmillionär Josef März, Amigo sowohl des bayerischen Landesvaters Franz Josef Strauß, des DDR-Devisenbeschaffers Schalck-Golodkowski als auch des Togolesischen Diktators Etienne Eyademas (um nur einige zu nennen), wurde ein äußerst solventer Vereinsboss für den Rosenheimer Sportbund gefunden. Einer, der es mit freundlicher Unterstützung Eyademas schaffte, dass selbst in den muslimischen Ecken Togos Schweinefleisch und Bier aus Dosen konsumiert werden durfte, schien unschlagbar zu sein. Betrieb doch der große Gönner aus dem Oberbayerischen mit seiner Tochterfirma »Marox Afrique« Nutztierfarmen vom Ausmaß bayerischer Landkreise und nannte Destillerie- und Brauerei-Anteile sein Eigen. Doch Mäzen März sah zunächst keinen Anlass, beträchtliche Summen ins Rosenheimer Eishockey zu investieren. Der SBR schlingerte entsprechend durch zwei Spielzeiten und schrammte jeweils nur knapp am Abstieg vorbei. Das sollte sich mit Beginn der Saison 1980/81 gewaltig ändern. Die eishockeyverrückte Fangemeinde blickte mit großen Augen auf Großinvestitionen und träumte von sorglosen Zeiten.

BGB contra DEB

Rolf Bossi wird Mannheims Liebling

Den Vogel in Sachen Saisonplanung schoss mal wieder der DEB ab. Mittlerweile wusste man als Fan nicht mehr so recht, was auf den beschlussschwangeren Verbandstagen Geistreiches zur Verkostung gereicht wurde. Bedingt durch die eh schon in Frage stehende Aufstockung der Bundesliga auf zwölf Mannschaften, musste in der Saison 1978/79 in der Vorrunde nur noch zweimal jeder gegen jeden ran, bevor sich nach 22 Spielen eine Meister- und Abstiegsrunde, bestehend aus jeweils sechs Teams, herauskristallisierte. So weit in Ordnung, nur bis am Saisonende für jeden Club 52 Begegnungen auf der Tabelle standen, war es ein langer Weg. Meister- wie Abstiegsaspiranten trafen sich gleich sechsmal. Landshut trat sogar insgesamt achtmal gegen Deilinghofen, Köln ebenso oft gegen Düsseldorf an. Da der KEC frühzeitig als Meister feststand, erlosch die Spannung im Spiel um die Goldene Ananas der dahinter platzierten Riessersee und Berlin rasch. Kaum anders sah es in der Abstiegsrunde aus. Der Schlusstabellenzehnte Füssen hielt die Klasse vor den beiden Absteigern Kaufbeuren und Augsburg mit zehn Punkten Vorsprung.

In der Vorrunde wirkten der von Berlin nach Mannheim gewechselte Goalie Erich Weishaupt sowie der vom BSchC zum SB Rosenheim gewanderte Verteidiger Peter Scharf mit, beides Top-Nationalspieler. Man wähnte zwei ganz normale Wechsel vor Saisonbeginn, doch dem war nicht so. Als mit dem 31.08.1978 der Transfermarkt in der Bundesliga schloss, lagen weder Mannheim noch Rosenheim ein gültiges Abgangsdokument der beiden Berliner Cracks zur Vorlage beim DEB vor. Kurzer Hand mangelte es an einer einfachen Spielberechtigung für die neuen Clubs. Sie verfügten lediglich über Transferzustimmungen ihrer Landesverbände. 22 Spieltage schlief der Verband, dann wachte er nach einer Anzeige des mittlerweile beim BSchC geschassten Ex-Präsidenten Lambrecht auf und entschied qua Verbandsgericht, beiden Clubs sämtliche Vorrundenpunkte abzuerkennen. Der viertplatzierte Mannheimer ERC sollte somit ein Kandidat für die wenig lukrative Abstiegsrunde werden. Die Hockeyschläger ruhten, mit Staranwalt Rolf Bossi im Gepäck zogen die Geprellten vor das Landgericht München I. Der DEB wurde unter Androhung einer Konventionalstrafe in Höhe von 500.000 Mark dazu verdonnert, die verhängten Punktabzüge wieder rückgängig zu machen. Der Verband revidierte seine Entscheidung, ohne eine nächste Instanz anzurufen. Warum ließ sich der DEB das gefallen? Schließlich ging es um seine Statuten, und wer Spielerwechsel vor Saisonbeginn abzuschließen gedachte, hatte darüber fristgerechte Papiere zu entrichten. Genau das war aber nicht geschehen. Anderen Gerüchten nach hatten Mannheim und Rosenheim auf die Insolvenz des BSchC gepokert und darüber schlicht vergessen, die Ablösesummen für Weishaupt und Scharf zu überweisen. Wohl ohne zu wissen, dass beide Spieler ohne die mittlerweile aufgelöste Eissport KG finanziell immer noch an die Person Lambrecht gebunden waren.

Dass an der Jafféstraße bereits vor der Saison die Zeichen auf Flucht standen, war dem Ende der Ära Lambrecht geschuldet. Ex-Coach Kießling sonnte sich in einem traumhaften Kölner Salär. Bestückt mit nur 14 Feldspielern ging Nachfolger Olle Öst in die Spielzeit. TU-Professor Wilfried Schacht, Nachfolger im Präsidialamt, stellte rund 400.000 Mark Schulden fest und strampelte sich ab, einen finanzkräftigen Großsponsor zu finden.

Als sich der Ärger langsam legte, gab es für den dezimierten Kader der Berliner in der Meisterrunde ein Spießrutenlaufen durch die Republik. In Charlottenburg machte man dem freiwillig aus dem Schlittschuhclub ausgetretenen, nunmehr auch Ex-Ehrenpräsidenten Lambrecht für die schlechte Stimmung verantwortlich und war sehr froh, als die Saison endlich vorbei war. Immerhin führte da der Berliner Martin Hinterstocker mit 78 Treffern die Torjägerliste an. Topscorer wurde allerdings Erich Kühnhackl in seiner letzten Saison mit dem Kölner EC (59+58).

Tryout bei den Rangers: BRD ohne Kühnhackl

Die DDR scheitert an Ahorn-Oranje

Vor der WM 1979 in Moskau meldete sich Erich Kühnhackl vom DEB-Tross ab. Eine Knieverletzung sei Schuld, so die Verlautbarung. In Wahrheit sollen dem Muskelgebirge sowohl der Schloder-Rampf-Streit als auch die erbittert geführten Diskussionen um seinen Wechsel nach Köln auf den Magen geschlagen sein. Als schließlich publik wurde, was es für Kühnhackl in der Erlemann-Firma KEC zu verdienen gab, nämlich runde 200.000 Mark Jahresgage, wurde schließlich mit öffentlich vorgetragenem Bedauern auf den Topstürmer verzichtet. Auch ein Bittgesuch der Mannschaft blieb ungehört, das Tischtuch zwischen den DEB-Funktionären um Heinz Henschel und ihrem ewigen Torschützenkönig war zerschnitten. Kühnhackl reiste lieber ins Trainingscamp zu den New York Rangers, um seine Chancen in Übersee auszuloten. Damit nicht genug. Die fest eingeplanten Stürmer Ernst Höfner (Augsburg) und Riessersee-Center Martin Wild, tagsüber fleißig Trainingszeiten unter Rampfs WM-Vorbereitungspfeife absolvierend, traf das Schicksal einer ungenehmigten Unfallfahrt. Die Folgen: Armverletzungen (Höfner), Wirbelbruch (Wild), Rapport, großer Ärger (beide).

Nach drei Jahren änderte sich erneut der WM-Modus. Die Vorrunde wurde nunmehr in zwei Gruppen gespielt. Die daraus ermittelten ersten beiden Teams spielten den Champion aus. Dritt- und Viertplatzierte nahmen in der Abstiegsrunde Platz. An der Punktemitnahme bis zuletzt änderte sich nichts. Deutschland verbuchte im ersten Durchgang mit einem 3:3 gegen Polen immerhin einen Zähler. Beim 3:7-Auftakt gegen Schweden war nichts zu holen gewesen. Beachtlich, was sich in der Folge am 15.04.1979 zutrug: ein 2:3 gegen die Sbornaja. Knapp verloren gegen den russischen Riesen. Im Abstiegskampf um die Plätze fünf bis acht ging es munter weiter. In der Doppelrunde drehte die Rampf-Truppe gehörig auf. Zwar hagelte es gegen Finnland Niederlagen, die USA und Polen wurden indes klar geschlagen. Am Ende sprang Rang sechs heraus. Neue internationale Sterne am schwarz-rot-goldenen Firmament: Gerd Truntschka und Iserlohns Goalie Sigmund Suttner.

Die DDR hatte bei der B-WM im rumänischen Galaţi durchaus Aufstiegsambitionen. Nach der Vorrunde belegte man ungeschlagen vor dem Gastgeber Platz eins, verlor jedoch in der Meisterrunde gegen Aufsteiger Niederlande mit 3:4. Der Neuling von der Nordsee war dank seines voenehmlich aus eingebürgerten Kanadiern zusammengestellten Teams am Ziel. Und das noch ohne Kölns Topscorer Dick Decloe. Der sollte erst 1980 zum Team Ahorn-Oranje stoßen.

Echte Deutsch-Kanadier

Heinz Weisenbach gibt ein paar Annoncen auf

Der ehemalige Nationalspieler und Ur-Füssener Heinz Weisenbach übernahm 1976, im Jahr Eins nach dem Ende seiner Spielerkarriere, den Mannheimer ERC. Finanziell fand der Coach eher bescheidene Verhältnisse vor. Dennoch gelang bereits zwei Jahre später der Aufstieg in die 1. Bundesliga. Weisenbach, von Beruf Immobilienkaufmann, besah sich im Sommer 1978 seinen Kader und stellte fest, dass damit wohl höchstens der sofortige Wiederabstieg knapp verhindert werden könne, mehr nicht. Es mussten Spieler her, die wenig bis keine Ablöse kosteten, den Kern einer schlagkräftigen Truppe darstellten und zudem das Ausländerkontingent des Clubs nicht belasteten.

Die zu finden war einfach, hatte es in den 50er Jahren doch eine große Auswanderungswelle vieler Deutscher nach Kanada gegeben. Für sechs Wochen reiste Weisenbach nach Nordamerika, besuchte Spiele von Junioren- und Universitätsmannschaften, gab Zeitungsannoncen auf, knüpfte Kontakte und traf sich mit Teamchefs. Im Fokus: Kanadische Eishockeyspieler mit deutschen Vorfahren, die ein in der deutschen Bundesliga zu erwartendes Salär von etwa 100.000 Mark pro Saison anlocken sollte.

Entsprechende Papiere würden sich später im Konsulat beschaffen lassen.

Damit ließ sich die vom DEB manifestierte Ausländerbegrenzung auf höchstens zwei Kontingentprofis über den Umweg der Ahnenforschung gekonnt umschiffen. Hauptsächlich wurde Weisenbach in der Provinz Ontario fündig, und so standen schließlich zu Saisonbeginn 1978/79 mit Harold Kreis, Manfred Wolf, Roy Roedger, Peter Ascherl und Dan Djakalovic die ersten New German Canadians im Team des MERC. Für viele ein Glücksfall. Der damals 19jährige Wolf spielte vorher lediglich in einer Betriebsmannschaft und war bereits zu alt, um in den Genuss kanadischer Nachwuchsförderung zu gelangen. Insgesamt hatte der für seine Übersee-Aktivitäten anfangs verlachte »Holzfäller-Spürhund« Weisenbach zwölf Spieler auf der Nachrückerliste. Einige davon, wie Ralph Krüger (Düsseldorf), Mike Schmidt (Hamburg, Berlin), George Fritz (Köln) und Karl Friesen (Rosenheim) sollten bis Anfang der 80er anderswo in der Liga ihr Genie unter Beweis stellen können. Alle wollte und konnte Mannheim nun auch nicht unter Vertrag nehmen.

In der Aufstiegssaison belegten die Kurpfälzer nach 52 Partien am Ende einen unerwarteten sechsten Rang. Da lachte längst keiner mehr. Jetzt setzte das ein, was im deutschen Eishockey immer einsetzt, wenn andere besser sind: Zunächst hagelte es Kritik, der DEB möge die Übersiedler doch bitte wie »normale« Ausländer bewerten und Mannheim damit in die Schranken weisen. Als das nichts nutzte, kopierten die Vereinsbosse kurzerhand Weisenbachs Politik. Der DEB wartete die Entwicklung ab. Zu Saisonbeginn 1979/80 winkte er sämtliche Übersee-Neulinge in der Liga durch. Beim Aufsteiger Duisburger SC standen gleich sieben im Kader. An der Wedau war es Manager Fritz Hesselmann, der diesbezüglich ganze Arbeit geleistet hatte. Doch dass die Chose mit den Discount-Spielern nicht mit rechten Dingen zugehen konnte, sollte sich bald zeigen.

Am Ende der Spielzeit 1979/80 stand die erste deutsche Meisterschaft für Mannheim zu Buche. Mit Erich Weishaupt im

Tor, Eigengewächsen, wie dem aus Köln heimgekehrten Stürmer Marcus Kuhl und klugen Transfers, wie die Verpflichtungen des Rosenheimers Holger Meitinger sowie des nachgerückten kanadischen Topscorers Ron Andruff, rundete Heinz Weisenbach sein Werk ab. Ebenso mit von der Partie: U20-Nationalstürmer Peter Obresa, der im Laufe seiner Bundesligageschichte insgesamt 494 Spiele (489 Scorerpunkte) für den MERC absolvierte. Auch nicht zu vernachlässigen war die Verpflichtung des NHL-erfahrenen, aus Übersee hinzugekommenen »echten« Transferkarten-Kanadiers Brent Meeke. Das personifizierte Synonym für die neue härtere Ligagangart, denn die Neulinge waren noch keine filigranen Techniker und fielen eher durch ruppiges Powerforechecking auf.

Meeke, Strafbankkönig des MERC, wurde von Weisenbach vom Stürmer zum Verteidiger umgeschult. Sein Stockhieb gegen Landshuts Kapitän Alois Schloder zu Anfang der Meistersaison rief erneut den Münchener Staranwalt Rolf Bossi auf den Plan. Es ging um Schmerzensgeld nach doppelter Nasenbeinsplitterung nebst einem Jochbeinriss. Dass sich besonders Schloder am späteren Meister nicht sonderlich erfreute und die Kurpfälzer als Quell der Schande für das deutsche Eishockey bezichtigte, war deshalb kaum verwunderlich. Landshuts Kapitän litt schwer unter den neuen Gegnern. Duisburgs US-Import Gerald Hangsleben trug zudem Schuld an einer langwierigen Schulterverletzung des Niederbayern. Wann er erstmals den Satz: »Die sollen doch nach Hause gehen und Holz hacken« sagte, ist nicht überliefert. Doch auch Schloder ging nicht gerade zimperlich mit seinen Gegenspielern um. Bereits am zweiten Spieltag hatte er Duisburgs Charly Burggraf mit einer Gehirnerschütterung in die Klinik geschickt. Kritik an der Schiedsrichtergilde wurde laut, denn so hart wie in der Saison 1979/80 wäre es noch nie zugegangen.

Der furchtbarste Spielmodus aller Zeiten

Kölner Karneval

Warum denn nur so kompliziert und ungerecht? Der vermutlich erneut feucht-fröhliche DEB-Verbandstag ersann vor der Mannheimer Meistersaison 1979/80 den bisweilen schlimmsten Modus seiner Bundesligageschichte. Zunächst hatten die zwölf Vereine eine Einfachrunde mit 22 Spielen zu absolvieren. Riessersee belegte mit 38 Punkten Platz eins, Rosenheim mit nur zehn Zählern Platz zwölf. In einer darauffolgenden Zwischenrunde trafen sich die Teams, je nach Tabellenstand, für eine weitere Einfachrunde wieder. Runde eins besetzte sich mit Riessersee, dem vierten Landshut, dem siebten Füssen sowie dem zehnten Iserlohn. Runde zwei mit dem zweiten Mannheim, dem fünften Berlin, dem achten Nauheim sowie dem elften, Aufsteiger ERC Freiburg. Gruppe drei mit dem dritten Düsseldorf, dem sechsten Köln, dem neunten, Aufsteiger Duisburger SC Kaiserberg sowie dem zwölften aus Rosenheim.

Unter Mitnahme sämtlicher Punkte sollte innerhalb einer Meisterrunde, bestehend aus den acht bestplatzierten Gruppenteams, der neue Titelträger ermittelt werden. Für die Abstiegsrunde, in welcher die vier schlechtesten Mannschaften gegeneinander anzutreten hatten, galt das nicht. Hier ging es bei null los. Am Ende aller Einfachrunden floss mit drei Punkten Vorsprung auf Düsseldorf im maroden Mannheimer Eisstadion am Friedrichspark der Sekt, Tränen des Abstiegs vergossen der zwölfte Freiburg sowie der kurz vor Saisonbeginn in ECD Iserlohn umbenannte EC Deilinghofen. Und nur wenige Tage nach der Mannheimer Sektdusche unterschrieb der frischgebackene Meistercoach Weisenbach einen Kontrakt beim Kölner EC.

Mit dem Rückzug des Kölner Präsidenten Erlemann, der seine in naher Zukunft von der Justiz bestimmte Lebensplanung gerade mit dem Musical »Hair« in Übersee aufpeppen wollte, dümpelte der Vorjahreschampion im Mittelmaß der Liga dahin. Vor der Saison hatte man Meistertrainer Kießling entlassen, der samt Sohn Udo und Stürmer Dick Decloe zur solventeren Düsseldorfer EG entschwand. Goalie Makatsch sowie die Stürmer Marcus Kuhl und Hardy Nilsson hatten der Domstadt ebenfalls den Rücken gekehrt. Und dann gab es noch Querelen um den Superstar.

Kühnhackl hatte eigentlich vor der Saison mit Wechselgedanken Richtung NHL gespielt, wurde dann aber doch kein Canuck in Vancouver und heuerte wieder daheim in Landshut an. Schuld daran mögen ein paar Vertragsformalien, Garantie- und Versicherungsklauseln gewesen sein. Erlemann hatte im Kühnhackl-Preispokertransfer zwar noch die Ablösefreiheit erteilt, doch die neue Führung der Kölner sah das völlig anders. Der DEB schlichtete, Landshut ließ im Gegenzug sein größtes Stürmertalent Gerd Truntschka an die Lentstraße ziehen. Der lange Erich sorgte fortan wieder bei den Landshutern für Furore und stieg nach seiner Rückkehr mit einer bis dato nie erreichten Scorerquote von 83 Treffern und 72 Beihilfen beim EVL ein. Die Fans waren verzückt, die Zuschauerzahlen stiegen.

Neben Nationalspieler Gerd Truntschka lief künftig ein gebürtiger Pole lange Jahre im Dress der Kölner auf. Miroslav Sikora hatte sich 1977 bei einem Trainingslager der polnischen Equipe in der Domstadt vom Team abgesetzt, den Tag in einem Kino verbracht und darin so lange gewartet, bis die Luft rein war. 1979 lief die Sperrfrist ab, und bis zu seinem Abschied 1994 blieb der Stürmer ein treuer Hai und sammelte insgesamt 838 Scorerpunkte in 644 Bundesligaspielen. Im Kölner Hintergrund zog Verwaltungsratsvorsitzender Bernd Schäfer mittlerweile die Fäden und mit Bernd Küppers einen neuen Präsidenten mit Spielervergangenheit bei Preußen Krefeld an Land. Der Kaufmann sollte indes nicht allzu lange durchhalten. Ungereimtheiten und Manipulationen mit Eintrittskarten zum geldwerten Vorteil des Vereins brachten ihn zwar nicht hinter Gitter, jedoch war dem Club dadurch ein erheblicher Steuerschaden entstanden. Küppers kroch beim eigenen Vater zu Kreuze, der sich nicht zu schade war, für Sohnemanns Verfehlungen aufzukommen. Von 300.000 Mark war die Rede. Heinz Landen, Karnevalsprinz 1978 (»Heinz der VI.«) und renommierter Pelzhändler mit besten Rathauskontakten, übernahm das Ruder. Und dass sich Bernd Schäfer seit geraumer Zeit nur noch als »Bernd Schäfer III.« zitieren ließ, passte irgendwie ins Bild.

Die ersten Play-off-Bärte

Die Bundesliga wird wachgeküsst

Endlich stand ein Saisonverlauf nach NHL-Vorbild auf dem Plan. Zum Einen löste die nunmehr offiziell geltende kanadische Scorerwertung (erzielte Treffer plus Vorlagen) altbackene Torjägerlisten ab. Wichtiger noch: Die Play-offs waren in Deutschland als Best of Three-Modus angekommen. Und zwar jedweder Kritik einiger Spitzenligavereine zum Trotz, die vornehmlich darin bestand, die Play-offs könnten im Ergebnis eine gesamte Saison verfälschen, worauf vielleicht nicht das insgesamt beste Team den Meisterpokal vom Rathausbalkon schwenken würde. Eine vorgeschaltete Doppelrunde mit 44 Spielen bildete ja für die entscheidende Saisonphase erst die Basis des möglichen Erfolges. Den könnte sich schließlich auch der Achte sichern. Und überhaupt: All das Vorgeplänkel würden die Zuschauer gewiss ablehnen.

Dass dem nicht so war und deutlich mehr Tickets abgesetzt wurden, strafte die Kritiker Lügen. Vielleicht lag es auch daran, dass ARD und ZDF nun Ernst machten und die Eishockeyübertragungen aufgrund der lange vorab diskutierten Trikotwerbung um das bellende Schweinerl Robert Lemke einstellten. Wenn auch nur vorläufig. Denn die Herren in den Sendeanstalten hatten sich damit über den Passus der Informationspflicht öffentlich-rechtlicher Sendeanstalten hinweggesetzt und kehrten schon bald in die Eishallen zurück. Finanziell kratzte der Kameraausstieg keinen Vereinsboss nachhaltig; die GEZ-Barone meinten es mit aufzuteilenden Geldern von insgesamt 150.000 Mark für die gesamte Liga nicht gerade üppig. Zum Vergleich: Der Ölkonzern ELF bescherte dem Berliner Schlittschuhclub für die Trikotaußenwirkung die Abdeckung des Gesamtetats von 2,1 Millionen Mark zu einem Drittel. Kleiner Ausblick: Der Privatsender Sat 1 kaufte sich Ende der

80er Jahre pro Saison mit knapp zwei Millionen Mark beim DEB ein, um sonntägliche Live-Übertragungen senden zu dürfen.

Jedenfalls sollten die Play-offs bis heute nie wieder aus deutschen Eishockeyligen verschwinden. Mit den Jahren verfeinert, bis hin zum rastlosen Zirkus der heutigen Zeit, hatten die Spieler bereits Ende der 80er in 210 Tagen bis zu 70 Bundesligabegegnungen zu absolvieren. Alle drei Tage Eiszeit. Die Spitzenspiele am laufenden Band schlugen ein. Die Fans hatten endlich lang ersehnte Endspiele vor der Nase. Selbst wenn es um die Abstiegsfrage ging.

Während den letzten vier Teams der Vorrundentabelle genau dieses Schicksal in der neu installierten Abstiegsrunde blühte, hatten die ersten Acht sich zunächst ins Viertelfinale zu kämpfen. Der Erste gegen den Achten, der Zweite gegen den Siebten, der Dritte gegen den Sechsten, der Vierte gegen den Fünften. Die besser platzierte Mannschaft durfte im ersten und im eventuell notwendig gewordenen Entscheidungsspiel Heimrecht genießen. Derweil sah die Ermittlung zweier Absteiger eine Einfachrunde vor.

Im Titelendspurt, ermittelt aus den Best of Three-Halbfinalspielen, sollte sich endgültig die Spreu vom Weizen trennen. Den Verlieren winkten Spiele um Platz zwei und drei. Über das Schicksal aus Vize- und Meisterschaft der Play-off-Premierenspielzeit 1980/81 hatten die maximal letzten drei Begegnungen der Saison zu richten.

Im Unterbau der 2. Bundesliga versank inzwischen mit dem finanziellen Kollaps der SG Nürnberg einmal mehr jede Menge Eishockeytradition. Die Fahrstuhlcracks des ESV Kaufbeuren sollten es dagegen besser machen und stiegen als unangefochtener Meister auf. Mit im Gepäck: der zweitplatzierte EHC München 70. Und wieder hatte Kölns bekanntester High-Society-Sträfling Jochen Erlemann seine Finger im Spiel gehabt. Zu Amtszeiten im Jahr 1978 trieb er die Gründung der Münchner Eishockey GmbH Blue Lions voran. Ein vorgeschaltetes Unterstützerinstrument des rheinischen Stammvereins. Ziel war es, München als Farmteam für den KEC zu etablieren. Doch daraus wurde nichts mehr, in der bayerischen Metropole mussten nun kleinere Brötchen gebacken werden. Den

Aufstieg mit einer teuren Mannschaft zu vergolden, damit gar die Play-offs zu erreichen, war von vornherein zum Scheitern verurteilt.

Die Passfälscher aus dem Schlüsselloch

Unter falscher Flagge – der große Eishockeyskandal

Vor Saisonbeginn 1980 wurde es, was den ungebremsten Zustrom von Überseecracks mit deutschen Pässen betraf, langsam hell in der DEB-Zentrale. Aus dem Generalkonsulat in Edmonton waren Hinweise eingetroffen, dass bereits seit längerer Zeit kanadische Bürger vorgesprochen hatten. Ziel: Die Ausreise nach Deutschland, um dort künftig weiterhin ihrer Puckleidenschaft nachzugehen. So weit, so gut. Nur konnte den Wünschen vieler Spieler nicht nachgekommen werden, entsprechende Dokumente auszustellen, die sie als »in Deutschland geboren« auswiesen. Viele Eltern hatten zudem bereits vor der Geburt ihrer Hockeysöhne die kanadische Staatsbürgerschaft angenommen. Somit blieb den Wechselwilligen, sofern sie sich vertraglich an einen Bundesligaclub binden wollten, nur eine der zwei möglichen Transferkartenstellen als Ausländer.

Der Mannheimer Schule folgend, gierten einige Clubbosse regelrecht danach, ihre Kader mit Brads, Charlies und Kevins aus dem Lande des Ahorns billig, aber effektiv aufzurüsten. Und da die »echten« Deutsch-Kanadier mittlerweile kaum mehr zu haben waren, wurde bereits in der Vorsaison mit unlauteren Mitteln gearbeitet, wurden Kanadier und Amerikaner plötzlich zu Deutschen. Dafür brauchte es nur findige Vereinsfunktionäre, erfundene Konsulatsdokumente und natürlich eine verschwiegene Fälscherwerkstatt in einem Essener Vorort. Die Medien berichteten, und deutsches Eishockey war im Herbst 1980 in aller Munde. Doch der Reihe nach.

Der DEB gab die Edmonton-Meldung beim Verbandstag im Juni zunächst unaufgeregt an seine Mitglieder weiter und forderte sämtliche Vereine auf, sich bis September um die Vorlage von Pässen und Einbürgerungsurkunden vakanter Spieler zu kümmern. Und zwar im Original. Bisher hatten Kopien völlig ausgereicht. Bei Unterlassung würden nicht überprüfte Spieler gesperrt werden. Aus Ruhe wurde Argwohn, als Gerüchte die Runde machten, dass in einer Kohlenpottbar namens »Schlüsselloch« Pässe für 8.000 Mark zu haben seien. Damit ausgestattete Kanadier und US-Amerikaner hätten bereits in der Saison 1979/80 unter dem DEB-Dach gespielt. Noch stand die Saison in den Startlöchern, die eingereichten Dokumente ließ die Verbandszentrale derweil beim Auswärtigen Amt überprüfen. Man bat um Amtshilfe im Genscher-Ministerium. Ganze 75 Spieler gerieten so unter Generalverdacht. Der Schwindel begann aufzufliegen, Polizei und die Staatsanwaltschaft Duisburg ermittelten. Einige der beschlagnahmten Pässe und Papiere, inklusive Konsulats-Seriennummern, hatten sich als plumpe Fälschungen erwiesen, versehen mit den Abdrücken eines aus Edmonton geklauten Stempels. Was folgte, war nach und nach ein munteres Absprechen von Spielgenehmigungen für zuletzt rund 20 Akteure. Mancher, wie der Kaufbeurer Terry Seitz, hatte zudem überhaupt nicht an anderweitige Konsequenzen gedacht. Passvergehen war die eine Seite der Medaille. Dass mit dem plötzlichen Deutschsein auch eine Einberufung in die Bundeswehr im Raum stand, schien ihm niemand gesagt zu haben. Der Verteidiger flüchtete besser Hals über Kopf zurück in die Heimat. Da waren bereits einige Spieltage ins Land gegangen. Duisburg parierte und zog alle Betroffenen zurück. Köln erhielt eine Sonderrolle und setzte sein kanadisches, zur Disposition stehendes Trio mit Kenntnis des DEB wieder ein. Mit weitreichenden Folgen, wie sich noch herausstellen sollte.

Auf dem Duisburger Vereinsgelände ahnte SC-Manager Hesselmann, was kommen würde. Ein großer Teil seines aus Übersee importierten Kaders stand mit einem Male nicht mehr zur Verfügung. Der Deutschlehrer vereinsamte im Klassenraum. Zunächst spielte Hesselmann die Unschuldskarte aus: Von Passfälschungen habe er nie gewusst. Und da der klamme SC nunmehr deutlich einer

Rumpftruppe glich, half die Liga mit geborgten Ersatzspielern aus. Vereinbart wurde außerdem, dass nach Ankunft der Duisburger jedes Heim-Team 5.000 Mark in die Reisekasse zu zahlen hatte. Beim Berliner Schlittschuhclub stellten sich Steve Fords Eltern zwar den Fragen der Presse, beteuerten, ihr Sohn sei Deutscher – doch die Überprüfung seines »Schlüsselloch-Reisepasses« konterkarierte diese Behauptung. Der BSchC hatte den waschechten Kanadier unglücklicherweise vor der Saison aus dem Duisburger Pool nach Charlottenburg verpflichtet. Düsseldorfs Zugang Ralph Krüger erwischte es mangels passender Geburtsurkunde ebenso. Betroffen waren auch die Zweitligateams aus Iserlohn, Freiburg und natürlich Essen.

Auf tiefer greifende Konsequenzen für die Clubs verzichtete der DEB zunächst. Eine Woge einstweiliger Verfügungen gegen voreilig gefällte Schuldsprüche des hauseigenen Sportgerichtes galt es zu verhindern. Zweitligist EHC Essen war bereits gegen die Sperrungen seiner Spieler erfolgreich gewesen. Staatsanwaltliche Ermittlungen und Gerichtstermine ließen sich zudem nicht übers Knie zu brechen. Erst nach Abschluss des ordentlichen Verfahrens würde das Sportgericht tagen und die interne Keule schwingen. Sofern Vereinsfunktionäre direkt an Manipulationen beteiligt wären, sei mit Punktabzügen zu rechnen. Die Saison 1980/81 begann mit unguten Vorzeichen.

Ein Job für Wolfgang Sorge

Ich gebe Ihnen mein Ehrenwort

05.09.1980. Köln vs. Füssen. Wenig Zeit bis zum Anbully. »Reisepässe von Ford, Arnason und Nagel nicht vorgelegt. Spieler sind nicht spielberechtigt. Bei Einsatz droht Punktabzug«, tickerte es aus der DEB-Zentrale an den Rhein. Nagel und Arnason waren eh verletzt, Mike Ford, ein Bruder des bereits aufgeflogenen BSchC-Stürmers, wurde wohlweislich nicht eingesetzt. Da kam dem Erlemann-Hofhalter und Manager Clemens Vedder eine tolle Idee. Er schickte Team-Organisationsleiter Wolfgang Sorge, zuständig für die Weiterleitung der Spielerpässe an den NRW-Verband, in die Münchener Verbandszentrale. Dem Bergisch-Gladbacher kein unbekannter Ort. Schließlich stand er seit 1976 dem DEB-Spielgericht vor und kümmerte sich beim Verband u.a. um die Gültigkeit von Spielerpässen. Nun sollte Sorge, in durchaus pikanter Doppelfunktion, eben als Funktionär tätig werden und die im Visier stehenden Kölner Cracks (Geburtsort laut Pass: Castrop-Rauxel) von höchster Stelle durchwinken lassen. Ein Schelm, wer Böses dabei denkt.

Der kurze Griff zum Telefonbuch von Castrop-Rauxel hätte genügt: Ein Familienname wie Arnason kam dort einfach nicht vor. Ob Sorge von gefälschten Dokumenten wusste, sei dahingestellt. Ein Barschel-Ehrenwort schien dem anderen zu folgen. Tatsächlich – ohne Widerspruch nahm der DEB die drei Kanadier als heimgekehrte Eishockey-Spieler auf und ließ sie unter deutscher Flagge für den KEC aufs Eis. Der Köln/DEB-Intimus hatte schließlich persönlich für die Echtheit der vorgelegten Dokumente bei Verbandsvize Sabetzki gebürgt. Ab dem nächsten Spieltag setzte Coach Weisenbach die Mogel-Deutschen ein. 22 Punkte später verschwanden Arnason und Nagel Richtung Schweiz, Verteidiger Mike Ford blieb. Das dicke Ende sollte noch kommen.

Das Sportgericht urteilt

Play-off-Viertelfinale noch einmal von vorn

Die jungen, unbelasteten Riesserseeer, bestens verstärkt mit ČSSR-Coach Dr. Jano Starsi sowie Neu-Goalie und Landsmann Vladimir Dzurilla, agierten in der Saison 1980/81 lieber weiterhin mit tschechoslowakischer statt kanadischer Finesse. Der Weggang von Stürmer Martin Wild nach Köln riss keine Löcher in die Sturmreihen. Franz Reindl (101 Scorerpunkte) gelang wie Sturmkollege Ernst Höfner (94) eine Sahnesaison. Nach der Vorrunde stand der SCR vor Köln, Düsseldorf und Mannheim. Die Kurpfälzer hatten sich nach dem Weggang von Meistertrainer Weisenbach die

Dienste des zuletzt im DEB-Nachwuchs tätigen Ladislav Olejník gesichert. 1979 stand der Tschechoslowake als Coach des erstmals inszenierten All-Star-Events »Deutsche gegen Ausländer« an der Bande. Der Beginn einer bis heute andauernden Tradition. Im Premierenspiel unterlagen die von Hans Rampf gecoachten mehr oder minder echten Einheimischen 3:8.

Am Tabellenende rangierten die beinahe schon mitleiderregenden Duisburger und trugen die Rote Laterne in die Abstiegsrunde hinein. Als SC-Manager Hesselmann beichtete, wohl doch einigen Aufwand in der Essener Pass-Fälscherwerkstatt betrieben zu haben, hielt sich die Solidarität mit den Ruhrstädtern in Grenzen. 25.000 Mark im Gegenwert für acht Ausweise gingen schließlich auf das Konto des ehemaligen Karnevalsprinzen. Der EHC 70 München wollte infolgedessen die vereinbarte Antrittsgage nicht zahlen. Da stiegen die Wedauer erst gar nicht in den Bus und ließen noch ein weiteres Spiel platzen. Hesselmann trat zurück, überlebte die Affäre und mischte nach dem Neuanfang als Duisburger SC Eishockey in Liga 2 alsbald wieder mit.

Am 25.02.1981 entschied das DEB-Sportgericht: Das nach der Vorrunde bereits durch Köln gewonnene Play-off-Viertelfinale gegen Landshut wird annulliert, zudem setzt es 22 Punkte Abzug. Alle Spiele mit zu vielen Ausländern auf dem Eis werden mit 0:2 Punkten und 0:5 Toren gewertet. Den KEC zog es in die Abstiegsrunde, die schlussendlich mit vier Punkten Vorsprung auf Nauheim als Bester beendet wurde. Punktabzüge verhängte der Verband auch gegen die dem Abstieg geweihten Duisburger. Von 19 gewonnenen Zählern blieben zwei übrig. Der EHC 70 München, verlassen von Fans, guten Geistern und Sponsoren, fuhr als Vorletzter der Abstiegsrunde ebenfalls eine Liga tiefer. Alle anderen Klubs, die ebenfalls unter falscher Flagge spielten, gingen straffrei aus. Im Zweifel für den Angeklagten – Fälschungsaktivitäten konnten nicht nachgewiesen werden. Dass in dem ganzen Wirrwarr Landshuts Präsident Rudolf Gandorfer wutentbrannt den Vorsitz im Bundesliga-Ausschuss hinwarf, soll auch nicht vergessen werden. Zwei EV-Spielerpässe besaßen keinen fristgerechten Verlängerungsstempel. Ein nahezu krimineller Formfehler mit Folgen: Doppelter Punktabzug am Grünen Verbandstisch. Und Wolfgang Sorge? Der brach sportlich wie privatwirtschaftlich mit Kölns Manager Vedder, trat also auch als Geschäftsführer dessen Finanz- und Vermögensberatungsfirma zurück, suchte sein Heil in der Flucht und widmete sich fortan wieder emsig der wertvollen DEB-Arbeit. Besonders hervorzuheben sei noch sein Versuch, sich unmittelbar nach der Skandalsaison 1980/81 um einen verbandsinternen Vorstandsposten zu bewerben. »Betrüger und Gangster«, derlei Worte sollen ihm daraufhin auf einem Plenum in der Münchener Zentrale zu Gehör gekommen sein.

Mannigfaches Talent konnte Wolfgang Sorge jedoch auch in Zukunft, zunächst auf unterer DEB-Länderebene weiter ausleben. 1995, zu Beginn der DEL-Zeitrechnung, wurde ihm gar der Posten des Schatzmeisters angetragen. 2002 bestieg er erneut den Vorsitzenden-Thron des Nordrhein-Westfälischen Eissportverbandes. Alles ehrenamtliche Jobs für den unvollendeten Juristen und an Freizeit reichen Unternehmensberater mit der besonderen Affinität zum Damen-Eishockey. Was ihn ritt, beim Abschlussabend der Frauen-WM 2000 in Salt Lake City einen Prince-Harry-Striptease hinzulegen, ist allerdings nicht bekannt, wurde aber zumindest DEB-intern und 20 Monate später dann in der Presse ausgiebig diskutiert. Laut Darstellung Sorges war sogar noch weit mehr als die Unterhose angelegt. Wer es glaubt.

Hausbau, Meisterschule, Geldverdienen

Alles gewichtiger als Olympia 1980 in Lake Placid

Armer Bundestrainer Hans Rampf. Aus der vordersten Verteidigungslinie meldete sich Ignaz Berndaner ab. Dem Riesserseeer war Olympia 1980 einfach zu weit weg, und in der Heimat galt es schließlich ein Häuschen zu bauen. Goalie Erich Weishaupt hörte auf Mentor Xaver Unsinn und bereitete sich als Zahntechnikerlehrling lieber auf seinen Abschluss vor. Einzig Freiburgs Deutsch-Kanadier Robert »Bob« Murray meldete sich so ab, wie es sich als verhinderter Leistungssportler geziemt, nämlich verletzungsbedingt.

Vom Bronzeteam 1976 waren nur noch fünf Akteure an Bord. Auf Udo Kießling, Klaus Auhuber, Rainer Philipp, Martin Hinterstocker und Franz Reindl war eben Verlass. Und Erich Kühnhackl? Die Verbandsspitze um Dr. Günther Sabetzki erteilte der sportlichen Leitung Anweisung, den Kapitän so lange auszubooten, bis er wieder einem vernünftigen Beruf nachging. Eishockey war damit allerdings nicht gemeint, denn damit verdiente der Stürmer viel Geld. Und da er das öffentlich, im Zuge seines Köln-Landshut-Köln-Abenteuers, auch noch zugegeben hatte, blieb Deutschlands bester Bundesligaspieler am Amateurstatus hängen. Der DEB wollte keine IOC-Punktabzüge riskieren. So ruhten die Hoffnungen auf Gerd Truntschka und Marcus Kuhl, die als beste Stürmer letztlich je sechs Scorerpunkte beisteuerten.

An der »Miracle on Ice-Olympiade«, bei der Gastgeber USA mit einem College-Team den Top-Favoriten Russland bezwang, durften die besten acht Teams der A- sowie die besten vier der B-Gruppe teilnehmen. Neben der DDR verzichtete die Schweiz, als einziges Nachrückerteam reiste Japan an. Der neue Modus sah zunächst zwei Vorrundengruppen mit je sechs Teams vor. Unter Punktemitnahme erreichten die jeweils Ersten die Medaillenrunde. Beide Drittplatzierten spielten um Platz fünf.

Das Turnier geriet für die fahrig spielende BRD zum Fiasko. Der 76er Bronzegewinner fuhr mit Platz zehn in der Endabrechnung die schlechteste Platzierung aller Zeiten ein. 4:6 hieß es gegen Rumänien. Nach einer Trotzreaktion gegen Zwerg Norwegen (10:4) hagelte es weitere Niederlagen. Klang ein 2:5 gegen Schweden noch erträglich, setzte es im Anschluss ein 3:11 gegen die Tschechoslowaken. Seit 1964 (1:11 gegen denselben Gegner) die höchste Pleite auf internationalem Terrain. Mit 2:4 ging das letzte Spiel gegen den späteren Goldsieger USA verloren.

Die Topscorer von Platz sieben

Eine schwedische Abschlussfeier

Die 47. A-WM wurde im April 1981 in Göteborg ausgetragen. Erich Kühnhackl, öffentlichkeitswirksam angefleht, bitte mitzuspielen, stand Hans Rampf nach einem Sinneswandel in der DEB-Zentrale wieder zu Diensten, enttäuschte aber auf ganzer Linie. Die Bundesadler erwischten mit der Tschechoslowakei, Schweden und den USA ein zum Scheitern verurteiltes Vorgruppenarrangement. Warum sich also großartig im Konzert der Großen abstrampeln? Einer strampelte vorläufig überhaupt nicht mehr mit. Udo Kießlings Gedanken waren bei der NHL. Zudem ging ihm die Eingemeindung der Deutsch-Kanadier Manfred Wolf, Ralph Krüger, Harold Kreis und Karl Friesen ins Nationalteam gehörig gegen den Strich. Nach 10:20 Toren und 0:6 Punkten kam wenigstens in der Abstiegsrunde Stimmung auf. Neuling Ahorn-Oranje, mit Stürmer Dick Decloe, wurde mit 9:2 sowie 12:6 bezwungen. Die Spiele gegen Angstgegner Finnland (4:4, 3:6) und die USA (6:4, 6:10) schraubten das Punktekonto zuletzt auf 7:5 hoch. Dass gleich zwei Deutsche, Holger Meitinger und Ernst Höfner, die WM-Scorerliste anführten, war nach Gesamtplatz sieben kaum eine Zeitungsmeldung wert. Geschichten über eine feucht-fröhliche Abschlussfeier, unter Einbezug weiblich-schwedischer Dienstleistungen, ließen sich da schon besser verkaufen.

Seltsame Blüten der Ausländerbegrenzung

Spielberechtigung fürs DEB-Team: ja.
Als Deutscher in der Bundesliga: nein

Obschon sich die Deutsch-Kanadier Harold Kreis oder Manfred Wolf Anfang der 80er Jahre zu unverzichtbaren Säulen der Nationalmannschaft mauserten, änderten sich die DEB-Statuten. Den Vereinen wurde auferlegt, Transferkartenspieler aus anderen Verbandsgebieten zunächst für drei Jahre auf einer der beiden Ausländerkontingentstellen schmoren zu lassen. Erst im Anschluss daran wurde aus dem kanadischen Bob ein deutscher Robert, der fortan keine Kontingentstelle mehr belastete. Ausnahmen gewährte das neue Satzungswerk überzähligen Juniorenspielern, die in den Nachwuchsteams der Dinge harrten. Zudem wurden Importgebühren fällig. Was beim Zoll staatliche Einnahmen brachte, sollte auch den DEB reich beschenken. Die Verpflichtung eines Nordamerikaners kostete jetzt, verbunden mit Abschlagszahlungen an den ehemaligen Club, ähnlich viel wie die eines Inländers. Nur wenn ein Ausländer nach Ablauf seines Vertrages innerhalb der Bundesliga wechselte, entfiel die Ablöse. Schließlich war er im alten Verein nicht kostenintensiv zum Eishockeyspieler geformt worden. Was übrigens nicht jedem Club geläufig schien. Die Lachnummer des Jahres 1991 war eine Frankfurter Rechnungslegung in Höhe von 250.000 Mark für den Stürmer Jiří Lála an den Mannheimer ERC für Ausbildung und Förderung. Der MERC machte die Chose öffentlich. Frankfurt, blamiert vor der ganzen Liga, schloss damit die Akte Lála.

Trotz all dieser Hürden: An einer wirklichen Drosselung der Überseeimporte schien niemand Interesse zu haben. So wurde das altbekannte Sperrfrist-Modell für geflüchtete Ostblockspieler einfach auf den Rest der Welt erweitert. Wenn ein Eishockeycrack fortan nachweisen konnte, dass er 18 Monate inaktiv gewesen war, stand er seinem Vertragspartner-Bundesligaclub ab sofort zur Verfügung. Sechs Wochen Auslandsurlaub pro Jahr waren netterweise erlaubt. An manchen Eishockeystandorten sah man fortan reihenweise in die Jahre gekommene, ehemalige kanadische und amerikanische Ligaspieler durch Parks und Einkaufszentren lustwandeln, gesponsert vom örtlichen Kufenverein. Der deutsche Pass war nicht länger entscheidend. Es sei denn, es ging um die Spielberechtigung fürs DEB-Team.

In der Praxis sah das für den 1984 aus Kanada in die Bundesliga gewechselten Verteidiger Ronald Alexander »Ron« Fischer so aus: zwei Jahre Kontingentspieler beim SC Riessersee, eins beim SB Rosenheim, ab 1987 dann der erste von insgesamt 62 Einsätzen im Nationalteam. Schlüssig, doch wie das Beispiel Daniel Nowak zeigt, hätte eine immer mögliche Ausnahmeregelung der Verhältnismäßigkeit Recht gegeben. Nowak wurde 1966 in Schwenningen geboren, im Kindesalter wanderte er aber mitsamt Familie nach Kanada aus. In der Ontario Hockey League (OHL) fiel der bärenstarke Verteidiger DEB-Ahnenforschern auf. Die kanadische Staatsbürgerschaft hatte er nie angenommen. 1986 absolvierte er erste Spiele für das DEB-Juniorenteam. Doch durfte Nowak gleichzeitig in der Bundesliga spielen? Mitnichten. Er kam ja aus einem anderen Verbandsgebiet.

Im darauffolgenden Jahr stand er in Deutschland beim EHC Freiburg unter Vertrag und fiel unter die Ausländerklausel. Die Breisgauer, deren Kontingent jedoch bereits erschöpft war, klagten verbandsintern. Eine Lobby innerhalb des DEB besaßen sie leider nicht. Am Ende erklärte sogar das Münchener Landgericht die Angelegenheit für rechtens. Was wohl der Europäische Gerichtshof dazu gesagt hätte? Drei seiner möglicherweise besten Eishockeyjahre hatte Nowak fortan als überzähliger Transferkartenspieler abzusitzen. Erst 1989, nach einem Engagement als Spielertrainer beim Regionalligisten EHC Bad Reichenhall, kehrte er als freier, deutscher Spieler zurück in die Bundesliga nach Freiburg. Als Nowak 1993 schließlich für Schwenningen auflief, verzieh er den Sturköpfen in der Münchener Verbandszentrale und spielte fortan auch für die Nationalmannschaft.

Ein Deutsch-Kanadier, wie er nicht sein sollte

Eindrücke aus dem DEB-Armenhaus

Dagegen sorgte der Fall des Deutsch-Kanadiers Randy Spielvogel in der Saison 1985/86, vorausgesetzt man hielt dem Krefelder EV nicht die Daumen, für allerhand Häme in Richtung KEV-Boss Uli Urban. Ein Mann des Stahlhandels, hier lagen seine wahren Stärken. Und nur hier. Zunächst zur Situation des KEV, der seit 1981 wieder über alte Namensrechte verfügte. 1.000 Mark an das Konkursgericht und eine Mitgliederabstimmung waren dafür nötig gewesen. Nach dem Lizenzentzug anno 1978 hatte Eishockey in der Stadt seine Neugeburt unter dem Label EHC Krefeld 78 in der Regionalliga gefeiert.

Mittlerweile war die 2. Bundesliga, das Armenhaus des DEB, zum Zuhause der Krefelder geworden. Die Konkursverwalter gingen im mal eingleisig, dann wieder zweigleisig (Süd- und Nordgruppe) ausgetragenen Unterbauturnus ein und aus. Gerichtsvollzieher pfändeten schon mal die gesamten Einnahmen direkt nach Spielschluss. Steuerschulden, wohin man blickte, Sünden der Vergangenheit rächten sich. Das Augsburger Curt-Frenzel-Stadion war eine beliebte Adresse. Auch hier war man zu Bundesligazeiten dem Berliner Modell gefolgt und hatte eine dieser dubiosen Vorschalt-Gesellschaften zum Zwecke der Spielerfinanzierung installiert. Was den Abstieg betraf, wollte die Relegationsverzahnung mit den bis zu drei Oberligen Süd, Mitte und Nord nicht so recht klappen. Vermehrt zogen die Teams freiwillig ihr Aufstiegsrecht zurück. Vor der zweigleisigen Spielzeit 1983/84 wurde es im Unterbau so richtig bunt und komisch. Die Liste der Rückzieher war beachtlich: ESG Kassel, Herner EV, EA Kempten/Kottern, EV Landsberg, Augsburger EV, Deggendorfer SC. Also ging der Hut rum, der EC Oberstdorf warf eine Bewerbung hinein und wurde aufgenommen, obwohl sportlich gerade aus der Ober- in die Regionalliga abgestiegen. All das war dem KEV-Präsidium zu viel. Schnell weg, zurück an die Fleischtöpfe der Bundesliga, zur DEG und nach Köln.

Randy Spielvogel war in Kanada geboren, spielte unterklassiges Eishockey und bewarb sich bei mehreren Erst- und Zweitligaclubs in der Bundesliga um eine Kontingentstelle. Der KEC-Kader, mit zwei Landsmännern bereits maximal versorgt, stellte ihn ein. Folgende Legende erreichte den DEB: Der baumlange Verteidiger habe vor seiner Verpflichtung 18 Monate lang in der Lüneburger Heide gelebt und habe weder in Adendorf noch sonst wo Eishockeysport betrieben. Somit sei die Inaktivitätsregel erfüllt. Der DEB erteilte die Spielberechtigung, ohne genauer hinzuschauen. Eine Hauptrunde lang wirbelte der Mann mit dem härtesten Schlagschuss der Liga durch die Provinzen, Krefeld war die Aufstiegsrelegation zur 1. Liga nicht mehr zu nehmen. Auf diesen Moment schienen zwei Clubs gewartet zu haben. Zum einen Duisburg, Heimat von Fritz Hesselmann, wahrlich ein Kenner der Szene um echte wie falsche Deutsch-Kanadier. Seinem Lieblings-SC stand der weiter oben platzierte KEV in Sachen Relegation im Weg. Zum anderen störte sich Bundesligist Riessersee als direkter Relegationsgegner am Mitwirken des Herrn Spielvogel im Krefelder Team.

An erster Stelle brachte das Duisburger Umfeld die Affäre ins Rollen, Riessersees Geschäftsführer Günther Zehntner stellte zur Aussicht, dass, sofern den Vorwürfen nicht nachgegangen werde, der SCR keineswegs gegen den KEV antreten wolle. Die DEB-Detektive ermittelten. Präsident Urban lieferte die in solchen Fällen übliche eidesstattliche Versicherung. Der arme Randy Spielvogel hatte zur Bundeswehrmusterung im Kreiswehr-Ersatzamt anzutreten. Fotos mit Uniform und Schiffchen, Gewehr statt Hockeyschläger machten die Runde. Alles reine Gnaden-PR, denn den »Schäfer aus der Lüneburger Heide«, wie mittlerweile gewitzelt wurde, nahm ihm der DEB nicht mehr ab. Die kleine, aber feine Eishockeykarriere in Übersee kam ans Licht, dem Krefelder EV wurden 40 Punkte abgezogen, der Verteidiger wurde gesperrt. Was folgte, war immerhin das Überdauern in Liga 2 nach einer ungeplanten Teilnahme an der Abstiegsrunde gegen Teams wie den VERC Lauterbach, den ESV Schalker Haie oder den Neusser SC. Die Fans nahmen es hin, in Krefeld war man Kummer gewohnt. Und Randy Spielvogel stieg wieder ins Flugzeug, die Minor-Leagues im Visier.

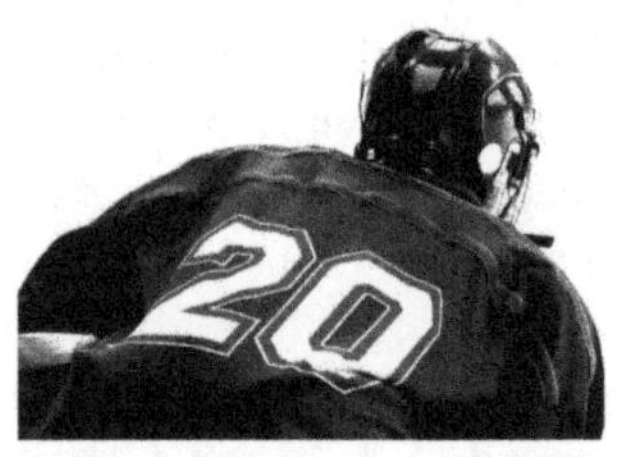

2. Drittel

Einberufung ins Glück
Die ersten deutschen Draftpicks

Der Hockey-Lehrstuhl NHL sieht bis heute keinerlei Ausländerbegrenzung vor. Seit 1963 werden Spieler ehrenhaft »gedraftet«. Wer in den »Scouting Bureaus« positiver Spiel- und Sozialanalysen anheimfiel, kann zu NHL-Weihen gelangen und nach dieser lotterieähnlichen Einberufung über kurz oder lang von einem Club verpflichtet werden. DER Ritterschlag im weltweiten Eishockey schlechthin. Dafür inszenierte Talentziehungen finden jährlich und seit 1980 sogar als Großevent statt. Bei den Drafts (Einberufungen) haben alle 30 NHL-Teams die Möglichkeit, sich die Rechte an 18 bis 20jährigen hoffnungsvollen Amateur- und Jugendspielern zu sichern. Für Spieler aus Europa gibt es keine Altersbegrenzung nach oben. Insgesamt läuft der Draft aktuell über sieben Runden, also werden 210 Spieler an die Clubs verteilt. Das ganze Procedere und sein Modus sind äußerst kompliziert – so gibt es eine Lotterie, in der die Reihenfolge der Teams ausgelost wird, in der sie Spieler wählen dürfen – und dient in der Hauptsache dazu, die Kräfte innerhalb der Liga auszugleichen. Dementsprechend darf das Team, welches die Vorsaison als Letzter abgeschlossen hat, den ersten Draftpick setzen und bestimmt so über die Position des Spielers (1. Runde, 1. Position). Sollte kein Interesse an dem Spieler bestehen, kann der Draftpick auch mit einem anderen Club getauscht werden, genauso wie bereits gedraftete Spieler mit anderen getauscht werden können. Spieler, die nicht unter den Hammer kommen, können bei jedem Verein unterschreiben oder es nächstes Jahr noch einmal versuchen.

Mit zwei gebürtigen Landshutern begann 1978 die Geschichte deutscher Einberufungen. Goalie Bernhard Englbrecht (Atlanta Flames, 12. Runde, 196. Position) und Stürmer Gerd Truntschka (St. Louis Blues, 12. Runde, 200. Position) wurden jedoch nie in der NHL eingesetzt. Sein langjähriger Sturmpartner Dieter Hegen (Montreal Canadiens, 3. Runde, 46. Position) erhielt die Chance nach den Draftspielen 1981. Für die Minnesota North

Stars schnupperte der Kaufbeurer tatsächlich NHL-Luft, kehrte jedoch nach einem Spiel (ein Torschuss, zwei Strafminuten) wieder in die Heimat zurück. Schließlich standen die WM in Finnland und die Fortsetzung einer nahegelegenen Ausnahmekarriere im Vordergrund. Über draftwürdige Bundesligastars ließ Mark Johnson, Personaldirektor der New Jersey Devils, damals verlauten: »Die verdienen in Deutschland so viel, dass die NHL für sie uninteressant ist.« Recht hatte er. Den umgekehrten Weg, dass ehemalige NHL-Spieler über den Teich flogen und in Deutschlands »Buschliga« Fuß fassten, gab es bereits zu Hauf. Doch wer seine Karriere im Europa der 80er Jahre ausklingen ließ, war nicht mehr der Schnellste und Jüngste, wurde deswegen oft vom Stürmer zum Verteidiger umgeschult und schien die Altersvorsorge im Blick zu haben. Andere hatten den NHL-Durchbruch in jungen Jahren nie geschafft. Dennoch wurden die meisten von ihnen in Deutschland Publikumslieblinge. Wie etwa die beiden Kanadier Brian Young und Kirk Bowman beim Bundesligaaufsteiger Schwenninger ERC in der Saison 1981/82.

Die kleine, tapfere Doppelstadt

Das Wunder von Schwenningen

Ein Schwarzwälder Städtchen, so klein, dass seit 1972 das benachbarte Villingen mit in den Kreisstadtnamen einfloss. Gefühlt hat es in Schwenningen schon immer Eishockey gegeben, nur musste diese Tradition Mitte der 60er, Anfang der 70er Jahre erst einmal auf Kunsteis reanimiert werden.

Seit 1974 hatte sich der SERC aus der bayerischen Regionalliga heraus langsam nach oben gearbeitet. Passend zur Eröffnung des Eisstadions am Bauchenberg 1976 zog die Mannschaft vom Neckarursprung in die Oberliga Gruppe Süd ein. Trainer Peter Ustorf feierte zwei Jahre später den Aufstieg in die 2. Liga. Gemeinsam mit dem bereits bundesligaerfahrenen Meister Freiburg stieg der SERC 1981 in die höchste deutsche Klasse auf. Und konnte sie, bedingt durch das Pleitechaos anderer Clubs in unmittelbarer Tabellennachbarschaft, glatt halten. 1982 sicherten sich die Schwarzwälder die Dienste des Berliner Goalies Matthias Hoppe. Bis 1999 sollte er eine sichere Konstante zwischen den Pfosten sein. Nach 20 Jahren und 960 Spielen in der höchsten deutschen Spielklasse ließ der Füssener die Karriere ausklingen.

Vorläufig konnten sich die kleinen Schwenninger oben halten, bis im Pleitejahr 2003 Sponsoren ihre Versprechen brachen, Erfolge und Zuschauer gleichermaßen ausblieben. Doch bereits im Sommer desselben Jahres ließ sich das Insolvenzverfahren abschließen. Ein kompletter Neustart von ganz unten wurde verhindert, in der 2. Bundesliga ging es weiter. Als zehn Jahre später, im Mai 2013, die Meldung: »Für 1,2 Millionen Euro – der ehemalige deutsche Meister Hannover Scorpions zieht sich aus der DEL zurück und macht Platz für eine Rückkehr des Traditionsclubs Schwenninger Wild Wings« über die Ticker lief, war das Eishockey-Aushängeschild der Region wieder ganz oben dabei. Allerdings auf Pump, denn Hannovers GmbH-Eigner Günter Papenburg gewährte dreimalige Ratenzahlung, was den Kaufpreis der DEL-Lizenz betraf. Sollte es den Wild Wings nicht gelingen, pünktlich in Papenburgs Portokasse einzuzahlen, könnte es mit dem erneuten Abenteuer DEL am Bauchenberg bereits rasch wieder vorbei sein.

Zu Anfang ihrer Bundesligazugehörigkeit im Jahr 1984 überstanden die Schwarzwälder einen verlorenen Kampf gegen die Finanzbehörden. Die Vereinsführung hatte wissentlich Brutto mit Netto verwechselt, und Schwarzkassen voller Gehälter wurden aufgedeckt. Folgen: Bewährungsstrafen sowie Geldbußen für die Wächter der Münzen. Mit der Überweisung von 870.000 Mark an den Fiskus konnte die Angelegenheit schließlich im Mai 1985 zu den Akten gelegt werden. Der dünne Erstligakader verzichtete auf Gehälter, Fans trieben Gelder auf, Geschichten, die ein Underdog-Leben schreibt. Doch in Schwenningen hatten sie nur das getan, was beinahe allerorten den Begriff »Nettoliga« mit Leben füllte. Sei es im Kartenverkauf, sei es bei der Bezahlung der Spieler, die zum bekannten Wohle steuerlicher Gemeinnützigkeit noch über

Vorschaltgesellschaften mit Scheinverträgen abgewickelt wurden. 1984 war es damit endgültig vorbei: Die Bonner Finanzregierung setzte dem schwindlerischen Treiben ein Ende. Stammverein und Spielbetriebsgesellschaft wurden die Regel, Ehrenamt und bezahltes Profitum voneinander getrennt.

Sudden Death-Saisonmeister Rosenheim

Berlin ist pleite, Füssen trifft alte Bekannte wieder

Die Einführung des »Sudden Death« (plötzlicher Tod) sorgte zur Bundesligasaison 1981/82 für ein echtes Belebungsmoment. Stand es nach drei Dritteln unentschieden, wurde so lange weitergespielt, bis der Sieger erst mit der letzten Torsirene des Tages feststand. Der Spielmodus änderte sich lediglich in der Abstiegsfrage. Die Liga sollte zur kommenden Saison auf zehn Vereine abgespeckt werden, sodass die letzten beiden Teams direkt nach der Vorrunde abstiegen. Der VfL Bad Nauheim, mit einem Schuldenstand von 2,1 Millionen Mark bereits in finanzieller Schieflage, nahm den Umweg über den Konkursverwalter und kam in Liga 2 gar nicht erst an. Selbst eilig getätigte Notverkäufe, wie der von Nationalstürmer Rainer Philipp nach Köln, konnten der Pleite keinen Einhalt mehr gebieten. Mit dem Neubeginn als EC Bad Nauheim ging es in der Regionalliga weiter. Beim Schlusslicht ERC Freiburg sollte erst 1984 die weiße Konkursfahne gehisst werden. Dank grober Misswirtschaft der Vereinsführung um Präsident und Immobilienkönig Bernd Klein.

Der EV Füssen (10. der Vorrunde) und Neuling Schwenningen (9.) hatten via Einfachrunde gegen die besten Vier der 2. Liga um den Klassenerhalt in einer Relegationsrunde zu spielen. Die Bundesligisten setzten sich durch. Da beim Berliner Schlittschuhclub nach dem Play-off-Viertelfinalaus gegen den Kölner EC ebenfalls der Pleitegeier zum Rückzug aus der Elite blies, wäre somit der Duisburger SC aufstiegsberechtigt gewesen. Doch die mittlerweile von Hobbycoach Otto Schneitberger trainierten Wedauer verzichteten dankend. Bloß kein Risiko eingehen. Der ECD Iserlohn kam damit zu unverhofften Ehren.

Das Desaster beim 19maligen Charlottenburger Meister begann bereits lange vor Saisonbeginn. Die Ausgliederung der Eishockeyabteilung aus dem Stammverein war beschlossene Sache. Auch mit den Vorschalt-KGs wollten die jahrelang draufzahlenden Mitglieder, vornehmlich der Abteilung Tennis zugehörig, nichts mehr zu schaffen haben. Neuerliche Umlagen oder Beitragserhöhungen zugunsten der Defiziteure waren nicht länger mehrheitsfähig. Umbenannt in »Berliner Schlittschuhclub Eishockey« versuchte sich Hauptsponsor Guido Meister als neuer Vereinspräsident. Alice-im-Wunderland-Losung: Mit günstigem Kader Siege einfahren, die Play-offs erreichen, auf mehr Publikumsandrang zielen, den Stadtsenat überzeugen, viel Geld in die Vereinskasse zu pumpen. Der Kanadier Mike Daski übernahm das Traineramt und erreichte immerhin, trotz des Weggangs verdienter Leistungsträger, das anvisierte Saisonziel. Publikumsliebling Gary Schwindt hatte sich zum EC Hannover in Liga 2 davongemacht. Als die Niedersachsen mitten in der Saison vom Pleitevirus befallen und das Team zurückgezogen wurde, heuerte »Gary Gary Gary – Tor Tor Tor« bei der Eissport-Athletik (EA) Kempten-Kottern an. Sein deutsch-kanadischer Sturmpartner Daniel Held besann sich eines 1980er NHL-Drafts und flüchtete in ein AHL-Farmteam.

Punktgleich Siebter der Vorrunde hinter Kaufbeuren, damit konnte sich der BSchC doch sehen lassen. Wollte aber kaum jemand sehen. Die Erfolgsfans blieben weg. Ein Zuschauerschnitt um die 3.000 war einfach zu wenig. Am Ende belasteten 750.000 Mark die Kassen, und der Senat stellte sich stur. Beim DEB wurde die vorläufige Einstellung des Puckbetriebes vereinbart, bei Lizenzbehalt plus sämtlicher Spielertransferrechte. Berlins ewiger Sportwart und Eishockeyvater Heinz Klopstech sah, dass die Pause immer länger wurde und bündelte die Kräfte. Schließlich war der BFC Preußen bereit, das sportliche Erbe anzutreten.

Ende April 1983, nachdem der BSchC finanziell endgültig abgewickelt war, lag das Schicksal des Eishockeys im Westteil der Stadt in Händen des neu strukturierten BSC Preußen.

Meister wurde erstmals im Finale gegen Mannheim der SB Rosenheim. Der Gebrüder-März-AG mit ihrem eishockeybesessenen Josef März an der Spitze sei Dank. Die Vorrunde als Fünfter beendet, somit zunächst auswärts beim vierten SC Riessersee in der Pflicht, gab der SBR bis zuletzt nur ein einziges Play-off-Spiel ab, im Halbfinale beim Heim-3:6 gegen Landshut. Auf die Frage, warum der Sportbund 1982 erstmals Meister wurde, antwortete Trainer Dr. Pavel Wohl: »Wir sind der einzige Verein, der seine Spieler pünktlich bezahlt.« Karl Friesen im Tor machte den Unterschied. Horst-Peter Kretschmer, Peter Scharf, der Tschechoslowake Oldrich Machac und der Kanadier Jamie Masters dichteten zudem die in den Jahren zuvor recht einladend wirkende Abwehr ab. Publikumsgott Masters war im Sommer 1980 aus einem Farmteam der St. Louis Blues gekommen. Als Motor im Angriff fungierte Hans Zach, in dessen Schatten die Eishockeykarriere des 18jährigen Nachwuchsstürmers Markus Berwanger begann.

Gedämpfte Zufriedenheit gab es in Köln nach dem knappen Halbfinalaus gegen Mannheim und einem versöhnlichen dritten Platz in der Serie gegen Landshut. Enttäuschung hingegen in Düsseldorf. Nach zwei Vizemeisterschaften hatte man diesmal nur knapp die Play-offs erreicht und war im Viertelfinale an Landshut hängen geblieben. Dick Decloe und Petr Hejma beendeten ihre Karrieren. Das in der Presselandschaft als »bestverdienender Wanderzirkus« betitelte Duo Gerhard und Udo Kießling zog es daraufhin im Paket für 300.000 Mark zur letzten gemeinsamen Station nach Füssen.

Ein letztlich großes Missverständnis. Denn allein die Verpflichtung zweier Bundesliga-Stars lockte im beschaulichen Allgäu niemanden hinter dem Ofen hervor. Am Kobelhang herrschte Publikumsschwund, kein Großmäzen war in die Alpen zu locken, 2,4 Millionen Mark Schulden dämpften die Gemüter. Um dem vorläufigen Ende des gelb-schwarzen Spitzeneishockeys vorzugreifen: 1983, nach einer völlig verkorksten Saison mit 12:60

Punkten und 97:212 Toren allein aus der Vorrunde, belegten die Allgäuer nur Platz drei in der Relegation. Udo Kießling war bereits im Dezember, zur Schonung der klammen Vereinskasse, zum Kölner EC rückdelegiert worden, Vater Gerhardt wehklagte beim Präsidenten Raphael Prinz von Thurn und Taxis über Zwangsverkäufe weiterer Leistungsträger. Doch dem Blaublüter war mittlerweile die Lust am Geldverbrennen vergangen. Dass der Konkursverwalter den Laden am Ende nicht ganz dicht machte und das knarzende, dringend sanierungsbedürftige Holzkonstrukt Kobelhang an die Stadt verpachtet wurde, verwunderte schon. Ein Hintertürchen sicherte die Teilnahme an der 2. Bundesliga unter dem neuen Label »Eislauf Verein Füssen Eishockey e.V.«, der Gang in die Landes- oder Regionalliga konnte vermieden werden. Rosenheim, Iserlohn und viele andere Vereine hatten den Kniff mit Bestandsübertritten plus Änderung des Clubnamens bereits salonfähig gemacht.

Im Unterbau traf man in der Gruppe Süd mit Bad Tölz und Augsburg alte Bekannte aus glorreichen Tagen wieder. Auf die Nachbarschaftsduelle mit den Tölzern konnte man sich jahrelang verlassen. Der Augsburger EV, 1979 mit einem Schuldenpaket von etwa 900.000 Mark abgestiegen, rutschte dagegen zwischen 2. und 3. Liga hin und her. 1983 kroch der AEV zum passenden Zeitpunkt wieder aus der Oberliga hervor. Glück gehabt, denn die vorübergehende Eingleisigkeit der Zweitligaspielzeit 1982/83, verbunden mit weiten Reisen und unattraktiven Westgegnern, hätte der Vereinskasse schwer zugesetzt. Bis rauf zum Hamburger SV und zum REV Bremerhaven wäre es gegangen.

Pepita-Hut reloaded: Xaver Unsinn übernimmt

Die DDR verzichtet auf Badeferien am Schwarzen Meer

Hans Rampf zeigte nach seinem Rücktritt als Bundestrainer 1981 wieder bei den Junioren Präsenz. Wer dort neben dem Platz als Sonderling auffiel, hatte schlechte Karten. Der wertkonservative Oberbayer duldete keine Extrawürste. Um ausgemustert zu werden, reichte es schon, beim Koch ein fleischloses Gericht zu fordern. Ende der 80er Jahre schied Düsseldorfs Veggie-Stürmer Mike van Hauten unter Rampf entsprechend unrühmlich aus dem Kader.

Die 83er WM in heimischen Landen vor der Brust, musste sich in der DEB-Auswahl einiges verändern. Der insgesamt dritte DEB-Trainerjob des Xaver Unsinn zwischen 1982 und 1990 brachte die lang erhoffte Wende. Das deutsche Team sollte sich fortan zeitweise unter den besten fünf, sechs Nationen im Welteishockey tummeln. Hausbauer Berndaner, der Auszubildende Weishaupt und NHL-Träumer Kießling waren alle zurück im Team. Eine erste Sensation gab es bereits bei der WM 1982 in Finnland. Im Auftaktspiel der Vorrunde gab es ein 4:2 gegen die Tschechoslowaken. Ein dummes Unentschieden gegen die USA (5:5) und ein Sieg gegen Neuling Italien (5:2) brachten Platz sechs in der Endabrechnung. Der Spielmodus entsprach wieder dem des Jahres 1979 mit einer Gesamtvorrunde und einer anschließenden Finalrunde der besten Vier. Unterschied: Der Absteiger sollte bereits nach der Vorrunde feststehen, somit entfiel die Abstiegsrunde.

Die B-WM in Österreich blieb einer Equipe in besonders böser Erinnerung: den Rumänen. Beim Spiel gegen die DDR hatten sie felsenfest auf das befohlene Aufstiegs-Verbot für die Ostdeutschen vertraut. Und sie brauchten jeden Punkt, um noch an Österreich vorbeizuziehen. Von einem Anruf aus Ost-Berlin, der kurz vor Spielbeginn dem Ziesche-Nickel-Team die neue Order ausgab: »Macht sie alle, schießt sie aus der Halle! Siegt!« dürften sie nichts mitbekommen haben. Völlig überrumpelt zogen die Mannen um Stürmer Harald Kuhnke in die Schlacht von Klagenfurt. Vorbei der Gedanke an Badeferien am Schwarzen Meer, der ausgelobte Preis des rumänischen Verbandes für ein planwirtschaftliches Verlieren des sozialistischen Bruderstaates. Nach einem heißen Kampf fuhr Team DDR mit 7:6 Toren glücklich vom Eis.

Wüste Beschimpfungen der Rumänen gegenüber Delegationsleiter Generalmajor Herbert Gasch folgten, die Angelegenheit kochte zum Politikum hoch. Denn nach einem bedeutungslosen Remis gegen Polen stiegen die Ost-Deutschen mit vier Punkten vor Österreich in die A-Gruppe auf. So sollte es im April 1983 zur WM in Dortmund, Düsseldorf und München erneut zum großen Showdown beider deutscher Staaten kommen.

Als die Gegner nicht mehr ausgeklopft wurden

»Ich ließ mir sogar ohne Widerstand in die Fresse hauen.« (Holger Meitinger)

Der Eishockeyweltverband hatte sich im Vorfeld zur WM 1983 wieder mal einen neuen Modus zurechtgeschnitten. Neben einer Abstiegsrundenrenaissance unter Punktezufluss der Vorrunde kam es in der Finalrunde zu einer »Lex-Sowjetunion«. Dort ging es nach dem Schaulaufen bei null los. Und siehe da: Die Russen wurden nur aufgrund des besseren Torverhältnisses zum 19. Mal WM- und zum 22. Mal EM-Champion. Die zweitplatzierten Tschechoslowaken hatten die Sensation im direkten Vergleich (1:1) mehrfach auf dem Stock.

In der Vorbereitungsphase hatte Xaver Unsinn die härtesten Krawallschachteln und Strafbankkönige aus dem 22-Mann-Kader entfernt. Ralph Krüger, Uli Egen, Peter Gailer oder Michael Eggerbauer blieben genauso draußen wie Horst-Peter Kretschmer. Dessen nicht näher definierte »private Lebensweise« war dem Coach ein Dorn im Auge. Die unter Hans Rampf noch so beliebten Kartenzockerrunden bis tief in die Nacht fielen aus. Um acht Uhr abends hing die Hose kalt am Bett. Disziplin, Zusammenhalt und Sperrstunde waren das Salz in der Bundestrainersuppe.

West- und Ostdeutschland trennten sich in der Vorrunde 4:3, in der Relegation 7:3. Trotz Platz sechs vor Finnland und Italien wurde somit für die DDR das eigentliche Klassenziel, ein Sieg gegen die BRD, verfehlt. Dabei hatte man in Dortmund bis neun Minuten vor dem Ende der ersten Begegnung noch 3:2 geführt. Besonders aber Peter Scharf, Marcus Kuhl und eine in schwarz-rot-gold gehüllte, tosende Eishalle hatten etwas dagegen. Die Finnen nahmen ihre Schwächeperiode aus deutscher Sicht zur rechten Zeit. Bereits beim renommierten russischen Iswestija Cup (heute: Channel One Cup), an dem Deutschland-West erstmals 1982 teilnehmen durfte, war es Finnland, das mit 2:10 gegen die Unsinn-Truppe verlor. 4:3 wurden die Skandinavier in Düsseldorf besiegt; seit 1978 hatte es das auf keiner WM-Bühne mehr gegeben. Wenige Tage später folgte jedoch große Bitterkeit für das deutsche Team. In der Münchener Olympiahalle stand im letzten Drittel die Tschechoslowakei am Rande einer Niederlage und verteidigte sich mit Mann und Maus zu einem 3:3-Endstand. In der Auszählung fehlte damit ein deutsches Tor für das Erreichen der Finalrunde. Doch da Xaver Unsinn vor WM-Beginn Rang fünf als erklärtes Ziel ausgegeben hatte, waren die erreichten 11:9 Punkte Grund genug, sich auf Olympia 1984 in Sarajevo zu freuen.

Landshuter Play-off-Finessen

Karel Guts Team wiegt die Gegner in Sicherheit

Was für eine Dramatik in der Bundesligasaison 1982/83. Auf dem Weg zum zweiten deutschen Championat machte dem EV Landshut taktisch niemand etwas vor. Sowohl das Halbfinale gegen Köln als auch das Endspiel gegen Mannheim gingen über vier Spiele in den Play-off-Serien. Nachdem die jeweils ersten beiden Heimbegegnungen zugunsten der Niederbayern ausgegangen waren, leisteten sich die Mannen um Karel Gut auf fremden Plätzen satte Niederlagen. 3:13 in Köln und 2:8 in Mannheim. Den Gegner damit in Sicherheit wiegen, in beiden noch folgenden Aufeinandertreffen den Sack knapp zuzumachen, sorgte für reichlich Spannung.

Wie in der Vorsaison belegte Landshut nach 36 Spielen mit Punktegarant Erich Kühnhackl vor Mannheim nach Ende der

Hauptrunde den Platz an der Sonne. Im Viertelfinale reichten gegen Düsseldorfs Starensemble zwei Spiele. Mit 10:6 und 4:3 war das Ticket fürs Halbfinale gelöst. Die mit Ach und Krach noch fürs Viertelfinale qualifizierten Düsseldorfer waren beinahe froh, dass die Urlaubskoffer frühzeitig gepackt werden konnten. Zuviel passte nicht zusammen. Neueinkäufe, wie der Füssener Jungstürmer Uli Egen, schlugen nicht ein, fest eingeplante Leistungsträger, wie die Kanadier Mike Zettel, Bob Murray, waren außer Form. Keine guten Arbeitsbedingungen für Nationaltorwart Helmut de Raaf. Er stand vor dem Absprung zum Kölner Rivalen. Ausgerechnet. Die Zuschauer blieben weg, der Schnitt sank auf 4.600. Schulden in Höhe von geschätzt zwei Millionen Mark hatte es bis dato noch nie gegeben. Das Großleck im Klingelbeutel füllten schließlich ein paar Mäzene. Konkurs abgewendet. Erst 1984, als Präsident und Multiunternehmer Josef Klüth die Fäden in die Hand nahm sowie Architekt-Trainer Otto Schneitberger kurzfristig an die Bande zurückkehrte, sollte es mit der DEG wieder aufwärts gehen und der Zuschauerschnitt wieder die 10.000er Marke knacken.

Als der vor der Saison hochgehandelte Kölner EC im Halbfinale an Landshut scheiterte, war Trainer Heinz Weisenbach längst über alle Berge. Der Allgäuer hatte schon vor Saisonbeginn Bauklötze gestaunt, als ihm die Clubführung mit dem Slowaken Karol Havasi einen Co-Trainer zur Seite stellte. So etwas wurde seinerzeit als Affront begriffen. Präsidiale Spitzeldienste galt es zu befürchten. Ein Bandenassistent stand im Ruf, zum Königsmörder werden zu können. So kam es dann auch. Havasi, von den Fans nach unglücklichen Haie-Auftritten, in Karol Havarie umgetauft, beerbte Weisenbach, der zur nächsten Saison beim Rivalen Düsseldorf unterschrieb. Mit aller Macht hatte Kölns Manager Clemens Vedder den Kader zur Mission Meisterschaft 1983 hochgerüstet. Jeansladen-Partner Marcus Kuhl kam im Gepäck mit Peter Ascherl aus Mannheim nach Köln zurück. Peter Gailer (Riessersee) und der 242fache NHL-Recke Bill Nyrop verstärkten die Defensive. Als Udo Kießling im Winter konserniert aus Füssen eintraf, schien die Truppe für den Play-off-Endspurt bestens gerüstet. Von den ersten Eiszeiten eines 17jährigen Uwe Krupp ganz zu schweigen.

Das Besondere daran: Der Verteidiger war weder Bayer noch Deutsch-Kanadier, sondern ein Eigengewächs aus dem Nachwuchs. Für rheinische Verhältnisse ein absolutes Novum. Denn wozu mühsam Jungnationalspieler in teuren Leistungszentren aufbauen, wenn doch die süddeutschen Talentschmieden ihr Plansoll viel besser erfüllten? Dass der DEB in den 80ern seinen Clubmitgliedern die Einführung von Jugendteams aller Altersstufen auferlegte, veränderte die Lage nur marginal. Wer darauf verzichtete, zahlte eben Strafgelder. Und kaufte weiterhin für rund 200.000 Mark Talente von jenseits des Weißwurstäquators ein.

Landshut hatte es geschafft. Sogar Landesvater Franz Josef Strauß kam zur Meisterfeier. Mit einem Mini-Etat von 1,75 Millionen Mark und einer ganzen Schar von Publikumslieblingen. Einer von ihnen war der bereits 1981 vom niederbayerischen Nachbarn EHC Straubing verpflichtete Kanadier Bob Laycock. Welch bemerkenswerter Name. Vielleicht noch gewichtiger: Im Meisterteam standen 20 gebürtige Landshuter. Altgediente Nationalspieler wie Klaus Auhuber, Alois Schloder, aktive wie Erich Kühnhackl, Helmut Steiger und aufstrebende, wie U20-Nationalstürmer Bernd Truntschka.

Im Spiel um Platz drei siegte der Mannheimer ERC gegen den ESV Kaufbeuren klar nach zwei Spielen. Beide Clubs hatten eines gemein: Marode Stadien. Beim ESVK war bereits in der Vorsaison das komplette Hallendach eingestürzt. In Mannheim weigerten sich nach Ende des TV-Ligaboykotts die Fernsehsender, Live-Übertragungen in Aussicht zu stellen. Zu schlecht und zu gefährlich waren die Arbeitsbedingungen. Nur notwendigste Instandsetzungen ließen sich durchführen, da das Wohl der meisten Bundesliga-Eisarenen vom Gutdünken der Rathaus-Etats abhing. Die Sportförderung der Kommunen, besonders in Mannheim, richtete jedoch ihr Augenmerk lieber auf den Fußballrasen.

Jozef Golonka und die Kölner Diven

Uli Hiemer wechselt in die NHL

Köln löste den EV Landshut 1984 am Meisterhimmel ab. Das Team des aus Riessersee verpflichteten Trainers Jozef Golonka schlug den EVL in einer hinreißenden Endspielserie über fünf Begegnungen.

Bis dahin war es ein holpriger Weg. Intern hatte der knorrige Coach der Kölner bis weit in die Vorrunde hinein versucht, dem erneut bestens aufgestellten, mit Superstars gespickten Team Manieren beizubringen. Die Herren Nationalspieler Kuhl und Meitinger, der kanadische Stürmer Rub Todor, Kapitän Anton Forster und Miroslav Sikora wurden wegen mangelhafter Fleißarbeit sogar für die Auswärtsfahrt nach Iserlohn suspendiert und hatten in der vereinseigenen Eishalle in Troisdorf einen Denkzettel an Strafeinheiten zu absolvieren. Nach dem 1:5 im Sauerland klappte dann alles plötzlich wie am Schnürchen. Golonka setzte die Geschassten wieder ein, und der Siegerexpress machte nach 36 Vorrundenspielen mit dem Erreichen des zweiten Platzes hinter Mannheim in der Zwischenrunde Station. Diese war als Viertelfinalkomponente eingebaut worden, da im Februar das olympische Eishockeyturnier in Sarajevo über die Bühne gehen sollte. Grund: Der Gedanke an Ausscheidungsspiele, bei denen müde Nationalcracks auf ausgeruhte Daheimgebliebene treffen könnten.

So wurden nach mehrwöchiger Pause die acht besten Vorrundenteams zunächst in zwei Gruppen aufgeteilt. Iserlohn (9.) und Riessersee (10.) hatten sich in einer Abstiegsrunde mit den Zweitligisten Duisburg, BSC Preußen Berlin, dem SV Bayreuth sowie dem EHC Essen-West auseinanderzusetzen. Den Direktaufstieg aus dem Unterbau hatte man zunächst wieder zu den Akten gelegt. Sowohl der ECD Iserlohn als auch der SC Riessersee kamen mit einem blauen Auge davon und blieben erstklassig. Die zwei besten Teams der Gruppen A und B lösten das Ticket für das Halbfinale in einer erstmals ausgetragenen Best of Five-Serie. Vorbild war dabei der Europacup-Modus: Hin- und Rückspiel in der Gruppenphase, bei Punktegleichheit entschied die Tordifferenz.

Das traurige Gastspiel der Düsseldorfer in Gruppe A als Rangletzter offenbarte, dass Heinz Weisenbachs Wechsel zur DEG von Anfang an keine gute Idee gewesen war. Bereits die Vorrunde ließ sich nur mit einem glücklichen Punkt vor Iserlohn beenden. Die mageren 35 Scorerpunkte des frisch aus der NHL importierten Pittsburgh Pinguins-Stürmers Peter John Lee nicht zu vergessen. Auch die Nachverpflichtung des zuletzt von Köln nach Frankfurt gewechselten Zweitligastars Peter Ascherl nutzte nichts mehr. Nach 24 Spielen endete die Karriere des ersten schwarzen Eishockeyspielers in der Bundesliga verletzungsbedingt. Mit einem Punkt hinter Schwenningen, bei denen Nordamerika-Rückkehrer Daniel Held enttäuschte, endete für die DEG erneut eine Seuchensaison weit hinter den Erwartungen. Landshut und Mannheim lagen nach sechs Spielen in der Gruppe A vorne. In Gruppe B schwächelte Rosenheim, Freiburg war nur Platzhalter. Köln und Kaufbeuren zogen ins Halbfinale.

Die Goldene Ananas um Platz drei sicherte sich schließlich Mannheim mit zwei Siegen gegen Kaufbeuren. Und wer weiß, ob Landshut der Titelverteidigung nicht ein Stück näher gekommen wäre, wenn da nicht mitten in den Play-offs lästige Europapokalpflichten gewartet hätten? Oder wenn der Kölner Divenkarneval erneut ausgebrochen wäre, doch hier sollte noch bis 1985 Coach Jozef Golonka herrschen.

Der Tausendsassa zeigte neben seiner Bandentätigkeit auch als Tennisspieler sowie Buch- und Filmautor Präsenz. Golonka glänzte mitunter als Kabarettist und irgendwann managte er gar die Miss-Wahlen seines Heimatlandes. 1998 folgten Ruhm und Ehre mit der Aufnahme in die IIHF Hall of Fame. Unter dem Tschechoslowaken reiften Spieler wie der Ex-Füssener Uli Hiemer zu Aushängeschildern des deutschen Eishockeys. Der Verteidiger, dessen NHL-Rechte bereits im Premierenjahr am Rhein den Colorado Rockies zugefallen waren, wechselte im Sommer 1984 auch tatsächlich als erster Deutscher längerfristig in die NHL. Die Colorado-Franchise war mittlerweile umgezogen, so sollte er es bei den New Jersey Devils auf 143 Einsätze bringen, ebenso stand er im AHL-Farmteam der Maine Mariners. 1987 kehrte er in die Bundesliga zur Düsseldorfer EG zurück. 1996, nach über 200 Toren in knapp 700 Erstligaspielen, stellte Hiemer den Schläger endgültig in die Ecke. Auf Platte ist er auch zu hören: Mit den Toten Hosen sang er »Zehn kleine Jägermeister« für das Album »Opium fürs Volk« ein.

Die Prügelliga

Kölns Mannschaftsarzt und Schiri Kompalla blicken tief in zu große Pupillen

Unfall oder Mordversuch? Kölns Holger Meitinger rauschte beim ersten Spiel der Vorrunde 1983/84 gegen den Landshuter EV ungebremst in seinen Gegenspieler Klaus Auhuber hinein. Folge: Jochbeinbruch. Der Eismeister musste gerufen werden, um der blutverschmierten Fläche wieder neuen Glanz zu verleihen. Klare Absicht, Mordversuch, Rache – die KEC-Bank wollte so etwas vernommen haben. Weitere Kriegserklärungen folgten. Xaver Unsinn wurde von Kölns Coach Golonka angefleht, doch bitte im Rückspiel auf der Tribüne Präsenz zu zeigen. Schließlich standen in den Partien Landshut vs. Köln gleich zehn seiner Nationalspieler auf dem Eis. Des Bundestrainers wiederholte Rede, das DEB-Team könne aggressive Spieler bestens gebrauchen, brutale Spieler nicht, sollte die Lage jedoch keineswegs befrieden.

Im Rückspiel erlebte Unsinn auf der Landshuter Tribüne dann, wie Schläger und Fäuste flogen und Rippen krachten. Holger Meitinger kehrte mit erheblichen Blessuren nach einer wahren Hetzjagd und der Erkenntnis »Die wollten Klops aus mir machen« zurück in die Domstadt. Unsinn war entsetzt und drohte mit dem Ausschluss der Strafbankkönige von Olympia 1984. Das genügte schließlich und bescherte den Eismeistern und medizinischen Versorgern beider Hallen wieder geruhsamere Abende. Eine erfolgreiche WM- oder Olympiateilnahme weckte so manche NHL-Begehrlichkeit. Vordergründig stand jedoch die Erhöhung des Bundesliga-Marktwertes im Fokus. Was die Vereine freute, konnte so doch mit mehr Ablöse gerechnet werden. Es sei denn, das Vertragswerk war auf drei oder vier Jahre von vornherein befristet worden. Anschließend erhielt der Spieler die Freigabe, der neue Club zahlte dann keine Ablöse, was wiederum zu höheren Jahressalärs führte. Noch ließ sich also gutes Geld im deutschen Spitzeneishockey verdienen.

In der Spielzeit 1984/85 lagen nicht nur in Köln und Landshut die Nerven blank. Rosenheim, Mannheim, Schwenningen sowie Düsseldorf folgten der kanadischen Härteschule. Nachsitzen auf der Strafbank, Spielsperren, Urteile vor Disziplinar- oder ordentlichen Gerichten, dies alles gehörte fast schon zum Alltag. Mannheims Halbkanadier Roy Roedger schickte Kölns Vollkanadier Steven McNeil Ende Dezember 1984 auf die Operationstische einer Augenklinik. Roedgers Schlägerspitze schlug bei vollem Lauf in das rechte gegnerische Auge ein. Folge: Sehkraft gehörig eingebüßt, Auge und Karriere aber gerettet. In einem nebengerichtlichen Vergleich überwies der Mannheimer später ein üppiges Schmerzensgeld. Rosenheims Stürmer Manfred Ahne drosch mit seinem Stock auf die Halspartie von Landshuts Alois Schloder ein, der nicht umhinkam, die Revenge-Karte zu ziehen. Wer mit dem Clinch angefangen hatte, war den Akteuren der folgenden Eiskeilerei völlig egal. In den Hauptrollen auf Seiten des SBR: Franz Reindl, im Sommer vom SC Riessersee gekommen und Manfred Ahne, dem später eine Gehirnerschütterung attestiert wurde. Im Landshuter Boxring: Erich Kühnhackl, Alois Schloder und der aus seinem Tor herbeigeeilte Bernd Englbrecht.

Iserlohns Kanadier Dave Inkpen verteidigte gegen Kölns Peter Schiller derart hart, dass der Nationalstürmer eine schmerzhafte Augapfelprellung davontrug. Selbst beim renommierten Spengler-Cup in Davos sorgte 1984 Schwenningens Daniel Held für Negativschlagzeilen, als er nach einem Blackout über einen der Linesmen herfiel. Das DEB-Sportgericht sperrte den Stürmer daraufhin für zwei Jahre. Später folgte eine Reduzierung auf ein Jahr.

Der Mannschaftsarzt des Kölner EC, Dr. Herbert Plum, hatte eine Begründung für die zunehmende Brutalität in den Stadien parat: »In der Bundesliga wird gedopt.« Schiedsrichter Kompalla schloss sich der These an. Aus nächster Nähe habe er Spieler mit erstarrten Gesichtern und weiten Pupillen gesehen, bereit, den Gegner zu zermalmen. Beweise lieferte jedoch niemand. Der DEB zwang Doktor Plum, derartige Vorwürfe zu unterlassen. Der Kölner EC entschuldigte sich bei den in Verruf gebrachten Vereinen. Auch Kompalla schwieg daraufhin. Die Einführung der Dopingstichprobe nach Schweizer Vorbild (zwei Spieler pro Mannschaft im Losverfahren) stand bei Ligenleiter Fritz Brechenmacher dennoch hoch im Kurs. Bisweilen wurde nur bei Weltmeisterschaften und Olympia-Turnieren auf Substanzmissbrauch im Urin getestet. So baute der DEB einen entsprechenden Paragraphen samt Ausführungsbestimmungen in die Verbandssatzung ein. Das Beispiel sollte Schule machen, Jahre später zog der Deutsche Fußball-Bund nach. Positive Ergebnisse ließen sich in den DEB-Ligen glücklicherweise nicht feststellen. Und das sollte noch eine ganze Weile so bleiben.

Rosenheims vorletzter Streich

Hans Zach wechselt die Seiten

Der Bundesligaspielmodus zur Saison 1984/85 konnte wieder im gewohnten Play-off-Verfahren ohne lästige Zwischenrunde durchgeführt werden, inklusive Best of Five-Event ab dem Halbfinale. Die Rangfolge nach den Vorrundenbegegnungen entschied wieder direkt über den abschließenden Saisonverlauf, über Paarungen, Heimrechte des ersten Serienspieles und über die Teilnahme an der jetzt auf zehn Mannschaften erweiterten Relegationsrunde.

Der SC Riessersee und der EHC Essen-West, für den insolventen ERC Freiburg überhaupt erst in die Bundesliga nachgerückt, hatten hier ihre Ligatauglichkeit unter Beweis zu stellen. Essen, mit acht Punkten und einem Torverhältnis von 97:266 (0:21 in Mannheim), gelang das nicht. Der Schreck darüber saß tief, nach der folgenden Zweitligasaison fand sich der erst vor zwei Jahren neu gebildete Eishockeyverein sogar für ein Jahr in der Oberliga

Nord wieder. Riessersee, seit Jahren sportlich und wirtschaftlich auf dem absteigenden Ast, konnte sich bei dem aus Schwenningen verpflichteten Stürmer Ralph Krüger und seiner Torverlässlichkeit bedanken. Nach 18 Relegationsspielen und Platz eins vor dem Schwimmverein Bayreuth war Spitzeneishockey unter der Zugspitze auch im nächsten Jahr möglich. An weiteren Krüger-Toren durften sich hingegen bald schon die Fans des ECD Iserlohn freuen. Peppi Heiß, Nachfolger von Vladimír Dzurilla, flogen die Pucks um die Ohren. 1986 verließ auch der Goalie den SCR in Richtung Düsseldorf und großes Geld.

Für Rosenheim verlief die Saison 1984/85 bis zuletzt wie am Schnürchen. Coach Dr. Pavel Wohl belohnte sich in seinem letzten Jahr beim SB, bevor er in die eishockeyverrückte ČSSR zurückdelegiert wurde, mit der dritten und vorläufig letzten Meisterschaft. Das Team war nur geringfügig verstärkt worden und agierte als Einheit. Kein einziges Play-off Spiel wurde abgegeben. Iserlohn (Viertelfinale), Kaufbeuren (Halbfinale) und schließlich Mannheim scheiterten vor allem an Rosenheims überragendem Goalie Karl Friesen. Im Angriff wirbelte die dritte Sturmreihe mit Markus Berwanger, Manfred Ahne und Axel Kammerer. Essens Trainer Heinz Zerres ließ sich zu folgender Actionlyrik verleiten: »Die fahren dich weg, du hast keine Chance.« Bayerns Ministerpräsident Franz-Josef Strauß lud den März-Express nach der Meisterschaft in seine heiligen Hallen nach München ein. Welche Ehre. Dass mit Karl Friesen, dem gläubigsten Eishockeyspieler aller Zeiten, in der nächsten Saison nicht mehr zu rechnen war, dürfte beim Empfang noch kein Thema gewesen sein. Den Nationalkeeper und Teilzeit-Laienprediger der mennoitischen Glaubensgemeinschaft zog es zurück nach Übersee. Ohne je gedraftet worden zu sein, verpflichtete ihn die Schießbude der Liga, die New Jersey Devils. In der NHL-Division sollte es allerdings nur für vier Einsätze reichen. Den Rest der Saison saß Friesen beim Farmteam der Maine Mariners in der AHL ab. Das Credo der bedingungslosen Nächstenliebe seiner Freikirchenlehre passte einfach nicht als Deckel auf den NHL-Härtetopf. Weihnachten

1986 kehrte der Zauberer mit der linken Fanghand reumütig zum SB Rosenheim zurück.

Hans Zach hatte die Schlittschuhe nach 600 Erstliga-Spielen vorläufig an den Nagel gehängt. Er fungierte nunmehr als sehr erfolgreicher Jugendtrainer des Sportbundes sowie als Assistent von Nachwuchsbundestrainer Rampf und stand ferner als Co-Trainer des SBR an der Bundesligabande. Klares Ziel: Das Erbe von Dr. Pavel Wohl antreten. Doch daraus wurde nichts. Josef Wagner, Clubrevisor des fleischlastigen Hauptsponsors, hatte etwas dagegen. Der Vertag des verdienten Tölzers lief trotz Erwerb des Trainer-A-Scheins 1986 aus und wurde nicht verlängert. Rosenheim setzte mit Ladislav Olejník weiter auf die tschechoslowakische Schule. Den ehrgeizigen Zach zog es an die Trainerakademie des Deutschen Sportbundes nach Köln. Unweit entfernt lag die Ratinger Eishockeyspielstätte. Sepp Reif, ehedem sportliches Vorbild und wie Zach ein alter Tölzer, war Trainer des ECR und überredete ihn, nach zweijähriger Pause zum Comeback auf Kufen. 1987 übernahm Zach selbst das Ruder in Ratingen und führte den erst 1977 aus der Taufe gehobenen Eishockeyverein in die 2. Liga. 1988 schloss er als Jahrgangsbester den Lehrgang zum Diplom-Eishockeytrainer ab. Es war der Startschuss für eine bemerkenswerte Karriere.

Bye, bye DDR

Erste Ostblockwinterfestspiele und ein voller Terminplan

Mit der Bundesbahn ging es im Februar 1984 für die deutschen Athleten zu den Olympischen Spielen auf den Balkan. Die jugoslawischen Landebahnen stellten für den Chef de Mission, Eishockeydelegationsleiter Heinz Henschel, ein Sicherheitsrisiko dar, ein Flug kam nicht infrage.

Die mit vielen Vorschusslorbeeren nach Sarajevo gereisten Kufencracks gerieten gleich im ersten Spiel gegen den zweitklassigen Gastgeber in Rückstand. Erich Kühnhackls insgesamt drei Treffer in der Begegnung stellten jedoch die Weichen für den 8:1-Sieg.

Spiel zwei der Vorrunde endete 8:5 gegen Polen. Gegen Schweden wurden die Punkte geteilt. Das 1:6 gegen die Sbornaja war eingeplant. Hätten nur die Sturmreihen im letzten Spiel gegen Italien (9:4) noch besser getroffen, wäre man an den punktgleichen Schweden vorbeigezogen. Dabei hatten Coach Tichonows Truppen beim russischen 10:1 gegen die Tre Kronors hervorragende Schützenhilfe für die BRD geleistet. So entschied die Tordifferenz in Gruppe A, dass Deutschland in den Platzierungsspielen um Rang fünf gegen Finnland anzutreten hatte. 7:4 hieß es am Ende. Dabei stand es bis Minute 33 noch 4:1 für die Skandinavier. Ein Kühnhackl-Hattrick besorgte den Ausgleich. Manfred Wolf, Dieter Hegen und Udo Kießling mit einem Empty-Net-Goal trugen sich als weitere Torschützen ein. Insgesamt betrachtet: sechs Spiele, vierzehn Punkte, acht Tore und am Ende noch die Olympia-Torkrone für Erich Kühnhackl.

Als Spätfolge der 78er Kanadareise von Heinz Weisenbach stand im Dezember 1985 bei einem Testspiel gegen die Schweiz erstmals ein kompletter Überseeblock auf dem Eis. Angriff: Ralph Krueger, Manfred Wolf, Roy Roedger. Defense: Harold Kreis, Michael »Mike« Schmidt. Bis es so weit war, musste der Canada-Cup (September 1984), zum zweiten Mal das Moskauer Iswestija-Turnier sowie eine A-Weltmeistschaft in Prag absolviert werden. Unter dem Strich, mit allen Vorbereitungen, waren dies knapp 30 Länderspiele. Xaver Unsinn hatte derweil den Kader umgestellt und setzte mit frischen Hans-Rampf-Schülern um Rosenheim-Stürmer Axel Kammerer und Kaufbeurens Verteidiger Manfred Schuster auf junges Blut in der Goldenen Stadt. Erreicht wurde am Ende mit drei Punkten nur Platz sieben. Knapp vor der DDR.

Bei der WM 1985 in Prag kam es zum letzten Aufeinandertreffen beider deutscher Nationen innerhalb eines Eishockeyturniers. In der Vorrunde hieß es 6:0 und in der Abstiegsrunde 4:1 für die BRD. Mit zwei Pünktchen verabschiedete sich der Mauerstaat bis zur Verbandsauflösung 1990 in die B-Gruppe. Weltmeister wurde die Tschechoslowakei unter Coach Dr. Luděk Bukač. Ein Wiedersehen sollte es für DDR-Stürmer Ralf Hantschke (Weißwasser) mit dem Prager Philosophen 1992 in veränderten Rollen geben. Der stürmende Volkspolizist, einer der wenigen Ost-Cracks, die je im DEB-Trikot auf Puckjagd gingen, wurde von Bukač, mittlerweile Trainer der deutschen Farben, für einige Spiele ins Nationalteam berufen.

Der kurze Höhenflug eines Schwimmvereins
Und Riessersees Absturz

Ein Schwimmverein in der Bundesliga? Auch das gab es. Und zwar in der Spielzeit 1985/86. 1978 begann für den SV Bayreuth mit dem Start in der Landesliga der Durchmarsch. 1983 wurde die 2. Bundesliga geentert, es folgte prompt Platz eins. In der Relegation dann sogar der Aufstieg in die Elite. Dass sich allerdings Schwimmvereine Eishockeyabteilungen auf hohem Kostenniveau leisteten, war eher wenig zeitgemäß. Als das Abenteuer mit dem postwendenen Abstieg 1986 vorläufig für beendet erklärt werden musste, belasteten den Club 300.000 Mark Verbindlichkeiten. Dennoch wurde die Eishockeyabteilung erst zur Saison 1988/89 ausgegliedert. Der Schlittschuhverein Bayreuth stand von da an auf eigenen Füßen in Liga 2 und fand mit dem aus Ratingen hergewechselten Hans Zach die richtigen Argumente für den zwischenzeitlichen Publikumsaufschwung. 1990 erhörte der künftige Meistertrainer den Ruf der Düsseldorfer EG. Sommers 1994 folgte die Pleite in der Wagnerstadt. Neues Spiel, neues Glück: Der ESV Bayreuth startete in der Bezirksliga Bayern neu.

Und Riessersee? Bastion der Traditionalisten im deutschen Eishockey? 1986, das Rathaus stundete längst fällige Mieten für die Spielstätte, die zudem noch durch einen Orkan demoliert wurde, war der Aderlass an Leistungsträgern endgültig nicht mehr zu kompensieren. Seitdem die Großstadtclubs ihre Fühler gen Süden ausgetreckt hatten, lieferten der SCR, Füssen, Kaufbeuren, Tölz und Landshut die besten Spieler gen Norden und kassierten fürs Überleben. Liebe kennt keine Liga? Ein schöner Satz der Fans, doch was, wenn nur noch maximal 2.000 pro Spiel Eintritt zahlen? Als selbst die Vorrunde in der Spielzeit 1986/87 mit mageren elf Punkten auf dem letzten Platz beendet wurde, erwischte es die Werdenfelser in der Relegation. Nach zuletzt 19 Jahren Bundesliga. Selbst gegen die aufstrebenden Zweitligisten wurden deftige Niederlagen kassiert. Der Abstieg in den Unterbau, den auch die Rückkehr des ehemaligen Torwartheroen Vladimír Dzurilla an die Bande nicht zu verhindern vermochte, schlug so hart ins Kontor, dass im Mai 1988 der Kuckuck aufgeklebt wurde.

Zwischendrin ruhten alle Hoffnungen auf einem Schweizer Millionär namens Urs Zondler, Golffreund des ehemaligen Spielers und Clubpräsidenten Hans-Jörg Neuner. Gerhard Kießling wurde erst Manager, dann kurzfristig Trainer. Multiunternehmer Zondler wollte die große Eishockeyshow der 20er Jahre unter der Zugspitze wiederbeleben und brachte Go-Go-Girls zum Tanzen. Auch das Abschließen von Niederlagen-Versicherungen (bis zu sechs Mark Aufschlag pro Eintrittskarte, beim Sieg des Gegners Geldzurück-Garantie) war neu.

Noch in alter Erinnerung waren manche Konkurrenten in Liga 2. Wahre Nachbarschaftsduelle gestrauchelter Traditionsvereine brachten immerhin den Glanz vergangener Tage zurück. Das aufrechte Häufchen geschundener Riesserseefans nahm es unterkühlt zur Kenntnis. Nicht neu war allerdings, dass Urs Zondlers Engagements als Gelddruckmaschine für sportliche Belange auch anderswo nicht allzu lange von Bestand waren. Die Münchener Schicki-Micki-Handballszene des MTSV Schwabing konnte ein Lied davon singen. Als Zondler klar wurde, dass allein mit der Marke SCR auf die Schnelle kein Reibach zu machen sei, erwog er den Neubeginn von ganz unten als ECR Garmisch-Patenkirchen. Die Vereinsmitglieder liefen Sturm und der Mäzen in Richtung Golfplatz davon. Zum Glück. Immerhin gelang es ab der Saison 1988/89 in einer drei Jahre währenden Fleißorgie, den Zusatz i.K. (in Konkurs) vom SCR-Wappen zu tilgen. Mit dem Gönner Urs Zondler war der Schuldenstand der SCR auf 1,5 Millionen Mark gewachsen. Das Finanzamt forderte zudem im sechsstelligen Bereich nach.

Ein wahrer Retter musste her. Der in Personalunion als Manager und Trainer zurückgekehrte Franz Reindl war so einer. Als gelernter Groß- und Einzelhandelskaufmann galt es jetzt, den Zugspitzenabakus zu schwingen. Wäre er, der 21 Jahre die Farben des SCR trug, nur länger geblieben. Auf Reindl, den es zu höheren Weihen in die DEB-Lehre zog, folgte 1992 Coach Joachim Ziesche. Den Absturz in die Drittklassigkeit, nach sechs Jahren Unterbau und Niederlagen in den Play-downs gegen die Teams aus Memmingen und Landsberg, konnte auch der Berliner nicht verhindern. 1993 saßen sie alle zusammen in der Grube, der EV Füssen, der EC Bad Tölz und der SC Riessersee.

Der Beginn der Kölner Hattrickjahre

Die Rückkehr des Hardy Nilsson

Im September 1985 kehrte der Kölner EC aus dem französischen Megève mit dem zweiten Platz im Europacup hinter ZSKA Moskau zurück ins Bundesligageschehen. Trauer gab es um den 19jährigen Stürmer Ralph Philipp. 1984 war er seinem Onkel Rainer aus der Bad Nauheimer Schule an den Rhein gefolgt, erbte des bulligen Stürmers Rückennummer 8 und galt als höchst aussichtsreiches Talent. Ein Autounfall beendete sein Leben. Karosseriemeister Rainer Philipp ließ nach 726 Bundesligaspielen mittlerweile beim SC Solingen in der 2. Liga die Karriere auslaufen und widmete sich alsdann dem Ausbau einer eigenen KFZ-Werkstatt. In Würdigung beider wurde die 8 zur gesperrten Rückennummer bei den Kölner Haien. Eine schon anderenorts durchgeführte Tradition. Immer ging und geht es dabei um besondere Anerkennungen sowie Verdienste einzelner Spieler. Im Sinne der Fankultur um Erinnerungen und schöne wie traurige Augenblicke. In den großen Eisarenen sind die Leibchen meist unter dem Hallendach für alle sichtbar festgezurrt. Die Spielernummern werden nie wieder vergeben.

Im Stadion an der Lentstraße waren zur Saison 1985/86 neue Zeiten angebrochen. Schleifer Golonka wurde in die Heimat zurückbeordert und trainierte in Bratislava den alten Heimatverein. Manager Vedder öffnete die Barscheck-Schatulle und warb u.a. Stürmer Helmut Steiger aus Landshut ab. Und plötzlich war er wieder da: Hardy Nilsson. Der schwedische Stürmer, in seiner letzten Kölner Saison 1979 maßgeblich mit 102 Scorerpunkten am Titelgewinn des KEC beteiligt, kehrte nunmehr als Trainer an die alte Wirkungsstätte zurück. Aus dem einstigen Feierbiest, Spitzname: »Bacardi-Hardy«, war ein reifer, introvertierter Lehrmeister geworden. Zwischenerfolg: Köln grüßte nach der Vorrunde von der Spitze.

In Düsseldorf zündeten endlich die NHL-Verpflichtungen der Vorsaison. Der Kanadier Chris Valentine (103 Scorerpunkte) sorgte gemeinsam mit Landsmann Peter John Lee (96) für Furore und endlich wieder volle Stadienränge. Nicht nur für die beiden Stürmer hatte sich der Transfer als Glücksfall erwiesen. Amerikas größte Vermittlungsagentur »Murray & Thomson« partizipierte mit üppigen Provisionen und Gehaltsbeteiligungen. Und für die Spieler ließ sich, verglichen mit den Übersee-Bedingungen, gutes Geld mit leichterer Arbeit verdienen. Vom Mannheimer ERC waren zudem die Internationalen Manfred Wolf (51 Scorerpunkte) und Roy Roedger (38) gekommen. Die Badener erwischten mit Vorrundenrang sieben, trotz Rückkehr von Wandervogel Marcus Kuhl, eine Grottensaison und schieden sang- und klanglos nach drei Spielen bereits im Viertelfinale gegen die DEG aus.

Rosenheim haderte mit gehörigem Verletzungspech und belegte Platz drei der Vorrunde vor Iserlohn. Leistungsträger wie Peter Scharf, Markus Berwanger und Michael Pohl wurden auf Dauer schmerzlich vermisst. Neuverteidiger Andreas Niederberger, insgesamt zwölfter Nationalspieler der Oberbayern, konnte auch nicht über die volle Distanz gehen und wurde nach Düsseldorf weitergereicht. Co-Trainer und Stürmereminenz Gerhard Baldauf übernahm den Bandenjob. Kuriose Fan-Auswüchse gab es auch: Nachdem der vor der Saison als Titelanwärter Nummer 1 gehandelte Sportbund die Ligaspitze verpasste, ließen die SBR-Fans ihren Frust nur indirekt an der eigenen Mannschaften aus. Sie feuerten stattdessen den Gegner an. Bei den Bayreuthern stand mit Raimond Hilger, Walter Kirchmaier, Vladimir Vacatko und Walter Deisenberger eine ganze Schar ehemaliger Rosenheimer auf dem Eis. Doch es nützte nichts. Alle vier Vorrundenspiele gingen an die Rosenheimer, die die Saison mit einer Dreifach-Halbfinalniederlage in den Play-offs gegen die DEG beendeten.

Vor allen Dingen gelang es der schwedischen Trumpfkarte Hardy Nilsson in Köln, den Spielern Ruhe, Respekt und Demut einzuflößen. Keine Prügelorgien mehr, weder auf dem Eis noch in der Kneipe.

Über die Stationen Schwenningen und Iserlohn zog der KEC-Express ins Finale gegen Düsseldorf ein. Nilsson hatte Udo Kießling zum Leitwolf erkoren, und der Verteidiger stauchte die müden Kollegen in der letzten Drittelpause im zweiten Finalspiel, beim Stand von 5:1 für die DEG, derart zusammen, dass es am Ende plötzlich 6:5 aus Kölner Sicht hieß. Beste Voraussetzungen für das nächste Match, in dem die Meisterschaft errungen wurde. Auf Helmut de Raaf im Kasten war Verlass. Stürmer Helmut Steiger schlug mit 76 Scorerpunkten äußerst effektiv ein. Routinier Miro Sikora (88) spielte seine Klasse aus. Den kanadischen Center Doug Berry, 1984 noch in Diensten des Mannheimer ERC, nicht zu vergessen. Für die Gegner ein unberechenbarer »Zwei-Wege-Wirbelwind« im Forechecking. Die KEC-Haie schwammen obenauf. Ein Trend, der sich auch in der Spielzeit 1986/87 fortsetzten konnte.

La Ola in der Bundesliga

Neue Wellen der Ahnenforschung

In der kleinsten Bundesligastadt Kaufbeuren wurden die spätestens seit der 86er Fußball-WM in Mexiko berühmt gewordenen La Olas Stadionprogramm. Deutschen Boden überfluteten sie erstmals während eines Eishockeyspiels. Was 1987 in der Vorrunde bei einem ausverkauften Heimspiel des ESVK gegen den Kölner EC, angestimmt durch den Stadionsprecher, begann, lässt sich bis heute nicht eindämmen. 6.000 Zuschauer sorgten dafür, dass die

Welle ganze zehn Mal durch das Stadion fegte. In Kaufbeuren war man für Eishockeyverhältnisse Mitte der 80er Jahre gut gelitten, heißt: wirtschaftlich nicht nahe am Konkurs. Ein Grundstein für die Wellen-Euphorie.

Das Vereinsmotto »Tradition mit Zukunft« ließ sich nach bekannter Art bayerischer Nachbarn übersetzen: Traditionelle Wegzüge junger Talente sicherten Einnahmen und Zukunft. 1985 galt es, die Stürmer Dieter Hegen (Köln), Harald und Bruder Klaus Birk (Eintracht Frankfurt) zu ersetzen. Traditionelle Zusammenarbeit mit der zuständigen Agentur Pragosport, über die der devisenträchtige Weg tschechoslowakischer Eishockeyspieler in den Westen ganz legal möglich war, schaffte neues Spielermaterial über die Grenze. Auch wenn der Zenit der angeworbenen mit Anfang 30 längst überschritten war. 1981 sicherte sich Kaufbeuren so die Dienste der Publikumslieblinge Bohuslav Šťastný und Vladimír Martinec, des Mannes mit dem vierfachen »Zlatá hokejka« (Goldener Schläger) in Händen. Die gewichtigste Auszeichnung im tschechoslowakischen Eishockey. Beide ehemaligen Nationalspieler beendeten 1985 ihre Karrieren. Coach Dr. Richard Pergl, Tschechoslowake wie Vorgänger Florian Strida, setzte weiterhin auf die Heimatkarte. Auch wenn so mancher Becherovka zu viel floss, die Neuzugänge Pavel Richter und Karel Holy bescherten dem Kaufbeurer Publikum 1986 viele glückliche Momente.

In der Saison 1986/87 führten die Mannen vom Allgäuer Rand lange Zeit die Bundesligatabelle an, im Schlussspurt auf die Play-off-Ränge reichte es dennoch nur für den fünften Platz. In den Playoffs ging es zunächst nach Mannheim. Nach vier Spielen war die Saison im Viertelfinale beendet. In der nächsten Spielzeit: selber Gegner, gleiches Schicksal. 1989 folgte der Absturz nach zuletzt zehn Jahren Bundesliga. Vor Saisonbeginn war Kaufbeuren erneut mindestens in die Tabellenmitte gewettet worden. Doch landete der völlig von der Rolle agierende ESVK nach der Vorrunde mit nur 14 Punkten auf dem letzten Platz. In der Verzahnungsrunde mit dem Unterbau setzte es am Ende Rang vier. Der Abstieg in Liga 2 war perfekt.

Erstmals in seiner Vereinsgeschichte hatte sich Kaufbeuren gründlich verzockt. Die Allgäuer wollten um jeden Preis ganz oben mitmischen, stellten das im Schnitt jüngste Bundesligateam und schlugen für ihre Verhältnisse auf dem Transfermarkt großspurig zu. Der Austria-Kanadier Kraig Nienhuis (EHC Uzwil) sollte es gemeinsam an der Seite von Martin Hinterstocker (SC Riessersee), Dave O'Brian (Duisburg) und Frank Gentges (Wolfsburg) richten. Auf die tschechoslowakische Eiskunst und eingespielte Konstanz im Team wurde weitestgehend verzichtet. Das konnte nicht gut gehen. Und wenn den neuen Spitzenvorständen Ulf Jäkel und Peter Ustorf nicht nach dem Abstieg der ein oder andere Finanztrick alter Schule gelungen wäre, hätte es den ESVK in gewohnter Form nicht mehr gegeben. Jäkel wusste eben mit Geld gut umzugehen, schließlich war er im Hauptberuf Steuerberater. Hinzu mischte sich eine enge Zusammenarbeit zwischen Sport und Einbürgerungspolitik, die es erlaubte, osteuropäische Spieler möglichst rasch mit deutschen Pässen auszustatten. Diese Kooperation war immer dort Gang und Gäbe, wo Clubpräsidenten mit Politikern Parteibücher und Stammtische teilten.

Eine neue Welle der Ahnenforschung beschäftigte Anfang der 90er Jahre die Eishockeyclubs. Gesucht diesmal: tschechoslowakische und polnische Puckjäger mit deutschen Vorfahren in der Vita. Was zählte, war die Frage, ob Vertriebenenpässe schnell über Einbürgerungen plus Spielgenehmigungen entscheiden konnten. So landete etwa das Top-Verteidigerduo Frantisek Frosch und Daniel Kunce im Dezember 1990 in Kaufbeuren und wurde in Windeseile »deutsch gemacht«. Kunce erwies sich später sogar als Glücksfall für das DEB-Team. Das Beispiel machte nicht nur im Allgäu Schule, auch der sparsame Zweitligist EHC Freiburg wurde so zum, wenn man so will, Farmteam von Sparta Prag. Präsident Dr. Georg-Heinrich Kouba, selbst als Sportarzt 1969 aus der ČSSR übergesiedelt, stammte schließlich aus dem Land und verfügte über beste Kontakte. Die Verteidiger Alexej Sulak, Tomas Dolak sowie Stürmer Martin Jilek hatten maßgeblichen Anteil am Bundesligaaufstieg 1988 des erst vier Jahre zuvor neugegründeten

Clubs. Die Klasse konnten die Breisgauer zunächst halten, so etwa in nervenaufreibenden Abstiegsspielen, wie 1990 in Kaufbeuren, oder im bis dato erfolgreichsten Jahr 1992, als mit Ladislav Olejnik an der Bande nach Vorrundenplatz fünf erstmals ein Play-off-Viertelfinale erreicht wurde. Gegen Preußen Berlin schied man unglücklich mit 1:3 in der Serie aus. Verteidiger Pavel Mann, Peter Gulda, Eduard Uvíra sowie Stürmer Pavel Gross war das Zwischenhoch zu verdanken, um nur einige neudeutsche Helden um Kontingentstürmer Peter Ihnačák zu nennen. Freiburgs Präsident Koubas unermüdliche Nachwuchsförderung, die Jungtalente wie den späteren Nationalstürmer Martin Reichel in der Franz-Siegel-Halle zu Publikumslieblingen werden ließ, sei ebenfalls nicht zu vergessen. Der Deutsch-Tschechoslowake Reichel wurde noch vor seinem Wechsel 1993 nach Rosenheim von den Edmonton Oilers in der 2. Runde an Position 37 gedraftet, sollte dem deutschen Eishockey aber bis zum Karriereende 2010 erhalten bleiben.

Dass Reichel die Freiburger gen Rosenheim verließ, lag zuvorderst am umstrittenen Lizenzentzug 1993 und dem damit verbundenen, vom DEB verordneten Neuaufbau in der Regionalliga Süd. Anderen Pleiteclubs hätte der Verband mit Freunde zumindest einen Startplatz in der 2. Liga zugebilligt. Doch Doktor Koubas Einbürgerungspolitik passte eben nicht jedem im Bundesligaausschuss. Eine für die Breisgauer bis heute ganz besondere Bitterkeit, wurde doch in den Endspielen um die Play-downs sportlich der ewige Rivale Schwenningen in Liga 2 geschickt. Die Schwarzwälder Nachbarn freuten sich über den Verbleib in der Erstklassigkeit, das Freiburger Eishockey fiel tief. Ausgerechnet kurz vor dem Beginn einer neuen Zeitrechnung, der Gründung der DEL.

Der Präsident des ECD Sauerland, Heinz Weifenbach, spielte im Dezember 1989 die polnische Karte aus. Den Stürmern Jerzy Christ, Jędrzej Kasperczyk und Ireneusz Pacula wurden deutsche Pässe ausgestellt. Sperrfristen für Vertriebene und Aussiedler? Nicht vorgesehen in der DEB-Zentrale. In der Saison 1989/90 war bereits jeder dritte Bundesligaprofi im Ausland geboren. Und die Wolga-Deutschen sollten erst noch kommen.

Kölns Titelverteidigung

Preußen Berlin erstmals in der Bundesliga

Kölns zweiter Titel in Folge, nach einem Sweep (glatter Sieg ohne ein verlorenes Spiel in Serie) im Finale gegen Mannheim, beförderte MERC-Bandenrückkehrer Ladislav Olejník zum sechsten Mal in die undankbare Rolle des meisterlichen Vizetrainers am Saisonende 1986/87. Was zuletzt 1969 dem EV Füssen mit der Mission Titelverteidigung gelang, wiederholte der Köln EC mit den Topscorern Doug Berry (69 Punkte), Gerd Truntschka (65), Helmut Steiger (62) und Miro Sikora (60) nach 18 Jahren. Besonders der Kanadier Berry trumpfte groß auf. Rosenheim, Spitzenreiter der Vorrunde, unterlag Düsseldorf im Spiel um Platz drei. Neuling Frankfurt überlebte, im Gegensatz zum SC Riessersee, die Relegation knapp vor Freiburg und hinter dem somit feststehenden Aufsteiger BSC Preußen Berlin.

Die Eissporthalle an der Berliner Jafféstraße war fest in Händen der Preußen-Fans. Knapp 130.000 Zuschauer kamen pro Saison. Deutschlandweit konnten nur Düsseldorf und Mannheim mehr Tickets verkaufen. Nur klebte bereits seit 1984 das böse Prädikat »unaufsteigbar« wie Kufenpech am Teil-Erbe des Berliner Schlittschuhclubs. Heimlicher Coach war der Rekordnationalspieler Lorenz Funk, der bisweilen das Team auf dem Eis verstärkte. So wurde, da der DEB keinen Spielertrainer in den Verbandsstatuten akzeptierte, mit dem Deutsch-Kanadier Jim Setters ein Phantomcoach hinter die Bande gezaubert. Der 1985 aus Düsseldorf gewechselte Uli Egen sowie BSchC-Held Gary Schwindt, bildeten die Topscorer im Sturm. Im März 1986 löste Funks Bruder Franz Setters ab, im September übernahm Lorenz Funk das Ruder selbst. Im dritten Anlauf konnte 1987 endlich die Relegationshürde gemeistert werden. Dabei hatte es anfangs wieder mal gar nicht danach ausgesehen. Bereits im zweiten Spiel kassierten die Preußen ein 0:10 in Freiburg. In der Fremde gelang gegen Riessersee der entscheidende Zweier vor 1.700 mitgereisten Fans mit einem 4:2 in Augsburg. Dorthin war, wegen Unbespielbarkeit des SCR-Stadions, das Match verlegt worden.

Wehmütig blickten hingegen die Anhänger des Augsburger EV durchs Schlüsselloch. In der Vorsaison 1985/86 noch einsamer Tabellenführer in der 2. Liga Süd, fehlte in der Relegation ein winziges Tor zum Glück. Der direkte Vergleich in den Spielen gegen den SC Riessersee entschied über das weitere Schicksal. Und das lautete nun einmal: erneut keine großen Namen im Curt-Frenzel-Stadion, weniger Fans, weniger Sponsoren. Die mit einer viel zu teuren Mannschaft in die Saison gestarteten Fuggerstädter wollten mit aller Macht zurück in die Bundesliga, hatten sich aber in ihrem Bemühen kräftig verkalkuliert. Das größte Talent im Stall, Ernst Köpf jr., trat 40.000 Mark an die klamme Vereinskasse ab. Eine noble Geste? Nein, denn daran war folgende Bedingung geknüpft: Ohne weitaus höhere Ablösesumme von einem neuen Club zu fordern, durfte der Jugendnationalstürmer zum Saisonende gehen. Der AEV nahm den Scheck und ließ Köpf später nach Köln ziehen.

Als der Augsburger Kader zur Berliner Aufstiegssaison 1986/87 um neue Spieler gewohnt trickreich mit Deutsch-Tschechoslowaken wie Verteidiger Boris Capla, sowie ehemals aktiven Kanadiern ergänzt wurde und von Aufstieg erneut keine Rede war, folgte die Retourkutsche allen Misswirtschaftens: Rund 1,5 Millionen Mark Verbindlichkeiten, Konkursantrag mit freundlicher Hilfe durch Krankenkassen und Finanzamt, Versteigerung der Ausrüstungsgegenstände, Spielerflucht. Dass der Konkursverwalter den ältesten deutschen Eislaufverein dennoch zum Spielbetrieb für die Oberliga anmeldete, war höchst erstaunlich. Doch er tat gut daran. 1989, nach Entschuldungsschlachten und Zwangsvergleichen, stand der AEV wieder auf halbwegs gesunden Füßen und stieg in die 2. Bundesliga auf.

Talentshop EV Landshut: handgefertigte Waren

Doppeltes Schweinefüttern

Während anderen Eishockeyvereinen lange Zeit ein i.K. (in Konkurs) angeheftet wurde, hatte der Landshuter EV nach der Saison

1984/85 mit einem o.K. (ohne Kühnhackl) zu leben. Der mittlerweile 35jährige Stürmer, im Jahr 2000 zum »Deutschen Eishockeyspieler des Jahrhunderts« gewählt, sagte sowohl der Nationalequipe nach 211 Länderspielen als auch den Niederbayern Lebewohl. Beim Schweizer EHC Olten in der National League B (NLB) stand er jetzt unter Vertrag. Damit nicht genug. Zu allem Unglück für die rot-weiße Fanfamilie hatte das 39jährige Oberhaupt Alois Schloder nach 23 durchweg erfolgreichen Bundesligajahren zum Abschiedsspiel geladen. Ohne die 1997 (Kühnhackl) und 2005 (Schloder) zu Mitgliedern der IIHF Hall of Fame gerühmten Kufencracks sollten sich die Landshuter in Bälde mit dem unterem Mittelmaß zufrieden geben müssen. Das Meisterteam von 1983 war Geschichte. In 1. und 2. Liga fanden sich die einst treuesten der treuen Spieler wieder. Man hätte genau genommen ganze Teams aus Ehemaligen zusammen stellen können.

Vor allem die Angriffsreihen waren bei kaufkräftigen Clubs über alle Maßen gefragt. Manchmal genügte eine Zeitungsanzeige, um das Augenmerk der Manager-Eltern auf mögliches großes Geld zu richten. Der Kölner EC inserierte Ende der 80er Jahre im Sport-Kurier, dass die Jahrgänge 1970/71/72 in der Domstadt höchst willkommen seien. Aussagekräftige Zuschriften erbeten. Damit ließ sich manche weite Entdeckerreise zu den seit 1980 erstmaligen im Nachwuchsbereich ausgespielten Meisterschaftsspielen sparen.

Landshuts Präsident reagierte entsetzt. Sah er doch sein Kapital durch den Ramschverkauf der Jungtalente davon schwimmen. Denn erst wenn ein Spieler mindestens im DEB-Nachwuchs Einsätze vorweisen konnte, war er zwischen 100.000 und 200.000 Mark wert. Bis dahin hatte er aber, so die Gandorfer Rechnung, mindestens 220.000 Mark an Ausbildung gekostet. Damit ließen sich keine überlebensnotwendigen Vereinsprofite erzielen. Doch seine Forderung an den Verband, Transferkosten entsprechend der Finanzkraft des Käufers in gerechtere Regulierungen zu bringen, blieb natürlich ungehört. Pech für Landshut, Glück für die meisten Puckjäger, denen ein Tapetenwechsel an die Ligaspitze in vielen Fällen nicht schadete. Dort ließ sich, der zwar löchrigen, aber immer noch vorhandenen DEB-Ausländerkontingentierung sei Dank, gutes Geld verdienen. Von einer Öffnung des Marktes für überall in den Startlöchern stehende NHL-Altprofis war noch nicht die Rede. Denn aus der kanadischen Provinz, »wo es die Spieler ja zum Schweinefüttern gibt« (Gandorfer), durften weiterhin nicht mehr als zwei Akteure bei einem Bundesligaclub zeitgleich auf dem Eis stehen.

Neben den bereits an anderer Stelle Erwähnten, startete 1982 Bernd Truntschkas EVL-Karriere, bevor er 1989 Bruder Gerd nach Düsseldorf folgte. 1984 begann die des Supertalentes Christian Brittig. Sein Wechsel 1992 in die 2. Bundesliga nach Kassel und dann ans Tabellenende gen Essen, soll, so sagten böse Zungen, erhöhter Lebensfreude abseits des Eises geschuldet gewesen sein. Als 1994 das Hauptaugenmerk wieder auf der Centerarbeit lag, gelang das Oberhaus-Comeback im DEL-Stall von Hedos München. 1984 heuerte Wolfgang Oswald in Mannheim an, die ehemaligen Co-Verteidiger Franz Steer (1985 zu den Berliner Preußen) und Peter Weigl (1987, Hedos München) wurden in Landshut ebenso schmerzlich vermisst. Goalie Englbrecht verirrte sich 1986 gar zum SC Riessersee, kehrte dann aber heimwärts und sollte dem EVL immerhin bis 1993 erhalten bleiben. 1985 begann Andreas Lupzig in Rot-Weiß, wechselte trotz eines 1988er NHL Drafts (Chicago Blackhawks, 12. Runde, 239. Position) wenig später nach Köln. Karrierestart 1986 für Tobias Abstreiter (1993 nach München). Hier halfen finanzkräftige Eltern mit und erkauften sich, dem Augsburger Köpf-Beispiel folgend, die Ablösefreiheit. 1988: Günter Oswald (1993 nach Krefeld). Generös nahm diese Tradition ihren Lauf.

Abwärts und bergauf

Mittelmaß, Fastabstiege und ein Höhenflug zum Schluss

Als der EV Landshut 1987 bereits der Abstiegsrelegation entgegen taumelte, kehrte Erich Kühnhackl aus der Schweiz zurück und korrigierte den Saisonausgang noch mit Platz acht. Was die graue Maus Landshut fortan trotz Aderlass seiner besten Spieler in der Liga hielt, war ein unermüdlicher, von Präsident Gandorfer verordneter Sparkurs. Auf etwa 2,7 Millionen Mark pegelten sich die Verbindlichkeiten ein, die Zuschauerzahlen gingen zurück. Einen Lichtblick bot die Saison 1987/88, als nach dem vierten Vorrundenrang eine Play-off-Basis geschaffen werden konnte. Nach vier hart umkämpften Begegnungen war im Viertelfinale jedoch Schluss, der mit Niederbayern bestens bestückte DEG-Kader war naturgemäß zu stark. Doch mit dem Ex-NHL-Blueliner Tom O'Reagan schien endlich wieder ein robuster Schnäppchen-Führungsspieler verpflichtet worden zu sein, der gleich mit 61 Scorerpunkten beteiligt war. Dass der Amerikaner dabei für einen Verteidiger erstaunliche 31 Tore erzielte, machte ihn für andere Clubs umso interessanter. Und natürlich zog es O'Regan, von den Berliner Preußen umworben, zur nächsten Saison ins Großstadtleben an die Spree.

Anfang 1989 boykottierten einige Landshuter Spieler die Übungseinheiten. Pünktliche Gehaltszahlungen standen aus. Die Vereinsführung war derart mit sich selbst beschäftigt, dass etwa am ersten Saisonspieltag 1988/89 zwar gegen Rosenheim ein 5:3 auf dem Eis gelang, in Ermangelung ausreichender Spielergenehmigungen der Sieg am Grünen Tisch jedoch mit 0:5 für den SBR gewertet wurde. Und Erich Kühnhackl? Der hing 1989 die Schlittschuhe an den Nagel und wurde nach 774 Bundesligaspielen Assistent von Rückkehrtrainer Karel Gut. Doch selbst unter dem Meistertschechoslowaken der vergangenen Jahre verfehlten die Landshuter 1990 wieder die Play-offs. Kühnhackl selbst schwang jetzt die Taktiktafeln. Der deutsch-kanadische Stürmer Benoît Doucet, vom ECD Sauerland gekommen, avancierte 1990/91 zum Topscorer. Doch der Kader besaß einfach nicht genügend Tiefe. Mit Krampf sollten einerseits Abstiegsrunden vermieden, andererseits gewinnträchtige Play-offs erreicht werden. Nach wenigen Begegnungen gipfelte die Verzweiflung der Rot-Weißen gar in der Entlassung des großen Sohnes Erich Kühnhackl. Das Trainerkarussell drehte sich mehrfach. Der Geschasste fand zwischendurch sein Glück im DEB, Doucet zog weiter nach Düsseldorf.

Das Unheil in den unteren Tabellenregionen klebte dem EVL bis zu Beginn der letzten Bundesligaspielzeit an den Hacken. Erst in der Vorbereitung auf die Saison 1993/94 sah sich der Vorstand zu einem Kraftakt in der Lage und verpflichtete mit den Kanadiern Bernie Johnston als Coach und Stürmer Mike Bullard satte Ahornpower. Die zweite Kontingentstelle besetzte der Tscheche Petr Bříza im Tor. Alte Ligabekannte wie Markus Berwanger (zuletzt Schwenningen), Harald Birk (Hedos München) und der Deutsch-Kanadier Michael »Mike« Lay (DEG) folgten. Vom Absteiger Freiburg kamen Peter Gulda, Eduard Uvira sowie Jacek Płachta. Selbst Kölns sechsmaliger Meister Udo Kießling folgte 1992 dem Ruf in die Dreihelmstadt. In Köln war der Verteidiger nach fristloser Kündigung und damit einhergehendem zähen arbeitsrechtlichem Ringen gerade von der Gehaltsliste verschwunden. Nach Auffassung der KEC-Führung hatte der 37jährige seinen Urlaub auf eigene Faust in die Länge gezogen.

Kießling wurde dritter Landshuter in der IIHF Hall of Fame. Das 1996, am Karriereende mit 320 Länderspielen uneinholbar an der Spitze rangierende Eishockeydenkmal aus Crimmitschau, ließ sich 2000 in Toronto ehren. Bis 2003 noch als Weltrekordspieler geführt, stand er in 1.020 Spielen auf Bundesliga- und DEL-Eis und erzielte dabei 881 Scorerpunkte.

Gegen Mitte der Vorrunde, in der Saison 1993/94, hatte sich das neuformierte Team der Landshuter gefunden, erreichte Platz vier, lieferte dem Kölner EC im Viertelfinale eine Serie auf Messers Schneide und schied unglücklich aus. Das Rüstzeug für die nun folgenden DEL-Jahre war sportlich geschaffen. Die Eishockeybegeisterung war auf den letzten Drücker ins Stadion am Gutenbergweg zurückgekehrt. Solvente Landshuter um den späteren Präsidenten und Baulöwen Hans Eller standen Pate. Und natürlich gab es weiterhin Jugendtalente. Marco Sturm zum Beispiel, 1995 bereits U20-Nationalstürmer, 1996 von den San Jose Sharks gedraftet (1. Runde, 21. Position), gilt bis heute als einer der besten deutschen Angreifer überhaupt. 1.008 NHL-Einsätze, darin über 500 Scorerpunkte folgten bis 2012. Kein anderer deutscher Profi kam bisher auf derart beeindruckende Zahlen.

36 zahlende Gäste

Eintracht Frankfurts Bundesligaabenteuer

Die Eishockeygeschichte von Eintracht Frankfurt ist ein kleines Kuriosum. Bereits in den 30er Jahren war das Puckspiel am Main angekommen, konnte sich aber nie vom großen Nachbarn Bad Nauheim emanzipieren. Im Dezember 1960 dann die erste Kunsteisbahn neben dem Waldstadion, in dem vor allem der Stadtsport Nummer eins, König Fußball, ruhmreiche Zeiten erlebte. Dennoch pilgerten 10.000 Neugierige zum Eröffnungsspiel der Eishockeyabteilung ihrer Frankfurter Eintracht gegen die SG Nürnberg in die Freiluftarena. So viele sollten bis auf Weiteres nie mehr zu einem Eishockeyspiel in Frankfurt kommen.

Nach mageren Oberligajahren gelang mit ligaaufstockender Verbandshilfe zur Spielzeit 1968/69 der Aufstieg ins Oberhaus und brachte u.a. mit Horst Philipp und dem aus Krefeld verpflichteten Ex-Internationalen Horst Ludwig ein wenig Stürmerglanz in die Hütte. Der Zuschauerschnitt stieg auf 4.000, die meisten davon saßen allerdings im Auswärtsblock. Es folge 1970 der sang- und klanglose Abstieg über die Ober- in die Regionalliga, wohin sich die Eintracht vorläufig freiwillig des lieben Geldes wegen zurückgezogen hatte. In den Folgejahren dümpelten die Frankfurter unterklassig herum. Larry Palmer gab ein kurzes Trainergastspiel, doch der Stammverein sparte. 1980 dann das Wunder vom Main. Früh zur Spitzengruppe aufgeschlossen, konnte das übergangsweise von Willi Winkes gecoachte Team am Ende der Vorrunde sogar die Ligarivalen aus Herne und Kassel knapp auf die Plätze verweisen, doch der Meister der Oberliga Nord versagte in den Aufstiegsspielen zur 2. Liga, drehte eine Ehrenrunde und stieg erst 1982 ein Treppchen höher.

Was war geschehen? Die großzügigen, fußballgesteuerten Vereinsbosse hatten Erbarmen gezeigt und ließen dem seit 1966 unermüdlich für das Eishockey in der Bankenstadt kämpfenden Schatzmeister sowie Abteilungsleiter Günther Herold endlich mehr Spielraum. Im Dezember 1981 wurde der modernste Pucktempel der Republik mit einem Fassungsvermögen von 5.500 Zuschauern eröffnet. Vorbei waren sie, die Zeiten auf unwirtlichen Spielstätten, inmitten antiquierter Radrennbahnen, als nur durchschnittlich 155 Zuschauer Teams wie den Königsborner SV, den EC Nordhorn oder den TSV Jahn Wolfsburg sehen wollten. Und das waren schon viele. 36 zahlende Gäste verloren sich in der Oberligasaison 1976/77 beim Kellerduell gegen die Berliner Preußen im weiten Rund. Die Heimspiele wurden aus dieser Misere heraus zu großen Teilen lieber gleich an den Gegner verscherbelt und in der Fremde ausgetragen. Das war allemal besser, als sich zuhause lächerlich zu machen, wo nicht einmal mehr die Wurstbräter zum Dienst erschienen. Herold ließ sich im Glanze des neuen Eisstadions zu folgender Botschaft verleiten: »Jetzt haben wir einen Goldenen Käfig. Da wollen wir keine grauen Mäuse präsentieren.« Also wurde der Kader mächtig mit hoffnungsvollen Spielern aufgerüstet. Zugvögel mit dem Ahornblatt auf der Brust, Pete Vandemark, John und Richard Grisdale trafen ein. Allerorten litten die Clubs unter notdürftig auf Vordermann gebrachte Spielstätten. Und nun war es ausgerechnet beim Emporkömmling Frankfurt so gemütlich, das neue Stadion am Bornheimer Hang lud zum Ausflug ein. Schließlich gab es nicht nur Eishockey zu sehen. Herolds Showideen machten das Spiel zum Event, wie zu uralten Berliner Zeiten. Dass dabei Hunderttausende Mark verbrannt wurden, war erst mal nebensächlich. Der Zuschauerschnitt stieg von anfangs 600 auf 1.150.

Mit dem Zweitligaaufstieg 1982 warteten namhafte Clubs wie Bad Tölz oder der Krefelder EV. Desweiteren hatte man sich großspurig beim Rivalen, dem kurz vor dem Konkurs stehenden Bundesligisten VfL Bad Nauheim, bedient. Herausragende dieses Pools: Ex-Nationalstürmer Rolf Knihs, die Offensiven Rainer Wesener und Hartmut Kessler sowie Goalie Dieter Jehner. 1982 übernahm der Füssener Anton Waldmann den Frankfurter Trainerjob. Der Finne Jorma Siitarinen, wie Waldmann aus Kassel gekommen, führte die Eintracht schließlich, finanziell von Sponsor Höchst gebuttert, ins sportlich lukrativste Gewässer. Mit ihm gelang der langersehnte Bundesligaaufstieg 1986.

Sehr voll war sie nun, die mittlerweile für 6.000, später 7.000 Fans ausgelegte Halle am Bornheimer Hang. Doch hinter den Fassaden arbeitete eine unprofessionelle Hydra namens Verwaltungsapparat gegen die Abteilung Eishockey. König Fußball ging immer vor. Selbst der Kauf einer Dauerkarte für das Eisstadion war nicht einfach. Rief man in der Eintracht-Geschäftsstelle an, konnte es passieren, dass man vertröstet wurde. Zuerst wurden die Waldstadion-Fans bedient. Ein professionell betriebenes Management besaßen die Mannen um Günther Herold und seinen späteren Nachfolger Walter Langela auch nicht. Das kleine Heer der Frankfurter Eishockeyenthusiasten kurvte somit Jahr für Jahr auf brüchigem Eis und war auf das Gutdünken der Geschäftsführung angewiesen, wenn es mal wieder hieß: Lizenz oder nicht?

Uwe Krupp ist nicht mehr zu halten
NHL-Jahre, körperlicher Raubbau und ein Hundeschlittenrennen

Erst als ein Sportjournalist mit Kölns Uwe Krupp über die 1983er Drafts ins Plaudern geriet, erfuhr der Juniorennationalverteidiger von seinem Lotterieglück. Die Buffalo Sabres hatten ihn soeben im 2. Durchgang (11. Runde) an 214. Position gezogen. Zu Saisonbeginn 1986/87 sollte Krupp, trotz laufenden Bundesligavertrages, nach Übersee wechseln. Kein Problem für die Sabres: Nach einem Verhandlungspoker, den US-Spielervermittler Roly Thomson führte, überwies der NHL-Club 200.000 Mark auf das Haie-Konto. Manager Vedder reinvestierte die unverhoffte Einnahme gleich mal in die Finanzierung von Kaufbeurens Nationstürmer Dieter Hegen. Zusammen mit Helmut Steiger und Gerd Truntschka stand damit für die kommenden drei Jahre eine Angriffsreihe auf dem Eis, von der die Kölner Geschichtsbücher noch heute schwärmen. Die Lücke, welche Nationalstürmer Peter Schiller mit seinem streitlustigen Wechsel nach Mannheim hinterlassen hatte, war geschlossen.

Mit Anfang 20 fand sich Uwe Krupp also in Amerika wieder, wurde ins Farmteam der Sabres versetzt, kehrte als Calder-Cup-Champion der American Hockey League (AHL) mit American Rochester 1987 in die NHL zurück, spielte die Saison in Buffalo zu Ende und reifte zum Stammspieler heran. 1991 die nächste Ehre: Im Januar, beim 42. All-Star-Game, in dem nur die besten Cracks der damals noch zwei Übersee-Conferences zum Zuge kamen, spielte Krupp vor 18.472 Fans in Chicago. Sein Prinz of Wales-Team unterlag der Campbell Conference mit 5:11. »A Sabre for Life« wurde der Kölner jedoch nicht. Im Oktober 1991, Krupp hatte bereits einige Spiele für Buffalo absolviert, entschied das Management den Trade (Wechsel) nach Long Island zu den New York Islanders, Kellerkind der Prince of Wales-Conference. 1994 absolvierte Krupp dann ein kurzes Gastspiel in Kanada bei den Quebec Nordiques. Die Franchise zog nach Denver um. Für Krupp, der gleich im ersten Jahr des Bestehens der Colorado Avalanche Stanley-Cup-Sieger 1996 werden sollte, ein absoluter Glücksfall. Das entscheidende Tor in der dritten Verlängerung gegen die Florida Panthers gelang ihm auch noch. Ein satter Schuss von der Blauen Linie für die Unsterblichkeit von King-Kong-Krupp. Genau jetzt wäre es vielleicht Zeit gewesen, die Karriere in Deutschland ausklingen zu lassen, zumal der Defensivkünstler bereits vor den Playoffs der Stanley-Cup-Saison verletzungsbedingt lange ausgefallen war. Und wer den Verletzungsmakel einmal mit sich trug, wurde vom Team, im Falle einer Erweiterung der Liga, nicht vor Wechselwillkür geschützt.

So landete Krupp 1998, als sich die Nashville Predators in die Conference einkauften, auf dem Papier zunächst in Nashville, von dort wurde er sogleich zu den Detroit Red Wings delegiert. Derlei Ziehungen (Expansion-Drafts) bieten der neu hinzugekommenen Franchise Möglichkeiten, das Team mit NHL-erfahrenen Spielern zu füllen bzw. wie im Fall Krupp mit ihnen Geschäfte zu machen.

Es sei denn, der Stammverein sprach vor der Expansion bei der Ligaleitung ein Veto aus. Erklärtes Ziel bei Nichtmeldung war, den Spieler von der Gehaltsliste streichen zu können.

In Detroit sollte Krupps letzter Deal über die Bühne gehen. Ein Vier-Jahres-Vertrag, insgesamt 16,4 Millionen Dollar schwer. Doch mehr als zehn Jahre NHL hatten den Kölner mittlerweile schwer gezeichnet. Ein Bandscheibenvorfall rang ihn 1999 bis 2001 nieder. Eine zweite All-Star-Nominierung 1999 hatte er aus eben diesem Grund nicht wahrnehmen können. Krupp setzte aus, wurde aber bei einem Hundeschlittenrennen als aktiver Teilnehmer gesehen. Detroit sah darin eine Vertragsverletzung und kündigte das Agreement. Was folgte, war ein zäher Gerichtsprozess. Um 12,3 Millionen Dollar Restgage ging es. Da keine Einigung zwischen den Parteien in Sicht war, zog Detroit zurück und nahm seinen Verteidiger in der Folgesaison wieder in die Pflicht. Es kam, was nicht hätte kommen dürfen: eine Schulterverletzung und marginale Eiszeiten. Als die Red Wings 2002 gegen die Carolina Hurricanes den Stanley-Cup holten, war Krupp zum Zuschauen verdammt. Da er in der entscheidenden Saisonphase nur sechs Spiele absolvieren konnte, wurde sein Name leider kein zweites Mal auf den Pokal graviert. Nach einem letzten Comeback-Versuch bei den Atlanta Thrashers beendete Krupp nach insgesamt 810 NHL-Spielen und 310 Scorerpunkten am 27.04.2003 seine Spielerkarriere.

Ruhe vor dem Sturm in Rosenheim

Köln oben, Knäckebrotberliner unten

Die bereits mit dem Vergleich als »FC-Bayern der Eishockeybundesliga« behafteten Kölner bewiesen in der Saison 1987/88, dass hohes Risiko und ein Quäntchen Glück Garanten für hart erkämpfte Play-off-Erfolge sein können. Die Vorrunde wurde als Vize hinter dem SB Rosenheim und knapp vor Mannheim abgeschlossen. Düsseldorf, verstärkt durch Amerikarückkehrer Uli Hiemer, büßte das Viertelfinal-Heimrecht zwar gegen den besser platzierten EV Landshut ein, konnte die Rot-Weißen jedoch nach vier Spielen niederringen.

Während es auf dem Eis für die Kölner nicht besser laufen konnte, hatte sich Manager Clemens Vedder aus persönlichen Gründen von der Geldarbeit beim KEC zurückgezogen. Vom Hai zur Heuschrecke mutiert, widmete sich der Investor fortan ausschließlich jenen Dingen, die in der Finanzwelt als »restrukturierende Kapitalmarkttransaktionen« bezeichnet werden. Dahinter verbirgt sich etwa die Zerschlagung von in Schieflage geratenen Kaufhausketten, deren Vermögenswerte vorab geschickt umverteilt werden, bevor sie am Markt verbrennen. So wird man still und heimlich reich und gerät doch ab und zu unrühmlich in die Schlagzeilen. Vedders gescheiterter Versuch der Commerzbank-Übernahme (2000) sowie der medial ausgefochtene Ergo-Sexskandal, inklusive Anzeigenwelle und Erpressungsvorwürfen 2011 in der Versicherungsbranche, seien nur am Rande erwähnt.

Kölns dritter Weg zum Titelendspurt begann im Viertelfinale mit einem ungefährdeten 7:2-Heimsieg gegen Frankfurt. Auch in den nächsten beiden Partien stellten die Hessen kein ernsthaftes Problem dar. Mannheims Abteilung Attacke um Peter Draisaitl, Marcus Kuhl, Paul Messier, Peter Obresa, Dave Silk und Georg Holzmann, der seine letzte MERC-Saison mit 40 Scorerpunkten versüßte, wurde im Halbfinale ebenfalls mit einem Sweep in Schach gehalten. Nach zwei knappen Siegen war der Widerstand im dritten Aufeinandertreffen gebrochen. Jenes 6:2 war zudem der 20. Play-off-Sieg am Stück. Einsamer Rekord. Dass diese Serie riss, tat der Mission Titelhattrick keinen Abbruch. Im Endspiel wartete Rosenheim. Köln gewann das fünfte und entscheidende Match mit 4:1, taumelte nach Spiel drei und einem satten 0:6 beim Sportbund zwar, ging aber im nächsten Match nicht zu Boden. Der SBR führte in Spiel vier der Serie daheim bereits durch ein Tor des Ex-Riesserseers Ron Fischer. Doch die Führung durch den Deutsch-Kanadier ließ sich nicht ausbauen. Im Gegenteil, ohne die verletzten Internationalen Markus Berwanger, Horst-Peter Kretschmer, Nachwuchsstürmer Raimond Hilger und Neuling Jaroslav Pouzar konnte Rosenheim nicht mehr Paroli bieten.

Viel schwerer als die Play-off-Niederlage, verbunden mit dem Karriereende der Lichtgestalt Franz Reindl, wog indessen der Tod des Rosenheimer Club-Präsidenten Josef März, der im April 1988 im Alter von 62 Jahren das Zeitliche segnete. Was folgte, war der Beginn eines Ränkespiels zwischen dem Rathaus und den März-Nachkommen. Die Positionen waren dabei klar verteilt: Die Stadt will sich kein neues Eisstadion leisten, und die Erben sichern nur dann finanzielle Unterstützung für den Erhalt des Eishockey-Spitzensports zu, wenn für einen Neubau gesorgt wird. Handlungsbedarf bestand, denn im sanierungsbedürftigen Marox-Stadion baten mittlerweile die Mäuse zum Eistanz.

Von Aufsteiger Preußen Berlin hatte man zu Saisonbeginn 1987 genau das erwartet, was letztlich eintraf. Jede Menge Zank und Ärger nach Charlottenburger Art. Coach Lorenz Funk, von den Fans zur unantastbaren Ikone stilisiert, hatte nicht nur die Abgänge der Sturmlieblinge Gary Schwindt und Uli Egen zu verkraften. Viel furchtbarer war, dass mit Ex-BSchC-Stürmer Stefan Metz ihm von Präsident Hermann Windler ein Co-Trainer/Manager zur Seite gestellt wurde. Immer noch die Höchststrafe einer jeden Vereinsführung. Und so kam es, wie es kommen musste. Metz ging öffentlich mit Funk in den Clinch, Funk setzte nicht die gewünschten Spieler ein, die Presse stürzte sich ins Getümmel. Als 0:14 Punkte auf dem Konto standen, die Zuschauer dennoch treu und lautstark ihrem »mitreißenden Vorbild für die Stadt« (Berlins Bürgermeister Eberhard Diepgen) ergeben waren, sah der Preußenvorstand Handlungsbedarf. Funk musste schließlich gehen. Bezeichnend ist ein Heimspiel aus dem Oktober gegen die DEG. Beim Stand von 1:1 verharrten 5.600 Zuschauer (Düsseldorfs 400 Schlachtenbummler inklusive) fünf Minuten lang in eisiger Stille. Eine Solidaritäts-Aktion für Lorenz Funk. Stefan Metz ließ sich im Nachgang zu folgendem Satz hinreißen: »Diese Fans haben einen Intelligenzquotienten wie ein Knäckebrot.« Damit war der Kaufbeurer als möglicher Neutrainer der Kategorie Übergangslösung nicht mehr vertretbar.

Bayern-Export Funk packte mit 41 Jahren frustriert in der Heimat Bad Tölz noch einmal die Schlittschuhe aus und stand mit den Söhnen Florian und Lorenz jr. in einer gemeinsamen Sturmreihe auf Zweitligaeis. Aus dem anschließenden Trainerengagement entließ er sich selbst. Zu dünn war der Kader beim Talentlieferer besetzt worden, selbst Lorenz jr. jagte mittlerweile in Landshut dem Puck hinterher. Mit 42 Jahren und 108 Kilo Kampfgewicht absolvierte der Stürmeroldie noch 20 Spiele für den EC Bad Tölz, neunmal traf er noch ins Eckige. Das Himmelfahrtskommando Preußenbande hatte derweil Schwedenheimkehrer Olle Öst übernommen. Nach 32 Vorrundenspielen, 9:55 Punkten und weit abgeschlagen hinter dem Vorletzten Schwenningen, sollte der Ligaverbleib in der Relegation ungefährdet gelingen. Am Ende betrug der Abstand auf den Tabellendritten Krefeld satte elf Punkte.

Die Heimkehr Gary Schwindts, der zur Wechselfrist im Dezember aus Iserlohn zurück an den Eichkamp kam, sollte sich bezahlt machen. Sturmfreund Gaétan Malo, ebenfalls Deutsch-Kanadier, folgte auf dem Fuß. Allein Malo, der bereits ab 1983 bei den Schalker Haien die Transferkartenpflicht abgesessen hatte, erreichte in den letzten 24 Saisonspielen 32 Scorerpunkte. Die Nachverpflichtung von Goalie Klaus Merk (Rosenheim), der den bemitleidenswerten Keeper Dietmar Habnitt (Gegentorschnitt 5,64 in 35 Spielen) beerbte, trug ebenfalls zum Aufschwung bei, wie auch die Stürmernotkäufe Günther Preuß (Kassel) und Ex-NHL-Center Gary Lupul (EHC Kloten, NLA). Defender Nowel Catterall (Maine Mariners, AHL) verstärkte die Defensive. Einziger Haken: Das notwendige Kleingeld für den Winterschlussverkauf war gar nicht vorhanden. Liquiditätsprobleme standen am Saisonende ins Haus, ließen sich aber im Sponsorenpool ausbaden.

1989 lebte Preußens Eisgloria vollends auf. Zum Zwecke der Fanbeglückung erschienen die Kontingentstürmer Dave Silk (vorher Mannheim) und Tom O'Regan (Landshut), die sich bereits aus Collegezeiten kannten und als »Boston-Brothers« in insgesamt 90 gemeinsamen Spielen mit 249 Scorerpunkte glänzten. Fortan sollten bei den Berlinern Ruhe und Kontinuität einkehren. Ausnahmen bestätigten jedoch die Regel. Etwa die Schlüsselwurfaffäre.

1990 heuerte Olle Öst in Mannheim an, Nachfolger wurde Landsmann Dan Hobér, welchen man zu Saisonanfang rasch mangels Spontanerfolges schon wieder entließ. Der Amerikaner Craig Sarner, einst Meisterstürmer in Köln, übernahm und brachte die Preußen wieder in die Spur. 1992, nach Platz vier in der Vorrunde, sollte der große Wurf im Halbfinale gegen Angstgegner Rosenheim gelingen. In der Serie lag Sarners Team bereits 0:2 hinten, Sein oder Nichtsein hieß es beim Auswärtsspiel in der Marox-Arena. Die Nerven lagen bereits vor der Reise blank; um der besseren Vorbereitung Willen bezog das Roadteam aus Berlin einen Tag vor Spielbeginn Quartier in der Fremde. Die Hotelzimmer waren frisch bezogen, da folgte die Order des mitgereisten Vizepräsidenten Friedrich an Stefan Metz: Schmeiß Leute raus, wir brauchen Platz für drei Sponsoren. Der Manger tat wie ihm geheißen. Zwei Spieler nebst Zeugwart wurden in das Nachbarhaus umquartiert. Als Sarner davon erfuhr, bebte die Erde. Der Coach nahm einen Schlüsselbund, warf damit Richtung Vize und schimpfte. Schließlich könne man seine Spieler nicht wie Vieh behandeln. Berlin schied mit 3:9 kläglich aus, Friedrich petzte den Fauxpas bei Präsident Windler, der Sarner beim späteren Rapport entließ und sogar Stefan Metz abmahnte. Letzterer war darüber derart außer sich, dass er drei frisch abgeschlossene Sponsorenverträge über jeweils 100.000 Mark zerriss und die Kündigung einreichte. Und Sarner? Windler musste abwägen, schließlich hätte der Trainerrauswurf eine nicht eingeplante Abfindung verursacht. Er kroch beim Amerikaner zu Kreuze, und alle hatten sich wieder gern. Präsident Windler sollte jedoch weiterhin für Unruhe sorgen. Stefan Metz sattelte nach sechs Berliner Managerjahren um und wurde einer der angesehensten Spielerberater im deutschen Eishockey.

In jedem Fall hatte das Abstiegsgespenst seine Koffer gepackt, von nun an hieß es: Play-offs statt Relegationsrunden. Klaus Merk stand eine große Karriere mit dem Bundesadler auf der Brust bevor. Das Verteidigerduo Stefan Steinecker und Klaus Micheller bildete vor ihm die »Kaufbeurer Wand«. Leistungsträger wie die Importstürmer Axel Kammerer (Rosenheim), Georg Holzmann (Mannheim) und die aus Frankfurt geholten Birk-Brüder wurden nach und nach ins Team integriert.

Der seltsame Konkurs des ECD Iserlohn

»Menschen, die nicht für sich selbst Sport treiben, die die Stadien füllen, um zu schauen, zu applaudieren und zu lachen, sind dumme Menschen.«
(Muammar al-Gaddafi, »Das Grüne Buch«)

Der Streit um NHL-Rückkehrer Uli Hiemer zwischen dessen ehemaligen Club Köln und seinem neuen Verein Düsseldorf, es ging um noch beim KEC verortete Transferrechte, wurde mit Begleichung von 200.000 DEG-Mark aus der Welt geschafft. Genauso leicht hätten sich der Bundesligaausschuss und der Verband vor dem Punktspielauftakt in der Saison 1987/88 vom ECD Iserlohn trennen können.

Aus dem Wirtschaftlichkeitsausschuss, den sämtliche Clubs vor Saisonbeginn durchlaufen müssen, um zu prüfen, ob ein Spielbetrieb finanziell überhaupt zu stemmen ist, standen die Ampeln auf Rot. Ausgegeben wurde die dringende Empfehlung, den Sauerländern keine Lizenz zu erteilen. Doch der DEB zögerte, immer wieder tauchte der bullige ECD-Präsident Heinz Weifenbach in der Verbandszentrale auf und verlangte Entscheidungsaufschub. Der Bauunternehmer von Welt, Experte für Trabantenstädte und schlüsselfertige Eigenheime, würde es schon richten. Geld sei da, alles kein Problem. Er habe einen geheimen Sponsor, der bereit sei, Millionen zu investieren. Mit dem Finanzamt sei man sich einig geworden. Nicht gezahlte Steuerjahre würden in Kürze beglichen werden. Zwei Wochen vor Saisonbeginn erhöhten die restlichen Bundesligaclubs den Druck auf den Verband, Iserlohn bitte spielen zu lassen. Sollte dennoch ein Konkursverwalter innerhalb der Saison das Damoklesschwert schwingen, würde man wegen der Einnahmeverluste den DEB nicht in Regress nehmen. Heinz Weifenbach war durchaus beliebt in der Branche, und Schulden beim Fiskus galten in der Liga als Ehrensache. Nun gut, dass Spielergehälter am Rande der Bande seit einiger Zeit cash ausgezahlt wurden, sei dahingestellt. »Auf dem Bau ist das nicht anders«, bemerkte Weifenbach. Schließlich hatte er das puckjagende Personal in 13 Scheinfirmen unter »freie Mitarbeiter« in seiner »Firma« ECD Iserlohn eingestellt. Verträge sollen zudem gerne mal unter Rotlicht unterzeichnet worden sein.

Am 23.11.1987, die Saison war in vollem Gange, war der Sauerländer Schuldenberg auf knapp sechs Millionen Mark angewachsen. Der Zwangskonkurs war bereits durch den Hauptgläubiger, das Finanzamt, eingeleitet worden. Haftungsbescheide sowohl gegen Weifenbach als auch gegen dessen Lebensgefährtin, die als Schatzmeisterin fungierte, lagen auf dem Tisch. Die Steuerfahndung überprüfte selbst Spielerhaushalte und ließ einzelne Cracks polizeilich vorführen.

Da warf einer der Weifenbach-Spezis, der Lokalpolitiker und frühere Clubpräsident Heinz Meyer von der CDU, seine Libyenkontakte in die Waagschale. Diktator Muammar al-Gaddafi sollte es als großzügiger Sponsor richten. Und wirklich: 500.000 Dollar überwies die Bank of Arabia an den ECD. Weifenbach feierte mit einer Zigarre der Marke »AI Capone Junior«. Am 04.12.1987, im Heimspiel gegen den Sportbund Rosenheim, trugen die Iserlohner Spieler in der Eishalle am Seilersee Promotion für Gaddafis »Weltorganisation zur Verbreitung des grünen Buches« auf den Trikotagen spazieren. Das war Teil der Abmachung gewesen. Der DEB war entsetzt, fürchtete politische Verwicklungen. CSU-Bundesinnenminister Friedrich Zimmermann nahm sich seinen Waidfreund, DEB-Chef Otto Wanner, zur Brust. Die Medien stürzten sich weltweit auf die Bundesligaposse. Wenige Tage später absolvierte Iserlohn das vorläufig letzte Spiel in der höchsten deutschen Eishockeyspielklasse. Ohne weitere Werbung für den fernen Beduinenzeltbewohner zu machen. Am 11.12.1987 gab der Konkursverwalter das endgültige Aus für den ECDI bekannt. Sämtliche Spitzencracks, wie der Tschechoslowake Jaroslav Pouzar, der bereits mit Wayne Gretzky bei den Edmonton Oilers zweifacher Stanley-Cup-Gewinner war, wurden verkauft. Iserlohn, nach dem 26. Spieltag auf Rang acht, ging aller Punkte verlustig, bisherige Begegnungen wurden annulliert. Mannheim verlor ganze sechs Zähler. Statt zweier Teams musste nur der Tabellenneunte in die Abstiegsrelegation. Die Sportverbände nahmen die Verwicklungen zum Anlass, Beschlüsse zum Schutz des Sports vor Politisierung zu verfassen.

Und der Eishockeypatient vom Seilersee? Die übliche Praxis hatte bereits gegriffen: neuer Vereinsname und Übertritt von 90 Prozent des Gesamtbestandes. Doch wo war die zweite Sportabteilung? Die gab es vor Ort nicht. Also zauberte Weifenbach in einem weiteren Akt von Eishockeyliebe eine Kegelabteilung aus dem Hut. Diese sei an der Ostsee verortet. Weit weg von zuhause. Der Bauunternehmer, dem die Timmendorfer Liegenschaft natürlich gehörte, legte entsprechende Papiere vor. Da staunte abermals der DEB. Mission eins erfüllt. Blieb die Frage, in welcher Liga der neue ECD Sauerland Iserlohn starten sollte. Weifenbach verhandelte darüber vor dem Schiedsgericht. Zunächst lautete der Vorschlag: Rückstufung in die Relegationsrunde. Allen voran empörte sich Bundestrainer Xaver Unsinn darüber. Erste Forderungen nach einer vom DEB unabhängigen Profiliga wurden laut, sofern der Verband nicht umschwenken würde. Nach langem Gezerre erhielt Weifenbach schließlich das Antrittsrecht für die Oberliga Nord zum Saisonstart 1988/89.

Dort hätte man es sich zunächst gemütlich machen können, wäre gereift aufgestiegen und hätte mit eigenen Talenten und einem begeisterungsfähigen Fanumfeld nach höheren Weihen streben können. Aber nein. Nicht mit »Al Capone« Weifenbach. Der machte einfach weiter. In der Saison 1989/90 klopfte der ECD Sauerland bereits wieder am Tor der Bundesliga, verfehlte aber in der Verzahnungsrunde den Aufstieg. Die finanzielle Lage entspannte sich keineswegs. Was folgte, war die Götterdämmerung des 09.10.1991: Der seit Februar 1989 wegen Steuerhinterziehung und Betruges zu 22 Monaten Freiheitsstrafe auf Bewährung verurteilte Präsident trat zurück. Ein neuer Vorsitzender, Alfred Thiele, bestellte Rettungsboote und lockte Sponsoren an, die ihre Gaben an die Abdankung Weifenbachs geknüpft hatten. Am 08.04.1994 meldete der ECD Sauerland Iserlohn, im knapp sechsten Jahr seines Bestehens, Konkurs an. Weifenbach wird es hinter Schwedischen Gardinen verfolgt haben. Eine erneute Anklagewelle führte Ende Juni 1993 zur nächsten Verurteilung. Diesmal verhängte die Wirtschaftskammer vier Jahre Gesamtfreiheitsstrafe. Von Heinz Weifenbach hat man seitdem im deutschen Eishockey nie wieder etwas gehört.

Düsseldorfs goldene Jahre

In Zeiten der Strafverjährung

Hätten Weifenbachs Jäger, die Herren Wirtschaftsstaatsanwälte, von dem, was sich seit einiger Zeit in Düsseldorf abspielte, Wind bekommen, wer weiß, ob es die nun folgenden, besten Jahren der DEG jemals gegeben hätte? Erst Ende der 90er Jahre/Anfang 2000 sollten die Ausmaße an Steuerhinterziehungen, schwarzen Extrakassen, nicht deklarierten Spieler-Sonderprämien und doppelt verkauften Eintrittskarten filmreif ans Tageslicht kommen. Beim einstigen DEG-Schatzmeister Rainer Gossmann und Manager Rolf van Hauten klickten die Handschellen, Ex-Präsident Josef Klüth brachte sich selbst zur Anzeige und Organisationschef Hans-Peter Sültenfuß klappte bei Verhören zusammen. Die honorige Düsseldorfer Lichtgestalt, Bundesverdienstkreuz inklusive, sollte es auf den Punkt bringen: Alles sei zum Wohle der Fans und des Vereins geschehen. Nie habe man in die eigenen Taschen gewirtschaftet. Das stimmte sogar. Denn die eigenen Taschen waren anderweitig gut gefüllt worden.

Zur Saison 1988/89 war alles noch eitel Sonnenschein. Seit 1984 saß Großunternehmer Josef Klüth, reich geworden mit bundesweit eingesetzten Putzkolonnen, nun schon im Präsidentensessel. Nahrungsmittelfabrikant und Suppenkönig Günther Zamek, seit 1978 einer der Hauptsponsoren, auf der Ehrentribüne. Damit dem Dachverein die Gemeinnützigkeit nicht dauerhaft aberkannt wurde, war Ende der 70er Jahre eine der üblichen Vorschaltgesellschaften gegründet worden, die DEG-Eishockey. Darüber wurden die Profis bezahlt, darüber floss das große Geld.

Düsseldorf, nach seinem sportlichen Hänger Mitte der 80er Jahre wieder Publikumsmagnet der Liga mit 10.500 Fans pro Spiel im Nacken, verdiente viel und gab noch mehr aus. Für den Verband war die Entwicklung der DEG ein absoluter Glücksfall. Neun Prozent der Faneinnahmen hatte jeder Verein an den DEB abzuführen. Um ganz oben in der Tabelle mitzumischen und lange in den Play-offs zu verweilen, wurde mit Hilfe der Zamek-Klüth-Privatschatulle Expansionskurs gefahren und stetig neues Spielermaterial hinzugekauft. Nationalkeeper Helmut de Raaf, 1983 an den ungeliebten Kölner Nachbarn verloren, kehrte 1988 im Tausch gegen den Garmischer Goalie Joseph Heiß zurück. Aufrüstungspotential sah die Vorstandsetage nun vor allem im deutsch-kanadisch gemixten Angriff um Chris Valentine, Hardy Bruce, Peter-John Lee, Roy Roedger, Manfred Wolf und Uli Hiemer. Und wo wildert es sich bekanntlich am besten? Beim amtierenden Meister, dem seit Clemens Vedders Weggang langsam, aber sicher die Finanzpuste ausging. Manager Franz Hofherr, zum Zweitligisten Hedos München gewechselt, fehlte ebenso an allen Ecken und Enden. Was als der vielleicht größte Schock in die Kölner Fankultur einging, war das Abwerben des Paradesturms Gerd Truntschka und Dieter Hegen. Mitten in der laufenden Spielzeit 1988/89 unterschrieben die beiden für, so wurde gemunkelt, die Verdopplung ihrer laufenden Bezüge. Das dürften um die 400.000 Mark pro Saison gewesen sein, berufliches Fortkommen nach Ende der aktiven Karriere eingeschlossen. Über die wirkliche Summe schwiegen sich die Vertragspartner aus. Kölns Präsident Heinz Landen, von den Fans als Buhmann ausgemacht, sollte gefälligst die Transfers rückgängig machen, doch in Köln wurden mit den erwarteten Ablösesummen bereits Etatlöcher geflickt.

Rosenheim wird Meister und steckt in der Bredouille

Glaubt keinem Politiker, wenn er über Eishockey spricht

Im Finale der Saison 1988/89 fand Düsseldorf in Rosenheim seinen Meister. Der sportliche Geschäftszweig der März-Gruppen Marox (Fleisch) und EKU (Brauereien) und die »SB Rosenheim Vermarktungs-GmbH«, über die sämtliche Spielerangelegenheiten durchfinanziert wurden, lieferte sich mit dem Mannheimer ERC über drei Halbfinalspiele ein mittelprächtiges Rennen. Spannender verlief wie erwartet die zeitgleiche Serie zwischen den Haien und der DEG. Erst nach fünf Begegnungen war der Drops gelutscht. Rosenheim und Düsseldorf standen im Endspiel.

Beim Serienstand von 1:1 erwies sich die DEG im dritten Spiel als launische Diva und fühlte sich vom Gespann um den Peitinger Hauptschiedsrichter Würth benachteiligt. Was war geschehen? In Minute 55 erzielte Stürmer Manfred Ahne das wohl entscheidende 3:1 für den SBR. Düsseldorfs Deutsch-Kanadier Rick Amann zettelte wenig später eine 15minütige Prügelei an, an der sich bis auf einen sämtliche Akteure beteiligten. Rosenheims Karl Friesen betete derweil zwischen seinen Stangen den Weltfrieden herbei. Auf Präsidentengeheiß verließ daraufhin das Düsseldorfer Ensemble die Rosenheimer Eisfläche und tauchte nicht mehr auf. So musste zum ersten Mal in der deutschen Play-off-Geschichte ein Spiel am Grünen Tisch entschieden werden. Spielwertung: 5:0 für den SBR, 20.000 Mark Strafe für Josef Kluths DEG. Spiel vier an der Brehmstraße ging mit 4:2 an das Roadteam. Rosenheims bis heute letzter verbuchte Meistertitel.

Auf der zünftigen Nachfeier auf dem Max-Josef-Platz versprach Oberbürgermeister Dr. Michael Stöcker, dass er alles dafür tun werde, damit der Sportbund weiterhin ganz oben mitspielen werde. Grundvoraussetzung dafür sei ein neues Eisstadion mit 11.000 Plätzen. Die Stadt würde die Angelegenheit in die Hand nehmen. Jubel brach aus. Vor allem die März-Erben frohlockten. Ihr Werksclub, in den bis dato zweistellige Millionenbeträge geflossen waren, könnte mit dem Hallenneubau endlich Großstadtflair bekommen. Spiele der nächsten Heim-WM 2001 in Oberbayern, das wäre ein Coup. Doch woher sollte die Stadt 40 Millionen Mark für den Neubau hernehmen?

In die altehrwürdige Marox-Arena pilgerten im Schnitt 4.500 Fans, kaum mehr passten auch hinein, was lediglich Saisoneinnahmen in Höhe von rund 2,2 Millionen Mark einbrachte. Die Mannschaft kostete aber geschätzt knapp neun Millionen Mark pro Jahr. Fast schon Düsseldorfer Verhältnisse. Der Ausgleich floss zum größten Teil aus dem Märzschen Fleisch- und Bier-Imperium. Doch dummerweise nicht mehr lange. Zum einen wurde kein WM-Stadion gebaut, selbst über dringende Sanierungsarbeiten und einen teilweisen Ausbau des alten Stadions gab es Streit. Zum anderen sollten sich alsbald die osteuropäischen Billigfleischmärkte öffnen, und beim Zukauf von Brauereien hatte man sich gefährlich verkalkuliert. Was folgte, war der Rückzug der März-Gilde aus dem Großsponsoring mit Ablauf der Saison 1991/1992. Und damit sich Josef März darüber künftig im Grabe umdrehen konnte, wollte sich der Sportbund freiwillig in die Oberliga zurückziehen. Doch nicht mit dem DEB. Jeder halbwegs schuldenfreie, stabile Club wurde gerade in Liga 2 gebraucht. Entweder ganz nach unten oder aufs Treppchen zur Bundesliga.

Die Oberbayern starteten dann lieber, wenn auch unfreiwillig, im Unterbau. Der Großteil der Mannschaft war verkauft. Junioren-Nationalspieler Robert Hock, vor der Saison erst aus Riessersee gekommen, Friesen, Kretschmer, Berwanger, Franz, Hilger, Coach Dr. Starsi: alle weg. Was sich nun auszahlte, war die hervorragende Nachwuchsarbeit der letzten Jahre. Der vom Kapitän zum Coach beförderte Ernst Höfner bastelte sich einen Kader aus jungen Nachwuchsspielern und wenigen gestandenen Cracks um die Altvorderen Manfred Ahne, Joachim Reil sowie Ron Fischer zusammen und erreichte 1993 in Liga 2 auf Anhieb die Vizemeisterschaft hinter Augsburg. Die Aufstiegs-Play-offs stellten nicht wirklich eine Hürde dar. Neun Spiele, drei Sweeps. Das Wunder von Rosenheim fand in der Bundesliga seine Fortsetzung, viel früher als erwartet. Ein klares Jetzt-erst-Recht treuer Fans und regionaler Wirtschaftsgrößen hatte daran maßgeblich Anteil. 1996 gingen die Namensrechte des Eisstadions von Marox an den neuen Hauptsponsor Kathrein über. Nun erinnerte fast nichts mehr an den ehemaligen Gönner Josef März.

Die Überflieger
Zwei Berliner Dynamos auf Abwegen

Eine Trainingsreise des DDR-Nationalteams ins nichtsozialistische Wirtschaftsgebiet der Schweiz hatte sich 1988 Stürmer Guido Hiller ausgesucht, um via Zürich der Bundesliga Guten Tag zu sagen. Beim ERC Mannheim wollte er anheuern. DDR-Coach Hartmut Nickel litt daran besonders, hatte er doch nach Rückkehr in Berlin-Ost über den Vorfall bei der Stasi Rede und Antwort zu stehen. Doch da die gesamte mitgereiste Entourage auch nicht hatte besser auf den Republikflüchtling aufpassen können, blieb Hillers Flucht für Nickel ohne Folgen. Wenig später, bei einem internationalen Turnier in Feldkirch das Déjà-vu. Jetzt fehlte der nächste Dynamo-Stürmer. Stefan Steinbock hatte sich aus dem Mannschaftshotel gestohlen und ward nicht mehr gesehen. Ziel: Ebenfalls der Mannheimer ERC. Armer Hartmut Nickel. Erneut sah er sich stundenlang in Verhörräumen sitzen, doch weit gefehlt. Kurz nach der Heimkehr des DDR-Teams waren beide wieder zuhause. Nach kurzer Sperre sah man Hiller und Steinbock aufs Neue im Dynamo-Trikot. Eine Strafverfolgung blieb aus. Wie das? Gewissensbisse wegen Unkollegialität? Keine Lust auf eine 18monatige Sperrzeit im Westen? Gemahnte der muffige Mannheimer Friedrichspark zu sehr an die Ostberliner Spielstätte in Hohenschönhausen? War Steinbock Hiller hinterher gereist, um den Teamkameraden zur Umkehr zu bewegen? All diese Fragen können bis heute nur Guido Hiller und Stefan Steinbock beantworten. Beide Karrieren liefen auch nach dem Ende der DDR weiter. Steinbock etwa, 1980 vom ASK Crimmitschau zum SC Dynamo delegiert, achtfacher Meister mit den Berlinern, 99maliger Nationalspieler, wechselte 1990 zum EV Landshut, 1993 dann zum EHC 80 Nürnberg in die 2. Liga. Mit Beginn der DEL-Ära trug er das Ice Tigers-Trikot der Franken und ließ die Karriere dann in der Heimat ausklingen.

In Mannheim hätten sie die beiden Dynamos gut gebrauchen können. Ablösefreie Stürmer waren nun mal eine Rarität. Finanziell gebeutelt dümpelte der MERC seit der letzten Finalteilnahme um die deutsche Meisterschaft 1987 vor sich hin. Düsseldorf, Köln, sogar Preußen Berlin und am Ende der Bundesligaära das neu zusammengekaufte Dream-Team des EC Hedos München verhinderten stets neue Championate. Die Trainer kamen und gingen. Rückkehrer Ladislav Olejnik (1986 bis 1988) war noch der Konstanteste. Anfang 1994 nahte das Aus, der Schuldenberg belief sich auf acht Millionen Mark. Konkurs und Schuldenschnitt ließen sich nur abwenden, weil gestandene Stürmerstars wie Jiří Lála und Peter Draisaitl jeweils zurück zu ihren vormaligen Teams Frankfurt und Köln wechselten. Mannheims verbliebene Spieler verzichteten auf 30 Prozent ihrer Jahresgagen. Nette Geste.

Wild Cats und Ladys

Deutsches Dameneishockey: Gleichberechtigung sei Dank

Seit den 80er Jahren erlangte Frauen-Eishockey mehr und mehr an Bedeutung. Der IIHF drängte die nationalen Verbände schließlich dazu, Frauen-Puckspiel aufzunehmen und dahingehend zu lancieren, dass Ligastrukturen wie Nationalteams wettbewerbsfähig wurden. In der BRD finden seit der Saison 1983/1984 Meisterschaften statt. Zunächst per Endrundenqualifizierung (erster Champion: Reutlingen/Esslingen), bis zur Einführung der Frauen-Eishockeybundesliga 1988/89 (Meister: EHC Eisbären Düsseldorf) als höchste deutsche Spielklasse. Zur 26. Frauen-Bundesligasaison

2013/14 haben sieben Teams gemeldet. Amtierender Meister: ESC Planegg/Würmtal. Seit 1989/90 immer dabei: der Olympische Sport-Club (OSC) Berlin. Ex-Meistertrainerin Michaela Hildebrandt wurde als erste Frau in die nationale Eishockeyruhmeshalle aufgenommen. Seit 2006 steht René Bielke hinter der Bande. Mit dem OSC feierte er drei Meisterschaften und wurde dreimal DEB-Pokalsieger.

International ist die Konkurrenz der Nordamerikanerinnen derzeit uneinholbar, in Europa zählen die Finninnen zu den klaren Favoriten. Peter Kathan steht seit 2002 als DEB-Bundestrainer vor. 1989 gelang bei einer erstmals in Düsseldorf und Ratingen gespielten EM die Bronzemedaille. Im Jahr darauf fand die erste Teilnahme an einer Weltmeisterschaft in Kanada statt, von da an war man kontinuierlich im A-Pool dabei. Bei der WM in China 2008 folgte der Abstieg in die B-Gruppe. Seit dem Wiederaufstieg 2011 in Ravensburg ist die Deutsche Eishockey-Nationalmannschaft der Frauen wieder erstklassig. Zuletzt lösten die Damen in der Qualifikation für Olympia 2014 das Ticket nach Sotschi und erfüllten damit eine höchst wichtige Zielvereinbarung zwischen Verband und öffentlichen Fördertöpfen. Die Winterspiele 2010 in Vancouver waren zuvor verpasst worden, ein erneutes Scheitern hätte das Ausbleiben öffentlicher Zuschüsse des Bundesinnenministeriums zur Folge gehabt. Denn während im Männerbereich nur der Nachwuchs staatlich gefördert wird (das Männerteam ist als Wirtschaftsbetrieb von öffentlichen Zuschüssen ausgeschlossen), ist die Frauen-Nationalmannschaft auf die BMI-Gelder angewiesen.

Die Hannoveranerin Bettina Evers (ESC Planegg) hält den Länderspielrekord mit knapp 300 Einsätzen. Im Februar 2013 löste sie die langjährige Rekordnationalspielerin Christina Fellner (287) ab. Was der Deutschland-Cup, ein jährliches, seit 1987 vom DEB organisiertes Vier-Nationenturnier, für die Herren ist, stellt der Meco Nations Cup (vormals MLP Nations Cup, Air Canada Cup) für die Eishockeydamenwelt dar. Nur, dass beim MNC gleich sechs Teams an den Start gehen, was dem Cup Platz drei in der Wertigkeit hinter Olympiaden und Weltmeisterschaften beschert.

Handgeldjäger beim EC Hedos

Wieder mal ein Eishockeyversuch in München

Als der ESV Kaufbeuren in der Verzahnungsrunde zwischen 1. und 2. Liga 1988/89 nur den vierten Platz belegte und Spitzenreiter Freiburg der Bundesliga erhalten bleiben sollte, war der Eissportclub Hedos München als Rangzweiter am Ziel seiner Träume angelangt. Die ersten Relegationsspiele waren noch gehörig danebengegangen. Erst durch eine nervenaufreibende Aufholjagd konnten die Verfolger Kaufbeuren und Bayreuth, dank der Torfabrik MacLeod-Morrison, hinter sich gelassen werden. Bis dahin hatte es sieben Jahre gedauert.

Im Dezember 1982, aus dem Konkurs des EHC München 70 hervorgegangen, startete der neue Verein ein Jahr später in der Landesliga. Nächster Vorhang, nächster Versuch, um den teuren Pucksport in der Bayernmetropole wieder wach zu küssen. Dazu bereit waren jene Herren, die vorab kräftig am Niedergang des Münchener Eishockeys mitgewirkt haben sollen. Der Sportwart, Früchtegroßhändler und ehemaliger EHC-Präsident Franke sowie Mäzen Roland Holly. Der Terminus Hedos, griechisch für »Spaß und Freude« klang vielversprechend. Dass die gleichnamige Bekleidungsfirma Hollys damit eigentlich gemeint war, sei dahingestellt. Firmennamen im Vereinswappen waren nämlich laut DEB-Statut noch verboten. Zum Club-Präsidenten wurde mit Professor Alfred Doehnike eher eine Randfigur gewählt. Der eben erst in Mannheim gescheiterte tschechoslowakische Coach Jiří Kochta übernahm das Team als Spielertrainer.

Passenderweise war 1982 auch der Stern des Fußballzweitligisten TSV 1860 München untergegangen. Der für Traditionalisten einzig wahre Fußball in der Landeshauptstadt hatte dasselbe Schicksal erlitten wie sein kleiner Bruder Eishockey. So etwas schweißt zusammen. Die Fans beider Lager verbrüderten sich und bildeten fortan sowohl im Stadion an der Grünwalder Straße als auch im Eisstadion des Olympiaparks eine Front. 1.800 Fans allein in der Regionalliga. 1985, in seiner dritten Saison, belegte

Hedos damit westdeutschlandweit Rang 20 der Zuschauertabelle. In der vierten Saison standen die Münchener bereits in der Oberliga, verpassten den sportlichen Aufstieg, rückten aber dennoch in Liga 2 vor. Rückzüge des Augsburger EV, des VER Selb und des ERC Sonthofen machten es möglich. Jetzt sollte noch der glatte Durchmarsch in die Bundesliga erzwungen werden. Als Trainer kam aus Bayreuth mit Ulf Sterner eine schwedische Ikone. 1964 war er es, der als erster Europäer überhaupt den Sprung in die NHL geschafft hatte. Wunderbare Zeiten brachen im Olympiapark an. 5.000 Fans erlebten neu eingekaufte Ex-Bundesligastars wie die Verteidiger Peter Weigl, Goalie Rupert Meister (beide Landshut), die Stürmer Franz Xaver Ibelherr, Michael Betz (Rosenheim) und Georg Kislinger (Riessersee). Scott MacLeod und Doug Morrison besetzten die Übersee-Kontingentstellen und avancierten zu Topscorern. Ignaz Berndaner musste erst zu seinem Glück gezwungen werden. Der Verteidiger wäre lieber mit Riessersee in die 2. Liga abgestiegen, als fortan in die Nachbargemeinde zu reisen. Doch unter der Zugspitze brachen die Vorstände einen Streit vom Zaun und rangen nach jeder greifbaren Ablösemark, bis Berndaner schließlich doch in München unterschrieb. 1992 beendete er seine aktive Spielerkarriere beim mittlerweile Bundesligisten EC Hedos und stieg in seiner geliebten Heimat ins Trainergeschäft ein.

Eine exquisite Visitenkarte gab zudem 1988 der aus Bayreuth gewechselte Verteidiger Mike Heidt ab, der über die Stationen Schwenningen und Rosenheim noch zur deutschen Eishockeyauswahl stoßen sollte. Nur am Rande: Der Deutsch-Kanadier besaß jugoslawische Vorfahren und fiel damit unter die Vertriebenenregelung für politische Flüchtlinge, somit nicht dem Ausländerkontingent zur Last. Natürlich kosteten all diese Namen auf dem Spielberichtsbogen eine Menge. Alleine Heidt kassierte pro Spiel 7.500 Mark Gage, was einen Monatsschnitt von 60.000 Mark ergab. In der Branche waren solche Spieler als »Handgeldjäger« gefürchtet, die zumeist nur von unerfahrenen Hobby-Funktionären mit viel Mitspracherecht verpflichtet wurden.

Der EC Hedos, gerade erst den Aufstieg in die Bundesliga um satte zehn Punkte verpasst, war umgeben von Hobbyisten. München drohte dasselbe Schicksal wie all den anderen Clubs zuvor, die mit aller Macht prestigeträchtigen Bundesligatöpfen zustrebten. Als man bereits alle Felle davon schwimmen sah, wurde die Führungsriege um Sportwart Franke und Präsident Doenike ausgewechselt. Manager Franz Hofherr siedelte aus Köln über. Erste Amtshandlungen waren, Jiří Kochta vom EV Füssen an die Bande zurückzuholen und Sterners Vertrag nicht zu verlängern. Damit endete auch das Engagement von Coach-Gattin Pia, vor der alle Spieler gehörig kuschten. Die resolute Blondine, ausgestattet mit Eishockey-Trainerschein, leitete unangefochten die Konditionseinheiten. Des Weiteren stand auf der Agenda, das Gros des Kaders zu halten, Bezüge zu reduzieren und neue Sponsoren zu akquirieren. Sanierung geglückt, Lizenz erobert. Am Saisonende 1988/89 stand der EC Hedos München dort, wo er hingehörte: in der Bundesliga. Auf Anhieb Platz acht der Vorrunde erreicht, scheiterte er jedoch im Viertelfinale am Platzhirsch aus Düsseldorf mit einem 0:3. Dabei hatte man die DEG kurz vorher noch mit 10:1 sensationell besiegen können, was das gleichzeitige Ende des unbeliebten Schwedentrainers Peter Johansson an der Brehmstraße bedeutete.

Frau Krupp geht im Drugstore einkaufen

Letzte Unsinn-Jahre oder das Fieber von Bern

Xaver Unsinn stand noch bis zum achten Spiel der WM 1990 in der Schweiz in Diensten des DEB. Den sonst allzeit gut gelaunten »Mr. Eishockei« plagten anfangs Zahnschmerzen, ein seltsamer Virusinfekt setzte ihn letztlich Schachmatt. Unsinn wurde zum Reiner, wie ihn die Spieler nannten, die sich schon mal den Scherz erlaubten, allesamt mit Pepita-Mützen am Coach vorbei zu flanieren. Landshuts Blueliner Bernd Wagner hörte den nahe am Fieberdelirium stehenden Coach von Punktegewinnen gegen Finnland reden, obschon es eben erst ein 2:4 gesetzt hatte. Jeder gutgläubige Sportfan dürfte jetzt ein Genesungstelegramm aus dem Füssener DEB-Rathaus von Präsident Wanner erwarten. Unsinn wäre heimgereist, hätte sich auskuriert und sich um der Gesundheit willen dann nach einiger Zeit von der großen Bühne verabschiedet. Doch das, so das Lamento des Verbandes, wäre nie gut gegangen. Der Trainer hatte seinen Zenit überschritten und wollte einfach nicht freiwillig abdanken. So wurde aus der Not eine Tugend gemacht und der spätere Bundesverdienstkreuzträger (1996) wie IIHF Hall of Famer (1998) mit einem Krankenschein würdelos aus dem Verkehr gezogen.

Sicher, während der gesamten Vorrunde gelang nicht ein Sieg, nach 0:14 Punkten hieß das Los: Abstiegsrunde. Als darin das erste Spiel gegen die USA mit 3:5 danebenging, war die B-WM nicht mehr fern. Co-Trainer Erich Kühnhackl übernahm Verantwortung für die restlichen beiden Spiele und sicherte als Retter von Bern durch ein Remis gegen Finnland und ein 4:0 gegen Absteiger Norwegen erst im letzten Spiel den Klassenerhalt. Ob der malade Xaver Unsinn den Doping-Fall des Uwe Krupp überhaupt wahrnahm? Deutschlands prominentester Eishockeyspieler wurde international für 18 Monate gesperrt. Krupps erster Ehefrau Valerie hatte doch tatsächlich niemand erzählt, dass unter IIHF-Bedingungen andere Dopingregularien griffen als in Übersee. Besser, man hat da kein Anti-Jet-Lag-Mittelchen intus, wenn das Los der Dopingkontrolleure auf dich fällt. So aber geriet die Ankunft des NHL-Stars mitten in der WM-Vorrunde, in der er zwei starke Spiele (0:6 gegen Schweden, 0:3 gegen die Tschechen) absolvierte, zum größten Missverständnis der jüngeren deutschen Eishockeygeschichte. Nicht nur, dass sich der Defender selbstständig um die Heimreise gen Übersee zu kümmern hatte, nein, er kehrte dem DEB-Team acht Jahre lang den Rücken und sollte erst zur Olympiade in Nagano 1998 zurückkehren.

Miroslav Sikora für Deutschland

Die Erinnerungslücke des Dr. Günther Sabetzki

Zu diesem Zeitpunkt ist das WM-Turnier 1987 in Wien längst vergessen. Udo Kießling trug mittlerweile das Kühnhackl-C-Erbe auf der Brust. Finnland (3:1) und sogar Kanada (5:3) konnten nach Auftaktniederlagen gegen Schweden und die UdSSR besiegt werden, da wurde Miroslav Sikora vom Turnierbetrieb ausgeschlossen, weil er bereits für sein polnisches Vaterland während der 1976er Junioren-WM auf dem Eis gestanden hatte.

Die gewitzten Finnen präsentierten Kopien offizieller Spielformulare aus dem Jahr 1976. Laut IIHF-Statut hätte der Kölner Stürmer damit nie mehr für ein anderes Land bei einer Weltmeisterschaft spielen dürfen, worauf kurioserweise Sikora persönlich Weltverbandspräsident Dr. Günther Sabetzki vor Turnierbeginn hingewiesen haben soll. Kölsch sei Dank, verflog diese Erinnerung beim betagten, 73jährigen Funktionär. Die Siege unter Sikora-Beteiligung über Finnland und Kanada wurden zunächst aberkannt und jeweils mit 0:5 gewertet. Als ans Tageslicht kam, dass IIHF-Generalsekretär Jan-Ake Edvinsson den Unsinn-Spielerbogen vor der WM nach ausführlicher Prüfung durchgewunken hatte, wendete sich das Blatt. Plötzlich standen wieder vier wichtige Punkte auf der Habenseite, einer erfolgreichen DEB-Eingabe qua einstweiliger Verfügung am Landgericht Wien sei Dank.

Der öffentlich ausgetragene Dissens mit dem Weltverband, protestierenden Finnen, Kanadiern und sogar Schweizern, die sich in der Abstiegsfrage benachteiligt sahen, raubte Unsinns Team jeden Nerv. Kapitän Kießling ging mittels Presse auf den Leugner Dr. Günther Sabetzki los. Als es im entscheidenden Spiel um das Erreichen der Finalrunde ohne den gesperrten Sikora gegen die USA eine 4:6-Niederlage setzte, war der Hype dahin, am Ende stand Platz sechs in der Abstiegsrunde zu Buche.

Im Jahr zuvor bei den Moskauer Festspielen 1986 sah die Lage noch anders aus. Nach zehn Spielen und 5:15 Punkten fuhr das Nationalteam mit zwei Punkten Vorsprung auf Absteiger Polen als Siebter heimwärts. 1989 in Stockholm bot sich ein ähnliches Bild. Zwar hatte man das Kunststück fertiggebracht, gegen Schweden und die Tschechoslowakei Remis zu spielen, sich aber gegen Polen mit einem Vorrunden-3:5 in die Nesseln gesetzt. Erneut reichten in der Abstiegsrunde zwei Punkte auf Polen zum Klassenverbleib. Für damalige Verhältnisse äußerst unpopulär, hatte Backup Helmut de Raaf auf die WM-Teilnahme mit Verweis auf die Babysorge für Sohn Moritz verzichtet. Der Mannheimer Josef Schlickenrieder nahm seinen Platz ein.

Dazwischen verortete sich 1988 ein fünfter Platz bei den Olympischen Spielen in Calgary. Die Finalrunde wurde von vier auf sechs Teams erweitert, sodass auch die Drittplatzierten beider Vorrundengruppen mit dem Abstieg nichts zu tun haben sollten. Befeuert von der Gunst der Stunde, schlug die BRD gleich zum Auftakt sensationell die ČSSR mit 2:1, fertigte Norwegen mit 7:3 und Österreich mit 3:1 ab. Selbst gegen die Sbornaja (3:6) lag phasenweise Großes in der Luft, die USA wurden mit 4:1 geschlagen. Platz zwei in der Gruppe B hinter den Sowjets hätte auch ohne Modusänderung für die Finalrunde gereicht. Doch dann war das Pulver verschossen. Gleich zu Anfang dämpften ein 0:8 gegen die wiedererstarkten Finnen sowie ein 1:8 gegen Kanada die Stimmung im deutschen Lager. Kein einziger Sieg gelang mehr. Da die direkten Vorrundenvergleiche in Punkten mitgenommen wurden, blieb in der Endabrechnung Rang fünf übrig.

Meister nach dem Mauerfall

Düsseldorf nach 15 Jahren wieder oben auf

Mitte der 80er Jahre lag das Schicksal der Trainerfrage bei den wiedererstarkten Düsseldorfern zunächst in Händen von Teilzeit-Coach Otto Schneitberger, bevor der Ex-DEG-Defender Bryan Lefley in der Spielzeit 1987/1988 antrat, um das Mittelmaßgespenst zu verscheuchen. 1990 stand mit dem rheinischen Eishockeygott Petr Hejma für wenige Spiele ein weiterer Ehemaliger an der Bande. Doch da sich Hejma lieber wieder zuvorderst seinem Hauptberuf als Stadtwerke-Ingenieur widmete, kam mit Hans Zach, zuletzt in Bayreuth als »bester Trainer der Liga« geehrt, der nächste Tölzer zur DEG. Und die hatten ja in der Vergangenheit schon so einiges in Düsseldorf bewegt. Eine gute zweite Wahl, denn in erster Linie hatte man sich an Kölns Hardy Nilsson vergreifen wollen. Doch KEC-Präsident Landen blieb hart, der Kontrakt wurde vorzeitig bis 1992 verlängert.

Mit Interims-Headcoach Petr Hejma endete 1990 nach 15 titellosen Jahren eine scheinbar endlose Durststrecke. Sohn Peter, U20-Stürmer aus der DEG-Jugend, der bis zu seinem Karriereende 1997 vor allem den Freiburgern noch manch frohe Stunde bescheren sollte, schnupperte Bundesligaluft. In der Endspiel-Best of Five-Serie revanchierte sich die DEG gegen Rosenheim für die Vorjahresgeschehnisse. Der Erste hatte den Dritten der Vorrunde besiegt. Dazwischen rangierten nach 36 Spielen die Kölner, die erwartungsgemäß den Verlust ihrer Starstürmer Hegen und Truntschka nicht kompensieren konnten. Obschon mit Jörg Mayr, Andreas Lupzig, Thomas Brandl und Ernst Köpf mittlerweile talentierte Hochkaräter das Team verstärkten. Die Zeitungsannoncen, die in Bayern für Aufruhr gesorgt hatten, waren also von Erfolg gekrönt. Daneben gab Andreas Pokorny seine Visitenkarte für die Nationalmannschaft ab. Auch an dem in Polen geborenen, Ex-Iserlohner Verteidiger baggerte die DEG beharrlich, Präsident Landen blieb jedoch erneut hart.

Köln unterlag überharten Rosenheimern im Halbfinale 0:3, dabei zweimal unglücklich in Verlängerung und Penaltyschießen. Düsseldorf konnte die Hürde Schwenningen mit einem klaren Sweep überwinden. Die Schwarzwälder waren erstmals in ein Bundesliga-Halbfinale eingezogen, bestens verstärkt mit dem in der NHL für untauglich befundenen Deutsch-Kanadier Wallace Schreiber. Gemeinsam mit dem aus Düsseldorf gewechselten Bruce Hardy, ein wie Schreiber nicht unter das Ausländerkontingent fallender Kanada-Geborener, und Grant Martin stand eine der erfolgreichsten Sturmreihen auf dem Eis. Martin, der in Schwenningen noch bis zum Karriereende 1999 für glückliche Fangesichter sorgen sollte, ließ sich im Übrigen nie eindeutschen und blieb ein »Canadian for Life«.

Die Endspielserie zwischen Rosenheim und der DEG entschied sich erst in Spiel fünf an der Brehmstraße. Auf heimischem Eis, mit 10.000 Kehlen im Nacken, führten die Hejma-Cracks nach dem ersten Drittel bereits 5:0. Als die Schlusssirene ertönte, prangte ein stattliches 8:2 auf der Anzeigentafel. Die vierte Deutsche Meisterschaft war in Sack und Tüten. »Schlagschussmaschine« Uli Hiemer bescheinigte später dem siebten Mann, der tosenden Fangemeinde, großen Anteil daran gehabt zu haben. Das Team habe sich einfach sicher gefühlt. Die körperlich überlegenden Oberbayern, deren ruppiges Forechecking allerorten gefürchtet war, ließen sich von der Kulisse derart beeindrucken, dass im entscheidenden Match alles gegen sie lief.

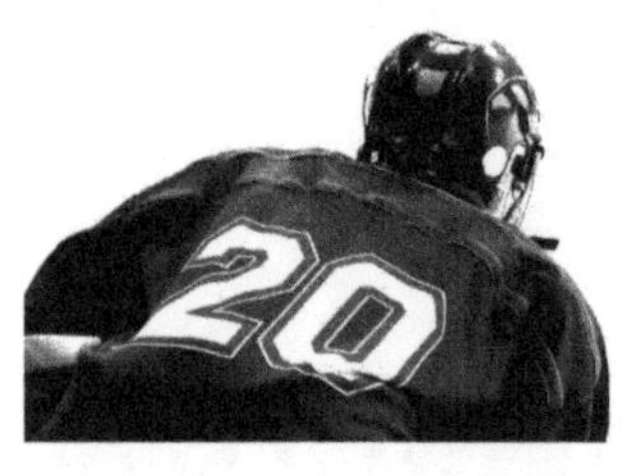

3. Drittel

Berlin und Weisswasser werden eingemeindet

Crimmitschaus Weg aus der Bayernliga: 6.000 Fans im Sahnpark

Zwanzig Jahre war der für das DDR-Eishockey so folgenschwere DTSB-Medaillenbeschluss nun schon her. Die Wende, der Mauerfall und die Eingemeindung der Teams aus Berlin und Weißwasser war beschlossene Sache. Sportfunktionär Manfred Ewald, bereits 1988 von der Staatssicherheit entmachtet und seitdem ohne Amt und Würden, wurde schon bald der Prozess wegen »Beihilfe zur Körperverletzung zum Nachteil von 20 Hochleistungssportlerinnen, denen ohne ihre Kenntnis mit der Folge von Gesundheitsschäden und -Gefährdungen Anabolika verabreicht worden waren« (BGH-Urteil Nr. 66/2001) gemacht und zu einer Bewährungsstrafe von 22 Monaten verurteilt. Für die beinahe komplette Ausmerzung des einst so tapferen und großartig gepflegten Eishockeysportes gab es hingegen keinerlei Schuldspruch.

Nach Ewalds Entfernung aus dem DTSB standen in der Eishockey-DDR plötzlich die Zeichen auf Neuerung. Bereits Ende 1989 saßen Weißwasseraner, Berliner, Crimmitschauer und Vertreter weiterer Eishockeyhochburgen an Runden Tischen, gesellten sich DEB-Experten hinzu und debattierten über den Kufenaufschwung Ost. Größter Aktivposten: Weißwassers ehemaliger Sturmtank und sportlicher Leiter Rüdiger Noack. Die Abspaltung vom Deutschen Eislaufverband der DDR war der erste Schritt. Im Januar 1990 gründete sich daraufhin in der Lausitz der Deutsche Eishockey-Verband (DEV). Präsident wurde der Crimmitschauer Ex-Nationalkeeper Peter Kolbe, der gemeinsam mit Ex-Referee Dr. Fritz Groß die Verhandlungen mit dem DEB-Präsidium führte. Auf der Bundesligatagung am 11.05.1990 in München folgte für alle Beteiligten unerwartet der DEB-Beschluss zur Eingliederung beider DDR-Oberligavertreter in die höchste Spielklasse West. Vier Monate vor Saisonbeginn konnten die Vorbereitungen in Berlin und der Lausitz also beginnen. Auf Bestreben von Weißwassers Rüdiger Noack verschwand daraufhin in einer der ersten Aktionen am 08.06.1990 das heißgeliebte »Dynamo« aus dem Vereinsnamen. Der Terminus »Polizei-Eishockey-Verein« (PEV), so Noack, würde weniger Stasigeruch verströmen. Ob der spätere Krefelder Manager und Langzeitberater den niedlichen Fuchs auf dem neuen Wappen gleich selbst malte, ist eine Vermutung wert. Berlins Vorsteher Dieter Waschitowitz beließ alles beim Alten und berief sich auf große sportliche Erfolge unter dem alten Label. Mit der Vereinsgründung als EHC Dynamo Berlin e.V. blieb man sich treu und ließ sich auch keinen hockeyspielenden Waldbewohner ins Wappen malen.

Noch waren Ost-Spieler tansferkartenpflichtig. Am 06.12.1989 wechselte Dieter Frenzel, Ex-Capitano der DDR-Nationalmannschaft, als erster für eine Ablöse von sage und schreibe 2.000 Mark aus Berlin in Liga 2. Beim EC Ratingen besetzte der Verteidiger damit eine Ausländerkontingentstelle. Ganz im Gegenteil zum eingedeutschten Rumänen-Stürmer Trajan Cazacu. Ratingens Präsident Georg Dommel verstand die Welt nicht mehr: »Jeder mit einem deutschen Schäferhund bekommt einen Pass, nur ein geborener Ostdeutscher nicht«, ließ er sich zitieren. Erst als der Interims-Eishockeyverband DEV am 31.08.1990 offiziell beim Weltverband abgemeldet wurde, elf Tage später sich so der erste ostdeutsche Dachverband seinem Pendant von jenseits der geöffneten Mauer anschloss, wurden derlei Dinge einfacher.

Offiziell war das Datum der Wiedervereinigung beider Länder auf den 03.10. gelegt worden. Bereits ab dem 14.09. sollten erste Bundesligaspiele bestritten werden. Zwei Länder, ein Verband, eigentlich undenkbar. Der IIHF drückte beide Augen zu, und los ging das Abenteuer für die beiden Naseweise aus Berlin-Hohenschönhausen und Weißwasser in der 33. Spielzeit der höchsten deutschen Eishockeyliga.

Auch im Rest der sich in Auflösung befindlichen DDR hatte sich einiges neben den ersten eiligst wieder hergerichteten Eisbahnen bewegt. Allen voran Betriebsgemeinschaften der ehemaligen Bestenermittlung waren in der Zwischenzeit mit allerlei Neugründungen beschäftigt gewesen. Nur fehlte es an allem, gab es noch zu wenig Kunsteis, um einen sinnstiftenden Spielbetrieb in unterklassiger Form zu betreiben. Die brüchige Marke Sächsische Landesliga, bestehend aus Dresden, Bad Muskau, Chemnitz oder Schönheide, ließ sogar den ESC Erfurt gen Hessenliga aufbrechen. Am weitesten war man in der ehedem eishockeyverrückten Hochburg Crimmitschau gekommen. Der am 07.02.1990 neugegründete ETC durfte daraufhin in der 5. Spielklasse der Kunsteis-Bayernliga starten. Eine weise Entscheidung.

Am Ende dem Abstieg souverän entronnen, folgte bereits im nächsten Jahr die Teilnahme an der Regionalligaaufstiegsrunde. Bis zu 6.000 Zuschauer, eine Marge, die selbst Bundesligisten seiner Zeit schwer erreichten, erlebten im Sahnpark den SV Gendorf, den ERV Schweinfurt oder den ERC Ingolstadt. Zur Saison 1994/95, als sich bedingt durch die Einführung der DEL das untere Ligengefüge völlig neu zusammensetzte, war der ETC vorläufig im sicheren Hafen der neugegründeten 2. Liga angekommen.

Play-downs mit Osterweiterung

Frankfurts Fußballer lassen sich vom Eishockey scheiden

Als sich der DEB nach Jahren der Modus-Konstanz zur Saison 1990/91 wieder Neues einfallen ließ, war die Aufregung groß. Oben blieb alles beim Bewährten, die ersten acht Teams stritten sich nach der Vorrunde in Best of Fives. Das neue Brauchtum betraf einzig die vier Tabellenkellerkinder.

Die beiden Zugezogenen belegten Rang elf (PEV Weißwasser) und Rang zwölf (SC Dynamo Berlin). Mehr war nicht drin. Nachdem der PEV mit einem Sieg gegen Preußen Berlin gestartet war, hagelte es Niederlagen. Auch als der Riesserseeer Finanzbeamte Georg Kink im Herbst 1990 den Bandenjob von Roland Herzig übernahm, zuletzt neben Rüdiger Noack und Hartmut Nickel im Trainerstab der letzten DDR-Equipe, stellten sich die Erfolge nur schleppend ein. Stallstürmer wie Andreas Gebauer oder Jörg

Handrick konnten es vorne alleine nicht richten. In einer Last-Minute-Einkaufstour sicherte sich der PEV die Dienste des lettischen Centers Mikhail Panin. Mit dem Handgeldstürmer Ryan Fox kam der erste Kanadier ins Wilhelm-Pieck-Stadion. Die Verteidigung stabilisierte fortan der Russe Vyacheslav Schalisow. Zwei Spiele an einem Wochenende, dazu die Entfernungen. In die Hauptstadt der DDR fuhr der Ikarus-Bus gerade mal zwei Stunden. Nach Schwenningen waren es sieben mehr. Übernachtungen in Hotels? Trainingslager im Bundesleistungszentrum Füssen? Sponsoren? Fehlanzeige. Euphorisch waren nur die Fans und hielten ihren Ex-Dynamos eisern die Treue.

In Hohenschönhausen bot sich ein ähnliches Bild. Nur, dass sich aus den durchschnittlich knapp 1.000 braven Zuschauern im Sportforum anfangs noch keine lautstarke Fangemeinde bilden wollte, war vor allem für die meist siegreichen West-Gästeteams eine völlig neue Osterfahrung. Coach Hartmut Nickel trat mangels Erfolg zurück. Lorenz Funk, aus Bayreuth an die alte Liebe Spree zurückgekehrt, übernahm im Januar 1991 den Posten. Der frisch gebackene Bundesverdienstkreuzträger war bereits im Vorjahr als Berater zum EHC gestoßen. Wladimir Schaschow und Sergej Jaschin, erster Russensturm der Berliner, besetzten die Kontingentstellen. Der Rest der halben Ex-DDR-Nationalmannschaft um Harald Kuhnke, Detlef Radant, Thomas Graul oder Goalie René Bielke war heillos mit dem Abenteuer Bundesliga 1 überfordert. Als die Saison kaum noch zu retten war, übernahm auf Initiative von Vereinspräsident Waschitowitz Gerhard Kießling den Trainerposten. Mit gewohnt markigen Sprüchen des Sachsen kenterte der Dynamo-Kahn zwar Richtung Liga 2, hatte aber immerhin ein Plus von 200.000 Mark erwirtschaftet. Nun lag es in Händen des zum Manager beförderten Lorenz Funk, daraus Kapital zu schlagen. Ein Tanz auf dem Drahtseil, denn wie auch in Weißwasser stand der Verein schon bald ohne staatliche Stütze da und war finanziell auf sich allein gestellt. Der Tölzer sollte die Ostberliner nicht enttäuschen, er warf sich mit aller Macht zwischen die Fronten und ermöglichte damit das Überleben des Clubs.

Auf Vorrundenrang neun rangierte der EV Landshut vor dem EHC Freiburg. Der Runde-1-Topf erstmals unter Bundesligisten ausgespielter Play-downs war somit gefüllt. Nach zwei Best of Seven-Serien (Landshut 4:1 gegen Berlin, Freiburg 4:1 gegen Weißwasser) folgte Runde zwei im Best of Five der Verlierer gegeneinander. Der PEV legte einen klaren 3:0-Sweep auf das Eis. Damit war Berlin abgestiegen, Weißwasser aber noch nicht gerettet.

Kaufbeuren hatte sich bereits in der Meisterschaftsrunde der 2. Bundesliga Aufstiegspfründe gesichert. Jetzt kam der Vizemeister ins Spiel. Der Krefelder EV stand bereit, das Erbe der Lausitzer im Best of Three anzutreten. Präsident Hans-Ulrich Urban, der sich, gemeinsam mit ESVK-Präsident Ulf Jäkel, noch lange nach dem 11.05.1990 über die Einstufung der DDR-Oberligaclubs in Liga Eins aufgeregt hatte, war nach der Spielvogel-Affäre wieder oben auf. Das Kink-Team wurde mit 2:1 besiegt. Doch bereits zu Beginn der Serie ging es um die Goldene Ananas. Der DEB hatte den Bundesligarückzug der Frankfurter Eintracht verkündet und somit jedweder Abstiegsspannung eine Abfuhr erteilt. Beide Teams sollten, Ausgang egal, künftig 1. Liga spielen.

Die Hessen hatten bereits im März 1991 beschlossen, die Puckabteilung vom Hauptverein abzutrennen, was einer Eishockey-Götterdämmerung im Zeichen des Adlers gleichkam. 1,7 Millionen Mark Minus waren es mittlerweile, die Abteilungsleiter Walter Langela der Gesamtvereinsspitze zu beichten hatte. Sogar Spielertransfers der Fußballmannschaft hatten zuletzt die Misere der Kufenlobbyisten zu deckeln. Die Gründe für den Niedergang waren an einer Hand aufzuzählen. So musste etwa Erfolgscoach Sitarinen gehen, da er keine für den Verband gültige Trainerlizenz mehr hatte. Prüfung nicht bestanden. Riessersees Goalie-Ikone Dzurilla übernahm den Posten. 1989 erledigte mit Ladislav Olejník einer der erfolgreichsten Bundesligatrainer den Bandenjob und führte die Eintracht auf Platz sechs der Vorrunde. Leistungsträger wie die 1987 verpflichteten Stürmer Jörg Hiemer (DEG) und Uli Egen (Preußen Berlin) ließ man 1990 nach Kassel ziehen. Man hatte kein gutes Händchen bei Neuverpflichtungen, Handgeldjäger und Absahner kamen und gingen. Topscorer wie Daniel Held oder Scorerkönig Jiří Lála waren 1991 zuletzt Teil einer völlig überteuerten Mannschaft. Von Missmanagement konnte nicht einmal die Rede sein, da kein Management vorhanden war. Es ging alles nach Gutdünken. Walter Langela war der überforderte Mann für alle Fälle. Trotz stetig voller Ränge war einfach kein Reibach zu machen. Sponsoring? Wie geht denn so etwas? Warum trugen die Frankfurter keinen Werbepartner auf den Trikotagen? Na gut, der EHC Dynamo Berlin hatte auch keinen.

Doch die Eishockeyformel: »Wo Altes pleite ist, fängt Neues an« griff glücklicherweise auch am Main. Am 05.03.1991 schlug die Geburtsstunde des Frankfurter ESC, Die Löwen, in der Landesliga. Passend zur deutschen Eishockeywende sollten die Hessen bereits 1994 in die Spitze zurückkehren.

Alle gegen Olejník

DEB-Weisheit: Deutsche Eishockeydenkmäler dürfen nicht Trainer werden

Nachdem der DEB Bundestrainer Xaver Unsinn keine neue Offerte unterbreiten wollte, fiel 1990 Erich Kühnhackl bei der Wahl zum alleinigen Cheftrainer durch. Neben Frankfurts Ladislav Olejník saß er für die nächsten beiden Jahre nur auf dem Trainertandem. Nicht zum letzten Mal schoben die Münchener Funktionäre das Argument vom deutschen Eishockeydenkmal, das als Headcoach nur Schaden nehmen würde, vor. Netter ließ sich Ablehnung nicht ausdrücken. Und dass es nicht Kühnhackl war, der auf dem Tandem die Richtung bestimmte, wurde spätestens deutlich, als die Spieler Oliver Kasper, Ernst Köpf und Raimond Hilger bei einem Turnier im August 1990 einen früheren Flieger aus Seattle nehmen mussten. Vergehen: Kasper und Köpf wollten nicht so recht an der Sperrstunde im Mannschaftscamp teilhaben, und Hilger war zu tatendurstig in einen Gegenspieler hinein gerauscht.

Die Finnland-WM 1991 bescherte der UdSSR immerhin noch den letztmals vergebenen 27. EM-Titel. Dank Gorbatschows Glasnostära vollzog sich ein Führungswechsel in der Spitzengruppe. Die NHL-Begehrlichkeiten gingen an der Sbornaja nicht spurlos vorbei, Schweden wurde Champion. Deutschland hatte scheinbar keine Lust, nach der strengen Peitsche von Coach Olejník zu spielen. Spitzenkräfte wie Ron Fischer, Harold Kreis oder Michael Heidt hatten schon vorher dankend auf das Knochenhinhalten verzichtet. Gegen tapfer kämpfende Schweizer setzte es sogar ein 2:5 in der Vorrunde. Mit 2:18 Punkten und dem sicheren Gefühl des aufstockungsbedingten Nichtabstieges kehrte das Team als Turnierletzter heim. All das unter den Augen von Dr. Luděk Bukač, der mit Team Österreich eben erst den Aufstieg als fünfter der B-Gruppe verpasst hatte. Erich Kühnhackl verschwand in den Juniorbereich, Ladislav Olejníks Abdankungsrede, dass ihn die Doppelbelastung als Bundesligacoach zum Rücktritt bewegte, konnte niemand so recht glauben. Bukač stand längst in den Startlöchern und übernahm das DEB-Schiff gen Olympia Albertville und WM in Prag und Bratislava. Franz Reindl, bis dahin nur als Spielerbeobachter und Wasserträger aufgefallen, bekam den Assistentenjob an der Bande. Zwei Großevents des Jahres 1992 wollten vorbereitet werden.

Abstieg in der Lausitz

Der EC Bad Tölz der 90er Jahre

Am 08.08.1991 änderte sich in der Lausitz der Vereinsname in Eissport Weißwasser e.V. Noacks Idee, ein Polizeiverein als sponsorenträchtiges Gebilde, war damit Geschichte. Die einen Monat später beginnende Saison 1991/92 sollte für die Lausitzer zugleich die vorläufig letzte in der höchsten deutschen Spielklasse werden.

In der Vorrunde war Weißwasser Lausitzer bereits Träger der Roten Laterne, gegen den neunten Hedos München wurde in den Play-downs 2:4 verloren. Andreas Ludwig geriet dabei in die Schlagzeilen. Am 03.03. streckte der Weißwasseraner einen der Linesmen mit einer Kopfnuss und einem Stockstich in den Unterleib zu Boden. Nicht nur die Serie war für den Stürmer damit vorbei, das Disziplinargericht sperrte ihn für acht Jahre. Sein Glück, dass es überhaupt weiterging, war eine nachverhandelte Strafreduzierung bis zum 31.03.1993. Unter Bewährung stand er bis Dezember 1995.

In Runde zwei der Play-downs schoss Eissport Weißwasser den desillusionierten, gegen Kaufbeuren vorab klar unterlegenden Bundesliga-Dino Landshut mit 3:1 aus der Liga. Zumindest theoretisch. Damit waren die Lausitzer für die Relegation gegen den Vize-Zweiligisten qualifiziert. Doch der Serie gegen den EC Ratingen fehlte das gewisse Etwas. Wieder verdarb der Grüne Tisch allen die Spannung. Diesmal zog sich Rosenheim aus der Liga zurück. So ließ Weißwasser die Westfalen gewähren, Ratingen entschied die Serie mit 2:1 für sich. Und Weißwasser, im sicheren Gefühl des Rosenheim-Nachrückers, machte sich an die Saisonplanung 1992/93. Doch es kam anders. Der DEB-Wirtschaftlichkeitsausschuss entzog die Bundesligalizenz. Landshut blieb oben und verpflichtete mit Verteidiger Michael Bresagk und den Stürmern Jörg Handrick sowie Ralf Hantschke gleich drei ESW-Topleute.

Rund um das beschauliche Tagebaugebiet fand derweil in Liga 2 ein leidenschaftlicher Neuaufbau um Kapitän Hubert Hahn statt. Geführt vom tschechischen Coach Zdeněk Haber scheiterten die Lausitzer jedoch in entscheidenden Play-off-Spielen gegen Rosenheim (1993) und Kassel (1994). Das finanzielle Überleben stetig im Visier, war der ESW nunmehr auf den Verkauf junger Spieler wie gestandener Leistungsträger angewiesen. 1993 packten etwa die Stürmer Dirk Rohrbach (Hannover) und Falk Ozellis (Kassel) die Koffer, 1994 ging Verteidiger Torsten Hanusch zum EC Hannover. Weißwasser wurde zum EC Bad Tölz der 90er Jahre.

Rette sich, wer kann
Rückzüge und Konkurse im Unterbau

Während sich in der Saison 1991/92 die einstigen Rivalen aus Weißwasser in der Elite von namhaften Spitzenclubs überrumpeln ließen, strampelte sich Dynamo Berlin im Unterbau ab. Die insgesamt 19. Zweitliga-Spielzeit war zugleich die letzte im zweigleisigen Modus. Insgesamt 20 Teams gaben sich die Ehre, eines weniger solvent als das andere. Der DEB sah das Unheil kommen und siebte kräftig aus.

Nach den Vorrunden im Süden und Norden trennte sich die Spreu vom Weizen. Die Plätze eins bis fünf hatten eine »Obere Zwischenrunde« erreicht. Die restlichen Teams die »Untere Zwischenrunde«. Damit waren die besten Süd- und Nordclubs gewissermaßen wieder vereint. Die ersten acht der Oberen Zwischenrunde qualifizierten sich für die Aufstiegsrunde zur Bundesliga. Der Meister (Dynamo Berlin) stieg direkt auf, der Vize (EC Ratingen) spielte gegen den ES Weißwasser in der Relegation. Blieben vier Teams übrig. Hinein damit in den Topf der Qualifikationsrunde mit den besten sechs Teams der »Unteren Zwischenrunde«. Die Plätze eins bis vier blieben zweitklassig. Gemeinsam mit den Plätzen drei bis acht der Bundesligaaufstiegsrunde ergab sich dergestalt ein Zwölferfeld für die kommende eingleisige Liga 2 ab der Saison 1992/93. Eine Verzahnung mit den Oberligen fand nicht statt. Die dort ausgefochtene Gesamtmeisterschaft, Sieger der ETC Timmendorfer Strand, geriet so zur Farce. Rückzüge (Hamburger SV, ESC Dorfen, EV Dingoldfing) und Konkurse (Schalker Haie, EHC Unna, EV Regensburg) bestimmten auch in Liga 3 den Saisonverlauf.

Bereits zu Saisonanfang war der doppelt von Berlin geschlagene SV Duisburg in Konkurs gegangen. Die Punkte wurden dem EHC Dynamo abgezogen. Und Nachfolger EV Duisburg malte bereits am Fuchs im Logo für den Landesliganeustart zur kommenden Spielzeit. Abgekupfert aus Weißwasser. Dem EHC Essen-West blieb das Pleiteschicksal um Haaresbreite erspart, der SC Memmingen rettete sich nur durch einen außergerichtlichen Vergleich und kam so gegen die bereits ausgesprochene Spielbetriebseinstellung herum.

Freiwillig strich am Saisonende der EV Füssen die Segel, der sich trotz Platz zwei in der »Unteren Zwischenrunde« sportlich für den Ligaverbleib qualifiziert hatte. Die Gelb-Schwarzen, erneut bedroht vom Pleitegeier, taten das einzig Richtige, verhinderten Schlimmeres und schlossen sich Ravensburg, Peißenberg und dem EC Bad Tölz in Richtung Oberliga Süd an. Aus dem Nordwesten zog es den ESC Wolfsburg und den Grefrather EC dagegen in die Oberliga Nord. Iserlohn rückte an Stelle der Füssener nach und verblieb in der Liga. Aus der wieder eingleisigen Spielzeit 1992/93 verabschiedeten sich aus dem Zwölferfeld die nächsten Traditionsteams. In den nach Bundesligavorbild Mode gewordenen Play-downs erwischte es zunächst Bad Nauheim. In der Oberliga-Verzahnung schaltete Oberligaprimus EV Landsberg den SC Riessersee aus. Die seit 1991 vom Tschechen Florian Strida trainierten Landsberger, in den Vorjahren zweit- und drittklassig, sollten noch bis 1999 durchhalten. In schmerzhafter Erinnerung geblieben ist den Landsbergern die Ära des damaligen Vereinspräsidenten Rainer Kästele. Dem beschwerdewütigen Kaufmann mit einem Hang zu Impulskontrollstörungen (Stadionverbot in Bad Nauheim 1996/97) kreidete das Fanlager den zunehmenden sportlichen wie wirtschaftlichen Leidensdruck an. 2000 war der EVL am Boden und löste sich auf. Im selben Jahr begann der Neuanfang als EV Landsberg 2000 in der Bezirksliga Bayern.

Insgesamt krankte das Zweitligagebilde bedrohlich und sollte sich bis zur nächsten deutschen Eishockeyreform 1994 nicht mehr erholen. Ein Grund mit, warum die DEL derart schnell aus dem Boden gestampft werden musste. Das Motto: Teuer einkaufen, Augen zu und Durchmarsch nach oben, wie es Rosenheim 1993 mit einem Kraftakt allen vormachte. Letzter Meister der 2. Eishockey Bundesliga wurde 1994 die alte Liebe Carl Frenzels, der vom Schweden Gunnar Leidborg gecoachte Augsburger EV. Wiederholungstäter in Sachen Konkurs und Spielbetriebseinstellung: ECD Sauerland Iserlohn, EHC Essen-West, SC Bayreuth sowie SC Memmingen.

Im Schneeballsystem

Der Berliner Schlittschuhclub fällt auf Herrn Metzler herein

Eine Klasse tiefer verabschiedete sich nach nur dreijähriger Reanimationsphase 1994 der mittlerweile 101jährige Berliner Schlittschuhclub. Ein gewisser Nobert Metzler war daran mittelbar beteiligt. Trug er doch dazu bei, der Eishockeyabteilung bei Schampus- und Kaviarempfängen den kühlen Verstand gesunder Kalkulationen zu rauben. Aufgetischt wurde außerdem die Schattenreichfirma Travimpex. Aus der würden alsbald Koffer voller Geld an den Eichkamp rollen, so der Märchenonkel. Als vertrauensbildende Maßnahme ließ der Finanzdienstleister aus dem Hessischen gleich mal einen dieser Koffer vor Ort. Unbeschwert ging man daran, Spieler zu verpflichten, das hehre Aufstiegsziel vor Augen. Doch als die Goldtaler mitten in der Saison 1993/94 ausblieben, das Team mangels Gehaltszahlungen auseinander fiel und der DEB dem panischen Rückzugsbegehren des Vorstandes nicht nachkam, erlebten die geprellten Charlottenburger ein Waterloo besonders tragischer Art. Für die mit einem klapprigen Ikarus-Bus durch die Lande tingelnde Mannschaft wurden Spendenbüchsen aufgestellt, damit wenigstens nach den Auswärtsspielen eine warme Pizza für jeden drin war. Nach 2:58 Punkten 101:495 Toren war der Spuk endlich vorbei, Norbert Metzlers Geldvernichtungsmaschine längst aufgeflogen. 1994 wurde der Hochstapler am Berliner Flughafen verhaftet.

Der Schneeballkönig, bis dahin vermutlich größter Anlagenbetrüger der Nachkriegszeit, hinterließ zudem bei den Berliner Eisbären und dem EC Bad Nauheim verbrannte Erde. Boxer wie Henry Maske, der Fußballclub Hansa Rostock und rund 200 Kunden, denen geschätzt 40 Millionen Mark aus den Taschen gelockt wurden, blickten gleichermaßen betreten in die Röhre. Urteil am Berliner Landgericht 1995: sechs Jahre Haft für Metzler, zwei Drittel davon saß er ab. Als Norbert Wöstenberg, er hatte inzwischen geheiratet, kaum wieder auf die Gesellschaft losgelassen, zog er sein böses Spiel von vorne auf. Sportvereinen ersparte er netterweise seine Aufwartung.

Und der Schlittschuhclub? Versuchte sein Glück erneut, stieg von der Landesliga hoch, verfügte im Tor mit René Bielke über einen Ex-Internationalen mit zwölf Jahren Dynamo Berlin auf dem Buckel und stand 1997 vor dem Sprung in Liga 2. Im Juli 1998 verweigerte der DEB jedoch die Lizenz. Nichts wurde es mit der Herrlichkeit. Der Stammverein strampelte in alter Manier 2007 die Abteilung Eishockey ab. Der neugegründete Eissport und Schlittschuh-Club 2007 begann zur Spielzeit 2008/09 in der Sachsenliga und spielt seitdem tapfer weiter. Ein Ende der Traditionsfahnenstange ist glücklicherweise nicht abzusehen.

Der Tag, an dem die Tagesschau verschoben wurde

Peter Draisaitl und das Wembley-Tor

Mit Platz vier in der Vorgruppe A hatte Deutschland bei den Olympischen Winterspielen in Albertville 1992 das Play-off-Viertelfinale erreicht. Ohne jedwede Beschränkungen durften erstmals nun auch offizielle Profispieler eingesetzt werden. Neuer Modus: Die Finalrunde entfiel, die besten vier A- und B-Gruppenteams erreichten das Viertelfinale.

18.02.1992. Deutschland gegen Kanada. Eispalast von Meribel. Der Tag, an dem um 20 Uhr MEWZ selbst die Fans von Nachrichtensprecherin Dagmar Berghoff in Eishockey-Verzückung gerieten. 10 Millionen Zuschauer saßen vor deutschen TV-Geräten. Die Tagesschau verschob sich. Sportunbedarfte wurden gebannte Zeugen eines der größten Eishockey-Krimis der olympischen Geschichte. Denn die deutsche Eishockey-Nationalmahnschaft hatte soeben dem haushohen Favoriten Kanada mit einem 3:3 sensationell die Verlängerung abgetrotzt. Nach zehn Minuten ohne entscheidenden Treffer im Sudden Death wurde der letzte Torschuss von Goalie Helmut de Raaf mit einem Reflex entschärft. Erstmals in der Olympiageschichte erfolgte ein Penalty-Schießen.

Der finnische Schiedsrichter Seppo Mäkelä bat zum Tanz. Eric Lindros: über das Tor. Die nächsten drei Schützen machten es nicht besser. Auf deutscher Seite scheiterten Peter Draisaitl und Dieter Hegen genauso wie Steve Archibald für Team Canada. Jason Woolley traf, Kapitän Gerd Truntschka versagte. »Es ist gelaufen, es ist gelaufen«, flüsterte Radioreporter Eddie Körper mit schwacher Stimme ins Mikrofon, als Wally Schreiber zum 2:0 für Kanada einnetzte. Doch das Blatt wendete sich. Preußens Michael Rumrich zum 1:2. Joséph Juneau versagten die Nerven. Andreas Brockmann zum 2:2. Nun hätte Deutschland nach jeweils fünf Schützen mit dem nächsten Schwung beginnen müssen. Doch auch bei Schiedsrichter Mäkelä lagen die Nerven blank. Erneut musste ein Kanadier ran: Lindros gegen de Raaf. Der Puck zappelte im Netz. Dann Peter Draisaitl. Es sollte der Volltreffer des Tages werden, doch dann wurde es ein verkapptes Wembley-Tor. Draisaitl lief gerade auf Sean Burke zu. Im letzten Moment wollte er ihm das Spielgerät durch die Schoner schieben. Burke kippte getroffen nach links um, die Kameras suchten den Puck. Sterbender Schwan auf kanadisch. Plötzlich fiel die Scheibe hinter dem Goalie wieder raus. 7,62 Zentimeter Durchmesser trudelten und wackelten auf die fünf Zentimeter breite Torlinie zu und starben an einer kleinen Unebenheit auf dem Eis den Linientod. Aus Sicht des Schiedsrichters, und der hatte das Sagen.

Nach einem 5:4 gegen Frankreich, einem 3:4 gegen Schweden blieb Rang sechs in den Platzierungsspielen. Wenige Monate später, bei der 92er WM in Prag und Bratislava, spielten erstmals zwölf Teams um den Titel. Einerseits deshalb, weil durch die Splittung der ehemaligen Sowjetunion (Russische Föderation) in fünfzehn Staaten mehr IIHF-Mitglieder nach oben drängen würden, andererseits waren finanzielle Gründe ausschlaggebend. Der Abstieg der Deutschen sollte in jedem Fall verhindert werden, da der hiesige Werbemarkt als einer der finanzkräftigsten galt. Modus nach einer Vorrunde mit sechs Teams in je zwei Gruppen: Viertelfinale, Halbfinale, Spiel und Platz drei, Endspiel. Die beiden Gruppen-Letztplatzierten machten den direkten Absteiger unter sich aus. Für die Fünftplatzierten war die WM nach der Vorrunde zu Ende.

Die Hauptrunde verlief beinahe tadellos. Nach fünf Begegnungen standen 8:2 Punkte auf der Habenseite. Das Credo des Dr. Phil. Bukač, die besten U20-Spieler früh an das Nationalteam heranzuführen, wurde in die Tat umgesetzt. Der nachnominierte Stefan Ustorf war das beste Beispiel. Gestandene Erbhöfe Marke Udo Kießling verschwanden dagegen in der Versenkung. Karl Friesen stand aufgrund steter Rückenbeschwerden nicht mehr bereit, und Ost-Berlins René Bielke gab neben Joseph Heiß den Backup. Der unrühmlichen 3:6-Auftaktniederlage gegen Finnland folgten Siege wie am Fließband, darunter ein 5:2 gegen den späteren Weltmeister Schweden. Dann die böse Überraschung. 1:3 gegen die Schweiz im Viertelfinale. Aus. Sechster Platz. Die nächste WM im eigenen Land stand für 1993 im Kalender. Dann, so Luděk Bukač, sei mindestens das Halbfinale drin.

Von Null auf Hundert
Wir wollen die Eisbären sehen

Berlins Fankultur erwachte spätestens in der Euphorie des prompten Wiederaufstiegs 1992. Der im Hohenschönhausener Nirgendwo verortete Wellblechpalast wurde mehrheitsfähig und hatte sich zum Mekka der Eishockeymarke Ost-Berlin gemausert. Hartmut Nickel stand wieder hinter der Bande, EHC-Manager Lorenz Funk war der Vater des Erfolges. Die alten Kontakte des Tölzers zu Sponsoren, Spielern und Managern waren Gold wert. Ex-Nationalstürmer Peter Schiller, vom kriselnden Mannheimer ERC gekommen, erklärte sich bereit, im Sportforum die Bundesligakarriere ausklingen zu lassen. Nach 50 Spielen mit 123 Scorerpunkten thronte der aus Frankfurt geholte Kanadier Mark Jooris ganz oben auf der Liste. Dem Stürmer und Publikumsliebling wurden einige Zeit später belgische EU-Vorfahren attestiert, was sich im Zuge des 1985er Bosmann-Urteils noch von großer Wichtigkeit erweisen sollte. Verteidiger Franz Steer hatte Berlin aus seiner Preußenzeit noch in guter Erinnerung und kam 1989 zurück aus Landshut an die Spree. Mit dem tschechischen Center Jiří Dopita verpflichtete Funk vor Ende der Wechselfrist zudem eine Lebensversicherung für den Ligaverbleib in den nächsten Jahren. Und auf ehemalige Staatsamateure wie die Stürmer Jan Schertz, Guido Hiller, Harald Kuhnke, Detlef Radant oder Thomas Graul war Verlass.

Einige davon ließen sich, zum geldwerten Vorteil der Vereinskasse, von Funk überreden, fortan doch bitte in der Fremde ihr Glück zu versuchen. Wie etwa Verteidiger Sven Prusa, der 1991 nach München umzog. Torsten Kienass, im selben Jahr erster gedrafteter Dynamo-Spieler, wurde 1992 zum EC Ratingen transferiert. Auf Kosten einer Ausbildung spielte der Blueliner jedoch nie in Übersee. Am Niederrhein waren deutsche Puckjäger mit Russischkenntnissen (Dieter Frenzel, René Bielke) äußert gefragt. Alexander Barinev, einst Spieler in Moskau, hielt den wolgadeutsch dominierten Kader (elf Akteure, die meisten aus Kasachstan) auch abseits der Eisfläche als Babysitter bei Laune. Präsident Dommels Bemühungen um rasche Einbürgerung fähiger Spieler sollte den Sandbachlöwen 1993 auf Anhieb den achten Bundesligarang bescheren. Untergebracht in einem ausrangiertem Hotel und mit monatlichen Spielergehältern um die 3.000 Mark abgespeist, wurde drauflos gefeiert und gezockt. Neue Freiheiten im Opel Corsa, die schon mal in der Ausnüchterungszelle endeten. Als Vergleichswert verdienten die Stars der Liga anderer Clubs ungefähr 500.000 Mark brutto pro Saison. Im darauffolgenden Play-off-Viertelfinale blieb Ratingen mit 0:3 an Düsseldorf hängen. Wenige Monate später musste Coach Barinev wegen vereinsschädigenden Verhaltens den Wolga-Express verlassen.

Durch Spielerverkäufe kam zwar immer wieder dringend benötigtes Geld in die Hohenschönhausener Kasse, zum Überleben würde es jedoch bald nicht mehr reichen. In dieser Phase angelte Funk sich den künftigen Präsidenten und Mäzen Helmut Berg, gut betuchter Chef einer Immobilienfirma, der sich nach Geschäftsschluss redlich um den Weiterbestand des Ost-Berliner Spitzeneishockeys mühte. Mit ihm, einem ehemaligen Preußen-Sponsor, dem die Charlottenburger Luft unter Präsident Windler zu dünn geworden war, folgte im Sommer 1992 der Sprung durch die Wand von »Dynamo« zum Stammverein EHC Eisbären Berlin e. V. Zunächst ein heftig diskutiertes No-Go, ein Tabubruch sondergleichen. Die Aufschreie führten zu Ohnmachtsanfällen vieler Dynamo-Traditionalisten. »Eisbären«, das ging gar nicht. Umso lauter wurden die »Dynamo«-Schreie im Sportforum. Helmut Berg wies Stadionordner an, Fans im Dynamo-Dress den Eintritt zu verweigern, die Lage beruhigte sich nach Boykotterklärungen großer Fanlager nur langsam. Und was den Eisbären im Vereinsnamen betraf, so neu war der nicht. Historisch betrachtet ist er auf die aktive Abteilung des Polizeisportverein SC Dynamo Berlin von 1954 zurückzuführen.

Das Dynamo-Opfer war notwendig geworden. Das Geld saß nun einmal im satten Westteil der Stadt. Für das nunmehr erloschene Aushängeschild, eng mit dem Makel der Stasi verbunden, gab es kaum etwas zu holen. Ohne »Dynamo« im Vereinsnamen kamen sie schließlich, die so wichtigen Sponsoren. Die Berliner Spielbank stieg ein, und Konkurrent Preußen betrachtete die Entwicklung mit Sorge. Das Geld floss jetzt nicht nur nach Charlottenburg, sondern mehr und mehr gen Hohenschönhausen. Helmut Berg sah es mit Genugtuung. Und während sich die Präsidenten Berg und Windler am Telefon heiße Schlachten lieferten, vor allem, wenn wieder einmal in der Presse lanciert wurde, dass preußische Spitzenkräfte wie Nationalstürmer Georg Holzmann in den Osten gelockt werden sollten, standen auf dem Eis hart umkämpfte Stadtderbys bevor. Die Halle 1 des Kunsteisstadions im Sportforum Hohenschönhausen, wie der Wellblechpalast der Eisbären noch bis Oktober 2001 heißen sollte, platzte bei diesen Derbys aus allen Nähten. Dann waren deutlich mehr als 4.200 Fans da. Mehr passten eigentlich nicht hinein. Die Schwarzmarktpreise explodierten, die Fanlager der Eisbären und Preußen lieferten sich kleinere Scharmützel. Aber meist nur dann, wenn sich Fußball-Hooligans in die Sportart verirrt hatten, marschierte

Polizei auf, was die Lage nicht unbedingt friedlicher gestaltete. Zu nenneswerten Ausschreitungen kam es indes nie. Auf dem Eis war es viel spannender.

In einer Vorrundenbegegnung am 20.11.1992 erzielte Preußens Goalie Klaus Merk den entscheidenden 3:1-Treffer ins verwaiste Eisbärengehäuse. Das erste Tor eines Schlussmanns in der Bundesligageschichte überhaupt. Und zwar aus dem Spiel heraus. Zuvor hatte 1976 nur Kölns Axel Richter, allerdings im Penaltyschießen, gegen BSchC-Keeper Erich Weishaupt getroffen. Am 14.11.1993 gelang Merk ein Duplikat seines Kunststückes. Diesmal beim Preußen-Heimspiel in der Eissporthalle an der Jafféstraße. Die Uhr war auf Minute 59:41 heruntergelaufen, als sein Torraumschlenzer zum entscheidenden 5:3 über 50 Meter Distanz ins abermals leere Eisbärengehäuse trudelte.

Die Berliner Fans, das sollten unbedarfte Besucher der jetzigen Eisbären-Spielstätte wissen, skandieren bis heute »Dynamo« und »Ost-, Ost-, Ost-Berlin«. Vor allem dann, wenn es bei den Lieblingen auf dem Eis nicht rund läuft.

Ausflüge in die Talentförderung

Die Deutsche Nachwuchsliga und ihr Berliner Ursprung

Wo etwas Neues entsteht, bedarf es der Jugend. Der DDR-Sportappart hatte es vorgelebt, und so ist es nicht verwunderlich, dass die Eisbären schon bald Vorreiter in Sachen Eishockey-Nachwuchsförderung werden sollten. In Krefeld bastelte derweil der Weißwasseraner Rüdiger Noack an Konzepten für die bis heute erfolgreiche Nachwuchsarbeit auf Kufen.

Zwei frühe Berlin-Beispiele: Stürmer Steffen Ziesche, 72er Jahrgangsgewächs, stand bereits seit 1989 im EHC-Profikader und wechselte vier Jahre später zum Großeinkäufer Düsseldorfer EG. U18-Internationalstürmer Sven Felski, Jahrgang 1974, tauchte erstmals 1992 auf einem Spielberichtsbogen in der Bundesliga auf. 1.000 Eisbärenkämpfe später beendete er 2012 die clubtreue Karriere. Dabei hatte er doch eigentlich Kringeldreher werden sollen; spät für einen kommenden Eishockeyprofi durfte er erst mit elf Jahren ins Dynamo-Juniorenteam wechseln. 1997 wurden die Bedingungen im Berliner Nachwuchsbereich noch professioneller und bildeten erneut die Speerspitze der Eliteclubs für den Nachwuchs- und Amateurbereich. Der EHC Neue Eisbären Berlin 97 wurde als wirtschaftlich von den Profis abgetrenntes Farmteam gegründet, subventioniert vom großen Bruder. Gespielt wurde bis zur Insolvenz im März 2001 in der Oberliga Nord. Das Nachfolgekonstrukt Eisbären Juniors Berlin e.V. begann daraufhin in der Regionalliga Nord-Ost und stieg 2004 in die Oberliga Süd-Ost ein.

Andere Clubs, wie Mannheim, gingen ab 1999 den gleichen Weg. Es begann die Zeit professionell arbeitender Leistungszentren nach DDR-Vorbild. Sportinternate entstanden dort, wo Mäzengelder locker saßen und goldrichtig verwendet wurden. Um die Jungadler nebenher an das Profigeschäft heranzuführen, wurde der Nachwuchs noch im selben Jahr erstaunlicherweise in die neugestaltete Oberliga Nord aufgenommen. Die Badener fuhren eine Saison lang quer durch die Lande, bis hoch zum EC Timmendorfer Strand. Eine logistische Herausforderung, die im Folgejahr mit der DEB-Umgruppierung in die Regionalliga Süd ihr Ende fand.

Bis zum Sommer 2009 dauerte es, dann setzte der DEB in Zusammenarbeit mit den Landesverbänden die Deutsche Nachwuchsliga (DNL) durch. Fortan spielte die Jugendelite unter DEB-Flagge. Zunächst bis 2010 als U18 angelegt und U19 fortgesetzt, sollte die Schnittstelle zum Profibereich bei U20 stehen bleiben. Die Berliner mussten daraufhin 1999 das Junioren-Team aus der Oberliga zurückziehen. Ihr Argument einer besseren Vorbereitung in der zum Teil mit Halbprofis besetzten 3. Eishockeyliga zog nicht.

Im Zehnerfeld mit Vorrunde und Play-offs wird in der DNL der Meisterpokal ermittelt. Der Tabellenletzte steigt direkt in die U18-Jugend-Bundesliga ab. Im Gründungsjahr wurde, man höre und staune, der SC Riessersee Meister. Unter der Zugspitze war mit den Jahren zwar viel im Profibereich verloren gegangen, auf junges

Volk hatte man aber, genau wie in Bad Tölz, Landshut, Rosenheim oder Füssen, immer ein Auge gehabt. DNL-Rekordmeister sind die Jungadler Mannheim, stets die Eisbären Juniors im Nacken. Die Erich-Kühnhackl-Stiftung, seit 2001 mit dem Ziel der Förderung vor allem für jene Vereine angetreten, die auch abseits der Nachwuchsspitze im Bereich Jugend und Schüler ein hervorragendes Ehrenamt leisten, zeichnet Jahr für Jahr Vereine aus. Der »Goldene Puck«, verbunden mit einem Preisgeld von 10.000 Euro, wurde zuletzt 2013 Klostersee verliehen. Die Vorjahreslorbeeren gingen nach Regensburg und Bad Tölz. Nach wie vor stammen die meisten deutschen Talente halt aus Bayern.

Düsseldorf? Serienmeister!

»Einem Eishockeyspieler etwas begreiflich zu machen, ist unmöglich.« (Gerhard Kießling)

Düsseldorf setzte genau das um, was nötig war, um nach der Bundesligameisterschaft 1990 weiterhin ganz oben mitzumischen. Verließen verdiente Spieler wie Manfred Wolf die Brehmstraße, wurde stante pede hochkarätiger Ersatz gefunden. Zum Beispiel Benoît Doucet, in der Vorsaison maßgeblich am Nichtabsturz des EV Landshut beteiligt. Als Deutsch-Kanadier belastete der Center nicht das Ausländerkontingent, dafür umso mehr gegnerische Verteidiger. Erste Einsätze im Nationalteam folgten, obwohl der taufrische Publikumsliebling bereits 63 Spiele für Team Canada absolviert hatte. Wie das? Die Weltverbandsstatuten ermöglichten das Mitwirken, weil Doucet nie an einer WM, auch nicht als Junior, teilgenommen hatte. Wäre es anders gewesen, hätte erst eine Verjährungsfrist von vier Jahren, in denen er ausschließlich in BRD-Ligen aktiv gewesen sein musste, IIHF-Einsätze in Schwarz-Rot-Gold ermöglicht. Dass derlei mathematische Finessen nicht immer eine DEB-Stärke waren, zeigt der Fall des 2006 eingedeutschten Jason Holland. Bei der WM 2008 trug der Deutsch-Kanadier den Adler dummerweise ein Jahr zu früh auf der Brust.

Vorweg war der Verteidiger anno 1996 einer Einladung zur U20-WM für die Ahornblätter gefolgt. Erst seit 2005 spielte er für den ERC Ingolstadt. Holland wurde vom Turnier ausgeschlossen. Die DEB-Verantwortlichen gerieten in Punkteabzugsnot. Doch das eilig herbeigerufene Sportgericht entschied zu Gunsten derer, die das Kleingedruckte im IIHF-Paragraphendschungel überlesen hatten. Somit blieben drei enorm wichtige Zähler auf der deutschen Habenseite.

Hans Zachs neue Traineraufgabe in Düsseldorf bestand ab der Bundesligasaison 1990/91 in erster Linie darin, das in den Medien als verwöhnt und verhätschelt dargestellte All-Star-Team in der Erfolgsspur zu halten. Dafür eignen sich bekanntermaßen zwei Mammutaufgaben am besten: neue Motivation schaffen sowie das System verändern. Doch wie sagte schon Gerhard Kießling? »Einem Eishockeyspieler etwas begreiflich zu machen, ist unmöglich.« Zach gelang das Kunststück, er führte eine vierte Sturmreihe ein, die Topscorer murrten. Wollten sie doch so viel Eiszeit wie möglich erhaschen, um ihren Marktwert in Scorerpunkten zu steigern. Im Training wurde wieder hauptsächlich bayerisch gesprochen und nach anfänglichen Findungsschwierigkeiten erreichte auch die Defense um Nationalverteidiger Michael Schmidt, Andreas Niederberger und Richard Amann Höchstform. Wer Anfang der 90er Jahre gutes Geld an der Brehmstraße verdiente, gehörte dazu, zur Goldenen Generation der DEG, die den vergangenen Kölner Titelhattrick noch toppen sollte. Spielernamen wie Christoph Kreutzer, Robert Sterflinger, der mit Köln und Düsseldorf insgesamt neunfacher deutscher Meister wurde, oder der bereits seit 1988 bei der DEG aktive Andreas Brockmann, bildeten neben all den bereits genannten Zachs Meisterkader.

Im Play-off-Halbfinale 1991 hieß der Gegner Rosenheim. Man lag bereits 0:2 in der Serie hinten. Mit einem satten Heim-8:1 kam die Powerhockey-Wende zum 3:2-Endstand. Auf Seiten des von Dr. Jano Starsi gecoachtem Sportbundes schlug neben Schwenningen-Zugang Mike Heidt der vom EC Hedos München losgeeiste Dale Derkatch mit 91 Scorerpunkten derart ein, dass DEG-Präsident

Klüth Hören und Sagen verging. »Kaufen«, hieß die Maxime. Klappte aber (noch) nicht. Erst zur Wechselfrist in der nächsten Spielzeit gab der Kanadastürmer seine Visitenkarte in Düsseldorf ab. Die Meisterkrönung gelang der DEG nach fünf Spielen gegen den Kölner Nachbarn. Dieter Hegen netzte in der Saison 1990/91 insgesamt 41 Mal ein und blieb damit, zumindest für einen deutschen Spieler, lange Zeit einsame Spitze. Erst 2008 löste ihn Stürmer Michael Wolf (Iserlohn) mit 44 Treffern ab.

Zum Ersten, zum Zweiten: Stefan Ustorf Hooligan

Düsseldorf? Ausverkauft!

Wer zu Saisonbeginn 1991/92 keine Dauerkarte für die Düsseldorfer Eisfestspiele besaß, hatte es verdammt schwer, überhaupt ins Stadion gelassen zu werden. Die angereisten Roadteams hatten Zachs Equipe wenig entgegenzusetzen. Von 22 Heimspielen der Vorrunde wurden lediglich zwei verloren. In den Play-offs nahm der Zach-Express noch mehr Fahrt auf und kegelte insgesamt alle Neune. Schwenningen (3. Spiel: 11:1), Mannheim (1. Spiel 10:2) und Endspielgegner Rosenheim wurden jeweils mit einem Sweep abgefertigt. Nach dem EV Füssen und dem Kölner EC fanden sich die Düsseldorfer nun auch in der Kategorie »Hattrick-Meister« der Bundesligageschichte wieder.

Abseits der Play-off-Startplätze ließ erstmals ein späterer Eisbär und Kapitän der Nationalmannschaft, Stefan Ustorf, aufhorchen. Der hatte seit seiner geglückten Flucht aus einer Realschule im Alter von 16 Jahren konsequent Hanteln gebogen und NHL-Englisch gepaukt. Sein Vertragsclub, der ESV Kaufbeuren, 1991 von Liga 2 in die Elite aufgestiegen, verließ gegen Landshut nach fünf Verzahnungsspielen eben erst siegreich das Eisfeld, wenige Monate später zahlten sich die Englischlehren aus. Ustorf, der Trainersohn, wurde von den Washington Capitals in der dritten Runde an 53. Position gedraftet. Der ESVK erteilte die Freigabe erst nach der WM 1994 und tat in vielerlei Hinsicht gut daran. Mit dem U20-Stürmer ließ sich 1993 nach dem Vorrundenende Platz sieben sichern, gegen den Kölner EC war im Viertelfinale Schluss. In der letzten Bundesligaspielzeit 1993/94 erreichten die nunmehr vom Tölzer Peter Kathan trainierten Allgäuer knapp vor Rosenheim den begehrten achten und letzten Play-off-Rang. Das spülte, trotz eines Sweeps der Düsseldorfer EG in der neu installierten Siebener-Play-off-Serie, dringend benötigtes Geld ins Füllhorn Abendkasse.

Dass Kaufbeurens Präsident Ustorf gleich zweimal verkaufte, sollte noch bis Mitte 2000 die Gerichte beschäftigen. Das Nachsehen hatte der EC Hedos München. Ulf Jäkel und Hedos-Geschäftsführer Adam Jakob, Hauptakteure im Deal, waren sich 1992 mit einer Ablösesumme von 300.000 Mark handelseinig geworden. Jacobs Firma EKB Wohnbau leistete im Januar 1993 die vertraglich vereinbarte Anzahlung. Nur einer hatte etwas dagegen. Der Spieler selbst hegte andere Pläne. Doch statt nun die aus München geflossenen 172.500 Mark zurück zu überweisen, klagte Jäkel auf Vertragserfüllung. Selbstredend scheiterte er. Jakob schließlich holte sich 1995, als der EC Hedos längst Geschichte war, die bereits gezahlten 172.500 Mark nebst sattem Zins zurück. Damit nicht genug, denn Jäkel wiederum kassierte, ohne es dem ESVK groß kundzutun, für den Ustorf-Transfer von den Washington Capitals. Im Januar 1995 flossen durch den NHL-Klub über 125.000 US-Dollar in die Kasse der Kaufbeurer Adler GmbH. Nun gut, Geld angekommen, möchte man meinen. Doch falsch gedacht. Adressat der Zuwendung war der Stammverein, der ESV Kaufbeuren e.V. Die umgerechnet 96.000 Euro hätten ihm zufließen müssen und nicht der ausgelagerten DEL-Franchise. Nur wurde in der Saison 1997/98, nach einer Phase erheblicher Misswirtschaft, besagter Kapitalgesellschaft die Liquidation entzogen. Das Oberlandesgericht München entschied dazu 2004 in einem Vergleich, dass Ulf Jäkel 38.000 Euro an den ESV Kaufbeuren zu zahlen hatte. Für den ehemaligen DEB-Präsidenten, der nebenbei den ESVK wiederum mit Klagen und Forderungen überhäufte, keine gute Zeit. Bereits zwei Jahre zuvor war er zur Zahlung einer selbstschuldnerischen Bürgschaft an die Adler GmbH verdonnert worden. Alles zum Wohle des Eishockeys.

Stefan Ustorf wurde der fünfte Deutsche in der nordamerikanischen Profiliga. Im AHL-Farmteam der Portland Pirates ausgebildet, stieß er 1995 ins Franchise-Team nach Washington vor, stand für die Capitals auf dem Eis, verletzte sich und landete wenige Spiele später wieder in Portland. Der Vater, mittlerweile sowohl als DEL-Trainer und Manager im Berliner Westen, ebenso als NHL-Europascout für Washington aktiv, brachte Sohnemann für den Rest der Saison im Preußenstall der Berliner Capitals unter. 1998 folgte Teil zwei der Übersee-Odyssee. Im Minor-Konstrukt International Hockey League (IHL) spielte Stefan Ustorf für Las Vegas Thunder, nach deren Auflösung ab 1999 für die Detroit Vipers. Und zuletzt, bis 2001 die Heimatkarriere fortgesetzt wurde, bei den Cincinnati Cyclones in der East Coast Hockey League (ECHL).

Im Oktober 2003 erlebte Ustorf, mittlerweile in Mannheim am Puck, was es bedeuten kann, zwar bei den Fans äußerst beliebt zu sein, jedoch von Seiten der Vereinsführung als zu einflussreich und unbequem im Kader zu gelten. Vor einem Auswärtsspiel in Hamburg, das die Badener passenderweise verloren, reichte ein in der Presse lanciertes Reeperbahn-Foto gleich mal für einen Rauswurf aus. Das Exempel war statuiert. Einen Monat später stand Ustorf im Kader der Krefelder Pinguine und stürmte ab 2004 für die Berliner Eisbären. Legendär die Schlachtrufe, wenn der Stürmer in Aktion war, auf die Strafbank musste oder in den Starting-Six aufgerufen wurde: »Ustorf-Hooligan«, brüllten die Fans.

Ursprünglich gemeint war damit einstmals Papa Peter, der als Capitals-Coach in einem Heimspiel gegen den Kölner EC am 12.10.1997 beim Stand von 2:2, acht Sekunden vor der Schlusssirene, ausgerastet war, in die zweite Tribünenreihe sprang und einen chronischen Pöbler kräftig durchschüttelte. Die Partie wurde minutenlang unterbrochen, gegen Ustorf sr. leitete die DEL ein internes Ermittlungsverfahren ein und verdonnerte den Coach zu einem Strafzoll von 10.000 Mark. Den Maulkorb für zwei Spiele auf

Bewährung gab es obendrein. Als Ustorf jr. erstmals 2001 mit den Adler Mannheim im Wellblechpalast auflief, staunte er über den Empfang nicht schlecht: »Ustorf-Hooligan«. Was von den Fans zunächst böse gemeint war, schließlich hatte der Center mal für die »Preußenschweine« gespielt, wendete sich schließlich mit seinem Wechsel an die Spree zum gutgemeinten Ritual. Bereits beim ersten Fantreffen im Sommer 2004 spielte er sich in die Herzen der Eisbären-Fans. A new Publikumsgott was born.

Nach 600 Spielen in der DEL, darin sechs Meistertitel mit den Eisbären und 128 Einsätzen in der Nationalmannschaft, musste Ustorf verletzungsbedingt die Segel streichen. Im Dezember 2011 erlitt er nach einem Check gegen den Kopf ein schweres Schädel-Hirn-Trauma. Von den Folgen hat er sich bis heute nicht erholt.

Bester Freund: Johnny Walker

Düsseldorfs vierter Titel in Folge

Die Saison 1992/93 geriet beinahe zur Kopie der vorherigen Spielzeit. Die DEG stürmte erneut von Platz eins der Vorrunde mit Sweeps über die Stationen Ratingen und BSC Preußen Berlin ins Endspiel. Finalgegner Kölner EC wehrte sich darin in fünf Begegnungen heftig. Das entscheidende Match ging jedoch mit 2:1 in der Overtime an den Rivalen von der Düssel. Titel Nummer vier war unter Dach und Fach. Live und in Farbe dabei: 11.000 DEG-Heimfans. Mit 62 Punkten trug sich nach Chris Valentine (DEG, 70) und Jiří Lála (Mannheim, 66) ein Spieler mit Iserlohner Wurzeln in die Topscorerliste ein. Sein Name: John Walker. Der Krefelder war bereits in der Zweitligasaison 1990/91 bester Teamscorer gewesen, nur hatten ihn die Seidenstädter zwischenzeitlich an den bayerischen Regionalligisten EV Germering verlorenen. Nun konnten es die Fans in der Rheinlandhalle beim Vorrundendritten wieder singen, das Lied von Marius Müller-Westernhagen: Johnny Walker. Auch über das verlorene Play-off-Viertelfinale gegen die Berliner Preußen hinaus. Er und Karel Lang waren die Publikumslieblinge. Aufstiegsgoalie Lang blieb bis 2001 in Krefeld. Walker wechselte ein Jahr früher zu DEL-Nachbar Frankfurt Lions, beide beendeten ihre Karrieren in Duisburg.

Die Konkurszeitbomben ticken

Von Baulöwenfamilien und Sonnenkönigen

Während die Kufencracks lange Zeit nun schon keine Amateure mehr waren und ihr Geschäft als Profis wahrnahmen, agierten viele Vereinsbosse nach wie vor als Schattenboxer. Selten waren Manager zu finden, die gerissenen Spielervermittlern Paroli boten. Geschönte Bilanzen und überhöhte Gagen, die zunächst nur noch spärlich, dann gar nicht mehr gezahlt wurden, gehörten zum Geschäft. Darüber öffentlich zu reden, wie es sich Berlin Capitals-Coach Chris Valentine 2000 anmaßte, führte in der Regel zur Kündigung wegen »vereinsschädlichen Verhaltens«. Dazu waren Mitspracherechte in Abhängigkeit von Sponsoren oftmals Teufelszeug, wenn etwa die quiekende VIP-Begleitperson einem Mäzen ins Ohr schrie: »Der ist süß, Geliebter, den musst du kaufen« – ein Vorgeschmack auf die 1994 in Frankfurt aufgetauchte Sanitärgroßhändlerin und spätere Hauptgesellschafterin Gisela Thomas (»Im Eishockey ist schon viel Erotik dabei«). Nicht nur die Erotik führte die Lions wenig später ins Verderben. Derlei Unbill auf einen einzigen Verein summiert, bedeutete über kurz oder lang ein sportliches wie wirtschaftliches Tohuwabohu. Ausnahmen in Sachen Dilettantismus und Missmanagement gab es in der deutschen Eishockeylandschaft der 80er und 90er Jahre wenige. Wo die Umsätze noch stiegen, wurden keinerlei Rücklagen gebildet und Gelder verprasst, die nie und nimmer mehr erwirtschaftet werden konnten. Sichere Indizien einer Saison, in der es an allen Ecken und Enden brannte, waren viel Presse und Kommunalpolitik sowie Beteuerungen von Gesellschaftern, dass man es auch ohne Trikotsponsor schaffen könne. Die Liste der Spielerabgänge wurde immer länger.

Die Fans litten, hofften und bangten dem Fortbestand ihrer Farben entgegen. Erst kurz vor Transferschluss tauchten die Handgeldjäger auf. Das Stadionheft erschien nur noch vierteljährlich und wurde schlussendlich ganz eingestellt. Wie der Spielbetrieb. Früher oder später. Je nach Gutdünken von Ligaleitung und Insolvenzverwaltung. Durfte es dennoch weitergehen, griffen mancherorts Lex-Modelle, über die sich wirtschaftlich gesündere Sportarten nur wunderten.

Erst mit Beginn der DEL-Zeitrechnung tauchten einige kluge Köpfe auf, zumeist ehemalige Aktive. 1994, in einer Zeit, als Mannheim Schulden in Höhe von geschätzt acht Millionen Mark drückten, wurde Marcus Kuhl zum Manager der Kurpfälzer berufen. Der 160fache DEB-Auswahlstürmer avancierte somit zum König der Altlasten aus Bundesligazeiten. Bis 2010 blieb er Manager, wechselte dann auf den Posten des Sportdirektors. Doch wurden die Finanzen der Bundesligaclubs nicht bereits vor jeder Saison einer DEB-Wirtschaftlichkeitsprüfung unterzogen? Ja. Und jetzt kommt ein fettes »Aber«. Denn trotz Vorlage aller Zahlen und Bedenken waren für die Lizenzvergabe am Ende die Vereine selbst zuständig. Dem EC Hedos fehlten Bürgen, die Kalkulationen hinkten dem Status quo hinterher? Wie praktisch, dass der Vorsitzende des Ausschusses 1993 Adam Jacob, Entsandter des Bavaria-Dreamteams, hieß. Und dass in den Sitzungen keine Krähe der anderen ein Auge aushackte, war beschlossene Sache.

Vor allem die Saison 1993/94 sollte, was das Abschließen langfristiger Spielerverträge betraf, solvent geltenden Clubs wie Düsseldorf und den Berliner Preußen noch lange in Erinnerung bleiben. Wer jetzt kurzfristig dachte, das Spielermaterial nicht als sicher angelegte Kapitalanlage sah, tat im Nachhinein gut daran. So kurz vor Beginn des DEL-Zeitalters, eng verbunden mit dem Bosmann-Urteil, das ab 1995 die Grenzen für EU-Billiglohnarbeiter öffnen sollte.

Düsseldorfs Weg in die Krise

Ausblick I: Teure Plüschtiere

Düsseldorfs Kader besaß die lukrativsten Verträge mit garantierter Langfristigkeit. Alles eitel Sonnenschein für das eisarbeitende Volk. Die Spieler der erfolgssatten Goldenen Generation waren jedoch mittlerweile um die 30 Jahre alt und hatten den Karriere-Zenit überschritten. Erst im vorläufig letzten und insgesamt achten Meisterjahr 1996 verließen die letzten Mohikaner das Dreamteam. Dieter Hegen, nach Kurzgastspiel in München, kam sogar wieder zurück an die Brehmstraße. Erst 1998 ging der 2010 in die IIHF Hall of Fame Aufgenommene von Bord und ließ über die Stationen Rosenheim und Kaufbeuren die Karriere 2002 ausklingen. Damit nicht genug. Neueinkäufe wie Thomas Bradl und Leo Stefan (Köln) belasteten mit 750.000 Mark Saisongage die Bilanzen. Sechs Millionen Mark flossen Jahr für Jahr allein ins Team.

Die DEG war völlig unvorbereitet auf das, was ab 1994 DEL heißen sollte und verbunden war mit Trainerentlassungen, Freistellungen, Niederlagen an Arbeitsgerichten, Fehleinkäufen und einem Managernovizen namens Helmut de Raaf. Der 1996 in den vorläufigen Spielerruhestand versetzte BWL-Student ohne Abschluss wurde mit einem Fünfjahresvertrag, Jahressalär: 200.000 Mark, ausgestattet. Nach einem Jahr zog der Meistergoalie mit sechsstelliger Abfindung gen Ratingen weiter. Was war geschehen? Wenig Gutes und so viel Schlechtes, dass seine alleinige Verfügungsgewalt zuletzt eine Summe von 5.000 Mark nicht mehr überschreiten durfte. Sensationell waren beispielsweise Idee und Einkauf tausender türkis-hellblauer Plüschlöwen. Bis dahin hatte die DEG jahrelang in diesen ungeliebten Farben des Sponsors Epson gespielt. Doch als die mannshohen Souvenirs an den DEG-Fan gebracht werden sollten, war die Rückkehr zu Rot-Gelb längst beschlossene Sache. So hieß es: ab damit auf den Friedhof der Kuscheltiere, ins Kellergewölbe der Geschäftsstelle, wo die Geldverbrenner saßen.

Das Schuldenbarometer erreichte im Juni 1996 deprimierende 11,3 Millionen Mark, abgesichert durch Bürgen, die jedoch untereinander heillos zerstritten waren. Zwei Jahre später folgten die Insolvenz und der Rückzug aus der DEL. Ob am Ende 15 oder 25 Millionen Mark Verbindlichkeiten aufgelaufen waren, blieb ein Geheimnis von GmbH-Geschäftsführer Jürgen Paul. Zwei turbulente Jahre im neuen Sammelbecken Bundesliga, also der vom DEB betriebenen und eingleisigen zweithöchsten Spielklasse, folgten. Doch da die Düsseldorfer weiterhin in Besitz einer DEL-Lizenz waren, kehrten sie 2000, immer noch hoch verschuldet, ins Oberhaus zurück. Erst 2002 sollte der Befreiungsschlag mit einem neuen Hauptsponsor und der Umbenennung in DEG Metro Stars gelingen.

Wetterleuchten im Ruhrgebiet
Die Heim-WM 1993

Das DEB-Team befand sich weiterhin im Aufwind. Dortmund und München hatten den Zuschlag für die 57. WM erhalten. Im A-Modus rief der IIHF nur marginale Veränderungen aus. Die Fünfplatzierten beider Vorrundengruppen hatten sich fortan mit Play-downs in der Abstiegsfrage zu befassen. Im Gründerwirrwarr neuer osteuropäischer Landesverbände ging die seit Januar 1993 in die Teilstaaten Tschechien und Slowakei zerfalle ČSSR nunmehr als rein tschechisches Team an den Start. Die Slowakei stieg erst 1994 mit einer Wildcard in die C-Gruppe ein.

Luděk Bukač, der in seinen insgesamt drei DEB-Trainerjahren knapp 150 Youngstars testete, setzte die Verjüngungskur konsequent fort. Um nur einige Neulinge aus der Vorbereitung zu nennen: Jörg Mayr (22), Torsten Kienass (21), Wolfgang Kummer (22). Thomas Brandl war mit 24 Jahren bereits so etwas wie ein Routinier; Gerd Truntschka gehörte mit 33 Jahren zum alten Unsinn-Eisen. Für den langjährigen Mannschaftskapitän sollte es das letzte Turnier werden. Im Sommer trat die Gallionsfigur der 80er Jahre nach 215 Spielen zurück. Der Bandengelehrte aus Prag hatte nichts dagegen.

Erneut ließ sich die Schwelle zur Medaillenrunde erreichen. Vier bravouröse Siege (Norwegen, Frankreich, Finnland, USA) entfachten auf Dortmunder Eis wahre Veitstänze unter den bis zu 11.000 Fans. Wäre nur nicht das Spiel gegen die Tschechen am 19.04. so schief gelaufen. Fünf Gegentore in den letzten beiden Dritteln bescherten den deutschen Farben Gruppenrang zwei im Play-off-Viertelfinale und damit unberechenbare Russen als Gegner. Die Sbornaja hatte bis dahin ein durchwachsenes Turnier mit ausgeglichenem Punktekonto geboten, doch ausgerechnet am 27.04. wendete sich das Blatt. Im ausverkauften Münchener Olympiapark legte Boris Michailows Truppe den Schalter um, wurde der Grundstein für den ersten Titelgewinn unter neuer Flagge gelegt. Das Opfer, wie gelähmt vor der großen Schlange, hieß beim 5:1 Deutschland.

Dass die bis dato tadellos spielenden Kanadier drei Tage später ebenfalls an Russland (4:7) hängen blieben, soll einer durchzechten Weißwurstnacht geschuldet gewesen sein. Sturmreihencoach Dr. Bukač und Defensivtrainer Franz Reindl sahen indes bereits wieder Ringe vor Augen. Bedingt durch die Umstellung im olympischen Kalender kündigten sich zwei Jahre nach Albertville die Lillehammer-Winterspiele in Norwegen an.

Kölns Weg aus der Krise

Ausblick II: Haie im Sponsorenbecken

In Köln taten sich 1993, begründet durch das krankheitsbedingte Kürzertreten von Präsidenten Landen, zwei wahre Visionäre hervor. Manager Helmut Bauer wurde kaltgestellt. Die Herren Neu-Vizepräsident Ulrich Simon und Geschäftsführer Jörg Dickhäuser übernahmen das operative Geschäft mit der tickenden Konkurszeitbombe. Einmal davon abgesehen, dass Simon sich später vor dem Amtsgericht Köln wegen Urkundenfälschung in Tateinheit mit Betrug verantworten musste, erwirtschaftete der KEC derweil ein Minus von rund sieben Millionen Mark. Und wenn Gründungsmitglied Bernd Schäfer nicht im Putsch mit dem Verwaltungsrat unter SPD-Klüngel-Mann Rainer Maedge das Kommando übernommen hätte, wer weiß, ob eine Kölner DEL-Teilnahme 1994 überhaupt möglich gewesen wäre? Heinz Landen trat zurück, Schäfer wurde Interimspräsident und gewann mit dem Bauunternehmer Heinz Barth einen neuen VIP-Sonnenkönig im Mäzenen-Pool. Fans demonstrierten für den Cluberhalt, Gläubiger lenkten ein, der KEC überlebte. Die endgültige Rettung nahte mit Bauhai Heinz Hermann Göttsch im Sponsorenbecken. Erst 2010 stoppten dessen Geldströme im Zuge eigener Haushaltsturbulenzen. Seit 1994 pumpte er als Gesellschafter knapp 30 Millionen Euro in die Haie-Kasse.

Kapitale Berliner Schnitzer ohne Fussballverstand

Ausblick III: Das Hobby des Herrn Banghard

Beim BSC Preußen saß Präsident Windler die Baulöwenfamilie Banghard im Nacken. Egon Banghard ließ seinem eishockeybegeisterten Sohn Axel, gerade erst Ende 20, freie Hand, das Schicksal in Charlottenburg zu übernehmen. Windler ging im Frühjahr 1995 streitlustig von Bord einer scheinbar liquiden DEL-Franchise. Doch bereits im Juni 1995 standen die in Preußen Devils umbenannten Berliner mit 4,18 Millionen Mark in der Kreide. Egon Banghard zog den Stecker und glich die Verluste aus. Stefan Metz, noch einmal kurzfristig als Manager zu Diensten, richtete es sportlich und zog gen Kassel zu den Huskies davon.

1998 überzeugte Banghard Senior seinen Geschäftspartner in der Sportagentur Rogon AG, Spielerberater Roger Wittmann (u.a. Mario Basler), als Generalmanager mit Sparstrumpf wieder für Ruhe und Ordnung zu sorgen. In drei Monaten sollte der gelernte Feuerwehrmann alles richten. Für Visionär Wittmann (»Ich werde krank, wenn Leute nicht funktionieren.«) begann ein zweijähriges Abenteuer. Denn der Sparstrumpf wies sehr bald erneut riesige

Löcher auf. Fand er anfangs zwar das passende Nähzeug, wusste er zuletzt nicht mehr, wie man damit in der Geldvernichtungsmaschine Eishockey erfolgreich werkelte. Verzweifelt darüber, soll es nach Niederlagen Wittmann gewesen sein, der in der Berliner Spielerkabine tobte. Um ihn herum wuselte seit 2000 der bei den Eisbären kaltgestellte Heimkehrer Lorenz Funk, zunächst als Sportdirektor, später zum Marketingchef degradiert.

Die Charlottenburger, nach Devils in Capitals, zuletzt in Berlin Capitals, Die Preußen, umbenannt, entfernten sich letztlich durch Fehlkalkulationen, verbunden mit dem baldigen Abriss ihrer Spielstätte an der Jafféstraße, selbst aus der DEL. Zu lange hatte man auf einen finnischen Investor gesetzt, der alle Pläne für den Bau einer Multifunktionsarena schließlich verwarf. Mehr Glück hatte diesbezüglich der Konkurrent in Hohenschönhausen. Im September 1999 waren die Eisbären nur vom Weg zum Konkursrichter abgekommen, weil US-Milliardär Philip Anschutz die Franchise übernahm. Zwei Jahre später stand fest, dass mit dem Bau einer Arena für bis zu 14.000 Eishockeybesucher begonnen werden würde. Nach der Grundsteinlegung im Jahr 2006 eröffnete am 10.09.2008 die Friedrichshainer O2-World.

In der Saison 1999/00 hatte es in Berlin-West sportlich noch rosig ausgesehen. Dann wurde es eng, sehr eng. Um überhaupt in der folgenden Spielzeit antreten zu dürfen, steuerte Banghard-Freund, Mannheims Mäzen Dietmar Hopp, elf Millionen Mark bei. Erst kurz vor Saisonbeginn 2001 konnte die seit über drei Jahren leer stehende Deutschlandhalle als Spielstätte in Betrieb genommen werden. Dumm nur, dass das Hitlerzeitbauwerk ebenfalls dem Abriss geweiht war. Der Umzug kostete, Wirtschaftlichkeitsprüfungen wurden verschleppt, erst neun Spieler standen kurz vor Saisonbeginn im Kader. Große Teile des Fanlagers rollten die Preußenschals für immer ein. Aufgrund grober Lizenzverstöße strafte die DEL-Geschäftsführung mit Punktabzügen plus einer Zwangsabgabe von 100.000 Mark. Wittmann verschwand 2001 entnervt und überlastet von der Bildfläche, Lorenz Funk wurde neuer Boss. Durch Lizenzentzug stieg die Franchise 2002 sowohl sportlich als auch finanziell aus der DEL ab.

Funk blieb bis 2004 als Präsident erhalten und schnürte sogar im Alter von 56 Jahren Regionalliga-Schlittschuhe. Ein Jahr später wurde Egon Banghard, der zwischen 1996 und 2002 geschätzt rund 20 Millionen Euro zugebuttert hatte, vom Landgericht Stuttgart wegen schweren Betrugs in 61 Fällen zu dreieinhalb Jahren Haft verurteilt. 2011 war die Deutschlandhalle Geschichte. Von den Preußen-Devils-Capitals blieb letztlich, nach heftigen Querelen mit dem Nachbarn Schlittschuhclub, der Eishockey Club Charlottenburg Preußen Berlin e.V. übrig. Als allerdings nur inoffiziell geführter Nachfolgeverein. So viel Streit muss sein, Insolvenzen hin oder her.

Kölner Bescheidenheit

Wer ist Udo Kießling? Mirko Lüdemann übernimmt

Wackelige Schecks und leere Kassen prägten den Kölner EC bereits 1992. Nach sieben hochdotierten Jahren verschwand Coach Hardy Nilsson von der Lohnliste, und Präsident Landen führte eine neue Trainerspezies in der Ligaspitze ein. Mit Wladimir Wassiljew, der die Eishockeyprofis bereits im Hochsommer auf der Trainingsmatte sehen wollte, übernahm ein Russe die Verantwortung. Aus den top Sechs der vergangenen Spielzeit waren Peter Draisaitl (Mannheim), Ernst Köpf (DEG), der Slowake Jozef Stümpel, (AC Nitra), Udo Kießling (Landshut) und Dough Berry verschwunden. Der kanadische Publikumsliebling beendete seine Karriere und verzog samt Gattin nach Übersee. Mit Nachwuchsspielern wie Verteidiger Jürgen Schulz (Ratingen), dem wolgadeutschen Stürmer Leo Stefan (Füssen) oder dem U20-Genie Robert Hock (Rosenheim) füllte sich der Kader wieder auf. 1993 siedelte der 20jährige Mirko Lüdemann aus der kanadischen Alberta Junior Hockey Leage (AJHL) in die Domstadt über. Nach 16 Ligaspielen bereits ins Nationalteam berufen, war dem Kölner EC mit dem Verteidiger ein absoluter Glückgriff gelungen. Ein Problem gab es allerdings. Die Transferrechte lagen in Händen seines Ausbildungsclubs, dem

EC Weißwasser. Und als die Lausitzer 1994 mal wieder von argen Liquiditätsproblemen gebeutelt wurden, verkaufte man das Tafelsilber Lüdemann an die DEG. Doch den Verteidiger konnten weder die Schecks eines Josef Klüth noch später die der Mannheimer Adler aus der Domstadt weglocken. Im Februar 2013 stand Mirko Lüdemann zum 1000. Mal für die Haie auf dem Eis. Einsamer Rekord.

Die grosse Münchener Shoppingtour
Ein Titel auf Pump

Seit 1988 die Münchener Konkursglocken nur knapp zum Schweigen gebracht werden konnten, war Hedos, 1989 in die Bundesliga aufgestiegen, nie weiter als bis über ein Play-off-Viertelfinale hinausgekommen. Sinkende Publikumszahlen im Olympiapark sowie die Abwanderung von Sponsoren, die ihr Heil im weitaus medienpräsenteren Metropolenfußball suchten, waren die Folge. 1992 drehten unbedarfte Geschäftsleute den Geldhahn mächtiger denn je auf und spülten somit Glanz in den Kader. Die Ausgaben stiegen ins Unermessliche, Einnahmen waren kaum vorhanden. Der Hefeteig für die nächste bajuwarische Eishockeypleite war angerührt. Die Mannen um Präsident Eberhard Jülicher und Schatzmeister Adam Jakob träumten von der großen Münchener Eishockey-Auferstehung. Koste es, was es wolle. Franz Hofherr, sonst ein so umsichtiger Manager, mochte bald schon nicht mehr hinsehen.

Rosenheims Bundesligarückzug hatte 1992 die Hochkaräter Karl Friesen, Georg Franz, Raimond Hilger und Kanadastürmer Anthony Vogel in die bayerische Landeshauptstadt gespült. Mit Leo Gudas wurde sogar ein tschechischer Nationalverteidiger verpflichtet. Fehlte nur noch ein Trainer, der die von allen Seiten kritisch beäugte Millionentruppe auf Vordermann bringen sollte. Hardy Nilsson, in der Saison 1991/92 in Köln zunehmend missverstanden und seit dem erstmaligen Aus in den Viertelfinal-Playoffs gegen Mannheim auf der Abschussliste, kam zu Saisonbeginn und scheiterte mit dem EC vor dem Semifinale gegen den MERC. Der Kader wurde 1993 weiter aufgerüstet. Manager Hofherr, eben noch mit letzten Vertragsverhandlungen beschäftigt, besah sich zum letzten Mal die zu erwartenden Deckungslücken und zog in weiser Voraussicht von dannen. Mit Dieter Hegen, Gerd Truntschka, Dale Derkatch, Tobias Abstreiter, dem tschechischen Verteidiger Zdeněk Trávníček, Stürmer Andreas Volland, Wally Schreiber, Michael Schmidt, um nur einige zu nennen, stand ein nicht refinanzierungsfähiger Kader auf dem Eis. Bereits zwei Monate nach Saisonbeginn beliefen sich die Schulden auf zwei Millionen Mark. Der Ex-Ratinger Walter Stadler übernahm das Missmanagement. Sportlich lief es jedoch rund. Die Vorrunde noch hinter Düsseldorf mit Platz zwei bestanden, gab es von nun kein Halten mehr. Diesmal konnte Mannheim locker im Viertelfinale bezwungen werden, und im Halbfinale blieb Köln auf der Strecke. Der dritte Play-off-Sweep gegen die nunmehr zum sechsten Mal in Folge im Finale stehende DEG wurde ebenfalls zur Formsache. Den Münchnern gelang damit ein Serienrekord, der bis heute Gültigkeit besitzt. Zum ersten Mal gewann ein vor den Play-offs schlechter platziertes Team ungeschlagen eine Endspielserie gegen eine besser platzierte Vorrundenmannschaft.

München, Champion werden und schnell wieder weg, hieß es für den Deutsch-Belgier Jan Benda. Der vom EHC Freiburg abgeworbene Stürmer sollte bis 2013 Eishockeydeutschlands buntester Wandergeselle werden. Benda spielte hochklassig in Tschechien, Finnland, Russland und absolvierte, ohne je gedraftet worden zu sein, in der Saison 1997/98 einige NHL-Spiele bei den Washington Capitals, fand sich jedoch in Übersee nie wirklich zurecht und landete vornehmlich in den Minor-Leagues. Erst in der Spielzeit 2011/12 sollte er DEL-Luft in Nürnberg und München, mittlerweile zum Verteidiger umgeschult, schnuppern.

Schon während der Münchener Meistersaison flossen die Gehälter spärlicher. Ein ehrenwerter, zehnprozentiger Gehaltsverzicht des Personals brachte 800.000 Mark Einsparung. Walter Stadler wurde kurz vor den Finalspielen gegen die DEG entlassen. Interne Hausdurchsuchung! Fand sich doch im Büro des Hofherr-Nachfolgers glatt eine komplette Mannschaftliste des Frankfurter ESC für die Folgesaison, darunter verdiente Spieler des EC Hedos, die Sparfuchs Stadler schnell aus hochdotierten Verträgen ablösen wollte. Eine Idee, mit der er sich keine Freunde machte. In einer letzten Aktion der Vernunft stellte der später Geschasste einen Konkursantrag gegen den eigenen Verein wegen ausstehender Gehaltszahlungen im sechsstelligen Bereich. Damit hatte es sich und nach 72 Jahren gewann, egal wie schlecht die Aktien standen, ein Münchener Eishockeyteam erstmals wieder eine deutsche Meisterschaft. Auf dem Marienplatz feierten 10.000 Fans. Die meisten von ihnen müssen Jubelperser gewesen sein, denn im Olympiapark blieben die Reihen regelmäßig gähnend leer.

Gemeinsam mit dem seit seinem Riessersee-Abschied 1991 beim DEB engagierten Franz Reindl übernahm Ex-Manager Hofherr 1994 die Geschäftsführung in der neu gegründeten DEL-GmbH. Ausgerechnet er zeigte sich federführend für die Lizenzierung der einzelnen Bewerber. Darunter auch der letzte Bundesligameister. Neuer Name: Maddogs München. Die vom Stammverein ausgelagerte Franchise für den Profibetrieb bildete die EC Hedos München GmbH. Ein wahrhaft liquider Geselle unter den DEL-Bewerbern! Gerüchte munkelten von elf Millionen Mark Verbindlichkeiten. Litt Hofherr unter Pleiten-Alzheimer? Der Kanadier Bob Murdoch beerbte Hardy Nilsson, der als Schweizer Nationalcoach kurzfristig von der deutschen Eishockeylandkarte verschwinden sollte. Vorlagenkönig Gerd Truntschka beendete nach 1.420 Scorerpunkten (nur Erich Kühnhackl weist mehr auf), 858 Erstligaspielen und 215 internationalen DEB-Einsätzen (51 Tore) eine unglaubliche Karriere. 1999 gründete der Eishockeyrentner im Niederbayerischen eine Firma für Nahrungsergänzungsprodukte, die LaVita GmbH.

Das letzte Kapitel Bundesliga

Kassel zur passenden Zeit in der richtigen Liga

Nach Saison Nummer 36 war die Bundesliga Geschichte. Angesichts der in den Startlöchern stehenden DEL war der Ausgang Makulatur. Augsburg hieß der Zweitligadirektaufsteiger, in den Best of Seven-Play-downs rangen die vier Tabellenkinder Rosenheim, Schwenningen, Dynamo Berlin und Ratingen miteinander. Ratingen hatte am Ende das Nachsehen und Schwenningen siegte 2:0 in der Best of Three-Relegation gegen den EC Kassel.

Noch Ende der 80er Jahre vom Konkursverwalter saniert, mit viel Talentarbeit jahrelang in Liga 2 gehalten sowie von Uli Egen gemanagt, gelang den Hessen das Große zur richtigen Zeit: der Einstieg in die DEL. Den Verdiensten sanfter Einkaufspolitik sei Dank. Und vor allem eine Handvoll Neu-Stürmer verwandelte die Eishalle in ein Tollhaus, gewürzt durch die Hessen-Duelle gegen Neuling Frankfurter ESC. Mit dem Kanadier Mike Miller, Manfred Ahne, Mario Naster und Jędrzej Kasperczyk gelang der bis dahin größte Erfolg der Kasseler Eishockeygeschichte.

Was tun, fragten sich die Liga-Verantwortlichen nach Ende der Spielzeit 1993/94. Der frisch gebackene Meister München vor dem Aus. Düsseldorf bildete die Ausnahme und war finanziell bestens aufgestellt, Steuerverfehlungen hin oder her. Nur Insider wussten, was Hans-Ulrich Urbans Krefelder EV umtrieb. Nach außen ein ängstlicher Mahner vor dem Herrn, nach innen ein kleinlicher Despot, der sogar für Aufstiegstrainer Mike Zettel eine Sozialbauwohnung erschlich. Jeder Radiergummi in der Geschäftsstelle wurde abgezählt, alles, um den Konkurs noch ein wenig aufzuschieben. Den Landshutern ging es besser. Auf den Trikots prangte nicht mehr »Möbelhaus Biller«, sondern das Logo eines Computerherstellers.

Köln? Bernd Schäfers Kampf gegen knapp 170 Gläubiger. Berliner Preußen? Lebten mit Großmannssucht über ihre Verhältnisse, die DEL-Lizenz sollten sie nur nach einem Gnadenersuch bekommen. Auch in Mannheim, Kaufbeuren, Rosenheim, Schwenningen, in Ost-Berlin und Ratingen nur: Donnergrollen. Auf geschätzt 25 bis 50 Millionen Mark summierten sich mittlerweile die Gesamtverbindlichkeiten im deutschen Profi-Eishockey. Die Etatsummen der zwölf Bundesligisten hatten sich in den vergangenen vier Jahren explosionsartig auf 85 Millionen Mark verdoppelt. Satte 63 Prozent davon kassierte das spielende Personal. In der von TV-Geldern abgeschnittenen, somit für Großsponsoren bedeutungslosen Liga 2, sah es nicht anders aus. Erneut mussten Visionäre und Überlebenskünstler her, denn die Pleiteligen hätten die nächsten zwei Jahre nicht überlebt.

Die Weltspitze rückt zusammen

Und Deutschland schaut zu

Während die elf Besten der 1993er A-WM für die Ringspiele im Februar 1994 in Lillehammer gesetzt waren, trugen beide B-Spitzenreiter (England, Polen), C-Champion Lettland, das beste asiatische Team (Japan) und, per IOC-Wildcard, die Slowakei ein neu installiertes Olympia-Qualifikationsturnier in Großbritannien aus. Die von Július Šupler trainierten Mannen um die filigranen Powerhockey-Garanten Miroslav Šatan und Peter Šťastný siegten ungeschlagen. Mit jeweils sechs Teams begannen die Gruppenspiele.

Deutschlands 23er Kader, juvenil verstärkt durch Kölns Mirko Lüdemann (20), Rosenheims Martin Reichel (20) und den gerade volljährigen Center Alexander Serikow (Mannheim), startete mit zwei knappen Pflichtsiegen gegen Österreich (4:3) und Gastgeber Norwegen (2:1), um im ersten Gruppenschlüsselspiel unglücklich mit 0:1 gegen Tschechien zu verlieren. Am vierten Spieltag stand die deutsche Eishockeygemeinde Kopf. Goalie Klaus Merk mit einer Weltklasseleistung sowie zwei Truntschka-Tore bildeten den Grundstein. Der in wichtigen Spielen stets als unbezwingbar geltende russische Bär lag am Boden. Das 4:2 von Lillehammer ließ bereits vom Halbfinale träumen.

Da Finnland bereits uneinholbar auf Platz eins rangierte, wurden die Kaderkräfte im Direktvergleich geschont. Ergebnis: Die Bukač-Reindl-Mannen um Düsseldorfs Deutsch-Kanadier Richard Amann als Capitano erlebten ein böses 1:7. Helmut de Raaf, gegen Norwegen noch Fels in der Brandung, versagte auf roter Linie, und plötzlich hieß der Viertelfinalgegner Schweden. Nach dem chancenlosen 0:3, erneut mit einem glücklosen de Raaf auf dem Eis und einem Russland-Helden Merk auf der Bank, war die Weltspitze wieder zusammengerückt. Deutschland schaute zu. In anschließenden Trostpflasterrangeleien gelang immerhin Platz sieben. 4:3 hieß es am Ende gegen die mit späteren DEL-Cracks wie Craig Johnson, Ted Drury und Mark Beaufait gespickten Amerikaner. Schimpf und Schande blieben von Olympia 1994 übrig. Düsseldorfs Helmut de Raaf, in der Presse als 0:3-Missetäter gegen Schweden gebrandmarkt, trat zurück. Zwei aus der Riege der letzten Routiniers, Benoît Doucet und Bernd Truntschka, fielen dem neuen Jugendwahn des Dr. Ludek Bukač zum Opfer. Drei Monate nach Lillehammer stand im April die nächste WM ins Haus.

Dr. Bukač darf endlich wieder Weltmeister werden

Und hinterlässt ein DEB-Team am Boden der Tatsachen

Deutschlands Gruppe A spielte Ende April im italienischen Bozen. Diesmal zwang eine Verletzungsmisere (Uli Hiemer, Stefan Ustorf, Dieter Hegen) den Bandenchef mit der Goldrandbrille zur Kaderumstellung. Bukač suchte sein Heil umso mehr in unerfahrenen U20ern. Elf Turnierfrischlinge sollten es richten. Von kampferprobten Leistungsträgern fehlte jede Spur, mit wenigen Ausnahmen.

Im Angriff mussten etwa Thomas Schinko (Berlin Capitals) oder Krefelds Deutsch-Kanadier Greg Evtushevski ran. Am Vorrundenende stand für die DEB-Equipe Rang acht zu Buche. Nach einem 2:2 gegen Österreich und einem 4:0-Sieg gegen Aufsteiger England hagelte es Niederlagen. Zunächst ein knappes 2:3 gegen Kanada, dann kam es knüppeldick. 6:0 siegte Russland, Italien 3:1. Ohne Modus-Änderung hätte es noch finsterer ausgesehen, denn nur die Gruppenletzten mussten im Play-down um den Abstiegsplatz ran. Team Deutschland flüchtete unter »Bukač raus!«-Sprechchören über die Alpen. Ulf Jäkels Masterplan, mit einer erfolgreichen Italien-WM der künftigen DEL-Epoche auf die Sprünge zu helfen, scheiterte grandios. Dr. Bukač, zunächst fest entschlossen im Amt zu bleiben, widmete sich fortan wieder der Hockeyheimat und wurde 1996 erneut Weltmeister. Im Jahr darauf entließ ihn der tschechische Verband. Das Team revoltierte. Anzunehmen, dass er mit einer Verjüngungskur gedroht hatte, dem sicherlich auch der 25jährige NHL-Superstar Jaromír Jágr zum Opfer gefallen wäre.

Bei der Suche nach einem neuen Bundestrainer besannen sich die DEB-Funktionäre auf ein altes Rezept. George Kingston hatte eben erst Team Canada zum WM-Titel in Italien geführt und war so frei, ab 1994 eine halbe Million Mark Jahresbrutto zu verdienen. Erich Kühnhackl rückte wieder ins zweite Trainerglied und sollte dort bis 1998, als Kingston mangels Erfolges aller Ämter enthoben wurde, verweilen. Erneut verwehrte der Verband dem Landshuter den Cheftrainerposten.

In der Folge übernahm Kühnhackl beim beschaulichen Oberligaclub TSV Erding Verantwortung an der Bande und rief, in Sorge um das mittlerweile von ausländischen Spielern dominierte DEL-Eishockey, das Projekt »Erding Jets, German Team« aus. Altstars (Bernhard Englbrecht, Thomas Popiesch, Ewald Steiger) und Liga-Verdrängte (Günther Oswald, Steffen Ziesche) bildeten mit Youngsters (Markus Busch, Patrick Köppchen, Patrick Strauch, Dimitri Pätzold) ein Team aus deutschstämmigen Spielern. Obschon es für das Projekt weder finanziell noch auf sportlichem Weg zum Eliteaufstieg reichte – allein die aus der Kingston-Ära kolportierte Idee »Team Germany« umzusetzen, war aller Ehren wert. 2001, mittlerweile wieder in der Oberliga, war das Geld alle. Nach dem Insolvenzantrag folgte ein Neustart im Landesverband der Bezirksliga Bayern. Kühnhackl zog zu den Eisbären Regensburg in die 2. Bundesliga weiter.

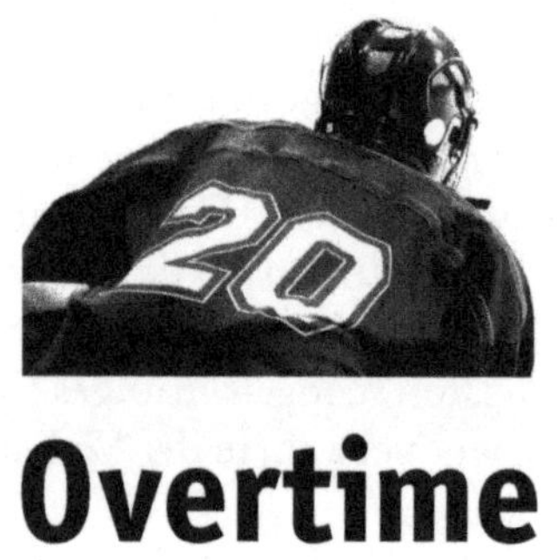

Overtime

Viechereien und Visionen
Die DEL entsteht

Seit Juli 1992 war der Kaufbeurer Ulf Jäkel nun schon DEB-Präsident. Die 28jährige Ära des mit der Gesamtlage heillos überforderten Otto Wanner war in einer Kampfabstimmung beendet worden. Wanner zog sich tief beleidigt für immer in das Schneckenhaus Füssen zurück. Jäkel nahm die Geschicke des Eishockeys in die Hand, ohne je einen Profipuck geführt zu haben. Dass der agile Steuerberater kurz vor seiner Wahl durch eine Trunkenheitsfahrt den Führerschein hatte abgeben müssen, was soll's? Denn wenig später flog er Linie nach Übersee. Im Verbund mit DEB-Sportdirektor Franz Reindl, Schatzmeister Gottfried Neumann (Augsburg) und Vize Dr. Wolfgang Bonenkamp (Düsseldorf) ging es auf Erkundungstour. Die Frage: Können wir das wirtschaftlich überaus erfolgreiche NHL-Modell einer geschlossenen Liga ohne sportlichen Auf- und Abstieg nicht auch in Deutschland etablieren? Ein Produktsystem amerikanischer Fastfood-Ketten, übertragen auf den Pucksport? Wir wären Vorreiter in Europa! Mit einem Franchise-Geber, der zu gründenden DEL GmbH, und den Clubs als Nehmern? Unter dem mehrheitlich (DEB 51%, DEL 49%) besetzten Verbandsdach, das die Geschicke und das Mitspracherecht der einzelnen Franchisenehmer lenkte? Die wiederum ihren Spielbetrieb ausschließlich über Kapitalgesellschaften sicherstellten? Wie sollte man diese Vision den größtenteils egozentrischen Präsidenten, die ihre Clubs wie Fürstentümer führten, schmackhaft machen?

Im Dezember 1993 entstand nach diesem Fragenkatalog eine erste Machbarkeitsstudie pro DEL1 und DEL2. Letzteres Modell wurde indes rasch zu den Akten gelegt. Die Verbands-Entourage warb bei den Bossen um das finanzielle Überdauern der Sportart in Deutschland und zog mehr und mehr Vertreter auf Zustimmungskurs. Die Argumente lagen auf der Hand. Was hatte etwa die Play-down-Verzahnung gebracht? Der Abstieg war seit vier Jahren nicht mehr sportlich, sondern ausschließlich über wirtschaftliche Misserfolge entschieden worden. Zurückliegend belasteten erneute Vereinskonkurse und Rückzüge die Spielstärke im Unterbau. Im Monat darauf wurde im Bundesligaausschuss abgestimmt. Ergebnis: 20:1 für die Vision. Dagegen: Krefelds Neinsager Hans-Ulrich Urban, dem die DEL-Inhalte zu schwammig erschienen. Eigentlich sollte das Franchise-System erst 1995 in Kraft treten. Doch bis dahin wollte plötzlich keiner mehr warten. Hofherr und Reindl wurden zu DEL-Geschäftsführern ernannt. Nun galt es, das Produkt mit Leben zu füllen. Und was für ein Leben da hinein kam, das hatte es in sich.

Das Auflagenpaket für die Clubs war zuvorderst finanziell geprägt. Nachzuweisen: ein Etat von mindestens 4,5 Millionen Mark, davon zehn Prozent als Notreserve, Vorlage eines schlüssigen Entschuldungskonzeptes, Hinterlegung einer Antrittsgebühr von 500.000 Mark und ferner ein regelmäßiger Rapport über die wirtschaftliche Situation in einem zu gründenden Ausschuss. Des Weiteren: ein noch nicht näher definiertes, taugliches Stadion sowie mindestens 15 vertraglich gebundene Profispieler im Kader und Abtretung sämtlicher Werbe- und TV-Rechte an die durch den Verband beherrschte DEL-GmbH. Erzielte Eigenerlöse würden künftig nach einem Schlüsselprinzip auf die Clubs verteilt werden. Ein Ligahauptsponsor sollte gefunden werden. Selbst die Banden im eigenen Stadion wären damit fortan zentral vermarktet. Wer wollte, der konnte sich nunmehr diesem Modell stellen und sich für eine eingleisige Deutsche Eishockeyliga bewerben. Im Juni 1994, drei Monate vor Saisonstart ins neue Glück, liefen die Faxgeräte in der Verbandszentrale heiß. Jetzt ging es Spitz auf Knopf, mussten Lizenzierungen verteilt und verwehrt werden.

Und was offenbarte sich den beiden Franzen Reindl und Hofherr? Pleitegeierei hüben wie drüben. Fehlende Sicherheiten, unvollständig vorgelegte Referenzen. Preußen-Präsident Hermann Windler verweigerte etwa den Nachweis der Sicherungseinlage. Von 24 Club-Unternehmen waren neun glatt durch das Raster gefallen. Was bei den Zweitligaaufsteigern EC Timmendorfer Strand und dem ESC Wedemark akzeptiert wurde, erschien in Nürnberg, Ratingen, Weißwasser und bei den beiden Berliner Clubs als Affront. Während Timmendorfer und Wedemarker neuen Herausforderungen in der 1. Eishockeyliga, dem künftigen Spielort unterhalb der DEL, entgegenstrebten, klagten sich die anderen über das DEB-Schiedsgerichtsverfahren erfolgreich in den kommenden Club der 18 ein.

Ebenfalls nach Überseevorbild begann eine daraufhin von Xaver Unsinn als »Viecherei« titulierte Benennungsphase der von den Stammvereinen ausgelagerten Unternehmen. Ganz im Stile der Zehlendorfer Wespen anno 1937/38. Neue Namen, neuer Glanz Marke Eisbären Berlin. Pflicht war das Procedere nicht. Düsseldorf, der EC in Hannover und der BSC Preußen blieben sich zunächst treu. Den Schwenningern wurden »Wild Wings« angedichtet. Krefeld bekam es mit Pinguinen, Kassel mit Huskies und Nürnberg mit Tigern zu tun. Landshut schmückte sich mit dem Kannibalismus. Die Frankfurter wurden ihrem neuen Hauptsponsor gerecht, benannten sich nach einem Schokoprodukt der Firma Nestlé und gingen als Lions an den Start. Löwen wurden auch in Ratingen gesichtet, Füchse in Sachsen, Starbulls in Rosenheim, Adler in Mannheim und über Kaufbeuren. Haie hatte es dagegen ja in Köln schon länger gegeben, auch der Augsburger Panther war nicht neu.

Meister Hedos München hätte sich gerne, dem Frankfurter Beispiel folgend, ebenfalls des Produktnamens eines Hauptsponsors bemächtigt. Doch die weiterhin geltende DEB-Statutentreue (keine Sponsoren im Franchise-Namen) machte Präsident Jülicher einen Strich durch die Rechnung. Weder eine interessierte Bekleidungsfirma noch eine Brauerei kamen zum Zuge, wurden von der Clubführung sogar noch gegeneinander ausgespielt, und so stand Jülicher am Ende mit leeren Taschen da. Ein Maximalgrund, warum die daraufhin als Maddogs angetretenen Münchener nie aus ihrer finanziellen Schieflage herauskommen sollten. Warum die Bayern überhaupt in die DEL einziehen konnten, wird für immer ein Rätsel bleiben. Der Lizenzierungszirkus winkte die verrückten Hunde jedenfalls am 30.05.1994 um 23:50 Uhr durch, zehn Minuten vor Ende der Frist. Solange hatte wohl das Umdrehen von Steinen nach der Einlagesumme gedauert. Die Franchise Maddogs

München GmbH, vertreten durch Präsident Eberhard Jülicher samt Gattin Christine, war dabei. Gläubiger leisteten Verzichtserklärungen, dennoch nagte der Altlastenberg des Rechtsvorgängers EC Hedos kräftig.

Die DEB-Zentrale hätte einfach mal ins Handelsregister am Amtsgericht München schauen müssen. Dort war der Antrag auf Aufnahme der Maddogs München GmbH an der fehlenden Mindesteinlage von 25.000 Mark gescheitert. Der Zusammenbruch des Vorjahresmeisters war nur noch eine Frage der Zeit. Am 20.12.1994, drei Monate nach dem Eröffnungsbully, starb das erste deutsche Eishockeyunternehmen unter einem Schuldenberg von geschätzten 15 Millionen Mark.

Geburtswehen einer Liga

»Auf einen Mann wie Bernd Schäfer hätten wir allesamt gut verzichten können.« (Franz Reindl)

Nachdem der Hammer zur Einführung der ersten DEL-Spielzeit am 23.04.1994 gefallen war, klagte Bedenkenträger Urban ein letztes Mal über die Verfahrensschnelllebigkeit. Nur, wäre der Krefelder im Gefolge kluger Juristen aufmarschiert, hätte er die dauernden Einwände gegen den Franchise-Vertrag endlich fundiert begründen können. So aber wusste scheinbar nur einer in der Runde von den Tücken des Wettbewerbsrechts, Kölns Generalbevollmächtigter, Rechtsanwalt Bernd Schäfer. Durfte der Verband wirklich derart tief in die Taschen der Clubs greifen? Insgesamt elf Prozent Abendkasse kassierten DEB (9%) und Landesverbände (2%). Noch gravierender: Die DEB-DEL-Connection schrieb vor, wie die Clubs vermarktet werden. Den Franchise-Nehmern oblag zwar eine Mitsprache, doch mit 51%iger Entscheidungsgewalt würde immer der DEB für klare Verhältnisse sorgen. Der findige Jurist Schäfer wurde wenig später zum Ligaleiter erkoren und ward von nun an schärfster *Agent Provocateur* unter dem DEB/DEL-Dach. Seine Vision: eine auf Dauer vom Verband losgelöste, eigenständige Liga, abgabenfrei und selbstbestimmt. Weg mit dem DEB-Opa, der nicht nur vom DEL-Kind, sondern auch von den Club-Enkeln gefüttert wird. Das ließ sich aber noch nicht kommunizieren, schließlich waren seine hochverschuldeten Kölner nur mit dem Wohl und Wehe des Lizenzierungsverfahrens im Rennen um die DEL-Startplätze geblieben.

Schäfer sollte es also sein, der den blauäugigen DEB-Vertretern noch bis ins Frühjahr 1997 schlaflose Nächte bereitete. Da hatte das eigene Schiedsgericht, mit dem renommierten Verbandsrechtler Dr. Bernhard Reichert an Bord, den Franchise-Vertrag bereits für ungültig erklärt. Verstoß gegen geltendes Recht. Der Verband musste sich ab sofort aus den Geschicken der Clubs heraushalten. Die Gründung einer neuen DEL-GmbH folgte, und mit ihr ein nicht enden wollender Streit über Namensrechte, wilde Ligen, Fernsehverträge und Freistellungen von Spielern für die DEB-Equipe. Am Verbandsruder saß seit Jäkels Rücktritt am 18.02.1995 mittlerweile Düsseldorfs ehemaliger Schatzmeister Rainer Gossmann. Unter dessen Ägide spitzte sich die Lage weiter zu. Schäfer ließ die Verbandsabgaben einfrieren, und in der Münchener Zentrale war kaum mehr die Stromrechnung zu begleichen. Bis es dem Weltverband IIHF zu bunt wurde. René Fasel, Nachfolger von Günther Sabetzkis und seit 1994 im Amt, rückte die Dinge im Sommer 1997 zurecht. DEL-Commissioner Schäfer bekam eine vom DEB losgelöste DEL, Gossmanns DEB erkannte die Liga an. Opa DEB sollte künftig nur noch mit knapp über zwei Millionen Mark pro Jahr vom Sohn, der DEL GmbH, gefüttert werden. Sohn und Club-Enkel standen nicht mehr für 70% des Verbandshaushaltes gerade wie bisher.

Es begann die Zeit der Kooperationsverträge, in welchen die Zusammenarbeit aller Bezugspunkte zwischen der Deutschen Eishockey Liga und dem Deutschen Eishockey Bund geregelt ist. Der weiterhin streitlustige Bernd Schäfer wurde im Mai 2000 vom bisherigen Spielbetriebsleiter, dem 33jährigen Rechtsanwalt Gernot Tripcke abgelöst. Seitdem soll es sowohl auf den Kölner DEL-Gesellschafterversammlungen als auch beim Verband durchweg gelassener zugehen. Visionäre mit sportlichen Leidenschaften (DEB) auf der einen und juristisch versierte DEL-Geschäftsmänner (Credo: Eishockey als Produkt) auf der anderen Seite gehen seither zwar nicht Hand in Hand, doch immerhin gemeinsam des Weges. Dazwischen stehen wir, die Fans. Und wollen, dass es mit unserem Lieblingssport auch dann weiter geht, wenn mal wieder kein Kompromiss in irgendeiner hartleibigen Diskussion gefunden wird, öffentlich ausgetragenes Zeter und Mordio herrscht und DEB und DEL in der Sommerpause die Gerichte bemühen. Dann heißt es: Tapfer bleiben, die geltungssüchtigen Herren kriegen sich bis zum Saisonstart im September eines jeden Jahres hoffentlich wieder ein.

Gegenwart DEL
Die ersten zehn Entwicklungsjahre

Am 20.06.1994 hatte der DEB 18 Clubs zu Mitgliedern der Premierensaison gekürt. Neben den zwölf vormaligen Bundesligisten gesellten sich aus der aufgelösten 2. Liga die sportlichen Aufsteiger Augsburg und Kassel sowie Nürnberg, Frankfurt, Hannover und Weißwasser hinzu. Die Geschichte des deutschen Eishockeys wurde um ein weiteres Kapitel reicher. Willkommen in der Gegenwart.

Lockout : NHL, München, Hans Zach, Mallorca-Urlauber
1994/95

Die Brauerei Krombacher lädt am 15.09.1994 als Ligahauptsponsor zum DEL-Eröffnungsbully beim Spiel der Augsburger Panther vs. Maddogs München. Roter Teppich für DEB-Ehrenspielführer Paul Ambros und NHL-Legende Bobby Hull. Endstand im mit 7.700 Zuschauern ausverkauften Curt-Frenzel-Stadion: 1:6.

Am Premierenspieltag strömen insgesamt 45.000 Fans in die Hallen. Die Bundesliga-Regularien greifen noch, was die Ausländerquote betrifft. Zwei nicht Eingedeutschte sind pro Team erlaubt. Im Unterbau der frisch geschlossenen DEL geht die zweigleisige 1. Liga amateurhaft an den Start. 14 Teams im Norden, unter der Leitung von Wolfgang Sorge. Im Süden übernimmt Richard Ott die Regentschaft über 16 Clubs. Dauerhafte wie frisch qualifizierte Oberligisten treffen dort auf DEL-Verweigerer Landsberg. Rückzüge und Pleiten dominieren in der Abstiegsfrage.

Da der Übersee-Spielbetrieb aufgrund eines Tarifstreites zwischen Clubbossen und Spielergewerkschaft für 103 Tage eingestellt wird, lassen sich kleine Sensationen erkaufen. Insgesamt zehn Lockout-Spieler von Pavel Bure, Uwe Krupp über Jozef Stümpel bis Robert Reichel sorgen für einen Popularitätsschub. Anfang 1995 ist der Zauber vorbei. Koffer packen, Kufen schleifen, und alle NHL-Cracks reisen wieder heim. Erstmals wird in Nordamerika positiv über eine deutsche Eishockeyliga berichtet. The Boys are Back, den Cracks hat es drüben gefallen und viel zu verdienen gab es auch.

Am 02.11. taucht Münchens Präsident und Franchise-Geschäftsführer Eberhard Jülicher ab. Beiratschef Adam Jakob überredet den Ruheständler Gerd Truntschka, als Hilfsmanager einzuspringen. Die Spielergehälter werden eingefroren. Am 20.12., nach 27 absolvierten Spielen (17 Siege, Tabellenplatz sechs) und einem mageren Zuschauerschnitt von 3.833 (Kalkulation: 5.500), werden die Maddogs durch den Vereinsbeirat vom DEL-Spielbetrieb abgemeldet. Das am gleichen Tag angesetzte Spiel in Landshut entfällt. Noch ausstehende Begegnungen werden mit 0:0 gewertet. Im Januar 1995 stehen Vertreter des Stammvereins EC Hedos sowie der Maddogs-GmbH vor dem Konkursrichter stramm. Steuerschulden, Gehaltsrückstände sowie Bankverbindlichkeiten sind der Vereinsführung mit geschätzt 16 Millionen Mark anzukreiden. Franz Litzinger, ehemaliger Jugendleiter des EC Hedos und ausgewiesener Finanzberater, übernimmt das Eishockeyruder in der Landeshauptstadt. Der ESC München bildet zur nächsten Saison mit dem Landesligisten ASV Dachau eine Spielergemeinschaft, um nicht in der Bezirksliga anfangen zu müssen. Der Nährboden für das spätere DEL-Retortenteam München Barons ist geschaffen.

In West-Berlin wird nach 14 Spieltagen Coach Billy Flynn entlassen. Trotz sportlicher Erfolgsspur reicht ein nicht genehmigter Urlaub auf der Mallorca-Finca des Eisbären-Präsidenten Berg aus. Flynn sonnt sich bis zum nächsten Engagement weiter. In Köln beerbt der Kanadier Robert Murdoch, erster Trainer auf deutschem Boden mit NHL-Headcoach-Lorbeeren, den Russen Wladimir Wassiljew. Frankfurt-Lions-Geschäftsführer Walter Langela wird vor die Tür gesetzt. Hatte er doch glatt vergessen, die DEL-Spielberechtigung für den 21maligen Lockout-Spieler Robert Reichel verlängern zu lassen. Die Lions verlieren vier Punkte am Grünen Tisch.

Nach Ende der Vorrunde, einfach ausgetragen, danach in regionalen Gruppen, verpassen die Eisbären Berlin, trotz Tormaschine Jiri Dopita (68 Punkte), als einzige die Play-offs. Achtel- wie Viertelfinale werden im unbeliebten Modus Best of Seven gespielt. Spiele unterhalb der Woche führen nicht an jedem Kassenhäuschen zur Euphorie. Die DEG bleibt an Krefeld hängen, Coach Hans Zach verliert die Dauerfehde gegen Manager Rolf van Hauten und wird aus einem laufenden, hochdotierten Vertrag und aus dem Spiel genommen. Krefeld scheitert knapp in der Best of Five-Halbfinalserie mit 2:3 an Landshut. Coach Mike Zettels Sozialbauwohnung steht wieder zur Vermietung. Köln schlägt den Vorrundenprimus Berliner SC Preußen. Nach fünf spannenden Begegnungen gegen Landshut halten die sponsorbedingt in Gelb-Schwarz auflaufenden Haie die Meisterschüssel in Händen. Somit ist der Vorrundensechste erster DEL-Champion.

Schwarz-Rot-Gold

Anfang Mai tritt das DEB-Eishockey auf der Stelle. Neubundestrainer George Kingston erreicht bei der WM in Schweden, trotz Reaktivierung bewährter Kräfte wie Benoît Doucet, Georg Holzmann oder Günther Oswald nur Rang neun. Schmerzhaft die erneuten Niederlagen gegen Frankreich und Italien. Gegen Nullpunkteschweizer gelingt ein einziger Sieg (5:3). Der reicht für das Umschiffen des Abstiegsfinales.

Neuer Tiername in Riessersee und ein EuGH-Urteil
1995/96

Über sieben Millionen Mark Verbindlichkeiten führen zum Krefelder Konkursantrag am 16.06.1995. Pinguins-Geschäftsführer Wilfried Fabel streicht vor Saisonbeginn die Segel. Geplant ist ein Neustart in der 1. Liga Nord. Der wirtschaftlich gerade gut aufgestellte EC Bad Nauheim bewirbt sich um die Lizenz, erfolgreich wie es zunächst scheint. DEL-Geschäftsführer Franz Hofherr hält die Hessen, die bereits auf großer Kanada-Einkaufstour sind, hin. Die überraschende Kehrtwende folgt am 01.08.1995. In einer holprig verfassten Pressemitteilung heißt es: »Die Krombacher DEL lässt den Krefelder EV 1981 unter der auflösenden Bedingung für die Wettkampfsaison 1995/96 als Franchisenehmer zu, dass die im Sanierungskonzept vom 01.08.1995 abgegebenen Erklärungen als zutreffend zu qualifizieren sind.« Die Krefelder liefern einen langfristig angelegten Entschuldungsplan und ziehen den Konkursantrag zurück. Nauheim verliert den Glauben an das Gute und bleibt zweitklassig.

Riessersee leistet sich einen neuen Tiernamen. Thomas Fahlenbach, vorher bereits mit einer Finanzfirma namens »Procunia« als Sponsor in Kaufbeuren und München aktiv, beschert dem SCR vor Saisonbeginn die Maddogs-Lizenz. Mit den Sparstrümpfen von zumeist Rentnern und den vermutlichen schwarzen Geldkoffern diverser Großanleger zaubert der Rheinländer eine schlagkräftige Mannschaft zusammen. Absehbare Folgen: Mitten in der Saison fließt kein Geld mehr, und die Procunia-Sportwerbegesellschaft-Franchise wird nicht mehr gefüttert. Das DEL-Gastspiel des SCR endet am Saisonschluss. Die Forderungen der Gläubiger richten sich auch gegen den Stammverein SC Riessersee, der lange brauchen wird, um sich von diesem Scherbenhaufen zu befreien. Im April 1996 wird Fahlenbach verhaftet und 1997 wegen Betruges in 796 Fällen zu einer sechsjährigen Haftstrafe verurteilt. 30,6 Millionen Mark hatten sich unterdessen in Eishockey und Luft aufgelöst.

Am 15.12.1995 heißt es nach dem Bosmann-Urteil am Europäischen Gerichtshof (EuGH): Freie Arbeitsplätze für freie EU-Bürger. Eishockeyspieler aus dem europäischen Ausland werden einheimischen Cracks rechtlich gleich gestellt. Bernd Schäfer erteilt Order, das Urteil sofort umzusetzen. Erste Importspieler drängen in die Kader. Die vor der Saison vereinbarte Regelung – drei Ausländer pro Team, Austausch in der Saison möglich – wird ad absurdum geführt. Nicht eindeutschungsfähiges Personal von außerhalb der EU besetzt die drei Kontingentstellen.

In Kassel wird Coach Ross Yates entlassen. Uli Egen übernimmt, bis Hans Zach vorübergehend einspringt. Die Huskies erreichen die Endspielserie. Nach Abschluss der 34 Vorrundenspiele werden die Teams in zwei Gruppen eingeteilt. Ungerade Tabellenplätze und gerade Tabellenplätze bestreiten in einem Zwischengalopp eine weitere Einfachrunde. Landshuts Udo Kießling befindet sich nach dem 1:3-Halbfinalaus gegen seine ehemaligen Kölner im Krankenstand. Ein zertrümmerter Kieferknochen nach schmerzhaftem Kontakt mit dem Puck aus nächster Distanz beendet die Karriere. Frankfurts Topscorer Robert Reichel steigert seinen Marktwert durch konsequentes NHL-Fernbleiben. Am Saisonende, nach insgesamt 46 Ligaspielen, beträgt die Ausbeute satte 101 Punkte. Lions-Aufsichtsrat-Frontfrau Gisela Thomas, zuständig für die Entlohnung des Tschechencenters (600.000 Mark), freut sich bereits auf eine weitere erfolgreiche Zusammenarbeit. Doch nach dem 0:3 der Lions im Achtelfinale gegen Kassel verschwindet der frischgebackene Weltmeister wieder gen Übersee. Hardy Nilssons Rückkehr in das deutsche Eishockeyoberhaus wird mit einem 3:1-Finalseriensieg der Düsseldorfer gegen die Kölner Haie gekrönt.

Dass die DEG längst pleite ist und sich in einem Anfall von Großmannssucht weiterhin an allen Fronten übernimmt, bleibt unter der Decke.

In Hannover und Sachsen gehen die Lichter aus. Beim niedersächsischen ECH ist nach dem Achtelfinale gegen Köln Schluss. Grobe Managementpatzer hatten bereits mitten in der Saison zum Konkurs geführt. Von Trainer Friedhelm Bögelsack und dem verständlichen Abgang zahlreicher Leistungsträger gebeutelt, wird die Saison am Pferdeturm tapfer zu Ende gespielt. In der Finanzplanung wurde tatsächlich vergessen, den Unterschied zwischen Brutto- und Nettobeträgen in Spielerverträgen kenntlich zu machen. Ein entsprechend geldwerter Nachteil belastet die GmbH samt Stammverein mit knapp vier Millionen Mark.

Der bis dato wohl größte Irrtum des Weißwasseraner Managers Boris Capla bringt die Füchse Sachsen zu Fall. Dass eine ehemalige (Karl-Marx-Stadt) und eine gegenwärtige (Weißwasser) Hochburg des Ost-Eishockeys das große Ganze ergeben, erweist sich rasch als Unfug. Einem gemütlichen Chemnitzer Eishockeyfan vermitteln zu wollen, das nächste Heimspiel findet in der Lausitz statt, scheitert bereits am Benzingeld. In Weißwasser wird von den eigenen Fans dazu aufgerufen, doch bitte nicht mehr zu den Auswärtsspielen nach Kati-Witt-Stadt zu reisen. Capla zuckt mit den Schultern und erhört einen Anschutz-Ruf nach Berlin. Dort gilt es, die kurz vor der Pleite stehenden Eisbären flott zu machen.

Schwarz-Rot-Gold

Sechster Platz im Mai bei der WM in Wien. Scheinbar angetrunkene Kanadier werden am 24.04. mit 5:1 vom Eis gefegt. Ein 3:0 gegen Österreich bahnt den Weg in die Play-offs. Aus gegen die Tschechische Republik, den späteren Weltmeister, mit 1:6. Noch befindet sich Deutschland unter den Top-Sechs der IIHF-internen Weltrangliste. Bei der Herbstteilnahme am Word Cup in Montreal scheidet das DEB-Team im Viertelfinale gegen Kanada (1:4) aus. Zwischen den Pfosten der deutschen Nationalmannschaft steht der in Edmonton aufgewachsene NHL-Goalie Olaf Kölzig (Washington Capitals). 1988 freute der sich bereits auf eine internationale Kanada-Karriere, kam dann jedoch aufgrund mangelnder Spielberechtigung (deutscher Pass) nur für Team Germany in Frage. Wusste der Verband von Kölzigs Passumständen? Natürlich nicht. Caps-Spieler Stefan Ustorf überbrachte die frohe Botschaft durch einen Anruf in der Verbandszentrale.

Wind of Change: Mellendorf, Play-downs, EU-Liga
1996/97

Die 1. Eishockeyliga setzt auf Komplettvermarktung in der Gruppe Süd. Die Hacker-Pschorr Bräu GmbH erwirbt die Namensrechte. Auf dem Eis, an den Banden sowie auf den Kragen der Spieler wird bayerischem Bier gehuldigt. 1,2 Millionen Mark soll die Ligaleitung um den vom DEB bezahlten Chef Richard Ott dafür pro Saison erhalten. Um die 400.000 Mark fließen tatsächlich an die mittlerweile 18 Clubs, darunter beide DEL-Aussteiger ES Weißwasser und der SC Riessersee. Über den Verbleib der restlichen 800.000 Mark schwieg Ott sich, sehr zum Unmut der Vereinsbosse, aus.

Neu in der Elite sind die Wedemark Scorpions. Die Tierpatenschaft übernimmt Gitarrist Rudolf Schenker, der mit gleich lautender Rockband einen Steinwurf entfernt wohnt. Der ESCW wird 1975 in Mellendorf gegründet und zur DEL-Taufe, bereits Großes ahnend, in Wild Cats umbenannt. Als Gruppe-Nord-Champion der 1. Liga werden die Niedersachsen Seriensieger in den Aufstiegs-Play-offs gegen Bad Tölz. Das eigentlich, bei noch geschlossener DEL, als Spiel um die Goldene Ananas angelegte Treiben wird für den Dorfclub bald ernst. Bernd Schäfer hat Nachwuchssorgen. Clubchef Jochen Haselbacher kauft die Lizenz vom EC Hannover, als Familien-GmbH wird der Spielbetrieb aufgenommen. Der CDU-Politiker, vor drei Jahren mit dem Wettbewerb »Schönster Busen Deutschlands« in der hauseigenen Diskothek »M 1« in den Schlagzeilen, ist vorerst am Ziel angekommen. Skandalfreie Jahre warten auf den Mellendorfer Landtagsabgeordneten. Erst 2001 wird die politische Immunität wegen des Verdachts der Steuerhinterziehung aufgehoben. Er habe die Familienbanden-GmbH mit Schwarzgeld gefüttert, so der Vorwurf. Ehemalige Scorpions-Spieler bestätigen im ZDF-Magazin »Frontal« Cash-Zahlungen hinter vorgehaltener Hand.

Dank des Bosmann-Urteils spielen 70 Prozent der DEL-Akteure nun ohne deutschen Pass. Wer als Deutscher jetzt noch einen langfristigen Vertrag besitzt, hat Glück. Andere, wie Kölns Tobias Abstreiter, wandern ab 1996 unfreiwillig scharenweise ins Halbprofisegment ab. Die Vereinsmanager jubeln. Ein voller Spielermarkt bedeutet, dass die Preise in den Keller fallen. Leider birgt dies Nachteile für die Fans, denn die oft nur für wenige Wochen verpflichteten Handgeldjäger ermöglichen kaum eine Identifikation. In Frankfurt stehen 16 Finnen im Kader. Schäfers babylonische Beschränkungsformel lautet weiterhin: maximal drei Nicht-EU-Ausländer pro Team.

Mannheims Kreditfachmann Dirk Bruggers verzeichnet mit einem gelungenen Schuldenschnittkurs Erfolge. Es darf wieder Geld ausgegeben werden. Manager Marcus Kuhl und der als Co-Trainer in Landshut entlassene Neucoach Lance Nathery entdecken im Zuge der Bosmann-Möglichkeiten ein Kadermodell der besonderen Art. Neben Routiniers wie Harold Kreis und jungen Talenten aus dem eigenen Laufstall (Jochen Hecht, Erich Goldmann) werden in EU-Ländern Spieler eingekauft, die keiner auf der Rechnung hat: Francois Guay (Schweiz), Philippe Bozon (Frankreich), Dieter Kalt, Martin Ullrich (beide Österreich) sowie Mike Rosati und Bob Nardella (beide Italien). Dave Tomlinson und Paul Beraldo kommen aus Übersee. Bei Abschluss der Vorrunde wird Platz zwei erreicht.

Nach Beendigung der Einfach-Hauptrunde mit insgesamt 30 Spielen folgt eine Doppel-Meisterrunde mit sechs Teams um die besten Play-off-Platzierungen. Die restlichen zehn Teams treffen in einer einfachen Qualifikationsrunde aufeinander. Die ersten beiden (Landshut, Krefeld) erreichen die Meisterschwelle so durch die Hintertür. Die übrigen Mannschaften ermitteln in Play-down-Serien, wer gegen beide Unterbau-Meister anzutreten hat. Da ist sie wieder, die Verzahnung. Vorläufig wird die DEL zumindest theoretisch um Auf- und Abstiegsfragen bereichert. In Berlin überflügeln die Eisbären erstmals die Capitals. Direkter Viertelfinalvergleich: 3:1. Die Kassel Huskies stehen mit dem Tölzer Gerhard Brunner an der Bande im Endspiel gegen die Adler Mannheim. Lance Natherys Eurofighters gewinnen die Serie im Sweep. Neuling Wedemark und Ratingen sichern sich mit Kantersiegen gegen Neuwied und Erding den Verbleib in der Elite.

Schwarz-Rot-Gold

Im Mai steht bei der Helsinki-WM mit viel Glück Platz elf zu Buche. Ein einziger Vorrundensieg gegen die Slowakei (1:0) führt in die Play-down-Finals. Das 4:2 über Norwegen reicht für den A-Verbleib.

Ein Kurpfälzer Kiffer, elf Trainerdemissionen und Kaufbeurens Pin-Up-Ende
1997/98

Die DEL zieht in Punkto Ausländerfrage mit der NHL gleich. Jetzt darf spielen, wer möchte. Nach der völligen Öffnung des Spielermarktes müssen deutsche Pässe unter dem Brennglas gesucht werden. Sven Felski (Berlin) und Sascha Goc (Schwenningen) bilden die Speerspitze der letzten Mohikaner. Ausnahme im neuen Kuriositätenkabinett: Mindestens fünf deutsche Spieler müssen im Kader stehen. Die Relegation mit dem Unterbau wird schon wieder ad acta gelegt. Der Landshuter Marco Sturm ist in Übersee gelandet, und Jochen Hechts Wechsel in die NHL steht bevor. Mit der Öffnung des Spielermarktes wird die Liga rauer. Goons schlagen zu. Das schlimmste Foul hätte beinahe ein Todesopfer gefordert. Hannovers Troy Crowder zieht absichtlich einen Crosscheck gegen Frankfurts Jukka Tammi voll durch. Der Goalie kollidiert mit der Torquerstange und bleibt benommen liegen. Glücklicherweise bleibt es bei einem Brummschädel ohne Schädelbruch, wie zunächst angenommen.

Der Name der niedersächsischen Landeshauptstadt im Vereinsnamen passt den DEL-Verantwortlichen besser ins Konzept. Mit einer Ausnahmegenehmigung dürfen die nunmehr in Hannover Scorpions umgetauften Wedemarker weiterhin im Mellendorfer Ice-House Heimspiele austragen. Durch den Umzug nach Oberhausen in das CentrO benennt sich der EC Ratingen in Revier Löwen Oberhausen um. Die Ogden Entertainment-Gruppe, Betreiber des Komplexes, erhofft sich im Eishockey-Niemandsland Glanz und DEL-Gloria. Boris Capla hat seine Finger übrigens nicht im Spiel. Bei den Eisbären beweist Coach Andy Murray vor Saisonbeginn, was er kann. Und zwar in Sachen Kaderplanung. Sieben Schweden, sechs Kanadier, drei Italiener, ein Finne, ein Brite und noch drei Spieler mit deutschen Pässen erreichen Platz eins der Meisterrunde. Murray übernimmt auf Wunsch seines verstorbenen Vaters überraschend Team Canada. Eine rührende Geschichte, deren Wahrheitsgehalt bis heute Gerüchte und Groschenromane füllt. Ron Kennedy wird als Nachfolger präsentiert.

Auch in der DEL macht die bundesweite Anti-Drogen-Kampagne nicht halt. Besonders die Mannheimer Adler erweisen sich mit Christian Pouget einen Bärendienst. Der französische Stürmer gerät nach einer Dopingprobe als Kiffer in die Schlagzeilen und wird für einige Spiele aus dem Verkehr gezogen. In Düsseldorf wollen die Stabhochsprünge im Sumpf nicht enden. Nach elf Tagen, neun Punkten und drei Niederlangen in Serie wird Hardy Nilsson entlassen. Geld für einen dritten Trainer auf der Lohnliste ist keines da. Hans Zach schleudert die Fernsehpantoffeln in die Ecke und verhindert den sportlichen Totalabsturz, verpasst aber dennoch die Play-offs mit Platz neun. Der Tölzer wundert sich kaum, dass die DEG keinen Mietzins mehr für das Trainerheim bezahlt. Für einen topmodernen Videowürfel ist allerdings Geld vorhanden. Nach beinahe jedem Spiel muss das schwere Gerät von der Decke geschraubt werden. Denn die hochfliegenden Bälle der ebenfalls im Stadion antretenden Handballer kennen kein Erbarmen.

Elf Trainerentlassungen ziehen sich durch die Saison. Die spektakulärsten: Peter John Lee übernimmt kurz vor Ende der Vorrunde die Berliner Eisbären, und Bernie Johnston, in der Vorsaison in Landshut geschasst, Frankfurt. Bei den Berlin Capitals erwischt es Peter Ustorf, Michael Komma übernimmt. Peter Ihnacak kommt für Wladimir Wassiljew in Nürnberg. In Kassel folgt bereits nach den ersten vier Niederlagen Bill Lochead auf Gerhard Brunner. Im November 1996 strecken die Kaufbeurer Adler nach 15 Vorrundenspielen die Flügel. Nach sieben Punkten und Rang 15 wird der Franchise die Lizenz entzogen. Alle Spiele verlieren ihre Wertigkeit. Dabei hatten sich die Cracks extra vor Saisonbeginn für einen Pin-Up-Kalender nackig gemacht. Die Schlittschuhe behielten sie natürlich an. Doch alle Erlöse daraus reichten nicht zur Rettung. Trauerflor tragen Fans und Spieler in Berlin-Charlottenburg. Capitals-Stürmer Stéphane Morin bricht beim Auswärtsspiel gegen Oberhausen auf der Spielerbank zusammen und stirbt an plötzlichem Herzversagen.

Nach 28 Spielen der Vorrunde finden sich die ersten sechs Teams in der Meisterrunde, die übrigen neun im Hintertürchen der Pre-Play-offs, wieder. Daraus sichern sich nach zwei Runden die Hannover Scorpions und die Berlin Capitals Startplätze im Viertelfinale. Für die mit Coach Chris Valentine in die vorerst letzte Elitesaison gestarteten Düsseldorfer heißt es freiwillig Abschied nehmen. Teil des komischen Plans, basierend auf dem Gossmann-Schäfer-Konflikt: Wenn wir der DEL einen zugkräftigen Traditionsstandort wegnehmen, weinen besonders die Kölner. Im Finale siegen die Adler Mannheim gegen Überraschungsfinalist Eisbären Berlin in der Serie mit 3:1. Flügelstürmer Alexander Serikow steuert neun Treffer alleine in den Playoffs für die Kurpfälzer bei. Nach nur vier Spielzeiten erledigt sich die zweigleisige 1. Eishockey Liga. »Hack'l«, eishockeyspielendes Engelmaskottchen der aufgelösten Hacker-Pschorr-Liga, wird zu Grabe getragen.

Schwarz-Rot-Gold

Beim olympischen Qualifikationsturnier im Oberhausener CentrO löst Deutschland im Februar 1997 mit Gruppenplatz eins vor der Slowakei das Ticket für Nagano. Bereits beim Deutschland-Cup im November 1997 zeichnet sich jedoch mit dem letzten Platz ab, was ein Jahr später Gewissheit wird: Tschüss, Weltspitze. Vor dem japanischen Olympiaturnier im Februar 1998, erstmals pausiert dafür ab Mitte Vorrunde die NHL, liegt die Play-off-Hürde mit dem Gastgeber, Frankreich und Weißrussland denkbar niedrig. 2:8 heißt es am Ende gegen das völlig unterschätzte Greenhorn Weißrussland. Jetzt erst stoßen Olaf Kölzig, Jochen Hecht, Uwe Krupp und Marco Sturm zum Kingston-Team, schlagen Frankreich 2:0 sowie die Slowakei im Spiel um Platz neun souverän mit 4:2.

Die vorerst letzte A-Teilnahme eines deutschen Teams bei Weltmeisterschaften wird 1998 in der Schweiz mit Platz elf besiegelt. Gleichzeitig endet die Ära George Kingston, der sich doch tatsächlich anmaßt, auf parat stehende NHL-Cracks (Ausnahme: Jochen Hecht) zu verzichten. 13 Stammspieler bleiben aus privaten wie Verletzungsgründen dem Turnier zudem fern. Niederlagen gegen Tschechien (1:8) und Weißrussland (2:4) führen direkt in die Finalrunde um die Plätze 9-12. Besonders bitter bleibt ein 0:5 gegen Lettland im Gedächtnis. Remis gegen Italien und die USA führen direkt in das Qualifikationsturnier für die WM 1999. Im slowenischen Ljubljana angekommen, steht bereits Hans Zach an der Bande. Frankreich, die Ukraine und Slowenien heißen die Gegner. Mit 1:5 Punkten, darin ein 1:1 gegen den Gastgeber, ist der Abstieg in die B-Gruppe perfekt.

Neue Stars der Liga: Die Kölnarena und ein Adlerfan namens Hopp

1998/99

Die ersten Eishockey-Ligen Süd und Nord werden dritthöchste Spielklasse. Als DEL-Unterbau fungiert nunmehr eine eingleisige Bundesliga mit 16 Mannschaften, darunter die Düsseldorfer EG. Bereits als die Pläne Commissioner Bernd Schäfer bekannt werden, kontert er mit dem Ausrufen einer »DEL – Die 1. Bundesliga«. Mit der Einführung einer neuen Punkteregelung (drei für einen Sieg nach regulärer Spielzeit, zwei für einen Sieg nach Verlängerung oder Penaltyschießen, einen Punkt für eine Niederlage nach Verlängerung oder Penaltyschießen) steht die DEL im internationalen Vergleich allein auf weiter Flur. Erst 2006 beschließt der Weltverband IIHF, gegen teils heftige Widerstände seiner Mitglieder, das System erstmals bei der WM 2007 in Moskau einzusetzen. Neu ist auch die Festlegung der DEL-Kaderstärke: maximal 26 Spieler pro Team, darunter weiterhin fünf Spieler mit deutschen Pässen. Erstmals wird die Hauptrunde als Doppelrunde (vier Spiele gegen jede Mannschaft) ausgetragen. Die Top-Acht spielen jeweils in Best of Five-Play-offs von Achtelfinale bis Endspiel. Die Plätze neun bis vierzehn schauen zu.

Hans Zach, beim Zürcher SC außer Dienst gestellt, ist neuer Cheftrainer in Kassel und fortan dem frisch gekürten Huskies-Boss Simon Kimm unterstellt. Der Unternehmer (Eishalleneigner, Kiesgruben, Betonwerke) rettet den wirtschaftlich wie sportlich am Boden liegenden Nordhessen durch finanzielles Engagement die DEL-Lizenz. Zach darf zwar ungestört arbeiten, nur kosten muss es wenig. Der Tölzer macht für die nächsten vier Jahre aus der Not eine Tugend. Bereits ab der Saison 1999/00 mischen die Schlittenhunde wieder oben mit und erreichen das Halbfinale. Vordergründig wird auf junge deutsche Talente (Nikolaus Mondt, Daniel Kreutzer, Thomas Dolak, Klaus Kathan, Benjamin Hinterstocker) sowie auf einst abgetauchte Routiniers (Tobias Abstreiter, Günther Oswald und Thomas Daffner) gesetzt. Elf deutsche Spieler in einem DEL-Kader, so etwas schien zuletzt undenkbar. Ein Bad Tölz-Beigeschmack bleibt. Um wirtschaftlich zu überleben, wird Kassel zum Selbstbedienungsladen solventerer Clubs.

Am 11.09.1998 geht im Stadtteil Deutz das Debütspiel der Haie in der Kölnarena (ab 2008 Lanxess Arena) über die Bühne. Das Match gegen Frankfurt endet 6:3, und der neue Besucherrekord für das europäische Eishockey beläuft sich auf 16.957 Zuschauer. Sportlich pusht die Haie-Einmietung wenig. Nach Rang fünf der Hauptrunde und personellen Querelen endet die Saison bereits nach einer hitzigen, von Massenschlägereien und Verletzungen geprägten 2:3-Viertelfinalniederlage in der Serie gegen Frankfurt. Nürnberg ist erstmals im einstelligen Tabellenbereich zu finden und nach 52 Spielen Vorrundenerster. Die Ice Tigers verblüffen die Liga und stürmen via Augsburg und Frankfurt bis in das Finale vor. Coach Peter Ihnacak und der ehemalige deutsch-slowakische Spieler, jetzt Manager Otto Sýkora, sind die klugen Köpfe im Frankenland. Als Königstiger werden ausfindig gemacht: der italienisch-kanadische Stürmer Sergio Momesso, der Topscorer und deutsch-kanadische Stürmer Martin Jiranek (69 Punkte) sowie Goalie Andrej Anatoljewitsch Mesin, weißrussischer Spieler des Jahres mit 800 NHL-Einsätzen. Am Tabellenende lungern die Revier Löwen Oberhausen herum. Das Retortenteam gewinnt kein einziges Auswärtsspiel und beendet die Saison mit 33 Punkten als Tabellenletzter hinter den Berlin Capitals (52 Punkte).

In Mannheim überreicht Bernd Schäfer die DEL-Krone den Adlern als Hattrickmeister nach einem 3:2 in der Finalserie gegen die Nürnberg Ice Tigers. Vorrundenplatz drei gelang über die Stationen Landshut und Berliner Eisbären. Düsseldorfs gescheiterter Managernovize Helmut de Raaf, zuletzt in Essen und Grefrath aktiv, half als dritter Goalie aus. Dem Rausch folgt die Beinahe-Pleite am Saisonende. SAP-Mäzen Jürgen Hopp springt auf Geheiß des Sohnes ein. Daniel Hopp, langjähriger MERC- und Adlerfan, begeistert den sonst eher ballorientierten Superreichen für das Eishockey. Sofort fließen die ersten Millionen, damit sind die akuten Defizite getilgt. Die nächsten Margen werden unter dem Vorbehalt, künftig die Clubpolitik mitzubestimmen, zur Verfügung gestellt. Marcus Kuhl bleibt Manager, Coach Lancy Nethery geht lieber von Bord. DEL-Lizenz dank Familie Hopp gerettet.

Schwarz-Rot-Gold

Bei der B-WM 1999 in Dänemark werden endlich wieder Siege eingefahren. Ungarn, Polen, Großbritannien, Estland und Slowenien dabei in die Schranken gewiesen. Große Durchhänger zwischendrin, wie die Niederlagen gegen Gastgeber Dänemark und Kasachstan, besiegeln jedoch den B-Gruppenverbleib. Hans Zach räumt die Kingston-Maxime (Speed, Size, Skill) vom Tisch und holt Jörg Mayr zurück in das Team. Im Tor steht als Backup der 18jährige Robert Müller (Rosenheim) hinter dem einzigen DEL-Spitzengoalie mit deutschem Pass, Klaus Merk (Augsburg). Nur drei DEL-Verteidiger (Mirko Lüdemann, Daniel Kunce, Jochen Molling) mit ausreichend hochklassiger Spielpraxis stehen im Kader. Talente wie Andreas Renz (Schwenningen) und Josef Lehner (Riessersee), genauso wie die von Zach in Kassel an den Spitzensport gewöhnten Nikolaus Mondt, Klaus Kathan, Timo Boos und Daniel Kreutzer schnuppern internationale Eiszeiten.

Münchener Edelleute, kanadische Hustentropfen & Whiskey Bill muss gehen *1999/2000*

Nach erneut heftigem DEL/DEB-Streit steht dem Namen der eingleisigen Bundesliga nun die Zahl 2 vor. Verwechslungsgefahr für Unkundige? Endlich ausgeschlossen. Die vierthöchste Spielklasse erhält das Gesamtterminus »Regionalliga« zurück. Darüber spielen die Oberligen Süd und Nord. Der Salary Cap, die zwei neuen Zauberworte im Spitzen-Eishockey, wird ausgerufen. Die Etats für die Spielergehälter werden bis maximal 6,5 Millionen Mark pro Club begrenzt. Bernd Schäfers wohl letzte Großtat in seiner finalen Saison als Commissioner. Fortan heißt es dann wieder: Salary Cap? Brauchen wir nicht. Jeder Club darf kalkulieren, wie er will. Neu in der 15 Teams starken Liga sind Bundesligameister Moskitos Essen und die München Barons (Franchise: MEC Münchener Eishockey Club GmbH). Landshut, dessen DEL-Lizenz der Cannibals Eissport GmbH von der Anschutz Entertainment Group (AEG) gekauft wurde, ersetzt den ESC München dafür in der Oberliga. Elf Kannibalen plus Landshuts Manager Max Fedra werden Münchener Edelleute. Pro Team müssen jetzt mindestens acht Spieler einen deutschen Pass vorweisen können, darunter drei U23er. Damit sinkt die Ausländerquote zwar erstmals, 82 neue Gastarbeiter gibt es dennoch.

Seit der Saison 1996/97 greift wieder eine Abstiegsrunde in den sportlichen DEL-Verbleib ein. Nach 56 Spielen der Hauptrunde erreichen die Plätze eins bis acht wie gewohnt die Play-offs. Rang 9 (Hannover) bis 15 (Essen) spielen den Absteiger aus. Die Moskitos erwischt es in der folgenden Einfachrunde mit zuletzt 16 Punkten Rückstand auf den Vorletzten aus Oberhausen. Und wieder müssen DEB-Schiedsgerichte bemüht werden. Den DEB/DEL-Teilzeit-Juristen entging vor Saisonbeginn eine entscheidende Kleinigkeit. Kapitalgesellschaften, wie sie die DEL zur Auslagerung der Profimannschaft vorschreibt, können aus rechtlichen Gründen gar nicht dorthin absteigen, wo keine Kapitalgesellschaften spielberechtigt sind. Die Eishockeyspielbetriebsgesellschaft (ESBG) existiert noch nicht. Somit bedeutet das den DEL-Verbleib für Essen.

Die Stürmer Bill McDougall (München) und Joel Savage (Mannheim) werden positiv auf Pseudo-Ephedrin getestet, mit Geldstrafen belegt und gesperrt. München verliert die Punkte gegen Augsburg am Grünen Tisch und suspendiert einen seiner erfolgreichsten Punktejäger (Spitzname nach einer Trunkenheitsfahrt: »Whiskey Bill«) noch vor den Play-offs. Mannheim kauft Savage den versehentlichen Apothekenbesuch in der Heimat ab. Kanadische Hustentropfen sind eben nicht ohne.

In den Play-offs knackt Köln den Vorrundenrekord mit 114 Punkten aus 56 Spielen und arbeitet sich über die Stationen Augsburg sowie Berlin Capitals mit zwei Sweeps in das Finale vor. Mannheim, mit Neucoach Chris Valentine, bleibt bereits im Viertelfinale an Kassel hängen. Hauptschiedsrichter Willi Schimm wird nach dem zweiten Märzspiel im Play-off-Viertelfinale Krefeld vs. Berlin Capitals (4:5) aus dem Verkehr gezogen. Eine eidesstattliche Satzversicherung von Capitals »C« Pavel Gross (»*Hau ab du Penner*, hat er mich angeblafft«), 232 Strafminuten, Nasenbeinbruch (Krefelds Thomas Brandl im Clinch gegen Gross), anderweitige Blessuren (Krefelds Lars Brüggemann vs. Cap-Stürmer Jim Hiller) und Nachspiele (Ligaleitung sperrt Berlins Manager Roger Wittmann für ein Spiel aus, Geldstrafe) befeuern den Eindruck, der HSR habe dem Spiel nicht so recht ein passables Game-Management aufdrücken können. München schaltet nach einem 3:2 gegen Frankfurt die Kassel Huskies im Halbfinale aus. So stehen sich in der Endspielserie Köln und München gegenüber. Die Bayern, bis dato mit halbleeren Sponsorenpools und genauso leeren Rängen, siegen gleich im ersten Jahr ihres Bestehens 3:1 in der Serie. Dritte Meisterschaft in einer deutschen Eliteliga für ein Team aus der Isarmetropole.

Mit dem Rosenheimer Lizenzverkauf von Hauptsponsor Kathrein an den 1994 gegründeten Iserlohner EC, Nachfolger des ECD Sauerland Iserlohn Penguins, übernimmt die Iserlohn Roosters GmbH am Grünen Tisch den Startplatz in der DEL. Der bisherige Zweitligist war sportlich nicht über das Play-off-Viertelfinale der 2. Bundesliga hinausgekommen. An der Bande steht der US-Amerikaner Greg Poss. Die Starbulls Rosenheim starten mit viel Herzblut in der Bezirksliga Bayern neu durch. Die Fans stehen hinter ihren Farben. EV Berchtesgaden statt Kölner Haie, heißt es nun auf den Plakaten.

Schwarz-Rot-Gold

Im Februar 2000 findet die Runde eins der vorolympischen Qualifikation für Salt Lake City 2002 statt. Erneut soll das Schicksal der Zach-Adler in Ljubljana entschieden werden. Doch diesmal gelingt das für unmöglich Gehaltene. Nach Pflichtsiegen (Jugoslawien, Slowenien) muss gegen Spitzenreiter Italien ein Sieg her. Im entscheidenden letzten Gruppenspiel trifft Düsseldorfs Stürmer Fabian Brannström zum 1:0. Dann der Ausgleich. Kurz vor Schluss nimmt Zach Goalie Marc Seliger (Nürnberg) vom Eis. Düsseldorfs EU-Arbeiter Maurizio Mansi im italienischen Nationaltrikot vertändelt die Scheibe vor dem leeren Tor, Kassels Stürmer Jürgen Rumrich eilt im letzten Moment herbei. Acht Sekunden vor Schluss zieht Blueliner Mirko Lüdemann den Puck an Italiens Goalie Mike Rosati vorbei ins Eck. Endstand 2:1. Die letzte Hürde im Februar 2001 sichert in Oslo mit viel Glück und Teamgeist endgültig das Olympiaticket.

Da Deutschland als Ausrichter der WM 2001 automatisch für die A-Gruppe qualifiziert ist, kann die B-WM in Kattowitz eigentlich unter ferner liefen abgehakt werden. Doch nicht mit Hans Zach. Zwar lässt er sämtliche DEL-Schlüsselspieler aus Köln und München, trotz Unterbrechung der Play-offs vor der Endspielserie daheim, schafft aber mit Neulingen wie Stürmer Thomas Greilinger vom Oberligisten Deggendorf die mental so wichtige B-WM-Krone. Gegen Gastgeber Polen setzt es die einzige Niederlage in sieben Spielen. Nürnbergs Stürmer Martin Reichel fährt nach einem Stockschlag im entscheidenden Spiel gegen England mit acht Zähnen weniger und dem Gefühl nach Hause, die A-WM 2001 auch sportlich erreicht zu haben.

Showtime für Bill Steward im Kartell der Un-Ehrenmänner
2000/01

Der Abstieg ist wieder vom Tisch. 16 Clubs starten als geschlossene Liga ohne Play-downs. Der Meister der 2. Bundesliga, die Düsseldorfer EG, kehrt zurück. Kein Wunder, die Ära Bernd Schäfer, liebstes Feindbild an der Brehmstraße, ist Geschichte. Nur noch maximal 16 Ausländer pro Team sind erlaubt. Zu Saisonbeginn stehen somit tatsächlich um die 80 Spieler mit deutschem Pass auf dem Eis. Langsam zeichnet sich ein Ende des Bosmann-Rausches ab. Die Märkte lichten sich, gravierende Nachwuchsprobleme gibt es in der DEL dennoch. Die meisten Cracks sind Ü30. Dass mehr als ein Viertel aller für das DEB-Team in Frage kommenden Spieler eingebürgerte Deutsche sind, passt ins Bild. Ein spät kommunizierter Absprung zweier DEL-Hauptsponsoren reißt große Löcher in die Budgets. Der Sportjurist Norbert Hield bezeichnet in der Zeitschrift »Sport Bild« die Liga als »ein Kartell von Unehrenmännern. Mafiose Strukturen bestimmen das deutsche Eishockey. Erpressung und Begünstigung sind an der Tagesordnung«. Im ZDF-Magazin »Frontal 21« werden Vorwürfe eines anonymen kanadischen Eishockeyspielers über mutmaßlich unversteuerte Handgelder öffentlich. Sätze wie »Ungefähr 40 Prozent der Spieler, die ich kenne, bekommen Schwarzgelder bis zu 50.000 Mark« schockieren lediglich Branchenneulinge wie Mannheims Dietmar Hopp, der die Adler Mannheim von jeglichen Schwarzkassen freispricht.

Ein altbackener Münchener Satz bleibt weiter an der Tagesordnung: »Spitzeneishockey in der Stadt, und alle gehen zum Fußball.« Nur 2.985 Zuschauer wollen den frisch gebackenen Meister im Schnitt sehen. Phil Anschutz, der bereits mit dem Barons-Einstieg die Parole vom Break Even in drei Jahren ausgab, schickt Entertainment Group-Stadthalter Detlef Kornett vorsorglich auf Finnlandreise. Vermutlich beim Saunagang mit dem skandinavischen Superreichen Harry Harkimo werden erste Plane für den Bau einer Multifunktionshalle in Hamburg geschmiedet.

Nach 60 Vorrundenspielen stehen die Play-off-Teilnehmer fest. Für die Ränge 9 bis 16 ist die Spielzeit beendet. Im Februar 2001 eröffnet die Arena Nürnberg (Sponsorenvertrag ab 2005: Arena Nürnberger Versicherung). Das beinahe 70jährige Linde-Stadion ist Geschichte. Die Kapazität der neuen Spielstätte beträgt über 8.000 Besucher. Nürnberg wird nur vierter der Vorrunde, im Viertelfinale ist gegen Kassel Schluss. Essens Ex-NHL-Star Esa Tikkanen (»Ich will Meister werden«) enttäuscht auf ganzer Linie. Der Finne, einst in Edmonton Wayne Gretzkys Wasserträger, staunt am

Saisonende über Platz 16 und verschwindet nach Südkorea in einen lukrativen Karriereausklang.

Bei den Scorpions setzt der geplante Wegzug aus Mellendorf in die nagelneue Hannoveraner Preussag-Arena (ab 2005 TUI-Arena, Fassungsvermögen 11.000 Fans) mit Vorrundenplatz sieben ungeahnte Kräfte frei. Im Viertelfinale stolpern die Kölner Haie unter den Schmähgesängen der eigenen Anhänger (»Wir sind nur ein Karnevalsverein«) nach einem Sweep noch im Ice House. Reinschnuppern in die neue Arena heißt es erst im Halbfinale gegen Mannheim. Doch Jan Alston, Devin Edgerton, Dave Tomlinson samt Teamkollegen setzten den arg gering budgetierten Scorpions zu. Mannheim steht nach einer 3:0-Serie im Endspiel gegen die München Barons.

Mannheims Neucoach Bill Steward, in Übersee mit einem Berufsverbot belegt, weil er einen ukrainischen Spieler ohne Papiere im Kofferraum aus Kanada in die USA schmuggeln wollte, wird außerhalb der Kurpfalz zum Buhmann der Liga. Sämtliche Vorurteile über Herkunft (Kanada) und familiäre Wurzeln (Italien) scheinen sich zu bestätigen. Als Holzfäller traktiert Steward am 20.03. im Play-off-Viertelfinale gegen die Berlin Capitals (3:2) den gegnerischen Interimscoach Pavel Gross mit Fausthieben. Späte Folgen sind ein Schiedsgerichtsurteil und zwei Finalspiele Bandenverbot. Südländische Theatralik erleben in Teil vier der Endspielserie die München Barons. An jenem 20.04. täuscht Steward einen Schwächeanfall vor und brilliert in der Rolle des sterbenden Schwans. Die Begegnung wird unterbrochen, ärztliches Personal eilt herbei, dann rappelt sich der Coach langsam auf. In der Zwischenzeit hat sich Stürmer Jan Alston in aller Ruhe um frisch geschliffenes Schuhwerk im Adler-Kabinentrakt bemüht. Als die Kufen auf dem Münchener Eis schön eingelaufen sind, geht das Spiel weiter. 2:1-Sieg nach Verlängerung für das Road-Team. »The Cup is Coming Home«, skandieren mitgereiste Fans. Zum vierten Mal seit 1997 und zum fünften Mal insgesamt werden nordbadische Meisterzigarren verteilt.

Über 407.000 Fans lassen im April/Mai 2001 die Heim-WM in den Arenen Köln, Hannover und Nürnberg nicht nur zum wirtschaftlichen Erfolg werden. Auch sportlich läuft der Puck, dank Euphorie (für das Eröffnungsspiel gegen die Schweiz hätten 80.000 Karten abgesetzt werden können) und einer gesunden Portion Glück, runder denn je. Nach der Vorrunde, mit einem Sieg gegen die Eidgenossen (3:1), einem 2:2 gegen den späteren Weltmeister Tschechien sowie einem Hangover in Hannover (0:2 gegen Weißrussland), startet das DEB-Team am 04.05. in der neu installierten Zwischenrunde zwar mit einem 1:3 gegen Italien, tags darauf folgt jedoch fast die Sensation. In der Preussag Arena führt man nach zwei Dritteln bereits 2:0 gegen Kanada. 3:3 der Endstand. Das Viertelfinale ist bereits vor dem nächsten Spiel gegen Russland (1:3) dank Schützenhilfe erreicht. Sbornaja-Coach Boris Mikhailov kommt nicht umhin zu sagen: »Es war das erste Mal, dass ich ein gut organisiertes deutsches Team gesehen habe.« Gegen das bärenstarke Suomi-Team steht es im Viertelfinale vor 18.514 Fans in der Kölnarena kurz vor Schluss 0:4, dennoch singen die Fans »Wir sind stolz auf unser Team«. Tobias Abstreiter gelingt der Ehrentreffer. Hans Zach, der vor WM-Beginn noch vom Abstiegsrundenüberleben als Minimalziel sprach, führt Deutschland damit von Platz 20 der Welt auf Rang acht.

Licht aus in München: Bayernliga statt DEL *2001/02*

Oh Wunder, da sind sie wieder, die Play-downs. Die beiden letztplatzierten Hauptrundenteams spielen nach 60 Begegnungen eine Abstiegsrunde im Best of Seven. Für die Teams im Niemandsland (Rang 9 bis 14) ist die Saison nach der Vorrunde beendet. Noch maximal 14 nicht eingedeutschte Spieler werden pro Kader zugelassen. »Wenn sich in Sachen Hallen-Neubau nichts tut, wird es schwer, den Eishockey-Standort Mannheim aufrecht zu erhalten«, droht Daniel Hopp im »Mannheimer Morgen« dem Rathaus. Dort werden flugs Adler-Wimpel gehisst, der Neubau eines Eisstadions mit bis zu 15.000 Plätzen wird endlich heißer diskutiert. Baubeginn soll im November 2002 sein. Ein nächster junger Adler befindet sich auf großem Flug. Nach Jochen Hecht wechselt Defender Dennis Seidenberg (2011 Stanley-Cup mit den Boston Bruins) im Sommer nach Philadelphia.

Kassel, der Vorrundenfünfte, weint. Nicht so sehr darüber, dass mal wieder im Halbfinale nach einem Sweep der Mannheimer Schluss ist, sondern um Hans Zach. Der Coach gibt im Februar seinen Wechsel zu den Kölner Haien bekannt. Dies bedeutet ein Ende der Diskussionen mit Mäzen Simon Kimm, der in schwermütigen Phasen zuletzt mit dem Franchise-Verkauf der EC Kassel Huskies Sportmanagement GmbH geliebäugelt hatte. Keine Trainer-Tränen flossen zuvor in Hannover. Vor dem ersten Ligaspiel wurde Dieter Frenzel nach 21 Tagen aus dem Amt entfernt. Nachfolger Peter Ihnacak hält bis November durch. Als Coach Nummer drei, der Schwede Christer Abrahamsson, in der Expostadt hält, klappt es zwar wieder mit der Punktejagd, die Play-offs werden dennoch nicht erreicht. Düsseldorf verpasst als Neunter nur knapp hinter Augsburg die Fleischtöpfe. Im März gelingt endlich der finanzielle Befreiungsschlag. Ohne den neuen Hauptsponsor Metro AG hätten sich die Brehmstraßen-Cracks vermutlich auf dem Spielermarkt umschauen müssen. Die Umbenennung in DEG Metro Stars ist ein Novum. Erstmals steht ein Überlebensgeldgeber im Rufnamen eines Clubs.

Nicht nur das Halbfinalaus über die volle Distanz gegen die Kölner Haie (2:3) entsetzt das Häuflein der tapferen München Barons-Fans. Weitaus schlimmer wiegt der Verkauf der Franchise nach Hamburg. Beide Nadelstreifenmanager von Anschutz-Europachef Detlef Kornett, Max Fedra und Boris Capla, wollen von den Plänen nichts gewusst haben. Geschätzt 15 Millionen Euro soll Anschutz bis dato in der Bayern-Metropole in den Sand gesetzt haben. Licht aus im Olympia Eissportzentrum. Schon wieder müssen

Stehaufmännchen her. Aus Bayernligist HC 98 mutiert 2002 der EHC München und feiert zünftige Erfolge. Das Debüt in der Bayernliga wird am 18.10. vor 1.500 Zuschauern gefeiert und gleichzeitig der EV Fürstenfeldbruck mit 10:2 geschlagen.

Wie bereits 1995, als ebenfalls Platz sechs der Hauptrunde erreicht wurde, starten die Kölner Haie mit den Feierlichkeiten zum zweiten DEL-Meistertitel. Krefeld wird im Viertelfinale mit einem Sweep bezwungen. Nach einem verwandelten Alex Hicks-Penalty in der letzten Begegnung erreicht Köln nicht nur die Endspiele, sondern überwindet auch ein dreijähriges Münchener Play-off-Trauma. Die Finalserie gegen Mannheim wird nicht minder knapp auf fremdem Eis mit 3:2 für sich entschieden. Der erst während der Saison als Nethery-Nachfolger installierte Interimscoach Rich Chernomaz ist Held der Stunde. Dass es auch mit dem Nachwuchs klappt, beweisen die Verteidiger Andreas Renz oder Björn Bata sowie Förderlizenzler um Stürmer Christoph Ullmann und Goalie Dimitri Pätzold. Im Jammertal der Playdowns stehen sich Schwenningen und die Berlin Capitals (4:3) gegenüber. Berlin-West kollabiert nach dem sportlichen Abstieg, der Antrag auf Lizenzverlängerung wird abgelehnt. Die geretteten Wild Wings stehen mit 3,5 Millionen Mark Minus in den Büchern.

Noch finsterer sieht es in Essen aus. Ohne Hauptsponsor in die Saison gestartet, folgt der beinahe logische Insolvenzantrag bereits im Januar. Schieres Fanentsetzen herrscht am Westbahnhof, als die DEL-Ligaleitung den Franchise-Vertrag nach Spielzeitende mit dem bis dahin besten Tabellenrang 14 aufkündigt. Zehn Kanadier, darunter der tadellose Goalie Jimmy »mit den Spinnenhänden« Waite, befinden sich auf der Suche nach neuen Teams. Die viertklassige Regionalliga NRW nimmt die Moskitos 2002 auf. Die Revierlöwen Oberhausen, in der Vorsaison nach der Hauptrunde noch auf Rang sechs, im Viertelfinale an München gescheitert, fliegen aus dem CentrO. Mangels Spielstätte folgt der Lizenzentzug für die GmbH. Kehrt man nun reumütig heim in das schöne Ratingen? Mitnichten. Dort regieren seit

1997 echte Ratinger, die Ice Aliens. Nutzlos wie ein Kropf, ohne Fanbasis und Stadion, wird der ECR 2006 aus dem Vereinsregister gelöscht.

Schwarz-Rot-Gold

Hans Ulrich Esken, seit 1975 Dortmunder Richter und ab 1992 am Grünen Tisch des hauseigenen Spielgerichtes aktiv, wird fünfter DEB-Präsident. In Salt Lake City brennt im Februar 2002 das Olympische Feuer. Jochen Hecht (Edmonton) und Marco Sturm (San Jose) treffen während des Turniers ein. Drei Spiele, drei Siege in der Vorrunde gegen die Slowakei, Österreich und Lettland lassen Zachs Schützlinge, der vor dem Turnier tief stapelte (»Realistisch gesehen wäre alles andere als der letzte Platz eine Überraschung«) jubeln. »Ich setze diesen Erfolg auf eine Stufe mit Bronze 1976«, gibt der bereits im ersten Spiel gegen die Slowakei verletzte Kölner Jörg Mayr mit Kieferbruchstimme zum Besten, die Folge eines Schlagschusses durch Übersee-Star Miroslav Šatan von der blauen Linie ist. Es folgt ein chancenloses, mit hochkarätigen NHL-Cracks besetztes Zwischenrunden-Intermezzo mit Tschechien, Kanada und Schweden. »Jetzt kommen Mannschaften von einem anderen Stern, die besten Spieler der Welt, gestählt in der NHL.« (Hans Zach) Doch selbst wenn aus dem einzig engen Spiel (2:3 gegen Kanada) mehr geworden wäre, hätte es der abgeschlagene DEB-Tross um den Nürnberger Kapitän Jürgen Rumrich in den Play-offs mit dem Primus der Co-Zwischenrunde zu tun bekommen. Gegen Gastgeber USA heißt es im Viertelfinale 0:5. Trost für Marc Seliger: Maureen, bildhübsche Cafeteria-Mitarbeiterin, schenkt dem Nürnberger Goalie im Mannschaftshotel nicht nur Kaffee ein, die Hochzeit folgt 2004.

In der weltmeisterlichen Top-Division kommt es nach Siegen gegen Japan und die Schweiz und einem 5:7 gegen Tschechien in Schweden 2002 zum nächsten Turniervergleich gegen die US-Amerikaner. Diesmal spielt die NHL noch. 2:2 heißt es am Zwischenrundenende. Erneut siegt Kanada denkbar knapp (3:1), ein

Pflichtsieg gegen die Letten bahnt den Viertelfinaleinzug. Zachs Youngsters wie die 19jährigen Verteidiger Christian Erhoff und Christoph Schubert, die Stürmer Eduard Lewandowski und Daniel Kreutzer führen gegen die USA sensationell 2:1 nach dem 1. Drittel durch Treffer von Krefelds Ehrhoff und Hannovers Deutsch-Kanadier Leonard Soccio. Nach dem letzten Pausentee steht es 2:3. Erst im Schlussspurt schwinden Konzentration und Kräfte, macht der siebenmalige Weltmeister mit drei Treffern kurzen Prozess. Endstand: 2:6. Es bleibt dabei. Zweistellige Niederlagen gehören im Weltspitzenoberhaus der Vergangenheit an. Mehr als das Viertelfinale ist aber auch mit den motiviertesten DEL-Kräften nicht drin.

Niemand hat die Absicht, eine Meisterschaft zu erringen
2002/03

Eine Eishockeybetriebsgesellschaft, 1999 auf der DEB-Mitgliederversammlung eingeläutet, ist künftig als Hoheit für die 2. Bundesliga, Oberliga und Regionalliga Süd zuständig. Erster Geschäftsführer im Aufsichtsrat und Überwacher des ESBG-Gesellschaftsvertrages wird bis 2005 DEB-Mann Helmut Bauer. Die verbandsinterne Vereinssatzung sowie steuerrechtliche Gründe geben den Ausschlag. Da bisweilen nicht mehr nur eingetragene Vereine, sondern erstaunlicherweise auch Vertreter der Kapitalgesellschaften stimmberechtigte DEB-Mitglieder waren, drohte von Seiten der Steuergerichtsbarkeit Ungemach. Der Status der Gemeinnützigkeit waren den satzungsverliebten Finanzämtern im Profisport bekanntermaßen noch nie ohne spätere Haftantritte und Pfändungsbeschlüsse gefahrlos zu übermitteln. Talentförderung aber schon. Diese galt es zu schützen. Zu viele Teams waren in den letzten Jahren mit einer Gesamtinsolvenz aus dem Verkehr gezogen worden. Was lag da näher, als es der DEL ein wenig gleich zu tun und das spielende Personal grundsätzlich in Kapitalgesellschaften auszulagern? Jeder

Gesellschafter der Spielbetriebs-GmbH erfüllt ab 2002 folgende Bedingungen: Aus der clubeigenen Vereinsstruktur heraus wird ein stimmberechtigtes Mitglied zum DEB entsandt. Kooperieren muss er auf heimischen Eis mit einer nachweisbaren Kapitalgesellschaft. Zwischen der ESBG, dem DEB-Dach und den Landeseissportverbänden (LEV) werden Kooperationsverträge geschlossen. Alle ESBG-Ligen sind so mit dem Internationalen Eishockeyverband verknüpft. Durch das Raster fallen die Revierlöwen Oberhausen (kein Stammverein), die Moskitos Essen sowie die Berlin Capitals (keine gültige Kapitalgesellschaft/Lizenz zur Fortführung des Spielbetriebs). Liga 2 startet mit 15 Teilnehmern. 2010 wird das Modell dahingehend geändert, dass die ESBG sich auf die Organisation der 2. Bundesliga sowie die der Oberliga Süd beschränkt.

14 Teams gehen im September 2002 in die neunte DEL-Spielzeit. Play-downs blühen den beiden Schlusslichtern, zwischen Rang neun und zwölf beginnen die Ferien bereits nach der Hauptrunde im März. Die Viertelfinalspiele unter den besten acht Mannschaften werden erstmals wieder nach 1995 im Best of Seven ausgetragen. Nur noch maximal 13 nicht eingedeutschte Spieler pro Team sind erlaubt. Da der amtierende Unterbaumeister Bremerhaven auf einen möglichen Lizenzantrag verzichtet, greift Vizemeister Ingolstadt, unter freundlicher Hilfe von Leopold Stiefel, Mitbegründer der Media-Saturn-Holding, zu. Mit Rang zwölf geht die Premierensaison der Franchise ERC Ingolstadt Eishockeyclub GmbH zu Ende.

Die Mannheimer Ü30-Party endet. Mit Sascha und Marcel Goc, Ilja Vorobiev, Dennis und Yannic Seidenberg, Tomas Martinec, Klaus Kathan, Dimitri Pätzold sowie Danny aus den Birken stehen nach Vorgabe von Hopp reihenweise deutsche Youngstars im Kader. Im Sommer 2002 gelingt es Eisbären-Manager Peter John-Lee endlich, einen Mastermind-Coach nach Hohenschönhausen zu locken. Gemeinsam mit dem Kanadier Pierre Pagé, einem alten Bekannten aus Calgary Flames-Tagen, werden Erfolgsrezepte für künftige Meisterschaften ausgetüftelt. Der reiche Onkel aus Amerika, Mr. Anschutz, wird langsam ungeduldig. Lee, der nach seinem Karriereende 1997 in Berlin im Trainerstand, vor allem aber als Aufbauchef der Eisbären Juniors arbeitet, verdanken Verteidiger wie etwa Martin Hoffmann und Center Alexander Barta den Sprung in das A-Team. Angelockt werden honorige Talentstürmer wie Florian Busch (Mannheim) oder Boris Blank (Wilhelmshaven). Noch lautet an der Spree die Devise: »Niemand hat die Absicht, eine Meisterschaft zu erringen.«

Spot an heißt es für die Hamburg Freezers, benannt nach Batmans Gegenspieler »Mr. Freeze«, der mittels Eisstrahler Menschen binnen kurzer Zeit zu Kühlblöcken gefrieren lässt. Doch ein Blick in das Englischwörterbuch reicht aus: Die Freezers werden ligaweit zu Kühlschränken. Acht Barons-Spieler plus Trainergespann bilden den Grundstock des Teams. Zwar ist die für 12.325 Fanplätze konzipierte Color Line Arena (ab April 2010 O2-World Hamburg), vom finnischen Investor Harry Harkimo für 83 Millionen Euro erbaut, zum Saisonbeginn noch gar nicht fertig, doch das stört die Ligaleitung wenig. Abhilfe schafft eine Auswärtsspiel-Sonderregelung bis zur Eröffnung im November 2002. Die Freezers sind zur Arena-Stürmung am 13.11.2002 Tabellenletzter und schlagen den amtierenden Meister Köln mit 5:4. Die Eishockey-Brachlandschaft Hamburg wird wachgeküsst. Nach Platz acht der Vorrunde folgt ein 1:4 in der Viertelfinalserie gegen Vorrundenprimus Eisbären Berlin.

Hans Zach verwandelt die Kölner Mittelmaßkrebse nach holprigem Start wieder zu gefährlichen Haien. Der Alpenvulkan gerät mit KEC-Geschäftsführer Holger Rathke, den er bereits in Düsseldorf nicht leiden konnte, über negative Presse-Lancierungen in den Clinch. In Kassel 0:5 gegen die Augsburger Panther zu verlieren, ist verzeihbar. Aber doch nicht in Köln, wo derartige Niederlagen zehn Zentimeter hohe Zeitschriftenbuchstaben produzieren. Haie-Präsident Heinz-Hermann Göttsch schlichtet, Rathke fliegt im November aus seinem Vertrag. Das Spielchen »Der oder ich« geht an Zach. Marketingchef Thomas Eichin übernimmt die Geschäftsführung. In 20 folgenden Pflichtspielen bis zum Play-off-Start gelingt es fortan keinem Gegner mehr, die Domstädter in regulärer Spielzeit zu schlagen.

Am 12.03.1952 feierten die Krefelder Fans mit dem KEV ihren letzten Titelgewinn in der höchsten deutschen Spielklasse. Völlig unerwartet folgt 2003 der nächste Streich. Die DEG Metro Stars, als Vorrundendritter, werden im Viertelfinale erlegt, Primus Berlin im Best of Five, und in der Endspielserie scheitert Köln mit 2:3 an einem Team, das nur für diese eine Saison zusammenspielen darf. Der Kanadier Butch Goring hatte vor dem Saisonstart den als Trainer bis dato allerorten glücklosen Chris Valentine beerbt. Noch während Valentine, zunächst ins zweite Glied gestellt, am Arbeitsgericht mit dem KEV streitet, reißt Goring (Motto: »It's Play-off-time, have fun!«) in aller Seelenruhe das Ruder herum.

Nach der gelb-schwarzen Meistersause gehen Christoph Brandner, Brad Purdie, Thomas Brandl, Patrik Augusta, Christian Ehrhoff und weitere Leistungsträger. Robert Müller, als neuer Play-off-König Marke Helmut de Raaf gefeiert, bleibt wie sieben seiner Teamkollegen. Und das trotz eines NHL-Drafts. Verteidiger Christian Ehrhoff geht, überaus erfolgreich, den umgekehrten Weg nach Übersee. Nach wie vor hat die Play-down-Serie bestand. Sportlich reicht es für Schwenningen gegen die mit Meisterschaftsambitionen gestarteten Frankfurt Lions. Selbst der mittlerweile 42jährige Stürmertank Mike Bullard hilft noch mal aus. Doch bereits in der Vorrunde erwischt die Wild Wings ein notwendig gewordener Insolvenzantrag. Den DEL-Regularien entsprechend folgt nach neun Jahren Ligazugehörigkeit der Lizenzentzug. Frankfurt bleibt der Liga erhalten. Mit Vorlage eines schlüssigen Entschuldungskonzeptes gelingt Schwenningen immerhin die Einstufung in die 2. Bundesliga.

Schwarz-Rot-Gold

Die 67. Weltmeisterschaft findet im April in Finnland statt. Hans Zachs Mannen ringen Japan (5:4) und die Ukraine (3:1) in der Vorgruppe nieder. Der bravouröse Kampf gegen den amtierenden Weltmeister Slowakei, angetreten mit 14 NHL-Stars, geht nur mit 1:3 verloren, dank eines Sahnetages von Goalie Robert Müller. Hans Zachs 100. Spiel als Cheftrainer. Für die Zwischenrunde muss neues Personal aus Iserlohn eingeflogen werden (Lasse Kopitz, Christian Hommel). Hamburgs Verteidiger Jochen Mollig sowie Berlins gebürtiger Kasachenstürmer Boris Blank halten sich Knie und Schultern. In der Zwischenrunde gelten die Worte von Kapitän Jan Benda: »Wir konzentrieren uns auf das Viertelfinale.« Österreich (5:1) und Finnland (2:2) verzweifeln an Zachs Teamorder vom Eishockey mit der ruhigen Hand: hinten sicher stehen, vorne Nadelstiche setzen, Unterzahlspiel meiden. Nur gegen die ausgebufften Tschechen ist beim 0:4 kein Antikühlbox-Gen wirksam. Am 07.05. steht Deutschland im Viertelfinale Team Canada gegenüber. Zachs letztes Aufgebot im Kampf David gegen Goliath. Jetzt sind auch noch Sven Felski (Kreuzbandriss) und Mirko Lüdemann (Rippenbruch) verletzt. Die historische Chance, nach 50 Jahren wieder in ein WM-Halbfinale einzuziehen, wird durch ein Sudden-Death-Tor des Kanadiers Eric Brewer in der 37. Sekunde der Overtime zunichte gemacht. Mit 2:3 verliert Deutschland nach Verlängerung und belegt Platz sechs der IIHF-Tabelle.

Von der Lachnummer der Liga zum Gipfel *2003/04*

Weiterhin sinkt die Ausländerquote. Nur noch maximal zwölf nicht eingedeutschte Spieler sind pro Team erlaubt. Die DEL begrüßt als sportlichen Aufsteiger die Wölfe Eishockeyveranstaltungs GmbH des EHC Freiburg e.V., Meister der 2. Bundesliga. Wirtschaftliche Wagnisse ging das Team um Langzeit-Coach und Eishockey-Denkmal Tomas Dolak in der Vorbereitung nicht ein. Wie zu guten alten Bundesligazeiten wurde im Breisgau weiterhin fleißig eingedeutscht. So erblickt auch ein deutsch-tschechischer Jungstürmer mit Namen Dusan Frosch, Förderlizenzspieler beim Zweitligisten Blue Devils Weiden, das Licht der höchsten Spielklasse.

Noch geschockt von 19 Tagen hinter südschwedischen Gardinen, verbunden mit der vorläufigen Suspendierung durch ihren

Arbeitgeber Eisbären Berlin, treten am 11.09. die beiden Stürmer Yvon Corriveau und Bradley Bergen, gemeinsam mit Ehefrauen, Manager Peter John Lee und Marketing-Direktor Billy Flynn tränenreich vor die Hauptstadtkameras. Was war geschehen? Kurz vor der Heimreise aus einem schwedischen Vorbereitungscamp beschuldigte eine 20jährige Skandinavierin die beiden Spieler der Vergewaltigung und sexuellen Belästigung. Anschutz-Manager Detlef Kornett schickte Anwälte in die Spur, sämtliche Vorwürfe erwiesen sich nach allerlei Ermittlungen als vollkommen haltlos. Die Eisbären müssen zunächst ohne ihre gebürtigen Kanadier in die Saison starten. Merke: Nie mit unbekannten Damen ohne rosa Eisbärenschal ins Hotel gehen.

Den in der Vorsaison noch als Lachnummer der Liga verschrienen Frankfurt Lions war Manager Bernie Johnston von der Fahne gegangen. Coach Lance Nethery tauscht daraufhin die Taktiktafel mit Johnstons Bürostuhl und engagiert den zuletzt in Augsburg glücklosen Play-off-Coach Rich Chernomaz. Nur fünf Spieler der Pleitesaison 2002/03 um den irischen Blueliner-Kapitän Paul Stanton und Kanadastürmer Patrick Lebeau erhalten neue Verträge. Mannheims Dauerrekonvaleszent, Meisterverteidiger Stéphane Richer, wird in alter Verbundenheit mit Nethery Co-Trainer. Die Neuverpflichtungen lassen aufhorchen, trotz vom Lions-Franchise-Eigner Gerd Schröder ausgerufener Sparflamme. Der Geschäftsmann aus Langen, mit Immobilien reich geworden, erfreut sich fortan etwa an Nationalstürmer Martin Reichel (Nürnberg), dem in Köln aussortierten Ahornblattstürmer Dwayne Norris, Hamburgs DEB-Teilzeitstürmer David Sulkovsky oder Schwenningens deutsch-kanadischem Goalie Ian Gordon. In Ingolstadt finden seit Oktober knapp 5.000 Zuschauer Platz in der neu gebauten Saturn-Arena. Das marode Eisstadion an der Jahnstraße hat ausgedient. Zwar geht das Premierenspiel im September mit 3:4 nach Penaltyschießen gegen Kassel verloren, doch der Aufschwung bleibt. Nach Platz sieben der Vorrunde wird Nürnberg in der ersten Play-off-Serie 4:2 geschlagen, gegen Berlin ist nach einem klaren Sweep der Eisbären im Halbfinale jedoch Schluss.

Hannovers Franchise-Eigner Jochen Haselbacher streitet vor der Saison mit dem Alleingesellschafter der Preussag Arena GmbH Günter Papenburg um Mietkosten und wie auch immer geartete Professionalitäten und Mitspracherechte. Vorläufiges Ende: Die Ligaleitung gestattet den Scorpions vorübergehend wieder in die 3.700 Zuschauer fassende Eishockey-Dorfscheune nach Mellendorf zu ziehen. Umgeben von Bauernhöfen und grasendem Viehzeug ist diese Spielstätte kein wirklich edler DEL-Standort. Präsident Jochen Haselbacher will sich zurückziehen. Im Dezember wird die Heimkehr des Teams in die Preussag Arena vereinbart. Zu feiern gibt es ein 4:1 in der Play-down-Serie gegen Absteiger Freiburg. Günter Papenburg kauft schließlich die DEL-Lizenz. Somit geht die Franchise auf Papenburgs Arena Hannover GmbH über. Haselbacher soll bis zuletzt auf einen Kaufpreis von 575.000 Euro bestanden haben.

Meister Krefeld wird durchgereicht: Nach Platz zehn der Vorrunde ist die Saison beendet. Berlin, Nürnberg, Hamburg und Köln bilden nach 52 Spielen die Speerspitze. Frankfurt kommt als fünfter ins Ziel, büßt dadurch das psychologisch wichtige erste Play-off-Heimrecht ein. Köln gewinnt zwar Spiel eins der Serie, scheidet aber nach insgesamt sechs Begegnungen aus. Über Düsseldorf und Ingolstadt spazieren die Torpedo-Eisbären ins Finale. Frankfurt verhindert mit einem 3:2 gegen Hamburg das Gipfeltreffen der Anschutz-Gruppe im Finale. Die anfangs hochkonzentriert spielenden Eisbären verlieren letztlich mit viel Pech und einem Hauch Übermotivation die Serie mit 1:3. Das Frankfurter Stadion am Bornheimer Hang verwandelt sich in ein Tollhaus. Erstmals in der deutschen Eishockeygeschichte kommt der Meister aus Frankfurt.

Schwarz-Rot-Gold

Drei DEB-Nationalspieler wollen es ihrem Geburtsland Tschechien zeigen. Martin Reichel, Tomas Martinec und Daniel Kunce gehören zu Hans Zachs Aufgebot bei der Prag/Ostrava-Weltmeisterschaft im April/Mai 2004. Mit 1:5 geht zwar der direkte Vergleich in der Vorgruppe verloren, doch ein Sieg (Kasachstan, 4:2) und ein Remis (Lettland, 1:1) reichen, um als Dritter in die Zwischenrunde einzuziehen. Nach einem Sahnetag von Goalie Olaf Kölzig gegen Österreich (3:1) verbucht das DEB-Team nun bereits, nach Mitnahme des Vorrundenpunktes aus dem Spiel gegen Lettland, drei Zähler auf der Habenseite. Dummerweise bleibt es dabei. Dem 1:6 gegen den späteren Weltmeister Kanada folgt ein verkrampftes 0:1 gegen den Erzrivalen Schweiz. Ausgerechnet ein Puckvertändler des heimgekehrten Frankfurter Meisterstürmers Martin Reichel verschuldet das Aus. Ein Unentschieden hätte in der Prager Sazka-Arena für das Viertelfinale gereicht. Somit bleibt Gesamtrang neun, inklusive Direktticket für Olympia in Turin 2006. Auf die Frage eines Journalisten antwortet der Bundetrainer zwar nach Spielschluss: »Diese Niederlage bringt mich nicht von meinem Weg ab«, doch wenige Wochen später endet die erfolgreiche Ära Zach nach sechs Jahren. In der Fachpresse mit »rückständigem Eishockey«, »falschen Personalentscheidungen«, verbunden mit der »schädlichen Doppelfunktion als Haie- und DEB-Coach« gegeißelt, schmollt der Tölzer Hobbyangler nicht sehr lange. Als er vom Verband keinerlei Rückendeckung erfährt, kündigt Zach an, den am 30.06. auslaufenden Vertrag nicht mehr zu verlängern und scheidet mit letztem Groll (»Ich lasse mich nicht anpinkeln«) von der Fahne. Dabei hatte er vor der WM auf dieselben Karten wie immer gesetzt, Ü30-Spieler sanft verabschiedet, mit Olaf Kölzig und Jochen Hecht verfügbares NHL-Personal abgerufen sowie junge Wilde wie Eisbärenverteidiger Frank Hördler, Haie-Stürmer Marcus Kink und Adler-Center Christoph Ullmann an das Team herangeführt.

Das DEB-Präsidium fackelt nicht lange, übergangsweise übernimmt Sportdirektor Franz Reindl das Team in Vorbereitung auf das Weltcup-Turnier im August. Auf Vorschlag von Hans-Ulrich-Esken soll im Oktober der Amerikaner Greg Poss, zugleich Coach in Nürnberg, Bundestrainer werden. Andere bereitstehende Kandidaten wie Ernst Höfner (Assistenztrainer im Zach-Stab) oder Uwe Krupp (DEB-Junioren) fallen durch. 439 Tage wird die Amtszeit von Greg Poss andauern. Bis zu seiner Demission zehn Tage vor Heiligabend 2005 verbucht das DEB-Team den erneuten Abstieg in die Zweitklassigkeit. Bei der WM in Österreich 2005 erweist sich selbst Kasachstan (1:2) in der Vorgruppe als zu große Hürde. Einem einzigen Sieg (9:1 gegen Slowenien) stehen weitere Niederlagen gegen Dänemark (2:3) sowie ein 2:2 gegen Mitabsteiger Österreich in der Abstiegsrunde gegenüber. Zeit, für den elf Tage nach dem Abstieg vom DEB berufenen Co-Trainer Uwe Krupp, das Schicksal des deutschen Eishockeys auf die Kelle zu nehmen.

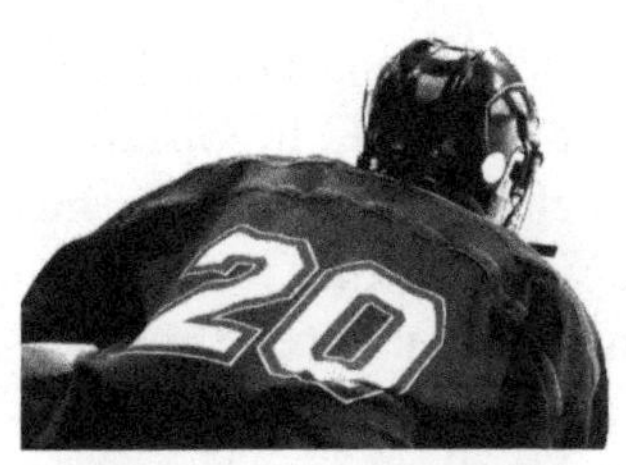

Penalty

Shoot-out

Bis hierher und weiter
Die letzten 10 Jahre im Zeitraffer

Da die letzten zehn Jahre noch in bester Erinnerung sein dürften, beschränkt sich »Eishockey in Deutschland« an dieser Stelle auf wesentliche Ereignisse, beginnend mit der neu eingeführten 11+1-Regelung. Noch maximal 12 Ausländer füllen die Teamkader auf. Stehen elf auf einem Spielberichtsbogen, muss der zwölfte auf die Tribüne. Ein Ausfall der kompletten NHL-Saison sichert Mannheim in der Saison 2004/05 die Dienste des deutsch-kanadischen Verteidigers Sven Butenschön (New York Islanders). Jochen Hecht (Buffalo Sabres) kehrt heim. Marco Sturm (San Jose Sharks) beglückt den ERC Ingolstadt. Im stetig ausverkauften Berliner Wellblechpalast sorgen Stürmer Eric Cole (Carolina Hurricans) und Washington Capitals-Goalie Olaf Kölzig für positive Überraschungsmomente. Sportlich hatte es die EHC Wolfsburg Grizzly Adams GmbH zwar in die Liga gespült, in den Play-downs zog der Tabellenletzte Kassel gegen Wolfsburg beim Serien-3:4 noch den Kürzeren, doch ein entscheidender Faktor sorgte für den Lizenzentzug in der Autostadt: das Fehlen einer DEL-tauglichen Spielstätte. Wolfsburg verweist auf Luftschlösser, symbolische Spatenstiche und mietet sogar eine sandschaufelnde Raupe. Alles inszeniert. Die Ligaleitung reagiert: ohne Arena keine Lizenz, Abstieg in die 2. Bundesliga. Anders verläuft die Hallenfrage in Krefeld. Im Dezember 2004 zieht es die Pinguine in den Königpalast, eine 8.000 Zuschauer fassende Superlativschüssel. Sportlich kann die Eisfläche indes nach 52 Vorrundenspielen und Rang neun abgekühlt werden. Im Finale treffen der Vorrundensechste Mannheim und Vize Berlin aufeinander. Nach den Adlern 1997 gelingt den Eisbären, gepeinigt von Dekaden an Play-off-Pleiten, der nächste Finalrunden-Sweep. Zwei Kanadier (Steve Walker, Denis Pederson) und ein Amerikaner (Eric Cole) besorgen die Treffer zum 4:1 in Dynamo-Hohenschönhausen. Für den im Viertelfinale verletzten Goalie Olaf Kölzig rückt Oliver Jonas, Neffe von Helmut de Raaf, ins Tor und hält sensationell. Seine Fangquote in den drei Finalspielen beträgt 93,55 Prozent, dazu ein Shootout mit nur vier Gegentoren.

Duisburger Schicksalsjahre
2005/06

Mit einer Kapazität für 13.600 Zuschauer eröffnet zur Spielzeit 2005/06 das Bandenrund der Mannheimer SAP-Arena, verziert mit dem Logo des neuen Liga-Hauptsponsors »Gelbe Seiten«. Der nunmehr siebte DEL-Supertempel. Die »schlechteste Halle der Liga«, so Adler-Geschäftsführer Daniel Hopp über den altehrwürdigen Friedrichspark, darf endlich verlassen werden. Die Titelverteidigung gelingt Berlin nach Platz eins der Vorrunde über die Stationen Krefeld und Hannover. Die von Don Jackson gecoachten Düsseldorfer werden in der Finalserie gegen die Eisbären bereits am 17.04. weggesweept. Christoph Gawlik (14 Treffer) und der Deutsch-Kanadier Richard Mueller (15) stürmen dazu aus dem Nachwuchs an das Team heran. Nach dem schmollenden Weggang von Molekülhelmträger Jonas (»Immer diese Versprechen, schon wieder kein Stammplatz«) im Sommerlochstreit mit Coach Pierre Pagé, korrigieren die Eisbären den Tabellenstand erst ab November. 32 Punkte (Platz sechs) reifen zu 100 Punkten nach 52 Vorrundenbegegnungen. Der Nachverpflichtung des 20jährigen Tschechen-Goalies Tomáš Pöpperle sei Dank.

Kassel verliert die Play-downs mit 1:4 gegen Neuling Duisburg mit Coach Dieter Hegen und steigt in Liga 2 ab. Logistikunternehmer Ralf Pape, Inhaber der Ruhrstädter DEL-Lizenz Eissportverein Duisburg Die Füchse GmbH, freut sich mächtig. Denn ab der kommenden Spielzeit gibt es dank des Kooperationsvertrages zwischen DEL, DEB und ESBG keinen Absteiger mehr. Das ohnehin schmale Minikader-Budget wird noch weiter heruntergefahren. Nur der Klassenerhalt, nicht sportlich, sondern fortan rein finanziell geregelt, bleibt interessant. Am Tabellenende festgefroren beginnt die Dauerkrise der Füchse, verliert die Mehrheit des trainierenden und spielenden Personals zunehmend an Spielfreude. Bisweilen nur noch 2.000 Fans wollen die »Karikatur eines DEL-Clubs« (Kritik der Bosse oberer Tabellenregionen) live erleben. Im März 2007 füttert Pape die Zeitungen mit der Idee, die Franchise nach Stuttgart verlegen zu wollen. Am Neckar ist man zwar interessiert, doch ausreichend finanzielle Vorleistungen bringen die sparsamen Schwaben nicht zustande. Mal wird Aufstiegstrainer Hegen von Pape gefeuert (Oktober 2007), im Jahr drauf wieder als Trainer verpflichtet. Anfang 2009 erkennt Hegen den Irrtum an: »Die Mannschaft hat keinen Charakter gezeigt, ich kann ihr nicht mehr helfen. Es war einfach zu krass, ich habe die Lust verloren.« Mit der gesamten sportlichen Leitung macht er sich nach einem 1:9 gegen Wolfsburg mit Grausen davon. Im November 2008 war es noch Pape gewesen, der mitten in der laufenden Saison beinahe dem kompletten Kader zum Saisonende kündigte. Ein 1:4 in Frankfurt reichte als Anlass, um in seiner Hobbypuppenstube aufzuräumen. Nach der Füchse-Insolvenz 2009 wird ein Neuaufbau in Liga 2 verwehrt. In der Regionalliga West darf der Spielbetrieb 2009 schließlich fortgesetzt werden.

Schwarz-Rot-Gold

Die Nationalmannschaft findet sich nach ihrem Abstieg im April 2006 in der Division I der Gruppe A (ehemals: B-WM) wieder. In Frankreich gelingt ohne Punktverlust der direkte Wiederaufstieg. Im Februar, bei den Olympischen Spielen von Turin, scheiden die deutschen Adler nach zwei Unentschieden gegen Italien und die Schweiz abgeschlagen in der Vorrunde aus.

Eine Stadt namens Sinupret
2006/07

Teil des 2006er Kooperationsvertrages ist ein DEL-Spielstättenindex, der sogenannte 9.000-Punkte-Plan. Sofern in der Liga bis dato weniger als 16 Startplätze vergeben sind, dürfen Teams in den Teilnehmerkreis der Arrivierten nachrücken. Aufsteigen kann jedoch nur, wer eine vorzeigbare Arena liefert. Dabei berechnet sich der Punktwert in einem komplizierten Verteilerverfahren. Für einen Stehplatz gibt es einen, für einen Sitzplatz zwei, für einen VIP-Platz vier Punkte. Einrichtungen zur fernsehtauglichen Produktion bringen 1.000 Punkte ein. Alle Stadien müssen von außen geschlossen sein. Bestandsschutz wird jenen Gesellschaftlern gewährt, die seit der ersten Saison mitmischen. Das bis 2012 zu drei Seiten offene Augsburger Curt-Frenzel-Stadion ist im Besonderen gemeint. Der ISS-Dome in Düsseldorf (»Dome von Rath«) ist neu in der Liga und geschaffen für 13.400 Zuschauer. Das 71jährige Stadion an der Brehmstraße ist Geschichte. Mit einem Fanmarsch zur neuen DEG-Heimspielstätte im September beginnt die jüngere Eishockeyzeitrechnung in der Landeshauptstadt. Entwarnung gibt es in Nürnberg. Die Ice Tigers müssen nicht in eine Metropole namens Sinupret umziehen, der Hauptsponsor verewigt sich lediglich im Franchise-Namen. Schnupfnasen gesellen sich den »Sinupret Ice Tigers« vorübergehend hinzu. Die Spielzeit 2006/07, mit 14 Teams ausgetragen, begrüßt als Kassel-Ersatz die Straubing Tigers GmbH. Hauptgesellschafter ist Ludwig Stoffel, Immobilienentwickler und Kunstsammler, den der Mauerfall mit dem Erwerb diverser Berliner Filetgrundstücke entsprechend solvent und damit eishockeyverrückt machte.

Um die letzten beiden Startplätze in der neu gestalteten Playoff-Qualifikation nach Hauptrundenende ringen vier Teams der Plätze sieben bis zehn im Best of Three. Und siehe da: Doppelmeister Berlin scheitert früh mit einem 1:2 an Frankfurt. Dies bedeutet gleichzeitig das Ende der Traineramtszeit von Pierre Pagé. Düsseldorfs Don Jackson wird das Erbe 2007 antreten. Hans Zach tritt seinen Dienst in Hannover an und hat mit Vorrundenplatz sechs gleich ein Déjà-vu aus Bundestrainerzeiten. Nürnberg siegt im Viertelfinale gegen die Niedersachsen mit 4:2 und zieht über Halbfinalgegner Düsseldorf mit 3:1 in die Schlussserie ein. Somit gibt es eine Neuauflage der 99er Finalspiele. Nach Ausflügen gen Frankfurt und Köln steht der Vorrundenprimus Adler Mannheim (107 Punkte aus 52 Spielen) als Endspielgegner fest. Nach einem Sweep am 17.04.2007 ist der fünfte DEL-Titelgewinn unter SAP-Dach und Fach. Coach Greg Poss kann es also doch. Die Meisterschaft muss allerdings zuvorderst Manager Marcus Kuhl in die Schlittschuhe geschoben werden. Dank erneut kluger Spielermarktsondierung, der langfristigen Bindung von Ex-NHL-Verteidiger Sven Butenschön und Vertragsabschlüssen mit erfahrenen Deutschstürmern (Tomas Martinec, Eduard Lewandowski) sowie gestandenen Kanadiern (Jason Jaspers, Francois Bouchard, Pascal Trepanier), wuchs bereits zu Saisonbeginn eine durchschlagende Einheit zusammen. Die Adler-Fans sollten sich indes warm anziehen. Was folgte, war ab der Saison 2007/08 ein Play-off-Supergau nach dem anderen.

Schwarz-Rot-Gold

Highlight-Auftakt der WM 2007, beim Unternehmen Klassenerhalt im Moskauer Vorort Mytischtschi, ist sicherlich ein knappes Vorrunden-2:3 gegen Turniersieger Kanada. Der Sieg gegen Norwegen (5:3) ebnet den Weg in die Zwischenrunde. Nach einem unerwarteten 2:0 gegen Tschechien und einem Arbeitssieg gegen Weißrussland (6:5) ist das Viertelfinale greifbar nahe. Am Ende reicht es nur für Platz neun.

Florian Busch mag nicht pullern gehen
2007/08

Bundesliga-Play-off-Sweep gegen Kassel für die Grizzly Adams Wolfsburg. Durch die Wiederaufnahme der Franchise wird der geschlossenen Liga ein fünfzehntes Team geschenkt. Die mittels Stadtwerkegelder im September 2006 tatsächlich an das Eishockeynetz gegangene Volksbank BraWo EisArena überspringt die 9.000-Punkteplan-Hürde mit Bravour. Auf 4.500 Zuschauer angelegt, verbucht Ex-Spieler und Frankfurt-Manager Karl-Heinz Fliegauf im ersten Jahr allerdings nur 2.336 Fans im Schnitt. Tendenz leicht ansteigend. Solides Wirtschaften wird der EHC Wolfsburg Grizzly Adams GmbH verordnet und Hauptsponsor Škoda bestimmt den Aufsichtsrat. Alles im Sinne der VW-Sportförderung. Nach 56 Vorrundenspielen landen die von Anton Krinner trainierten Niedersachsen handzahm, bei durchschnittlich 17,27 Strafminuten, auf Rang 13 und erringen als Willkommenstitel die »WestLB Fair Play-Trophy«. Ein im rauen Eishockeysport nicht unbedingt vitrinengeeigneter Hauptgewinn.

Wichtigste Neuerung nach NHL-Vorbild ist die Abschaffung des Play-off-Penalty-Schießens. Über den Seriensieg entscheiden Sudden-Death-Verlängerungen im Spiel Fünf gegen Fünf. Und das kann dauern. Vereinzelt führt diese Regelung zu Verlustanzeigen vermisster Eishockeyfans, die Bahnen und Busse verpasst haben. Bereits im entscheidenden dritten Play-off-Qualifikationsspiel zwischen Hannover und den DEG Metro Stars erleben 3.498 Zuschauer das bis dahin längste Liga-Eishockeymatch auf deutschem Boden. Der Zeitnehmer stoppt die Anzeige erst bei Spielminute 91:44. In der zweiten Extrazeit besorgt Düsseldorfs Kanada-Center Brandon Reid den Siegtreffer zum 2:1. Nach 117:45 Minuten endet das zweite Spiel der Viertelfinalserie zwischen Frankfurt und Iserlohn. Michael Wolf trifft zum 3:2 für die Gäste. Nürnberg, geführt von Coach Benoît Laporte, steht am Vorrundenende mit 115 Punkten an der Spitze. Schlagkräftige Überseedominanz, aus dem als deutsche Spieler Stürmer Björn Barta und Goalie Dimitrij Kotschnew herausragen, regiert das feiernde Frankenland. Umso mehr schockt das 1:4 in der Viertelfinalserie gegen Düsseldorf. Der teure Kader geht früh baden, und Multiunternehmer Günther Hertel, Alleingesellschafter der Ice Tigers-GmbH (»Wenn einer glaubt, der Hertel zahlt alles, dann hat er sich getäuscht.«) wird schwarz vor Augen. Besser machen es einmal mehr die Eisbären Berlin, die mit dem Deutsch-Kanadier Robert «Rob« Zepp als Starting-Six-Goalie die Torposition endlich auch wieder längerfristig klug besetzt haben. Der ebenso eingedeutschte Stürmer Tyson

Mulock schlägt in der letzten Wellblechpalast-Saison ein, die U20-Jungbären um Verteidiger Constantin Braun erfreuen bereits jetzt Bundestrainer Krupp. Ansonsten herrscht Kaderkonstanz. Hamburg und Düsseldorf werden in den beiden ersten Serien niedergerungen, Finalgegner Köln besiegt Mannheim und Frankfurt. Auf rheinischem Eis wird am 20.04. der dritte Schüsselgewinn für die Anschutz-Stars in bester Eishockeydramatik perfekt gemacht. 59 Minuten liegt Köln vorne. Blueliner Deron Quint erzielt den Ausgleich. In der Overtime gelingt dann das 2:1 durch Florian Busch im vierten Serienspiel der Superlative.

Ausgerechnet Busch, der im März, in juveniler Lässigkeit, einem Agenten der Nationalen Doping Agentur (NADA) nicht in das Töpfchen pullern wollte. Derartiges wird als positives Testergebnis gewertet und stets der Welt-Antidoping-Agentur (WADA) gepetzt. Die Causa Busch, vom DEB-Schiedsgericht nach vollendeter Negativ-Dopingprobe zu lax eingeschätzt (Sanktion: 5.000 Euro Geldstrafe, gemeinnützige Arbeit bei den Eisbären), wird bis Ende 2009 vor allem den Internationalen Sportgerichtshof CAS beschäftigen. Zwischendurch fällt dem DEB auf die Füße, dass DEL-Spieler keine Athletenvereinbarung bei der NADA unterschrieben haben. Nicht mal ein entsprechender Code in den Statuten wird vorgehalten. Der Kaufbeurer Uwe Harnos, nach dem Rücktritt von Präsident Hans-Ulrich Esken zuständige Präsideninstanz, gibt bekannt, dass infolgedessen 128.000 Euro Fördermittel des Innenministeriums abgeschrieben werden müssen. Am 18.12.2009 wird Busch rehabilitiert. Die klagende WADA gibt sich erst in letzter Instanz geschlagen. Die am CAS ausgesprochene Sperre bis 2011 kassiert das zuständige Schweizer Bundesgericht ein. Fortan greift Artikel 6 des NADA-Codes in die Persönlichkeitsrechte der DEB-Eishockeyspieler ein. Auferlegt wird, sich zu bestimmten Zeiten einer elektronischen Ortsmeldepflichtigkeit hinzugeben. Allein 2008 scheitern daran die Nationalspieler Daniel Kreutzer, Robert Dietrich, Aleksander Polaczek und Andrea Lanzl. Das Resultat für die Sportler, ausgesprochen vom DEB, der die Melderegularien der NADA mittlerweile in seinen Statuten verankert hat, ist eine dreimonatige Spielsperre für alle Wettkämpfe, inklusive DEL. Florian Busch tritt im Februar 2011 aus der Nationalmannschaft zurück. Der Center kommt mit der, wenn man so will, elektronischen Fußfessel nicht zurecht.

Schwarz-Rot-Gold

Deutschland sichert sich das Olympiaticket für Vancouver 2010 im Februar 2008 mit dem Gruppensieg nach Spielen gegen Japan (7:1), Österreich und Slowenien (jeweils 2:1) in Hannover. Hamburgs Stürmer John Tripp trifft insgesamt dreimal. Im Mai findet die A-WM erstmals in Kanada statt. 100 Jahre besteht der Weltverband IIHF nun schon. Unterhalb der Halifax-Feiertage beschenkt sich das Krupp-Team mit einem 4:2 gegen die Slowakei und tankt Selbstvertrauen. Tore von Marco Sturm und Kölns Philip Gogulla reichen jedoch beim 2:3 gegen Norwegen nicht für eine bessere Ausgangsposition in der Zwischenrunde. Die unrühmliche Wiedergeburt zweistelliger Niederlagen folgt am 10.05. beim 1:10 gegen die Eishockeymutter Kanada. Ein Sieg gegen Lettland (5:3) bedeutet für das DEB-Team Platz zehn der Elite.

Löschwasser in Straubing, Champagner in Berlin
2008/09

Im Juli 2008 loben das bayerische Landeskriminalamt, die Stadt Straubing und die Straubing Tigers GmbH 2.000 Euro und zwei Stehplatzdauerkarten für die Ergreifung eines Brandstifters aus, dem es danach trachtete, das Eisstadion am Pulverturm in Schutt und Asche zu legen. Auf 600.000 Euro beläuft sich der Schaden. Drei Video-Wände, die Dachkonstruktion sowie Teile des Kältesegels haben Schaden genommen. Erst im Oktober, am 15. Spieltag, kehren die Niederbayern nach zwischenzeitlichem Asyl in der Regensburger Donau-Arena an ihre alte Wirkungsstätte zurück und schlagen Duisburg mit 4:2. Neu im Ligasetting ist die 10+2-Regelung. Maximal sind nur noch zwölf Ausländer pro Kader erlaubt, zwei müssen pro Spiel auf die Tribüne. Die Anzahl der Vorrundenspiele wird auf 52 verringert. Möglich macht dies eine krude Gruppeneinteilung innerhalb der Liga: Je nach Tabellenstand der Vorsaison gilt es entweder viermal oder nur zweimal gegen denselben Gegner anzutreten. Ein Modus, der zu Beginn der Spielzeit 2009/10 gleich wieder verworfen wird. Ebenso die erweiterte Pre-Play-off-Serie von fünf Spielen.

In Berlin-Friedrichshain eröffnet am 14.09. mit einem Heimspiel gegen Augsburg die O2-World ihre Tore. Vor ausverkauftem Haus steht ein 11:0 der Eisbären gegen den bisherigen Spitzenreiter Augsburg im Ergebnis. Wieder einmal nur punktuell, u.a. mit Frankfurts Topverteidiger Richard Regehr verstärkt, reift am Saisonende Sektdusche Nummer vier heran. Im Finale reichen vier Spiele gegen Düsseldorf für André Rankel, Sven Felski, Florian Busch, Frank Hördler, Jens Baxmann und Co. Der Weg bis dorthin findet ohne die Kölner Haie statt, die in der Saison 2008/09 das Waterloo ihrer DEL-Zugehörigkeit erleben. Erstmals werden seit 27 Erstligajahren und nach Rang 15 der Vorrundentabelle Play-off-Spiele verpasst. Coach Doug Mason muss im freien Saisonfall früh den Staffelstab an unerfahrene Assistenten weiterreichen. Im August erreicht die Eishockeygemeinde eine sehr traurige Meldung: Robert Müller meldet sich zum wiederholten Mal krank. Ein maligner, unheilbarer Gehirntumor setzt den Stammgoalie außer Gefecht. Im November 2008 können es die Haie-Fans kaum fassen. Müller ist als Backup zurück. Doch es wird leider nur ein sentimentales Kurz-Comeback. Am 21.05.2009 stirbt der 28jährige Nationaltorwart. Zum Gedenken trägt seit 2009 kein Spieler mehr ein Trikot mit der Nummer 80. Am Saisonende steigt Franchise-Gesellschafter Heinz-Hermann Göttsch aus. Ausbleibende Zuschauer brachten die übliche Finanzlücke ins Rollen. Im Mai 2009 werden gut eine Million Euro Verbindlichkeiten durch die kommunale Sparkasse mit einem Darlehen gedeckelt. Netterweise sorgt Duisburgs Millionär Ralf Pape für neue Sicherheiten im Investorenpool. Letzte große Peinlichkeit der Füchse: Am 02.01. musste erstmals ein DEL-Spiel abgebrochen werden. Beide Goalies, der Deutsch-Finne Ilpo Kauhanen und der eingedeutschte Tscheche Lukas Lang, schieden verletzt während der Partie in Ingolstadt aus. Da kein dritter Goalie mitgereist war, hätte sich nun ein Feldspieler für die Schießbude der Liga umrüsten müssen. Doch weit gefehlt, so viel Sportgeist gab es nicht in der dem DEL-Ausstieg geweihten Mannschaft. Flaschen flogen auf die Eisfläche. Am Grünen Tisch wurde das Spiel mit 5:0 für die Roosters gewertet.

Mit Bundesligameister Kassel ist die Wunschzahl von 16 DEL-Teams erreicht. Coach Stéphane Richer muss mit dem geringsten Ligaetat (3,1 Millionen Euro, höchster: Adler Mannheim: 8 Millionen) auskommen. Der 17jährige Backup-Goalie Steve Themm wird der jüngste seiner Zunft in der höchsten deutschen Eishockeyspielklasse. Finanziert wird die Franchise seit dem Ausstieg des streitlustigen Simon Kimm im Jahr 2005 über den Sponsorenpool von Multi-Geschäftsmann Rainer Lippe, der sich bis 2010 als Retter und Manager des Kasseler Eishockeys feiern lassen möchte. Den Huskies verschreibt er ein Leben auf Pump (Lizenz, DEL-Geschäftsanteil, Spielbetrieb) und Bürgschaften. Allein das Land Hessen zieht mit 1,9 Millionen Euro blank, Rainer Lippe selbst verpfändet aufopferungsvoll eine Lebensversicherung im Wert von 100.000 Euro.

Schwarz-Rot-Gold

2009 will in der Vorrunde der Schweiz-WM gar nichts gelingen. Gegen den späteren Weltmeister Russland (0:5) hatte man sich zwar wenig erhofft, das 1:2 zum Abschluss gegen Frankreich stand hingegen auf keiner Rechnung. Ein einziger Punkt, resultierend aus der 2:3-Overtime-Niederlage gegen den Gastgeber, führt unweigerlich in die Abstiegsrunde. Dänemark (1:3) und Österreich (0:1) erweisen sich darin als unbezwingbare Riesen. Gegen Ungarn gelingt mit 2:1 der einzige knappe Sieg. Rechnerisch ist Krupps Teams nun abgestiegen, doch da der DEB Ausrichter der WM

2010 ist, müssen die entsetzten Österreicher als Zweitplatzierte hinter Dänemark runter in die Division I.

Nürnberger Schmuck, Augsburger Minimalisten, alle gegen Kassel
2009/10

Vor Saisonbeginn 2009/10 steht lange nicht fest, ob der Standort Nürnberg DEL-fähig bleibt. Die Rettung erfolgt in letzter Sekunde durch einen Herzblut-Edelfan namens Tomas Sabo. Als Schmuckverkäufer vor dem Nürnberger Bahnhof angefangen, legte er eine klassische Bauchladen-Mogul-Karriere auf das Parkett und führt nun die neue Franchise-Investorengruppe an. Die Thomas Sabo Ice Tigers tragen sich in den Spielplan ein. Lorenz Funk jr. übernimmt das Sportmanageramt. Vorgänger Otto Sýkora, im Mai 2009 fristlos des Amtes enthoben, klagt sich derweil am Arbeitsgericht Nürnberg wieder in den mit rund 7.000 Euro Monatsgehalt dotierten Vertrag hinein. Die Ice Tigers werden zur Vertragserfüllung bis April 2011 verdonnert. Sportlich steigen die Franken nach 52 Vorrundenspielen auf Rang fünf in die Play-offs gegen Hannover ein. Hans Zachs Mannen setzen dem Schmucktreiben mit 3:2 in der Serie ein Ende. Aufhorchen lassen die Grizzly Adams Wolfsburg als Vorrundendritter hinter Frankfurt und Berlin mit einem Sweep gegen Düsseldorf. Im Halbfinale besiegt jedoch ausgerechnet der bisherige DEL-Dornröschenschläfer Augsburg den 2009er DEB-Pokalsieger Wolfsburg um Oliver Jonas, Timothy Regan, Sebastian Furchner und Kai Hospelt. Am Saisonende verlängert Coach Anton Krinner seinen Vertrag nicht, Assistent Pavel Gross übernimmt. Die Augsburger Panther, erstmals überhaupt im Viertelfinale dabei, hatten da bereits in der Best of Three-Qualifikation Mannheim mit 2:0 und daraufhin den amtierenden Berliner Meister (3:2) auf dem Gewissen. In der Endspielserie wartet auf das vom Deutsch-Kanadier Larry Mitchell gecoachte, schwäbische Überraschungsteam Hannover. Ein Halbfinalsweep der Scorpions gegen

Ingolstadt macht es möglich. Hans Zach tritt nach drei Seriensiegen und bis dahin 17 titellosen Jahren mit der Meisterschüssel von der großen Eishockeybühne ab. Von nun an heißt es: ab in die Heimat, Fischen gehen. Dass Hannover im Falle einer Meisterschaft dem Team entsprechende Prämien zu zahlen hat, fällt den GmbH-Verantwortlichen erst jetzt auf. Folge ist eine nicht unerhebliche Deckungslücke.

Das Wunder der Minietat-Augsburger (3,4 Millionen) ist schnell erklärt. Seit dem 2007er Amtsantritt von Coach Mitchell fährt der Ex-Landsberger vor allem die Übersee Minor-Leagues ab und führt regelmäßig bis zu zehn saisonale Geringverdiener in das Team. Dass sich Stürmer wie Colin Murphy, Brett Engelhardt, Darin Olver oder Connor James als Hochkaräter entpuppen und oft nach nur einer Saison zur reichen Konkurrenz wechseln, spricht für den besten Laufstall der Liga und erinnert an alte Bayernzeiten. Günstige Nachwuchsstürmer wie Martin Buchwieser oder Verteidiger Benedikt Kohl ergänzen das Konglomerat zeitweise perfekt. Dass der Landsberger Mitchell-Zögling Dennis Endras die Panther erst 2011 gen Helsinki verlässt und somit ganze vier Jahre in Augsburg verbringt, ist für einen Nationalgoalie beachtlich. Das notwendige Kleingeld für das Unternehmen Spielersuche teilt seit 2005 Manager Max Fedra aus. Er war es auch, der die Stadt Augsburg dazu bewegen konnte, das offene Curt-Frenzel-Stadion DEL-tauglich umzurüsten. Nach architektonischen Pannen (Spielfeld nur noch eingeschränkt einsehbar) sollen die Umbauarbeiten im Dezember 2013 abgeschlossen sein. Kosten: Knapp 18 Millionen Euro. Über allem wacht Lothar Sigl, Hauptgesellschafter der Augsburger Panther Eishockey GmbH bereits seit dem letzten Vereinskonkurs 1987. Nun ist Sigl weder Finanzinvestor, noch steht er bei einem alleinherrschenden Hauptsponsoren im Schatten. Als Inhaber eines Landgasthofes und eines kleinen Frischemarktes fällt er als klassischer DEL-Mäzen zwar durch das Raster, schafft es aber dennoch Jahr für Jahr, den Sponsorenpool mindestens zu halten. Und wenn es sportlich mal nicht gut läuft und die Panther in einer Niederlagenserie stecken, drohen anonyme Fangruppen schon mal damit, Sigls Landgasthof abzufackeln. Das möge bitte nie passieren, wo sollen potentielle Geldgeber sonst so gut speisen? Vom Tisch ist seit dem 31.03.2013 Max Fedra. Getreu seinem Motto: »Ich will mir mein geschenktes Leben erhalten«, spielen hierbei gesundheitliche Faktoren eine Rolle. Ex-Publikumsliebling Duanne Moeser, deutsch-kanadischer Stürmer im Dienste der Augsburger seit 1994, wird in die Verantwortung gerufen.

2,2 Millionen Euro Schulden, schlechte Köche und keine feinen Sponsorenmeetings gibt es dagegen in Frankfurt. Rettungsapelle an die Sportkommune scheitern. Lions-Geschäftsführer Siggi Schneider, unternehmerisch zwar mit Kommunikationslösungen im Geschäft, resigniert. Die Steuergelder bleiben aus. Mit dem Stammverein Löwen Frankfurt geht es in der Regionalliga West nunmehr gegen den EHC Troisdorf Dynamite oder die Darmstadt Crocolides. Nächste Pleite: Das Leben auf Pump der Kassel Huskies rächt sich. Beinahe logisch, dass nach Rainer Lippes Rückzug, über die vernünftigere Station Dennis Rossing, Eigentümer des Immobilieninvestors »Rosco Gruppe«, nur ein sinnstiftendes Insolvenzplanverfahren eingeschlagen werden kann. Am 27.05.2010 wird Pleitier Kassel daraufhin stante pede von der DEL-Gesellschafterversammlung ohne Chance auf Präsentation eines Entschuldungskonzeptes vor der Saison ausgeschlossen, wehrt sich und zieht durch die Instanzen. Am Oberlandesgericht Köln ist Schluss. Die Richter folgen einem pro-DEL-Urteil des OLG München. In der Hessenliga starten die Huskies zur Saison 2010/11 mit einem 18:1 gegen die EG Diez-Limburg vor 5.083 Zuschauern. 1,9 Millionen Euro Schulden des Landes Hessen werden auf den Steuerzahler umverteilt. Hannovers Franchise-Eigner Günter Papenburg schlägt im Juli 2010 Alarm. Ein Fehlbetrag von zwei Millionen Euro, dazu ein Streit über wirtschaftliche und politische Interessen, erhitzen die Gemüter. Es geht vornehmlich um die Arena-Bezuschussung aus öffentlicher Hand. Papenburg droht einmal mehr mit dem Eishockey-Aus der Scorpions und bekommt, was er will: finanzielle Deckelung.

Schwarz-Rot-Gold

»Dabeisein ist alles«, heißt es im Februar 2010 beim hochkarätig besetzten olympischen Turnier in Vancouver. Die Niederlagen gegen Schweden (0:2), Finnland (0:5) sowie Weißrussland (3:5) bedeuten noch nicht das Turnierende. Nach Einführung der Viertelfinal-Qualifikationsspiele erhält Gastgeber Kanada so die Chance, sich noch einmal kräftig für seinen Weg zum späteren Goldgewinn freizuschießen. NHL-Center Marcel Goc und Kassels Manuel Klinge treffen. Doch leider nur zum 1:4 und zum 2:8-Endstand.

Bei der Heim-WM im Mai 2010 ist die Schmach der letzten beiden Jahre vergessen. Vor 77.803 Zuschauern trifft Deutschland zum Eröffnungsspiel in der Gelsenkirchener Veltins-Arena auf die USA. 2:1 heißt es nach Verlängerung durch einen Treffer von Center Felix Schütz (Portland Pirates). In Köln folgt die einzige Vorrundenniederlage (0:1) gegen Finnland. Dänemarks frühe Führung wird durch Tore von Marcel Goc (Nashville Predators), Felix Schütz und Hannovers Nikolai Goc in einen Sieg umgemünzt. Oft im Mittelpunkt steht Goalie Dennis Endras, der nach Turnierschluss zum besten Tormann wie zum »Most Valuable Player« (MVP) gekürt wird. In der Zwischenrunde folgt ein knappes 2:3 gegen die Sbornaja. Christian Erhoff und Hamburgs Stürmer Alexander Barta treffen. Am 16.05. heißt es 1:2 nach Overtime gegen Weißrussland. Zwei Tage später sichern Düsseldorfs Daniel Kreutzer und Alexander Barta mit ihren Treffern in der regulären Spielzeit die Play-off-Teilnahme gegen die Slowakei. Deutschland steht im Viertelfinale. In Mannheim ist es Center Philip Gogulla (Portland Pirates), der das erste Eishockeysommermärchen hierzulande wahrmacht. Das 1:0 aus der 31. Minute reicht für das Halbfinale. Team Schweiz zettelt nach Spielschluss eine heftige Keilerei an und hadert mit dem Schiedsrichtergespann. Mit einem 1:2 gegen Russland sowie dem 1:3 im Spiel um Platz drei gegen Schweden findet die schwarz-rot-goldene Party in den ausverkauften Stadien von Köln und Mannheim einen würdigen Abschluss.

Quo vadis, EHC München?
2010/11

Zweitligameister München wird zur Spielzeit 2010/11 in die DEL aufgenommen, nach Theater um nicht fristgerecht hinterlegte Sicherheitsleistungen. Im Juli winkt das Schiedsgericht die EHC München Spielbetriebs GmbH durch. Nach acht Jahren ist der Olympiapark wieder DEL-Standort. Doch die Rahmenbedingungen schrecken tatkräftige Sponsoren ab. Das 43 Jahre alte Eisstadion ist das ungemütlichste der Liga, die Pläne der Olympiapark GmbH für einen Neubau scheitern vor allem am fehlenden Engagement der Stadt, und die Fans gehen nach wie vor lieber zum Fußballriesen FC Bayern. Kaum mehr als 2.500 Zuschauer wollen den vom Italo-Kanadier Pat Cortina trainierten EHC sehen. So bleibt Eishockey, was es an der Isar stetig war: ein Zuschussgeschäft für Präsident und Versicherungsunternehmer Jürgen Bochanski. Gemeinsam mit dem Börsenexperten Waldemar Jantz ist Müller-Milch-Teilhaber Michael Phillips für die Fütterung des Unternehmens zuständig. Sportlich läuft es für den Neuling hingegen rund. Nach Platz acht in der Vorrunde scheitert der EHC in den Pre-Play-offs gegen Köln.

Kurz vor Saisonbeginn am 07.09.2011 geschieht ein tragisches Unglück. Der ehemalige DEL- und Nationalverteidiger Robert Dietrich stirbt, gemeinsam mit vielen Mannschaftskollegen seines Clubs Lokomotive Jaroslawl, nach einem Flugzeugabsturz in den Trümmern einer überalterten Linienmaschine. In die höchste Spielklasse des russisch dominierten Eishockeys (Kontinental Hockey-League, KHL) war Dietrich nach seinem Abschied von den Adler Mannheim erst im Jahr 2011 gewechselt.

Der erste Spieltag beginnt deshalb an allen DEL-Standorten mit einer Schweigeminute, auf dem Eis trägt man Trauerflor. Vor allem ehemalige Teamkollegen aus Mannheim, Straubing und Düsseldorf, zeigen sich tief bewegt. Das öffentliche Abschiednehmen vom filigranen Techniker, geboren in Kasachstan, findet am 28.09. in der Eishalle seines Kaufbeurer Ausbildungsclubs statt. DEB-Generalsekretär Franz Reindl erklärt, dass Dietrichs Trikotnummer 20 künftig im deutschen Eishockey nicht mehr vergeben wird.

Den Start für die 17. Spielzeit erwischen die Grizzly Adams Wolfsburg am besten und führen das Vorrundenfeld der 14 Teams zu Play-off-Beginn an. Durch Sweeps gegen Köln und die finanziell durch den Abgang von Hauptsponsor RWE gebeutelten Krefelder Pinguine wird das Finale erreicht. Die Lizenzierung der Krefelder war nur durch eine Sammelbüchseneinlage von 350.000 Euro durch sieben Gesellschafter zustande gekommen. Der wirtschaftliche Etat erreichte Augsburger Dimensionen. »Wenn wir feststellen, dass wir nur vor rund 3.000 Zuschauern spielen, ist das Finanzloch für die Gesellschafter zu groß. Dann war das die letzte Saison«, schwor Aufsichtsratsvorsitzender Wilfrid Fabel die zuletzt ausbleibenden Fans ein. Der Rechtsanwalt und DEL-Wortführer im Kampf gegen die erfolgreiche Huskies-Lizenzierung wählte die richtigen Worte. Im Schnitt zeigen 4.300 Fans Flagge im Königpalast. Ohne Großverdiener in der Mannschaft wird Vorrundenplatz vier erreicht. Die Stadtwerke bieten sich zur rechten Zeit als neuer Hauptsponsor an. Coach Rick Adduono baut um verbliebene Ü30-Leistungsträger wie Boris Blank, Herberts Vasiljews, Dusan Milo und Richard Pawlikowsky, auf No-Names und erfolgreich darauf, dass die deutschen Mittzwanziger Patrick Hager, Andreas Driendl, Michael Endraß sowie Daniel Pietta Verantwortung übernehmen. Finalgegner der Wolfsburger sind die Eisbären Berlin. In die Saison bereits mit dem Gewinn der Salzburger European Trophy gestartet, erreichten die Eisbären den Vorrundenplatz drei über Ingolstadt und Düsseldorf. Der fünfte Meistertitel gelingt bereits nach drei Serienspielen. Blueliner Constantin Braun erlegt die Gizzlys in ihrer eigenen Höhle mit seinem Treffer zum 5:4 Endstand am 19.04.

Schwarz-Rot-Gold

Die 75. IIHF-Weltspiele finden im April/Mai 2011 in der Slowakei statt. Gleich zum Auftakt schlägt das DEB-Team erstmals bei einer WM Russland mit 2:0 durch Stürmertore von Thomas Greilinger und Patrick Reimer. Zwei Tage später wird der Gastgeber mit 4:3 besiegt. Center Marcel Müller (Toronto Marlies), Berlins Blueliner Frank Hördler und die beiden Köln-Stürmer John Tripp und Felix Schütz treffen. Mit einem 3:2 nach Penaltyschießen gegen Slowenien ist die längst erreichte Zwischenrunde nach Platz eins nächste Station. Deutschland gerät gegen Finnland früh in Rückstand, gleicht unmittelbar danach durch Alexander Barta aus. Am Ende steht auf der Anzeigetafel ein 4:5 nach Penaltyschießen gegen den späteren Weltmeister. Gegen Dänemark soll mehr drin sein. Doch dann, was für ein Unglück: 3:3 heißt es nach Abschluss der regulären Spielzeit. John Tripp, Alexander Barta (Malmö Redhawks) und Münchens Defender Kevin Lavalée hatten für Deutschland getroffen. Auch die Overtime bringt keine weiteren Treffer. Marcel Müller scheitert, Patrick Reimer trifft. Iserlohns Michael Wolf hat den Ausgleich auf der Kelle, verzieht. Goalie Dennis Endras (Helsingfors IFK) ist ohne Chance beim dritten Penalty der Dänen. Gegen abgebrühte Tschechen ist beim 2:5 nichts zu holen. Rang drei bedeutet aber die Viertelfinalteilname gegen den unbequemen Gegner Schweden. 2:5 heißt es am Ende der Ära Uwe Krupp als Bundestrainer.

Uwe Krupp küsst Köln wach
2011/12

Prominenteste Verpflichtung bei den Kölner Haien für die Saison 2011/12 ist Trainer und Sportmanager Uwe Krupp, der seinen Sohn, den Blueliner Björn Krupp (Belleville Bulls) gleich mit im Gepäck hat. Nach Rang neun der Vorrunde und in die Pre-Playoffs gegen Augsburg mit einem Sweep gestartet, heißt der Viertelfinalgegner Berlin. In der Best of Seven-Serie ist schon nach vier Spielen Schluss. Dennoch wächst die Hoffnung, dass es in der Domstadt nach den finanziell wie sportlich zuletzt finsteren Jahren wieder aufwärts gehen könnte. Krupps erfolgreiche Jugendarbeit ist aus dem Nationalteam bekannt, behutsam baut er das Team um.

John Tripp, deutsch-kanadischer Ü30-Stürmer, wird Kapitän und des Trainers verlängerter Arm. Was die Meisterfrage betrifft, heißt es in einer durchweg skandalfreien Saison am Ende: schon wieder Don Jacksons Eisbären. Die Berliner sind Tabellenprimus nach 52 Spielen vor Überraschungsvize Ingolstadt und Wolfsburg. Den Eisbären gelingt ein 3:1 im Halbfinale gegen den Vorrundensechsten Straubing, das mit dem erstmaligen Play-off-Einzug für Furore sorgt. Gegner im Endspiel sind, mit Harold Kreis an der Bande, die wiedererstarkten Hamburg- und Ingolstadtbezwinger Adler Mannheim. Die Finalserie erstreckt sich über die volle Distanz; ein 3:1 im fünften Spiel verwandelt die O2-World erneut in ein Tollhaus. Dabei sah Mannheim im Spiel vier lange wie der sichere Sieger aus. Nach dem zweiten Drittel führten die Adler mit 3:2 und legten bis zur 46. Minute noch zwei Tore drauf. Berlin kam zurück, Ausgleich. In der vierten Minute der Overtime traf Matchwinner Travis James Mulock zum 6:5.

Schwarz-Rot-Gold

Jakob Kölliker steht 2012 an der DEB-Bande und wird nach der WM in Helsinki und Stockholm gleich wieder aus dem Amt entfernt. Die deutschen Farben wirken so, als sei ihnen nach dem Krupp-Ausstieg der Motivator abhanden gekommen. Einem Schaulaufen beim 3:0 gegen Italien folgen in der Vorrunde bittere Klatschen gegen Lettland (2:3), Norwegen (4:12) und Tschechien (1:8). Nach moderateren Niederlagen gegen Russland (0:2) und Schweden (2:5) lässt sich nur noch ein 2:1 gegen Dänemark auf der Habenseite verbuchen. Das Team sei schuld gewesen, es habe sich einfach nicht auf sein System einstellen wollen, klagt der Schweizer Kölliker in der Nachbetrachtung. Platz sechs der Vorrunde bedeutet am Ende Rang zwölf der IIHF-Wertung. Damit ist die direkte Qualifikation für die Olympischen Spiele im russischen Sotschi 2014 verpasst.

Titelreiche Eisbären, bitterarme Düsseldorfer und eine Brauserettung
2012/13

Pleiten, Pech und Pannen drohen mit Beginn der Spielzeit 2012/13. In Düsseldorf ist der in finanzielle Schieflage geratene Hauptsponsor und Namensgeber Metro abgesprungen. Gesucht und letztlich, nach einer spannungsreichen Aufholjagd, gefunden werden zwei Millionen Euro. Angefangen mit Fanaktionen, der großen Vereinstreue der Band »Die Toten Hosen« bis hin zum Engagement von Kommune und Sparkasse. Bekenner- und Retterpakete zu 10.000 und 20.000 Euro werden geschnürt, die wirtschaftliche Konsolidierung wird ausgebaut. Im September beginnt die neue ISS-Dome-Saison zwar nicht in der Regionalliga NRW, dafür aber mit einer 3:5-Heimniederlage gegen Iserlohn. Geld für Stars ist keines da, fast sämtliche Schlüsselspieler wie Patrick Reimer, Marco Nowak, Evan Kaufmann und Connor James verschwinden von der Gehaltsliste. Coach Jeff Tomlinson wechselt mangels sportlicher Perspektive nach Nürnberg. Christian Brittig, Ex-Chefcoach bei den Bietigheim Steelers in der 2. Bundesliga, übernimmt. Nach dem bisher größten Einschnitt in der Vereinsgeschichte wird der Gesamtetat halbiert und auf drei Millionen Euro gesenkt. 18 neue, vornehmlich junge Spieler stehen im Kader. Leitfiguren sind der 200fache Ex-Nationalstürmer Daniel Kreutzer, Goalie Bobby Goepfert, der in seiner letzten Saison vor dem Karriereende stehende Verteidiger Marian Bazany und der deutsch-niederländische Stürmer Diego Hofland. Manager Lance Nethery verlässt die DEG und übergibt an »Herbergsvater« Walter Köberle. Noch mal davongekommen. Nur der sinkende Zuschauerschnitt auf 5.054 Zahlende passt nicht so recht ins Zukunftsbild. Am Ende der Spielzeit leuchtet mit Rang 14 die rote Laterne. DEL-Urgestein Nethery tritt im Februar 2013 die Nachfolge von Köln-Geschäftsführer Thomas Eichin an, der zum runden Fußball-Geschäftsleder nach Bremen wechselt.

Unklar ist vor Saisonbeginn auch das Schicksal des EHC München. Jürgen Bochanski und Waldemar Jantz lassen den verbliebenen Alleingesellschafter Michael Phillips im Regen stehen. Hätte nun auch Milch-Experte Phillips die Brocken hingeworfen, wäre die Lizenz an die Interessenten Landshut oder Schwenningen verkauft worden. Im Mai 2012 folgt die Wende. Der österreichische Brausehersteller Red Bull wird Hauptsponsor, der DEB-Pokalsieger von 2009 bleibt der Liga erhalten. Alleingesellschafter wird Michael Phillips, Jantz und Bochanski ziehen sich aus dem operativen Geschäft zurück. Sportdirektor Christian Winkler, seit 2004 in München tätig, spricht von der besten Nachricht des Jahres.

Die DEL-Gesellschafterversammlung einigt sich auf eine neue Ausländerquote. Aus 10+2 mach 9+2. »Im Sinne einer optimalen Nachwuchsförderung ist es uns wichtig, hier weiterhin deutliche Akzente zu setzen«, begründet DEL-Aufsichtsratsvorsitzender Jürgen Arnold diesen Schritt. Ein Erfolg von Ex-Bundestrainer Krupp, der seit Jahren weitere Einschnitte im Ausländerkontingent gefordert hatte. Folge ist ein Rekord in der DEL: 67 Prozent aller Spieler besitzen einen deutschen Pass. Neu ist zudem, dass im Kader eines jeden Teams mindestens zwei deutsche U20-Spieler stehen müssen.

Am 04.01.2012 stirbt Xaver Unsinn im Alter von 82 Jahren.

Die 19. Spielzeit beschert vor allem jenen Clubs Besuch aus Übersee, die ihr Ausländerkontingent nicht vollends ausreizen, It's Lockout-Time, zum dritten Mal in der NHL-Historie. Insgesamt 24 Profis streifen sich bis zum Ende des Arbeitskampfes am 06.01.2013 deutsche Trikots über, zwölf davon in der DEL, darunter in München Blake Wheeler und Paul Stastny sowie in Berlin Claude Giroux und Daniel Brière. Mannheim sichert sich die Dienste seiner Exporte Dennis Seidenberg, Jochen Hecht und Marcel Goc. Jason Pomville schließt sich an. In Hannover trifft Goalie Thomas Greiss ein. Zum Lockout-Spieler des Jahres wird Christian Ehrhoff (Krefeld) geehrt. Als der Verteidiger am 21.09. das Eis des Königpalastes betritt, Gegner sind die Hamburg Freezers, kennt der Fanjubel der Schwarz-Gelben keine Grenzen. 20.000 Euro Versicherungsgebühr kostet der Buffalo Sabres-Profi monatlich. Auf die sonst übliche Vertragsgage verzichtet der 40-

Millionen-Dollar-Besuch aus Übersee (NHL-Vertragslaufzeit: zehn Jahre).

Am 05.01. stehen sich im Nürnberger Frankenstadion die Tomas Sabo Ice Tigers und die Berliner Eisbären gegenüber. Die Gesamtkosten für den Event in Höhe von 1,2 Millionen Euro streckt Nürnbergs Mäzen Sabo vor. Das erste DEL-WinterGame geht vor 50.000 Zuschauern über die Bühne. Lange rätseln die Zuschauer an den Bildschirmen daheim, warum sich das Gros der Spieler schwarze Schuhcreme unter die Augen gemalt hat: So soll die Reflexion des ungewohnten Freilichtflutlichtes eingedämmt werden. Alles in allem findet eine große Fanparty statt. Das Ergebnis, 4:3 für die Ice Tigers, ist schlussendlich eher nebensächlich. Wirtschaftliche Verluste sind am Ende keine zu verzeichnen. Am selben Tag bekommt die DEL nach dem Ausstieg der »Gelben Seiten« vor Jahr und Tag wieder einen Hauptsponsor. Für die Fußball-Bundesliga unvorstellbar ruchlos, wird mit dem Sportwettenanbieter Cashpoint eine langfristig angelegte Partnerschaft besiegelt.

Nach Ende der 52 Vorrundenspiele erreichen Straubing und Spätdurchstarter Wolfsburg die Pre-Play-offs. Wolfsburg erlegt Vorrundenmeister Adler Mannheim überraschend mit 4:2 im Viertelfinale. Um den Kölner Haien nach deren Viertelfinalerfolg gegen Straubing im Halbfinale gefährlich zu werden, reicht die Kraft des vom Verletzungspech verfolgten Gross-Teams nicht mehr aus. 0:3 endet die Serie. Berlins Weg führt über die Anschutz-Partnerstadt Hamburg und einem Sweep gegen Krefeld in das Finale. Der Vorrundenvierte trifft auf Vize Köln und macht im vierten Spiel zuhause den Sack zu. Siebter Titel für die Eisbären. Don Jackson kündigt seinen Wechsel nach Salzburg an, Jeff Tomlinson, zuletzt in Nürnberg freigestellt, übernimmt den Bärenstall zur Saison 2013/14.

Schwarz-Rot-Gold

»Eine Sportart ist nur relevant, wenn sie olympisch ist.« Worte des DEB-Präsidenten Uwe Harnos zu Amtsbeginn 2008. Dass eine deutsche Eishockey-Nationalmannschaft der Herren irgendwann einmal ein olympisches Turnier verpassen könnte, somit auch erhebliche Fördergelder des Deutschen Olympischen Sportbundes (DOSB) einbüßen würde, war dereinst undenkbar. Im Februar 2013, bei der Qualifikation im Vier-Nationen-Turnier von Bietigheim-Bissingen, wird dieser GAU Gewissheit. Seit der Demission Jakob Köllikers ist der Noch-Münchener Trainer Pat Cortina nunmehr Verantwortlicher hinter der Bundesbande. 5:1 gegen Holland gestartet, 1:2 in der Overtime gegen Italien verloren und zu ungestüm im dritten Spiel gegen Österreich agiert. Zweimal gibt die DEB-Equipe die Führung durch Wolfsburgs Blueliner Benedikt Kohl und Iserlohns Stürmer Michael Wolf aus der Hand. Ein Happy End, damit Tabellenplatz eins, hätte es nur bei einem Sieg in der regulären Spielzeit gegeben. So siegt das Cortina-Team zwar durch einen Treffer von Nürnbergs Patrick Reimer mit 3:2 in der Overtime, ist aber dennoch am Boden zerstört.

Die 77. Eishockeyweltmeisterschaft wird im Mai 2013 erneut in Schweden und Finnland ausgetragen. Stürmer Felix Schütz (Köln), Christian Ehrhoff und Haie-Verteidiger Torsten Ankert treffen beim 4:5 nach Verlängerung gegen Finnland. Zwei Tage später setzt es ein 1:4 gegen Russland, ein 2:3 gegen die Slowakei schließt sich an. 2:0-Erfolge gegen Österreich und Lettland folgen. Auf ein 0:3 gegen die USA antworten zweimal Christian Ehrhoff und einmal Michael Wolf mit einem 3:2 in der Overtime gegen Frankreich. Vorrundenrang fünf führt zu Platz neun in der IIHF-Weltrangliste.

Der nächste Vorhang
2013/14

Im Mai 2013 kauft Red Bull die Spielbetriebs-GmbH von Michael Philipps. Der in Red Bull München umbenannte EHC geht mit Headcoach Pierre Pagé in die Saison 2013/14. Da der Bau einer Multifunktionshalle noch in weiter Ferne liegt, pumpt der neue Franchise-Eigner um die drei Millionen Euro in die Sanierung der maroden Eishalle im Olympiapark. Der Kader wird bis auf Goalie Jochen Reimer, Verteidiger Felix Petermann sowie wenige weitere Stammkräfte komplett umgebaut. Der Getränke-Multi steigt mit einem geschätzten Gesamtetat von über 13 Millionen Euro ein und verweist damit die bisherigen Krösusse Berlin, Mannheim und Köln auf die Plätze.

Ebenfalls im Mai 2013 verkauft Günter Papenburg die Arena Hannover GmbH-Franchise nach Schwenningen. Der Stammverein der Scorpions startet in der Oberliga Nord, die Wild Wings werden für die DEL lizenziert. Was zählt, ist zunächst das erneute Abenteuer Spitzeneishockey mit dem nach Augsburg geringsten Spieleretat von lediglich zwei Millionen Euro.

Über die einseitige Kündigung des Kooperationsvertrages durch die ESBG zum Ende der Saison 2012/13 liefern sich der DEB und die Vertreter der 2. Bundesliga heftige Scharmützel. Zehn von zwölf Clubs wollen eine selbstverwaltete DEL2 durchsetzen. Der Verband erklärt die Abtrünnigen daraufhin zur wilden Liga und bietet seinerseits eine 2. DEB-Liga an. In alter Nibelungentreue reihen sich Kaufbeuren und Riessersee als einzige Teilnehmer ein. Die Gerichtssäle sind bereits gebucht, als am 17.07.2013 doch noch ein tragfähiger Kompromiss gefunden wird. Die DEL2 kommt. Der Spielbetrieb wird bis 2018 wie gewohnt von der ESBG weitergeführt, ohne dass der Verband in die Verwaltung eingreifen kann. Ein neuer Kooperationsvertrag zwischen DEB und ESBG folgt. 2013/14 starten 12 Clubs somit in der DEL2. Zur folgenden Saison soll der Unterbau auf 14 Teams aufgestockt werden, sofern einer Verzahnung mit den Oberligen nichts im Wege steht. In der DEL ändert sich der Play-off-Modus ab dem Viertelfinale. Künftig werden alle Serien ab dem Viertelfinale im Best of Seven ausgespielt.

Nichts für schwache Nerven

Nachwort

An dieser Stelle endet die Geschichte des deutschen Eishockeys natürlich noch lange nicht. Das hier ist alles erst der Anfang. Wir, die Fans, gieren nach jeder positiven Weiterentwicklung. Wir wollen sie nicht mehr hören, die endlosen, nach außen getragenen Streitereien der großkopferten Vorsteher in den Ligen und Verbänden um aufgekündigte Kooperationsverträge, verbunden mit sinnlosen Drohgebärden wie zuletzt 2013 im Sommerloch-Streit um die Einführung der DEL2.

Die Verzahnung zwischen Landesligen und höchster Spielklasse muss das Ziel aller Verantwortlichen sein, sind die wirtschaftlichen Kräfte in den einzelnen Eishockeyregionen auch noch so unterschiedlich. Dann wird eben umverteilt und zudem den DEL-Großunternehmen ein Salary Cap übergeholfen. Wir hätten alle etwas davon. Wenn Auf- und Abstiege weiterhin fast ausschließlich nur über wirtschaftliche Maßstäbe zu entscheiden haben, macht sich unser Lieblingssport in der Außenwirkung wenig neue Freunde. Wer dabei nicht mitziehen will, kann sein Glück ja in der KHL suchen. Dafür müsste allerdings der DEB ein wenig mehr Weitsicht beweisen, denn ein Eishockey-Europa der offenen Grenzen ist mit der Münchener Verbandszentrale noch nicht zu realisieren.

Wir wollen natürlich, dass unsere einheimischen Teams wirtschaftlich auf gesunden Füßen stehen, somit die Grundlage für Erfolge und spannende Spiele da ist, blicken erneut in die Länder der ehemaligen Sowjetunion und haben Visionen. Dort verfügt jede Kreisstadt über eine Spielstätte, wird dem Nachwuchs in mannigfachen Leistungszentren gehuldigt. KHL und Extraligen haben ihre Pforten für ausländische Teams geöffnet und bieten dem mächtigen Koloss NHL auf dem Spielermarkt Paroli. Global Player wie Gazprom machen es möglich. Kölns Nationalspieler Felix Schütz wechselte zuletzt nach Admiral Wladiwostok. In Übersee wäre er vermutlich zunächst in einer der Minor Leagues verschwunden.

Ohne sich intensiv um die Nachwuchsarbeit zu kümmern, wird es für die deutsche Nationalmannschaft entsprechend schwer, im Konzert der großen acht Weltteams mithalten zu können. In der Spielzeit 2013/14 verfügen jedoch nur fünf von derzeit 14 Elite-Clubs über ein DNL-Team. Viele Talente abseits dieser Standorte zieht es deshalb gleich in den üppig ausgestatteten Übersee-Jugendbereich. Für die sich derzeit allesamt neben der Erfolgsspur bewegenden DEB-Juniorenteams keine gute Nachricht. Die NHL-Karriere geht eben vor.

Vor allem wenn sich Erfolge der Nationalmannschaft einstellen, wird Eishockey auch medial präsenter. Der Heim-WM-Hype des Jahres 2010 lässt grüßen. Dass es lange Jahre, bis zur Saison 2012/13 dauern musste, um die schnellste Mannschaftssportart der Welt hierzulande überhaupt wieder ins Free-TV zu bekommen, ist schon erstaunlich. Denn nur wer auf dem Bildschirm präsent ist, dem gelingen finanzielle Großoffensiven.

Der DEL fiel somit 2013 nach langer Abstinenz wieder ein Hauptsponsor vor die Füße. Da kommt es her, das Geld für die Umverteilung, für die Nachwuchsarbeit, für die Fans. Denn wir wollen unsere schwachen Nerven in Zukunft einzig und allein auf das Spiel konzentrieren und hoffen inständig, dass unsere Teams in die Play-offs kommen, aufsteigen und natürlich Meister werden.

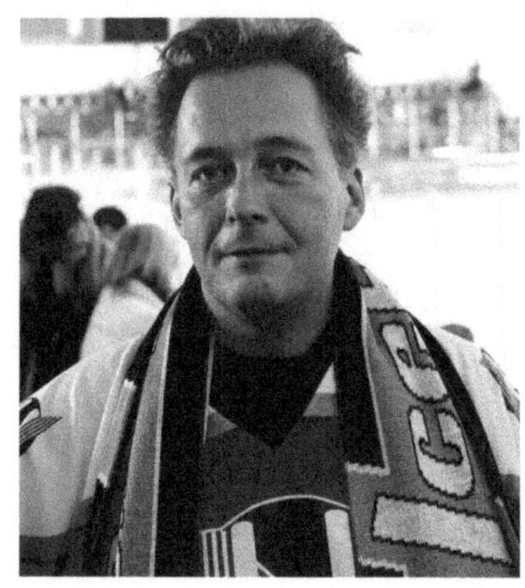

Foto: Frank Förster

Frank Bröker: geboren 1969 in Meppen, seit 2002 in Leipzig beheimatet. Autor, Redakteur und Herausgeber (u.a. *verschwIndien*, *Eishockey*, Bibliothek der Pratajev-Gesellschaft Leipzig e.V.), schnellster Erlenholzgitarrist der Welt bei »The Russian Doctors«. Bröker ist Fan der *Icefighters Leipzig* und schreibt für www.facebook.com/dersiebtemann.

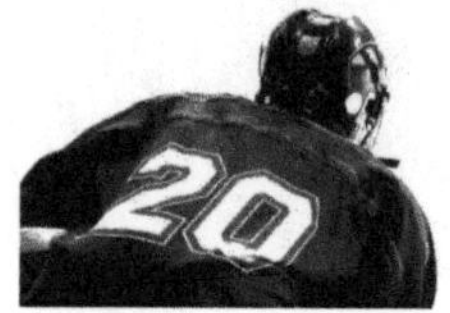